# マックス・ヴェーバーの新世紀

## 変容する日本社会と認識の転回

橋本努＋橋本直人＋矢野善郎［編］

未來社

# はじめに

マックス・ヴェーバーから深い刻印を受けた二〇世紀という時代が、いま終わろうとしている。だが、新世紀に生きようとする我々が、ヴェーバーとの対話を続ける重要性は、むしろ高まってきている。

現代の人文・歴史・社会科学にとって、ヴェーバーの著作群は二〇世紀が産み落とした最大の古典の一つである。国内外を問わずヴェーバーについて書かれる論文や書籍は年々減ることを知らず、翻訳書・解説書は版を重ね、多くの人々に広く読まれている。ヴェーバーの残した洞察と問いかけは、新しい世紀を迎えようとする今日も広範な関心を集めていると言えるだろう。近代とは何か、学問とは何か、歴史とは何か、社会とは何か、政治とは何か、責任とは何か、主体とは何か——これらの主題をめぐる洞察と問いかけは、いまなお我々自身の認識の前提、あるいは我々自身の問いでありつづけている。

しかしその一方で、現代社会は世紀とともに大きな変容の時代を迎えている。ヴェーバーが晩年に大きな関心を寄せたソヴィエト連邦は、新世紀を迎えることなく歴史上の存在となった。資本と情報との世界規模の奔流は既存の制度や秩序を急速に変容させている。その中で現代の日本社会が反省と模索の時期にあることは、ここで指摘するまでもないだろう。こうした社会の変容とともに、社会や歴史に対する我々の認識も大規模な転回を経つつある。いや、むしろ転回の必要性は明らかでありながら、学問の専門分化と相まってその意味と方向をつかみかねていると言ってもよい。

そしてこれらの動きとともに、我々とヴェーバーとの距離もまた変貌を遂げつつある。ヴェーバーは、とりわけ戦後の日本に深甚な刻印を残したと考えられるが、それにもかかわらず（あるいはそれだからこそ）、我々がいかなる刻印を負ったのか、そしてそれが今後どのように変貌していくのかは決して明らかではない。ヴェーバーの洞察と問いかけが今日の我々にとっていかなる意味を持つのか、それらを我々自身のものとしてどのように引き受けるべきなのか、自ら変容の渦中にある我々はその答えを見出せていない。

こうした状況認識から、私たち編者は、ヴェーバーが近代日本においていかに受容されたかを反省しつつ、新世紀においていかにヴェーバーと対峙すべきかを検討し、その検討を通じ今後の日本社会を展望するためのシンポジウムを企画した。そしてヴェーバーに深い関心を寄せる様々な世代・分野の研究者に向けた私たちの呼びかけは、幸いにして数多くの賛同を得られ、一九九九年一一月に東京大学で大規模なシンポジウム「マックス・ヴェーバーと近代日本」を開催するに至った（その経緯については資料編の各エッセイを参照されたい）。本書はこのシンポジウムをもとに編集された論文集である。

もっとも、本書はシンポジウムそのものの忠実な記録ではない。各論文は、シンポジウムでの報告を元にしつつも当日の議論を踏まえて書き直されている。また四部からなる本書の構成もシンポジウムの部会編成とは異なっており、各部には報告者以外の諸氏による論考・エッセイも収録している。

まず本書の第一部では、「グローバル化」する現代社会をめぐって、ヴェーバーの社会理論がいかなる洞察をもたらしうるのかが検討されている。ここに収められているのは、新世紀におけるヴェーバーとの対峙の方向性を、いわばその切っ先で捉えようとする諸論考である。次に第二部では、とりわけ日本におけるヴェーバー受容に焦点を当て、ヴェーバー受容の背後にある独特な理念を問題化しようとする論考を収めている。我々がヴェーバーにいかなる刻印を負っているのかを反省するためには、こうした問題化の営みが不可避となろう。これに対して第三部では、ヴェーバー個人に焦点を当て、彼の生きた時代とその背景を主題とする。ヴェーバーという特異な存在がなぜ生み出されたのか、ヴェーバーがどのような歴史的状況の中にいたのか――こうした問題は社会と認識との変容を対象化するための準拠点となるだろう。そして第四部には「ヴェーバーのテクストを解釈する」という営み自身を問い返す諸論考が収められている。我々とヴェーバーのテクストとの距離を問い直すそれらの試みは、今日の我々自身の問いを再検討する手がかりとなるはずである。最後に資料編では、シンポジウムの前後それぞれの時期に私たち編者三名が書いたエッセイと、日本のヴェーバー研究史の略年譜を収録した。

ところで、今回のシンポジウムを通じて私たちが否応なく意識せざるを得なかったのは、三五年前にやはり東京大学で開かれたヴェーバー・シンポジウムである。ヴェーバー生誕一〇〇年を記念して一九六四年に行われたこのシンポジウムは、大塚久雄や丸山眞男を筆頭とする社会・人文科学のあらゆる領域の大家が一堂に会した、社会科学上の一大事件であった。そこに集った研究者たちが、同時に戦後日本思想のオピニオン・リーダーとも言える存在であったことを考えるならば、戦後の日本社会を語る際に、そのシンポジウムは、けっして学界にとどまらない意味を持った。

これに対して今回のシンポジウムがどれ程の意義を持つのかについて、私たちはその判断を読者諸賢に委ねる他ない。ただし少なくとも、私たちには次のような狙いがあったことを記しておきたい。すなわち、ヴェーバーをめぐる討議の意義は、学問領域の越境にある。なるほどヴェーバー自身は安易な総合科学を戒め、専門科学に留まることこそが学者の本分であると見ていたが、私たちの学問状況は、さらに細分化された研究のなかで、議論や展望や総括を必要としているのではなかろうか。個々の論点や問題を相互に関連させながら社会を認識していく試みは、もはや分断された専門諸科学の中だけでは望みえない。そうした中、とにもかくにも専門化が進んだあとの日本の学問状況にあっても、「ヴェーバー」という領域媒介的な接着剤は、今後も人々の関心を結びつける役割を果たしうることが期待される。つまり私たちは、ヴェーバー研究を一つの領域を越えた討議の土俵として位置づけることを狙っている。

両者の違いは、それぞれのシンポジウムを受けて編まれた論文集――つまり大塚久雄の編集になる『マックス・ヴェーバー研究』と本書――にも見て取られよう。前者の論文集は、おそらく大塚の強力なリーダーシップの下に統一的なテーマが設定され、全体が一つの体系を成すかのように構成されている。そこからは、当時の日本の社会科学が強い求心力と統一的な問題関心とを持っていたことがうかがえよう。これに対し、本書に収録された各論文のテーマは編集者側から依頼したものでなく、各執筆者がシンポジウム全体の問題提起にそれぞれ応答したものに他ならない。本書におけるテーマ設定の多様性は、ヴェーバーの影響範囲の広さを物語るとともに、日本の人文・歴史・社会科学の各世代・各分野におけるヴェーバー受容の差異を物語るものとしても読めるだろう。

そしてまた、この差異の上にさらに三五年の時の隔たり――一方は高度成長のピークともいえる一九六四年、他方は「失われた一〇年」のさなかの一九九九年――を重ね合わせることもできるかもしれない。

本書の出版に至るまでに、私たちは様々な方にお世話になった。まずこのシンポジウム開催と論文集出版が可能になったのは、ヴェーバー研究の諸先達が、私たち若輩の無謀とも言えるプロジェクトに、ご賛同・ご寄稿下さったからに他ならない。残念ながらこの論文集へのご寄稿は叶わなかったが、三島憲一先生および米沢和彦先生は、シンポジウムの際に遠路より手弁当で司会の労をお取り下さった。また、同じくご寄稿はならなかったものの、姜尚中先生にもシンポジウム第二討議の報告者としてご報告いただいた。編集者一同この場を借りて感謝の意を表したい。

またシンポジウムに際して、次代のヴェーバー研究をともに担うであろう若手の研究者たちに、コメンテーターおよび運営面での仕事を引き受けていただいた。荒川敏彦、池田太臣、宇都宮京子、佐藤成基、霜鳥文美恵、杉野勇、鈴木宗徳、中西武史、古川順一、横田理博の各氏に、感謝したい。さらに、会場となった東京大学の文学部社会学研究室の皆様、とりわけ赤堀三郎、瀬田宏治郎、出口剛史、三井さよ、宮本直美の各氏には、会場設定および運営の面で、文字どおり献身的なご協力をいただいた。記して感謝したい。そして何より、会場を埋め尽くし、熱心に議論にご参加下さった全国からの来場者の皆様によって、盛況のうちにシンポジウムを終えることができた。編集者一同、感謝の念に堪えない。

最後に、私たちの企画の意義をご理解いただき、論文集出版をご快諾下さった未來社の西谷能英社長、および編集部の岩崎清氏には、心から謝意を表したい。岩崎氏には編集作業の他、シンポジウム・ポスターのデザインや当日の写真撮影など、様々な方面でご尽力いただいた。編者の三人が経験の少ない若手であっただけに、岩崎氏との度重なる——ときには盃を交わしながらの——議論なくして、本書がこうした形を取ることはなかっただろう。

現代社会は急速かつ大規模な変容の渦中にあり、我々の社会認識、歴史像、諸理念もまた大きな転回を経つつある。その中で本書が、ヴェーバーとの対峙を通じて新世紀の日本社会を展望するための一つの契機となれば、このプロジェクトに携わった者として望外の喜びである。

二〇〇〇年一〇月　マンハッタン・六甲・本郷にて

編集者
橋本　努
橋本　直人
矢野　善郎

# マックス・ヴェーバーの新世紀　目　次

## III　歴史からの眼差し――ヴェーバーの時代を読む

## Ⅳ　テキストとの対話——批判的解釈の地平

## 資料編

# マックス・ヴェーバーの新世紀

——変容する日本社会と認識の転回——

# I　近代の行方——「グローバル化社会」を問題化する

# ヴェーバリアン的問題としてのグローバル化

ヴォルフガング・シュヴェントカー
訳・中西武史

「マックス・ヴェーバーと近代日本」というテーマについては、私は今まで、たんに日本の学問史という特定の関心を抱く歴史家として取り組んできたにすぎなかった。歴史家とは過去に関する専門家にすぎない以上、現在と未来の社会の諸問題を論じる資格があるのは、別の分野の人たちである。それ故、これから以下で私が現在の諸問題を歴史家として扱う以上、私の論述はおそらくとても素人じみていて不完全であろう。にもかかわらず私は、自分の専門の狭い枠を越えて考えるために、一度この危険を冒してみたい。というのは、マックス・ヴェーバー研究は今後どのような課題に立ち向かう必要があるのかについて、二〇世紀から二一世紀への変わり目にあらためて考えることは、私には必要かつ意義深いものと思われるからである。これは日本のマックス・ヴェーバー研究だけに意味をもつテーマではない。なぜなら私の意見では、日本のマックス・ヴェーバー研究は、もはや今日のアカデミックな世界では、一九六四年の東京における大シンポジウムの時代のように孤立しているわけではなく、むしろ時代の経過とともに国際的なマックス・ヴェーバー研究の一つの重要な構成部分となっているからである。このことを明らかにしたのが、一九九三年春のミュンヘンにおける国際会議「日本とマックス・ヴェーバー」である[1]。

したがってヴェーバー研究の将来の課題は、一国のアカデミックな共同体の次元で議論されることはなく、むしろそれは国際的な意義をもつ問題なのである。ヴェーバー研究のさまざまな傾向に共通しているのは、今日のヴェーバー研究は、戦争をもはや自ら体験しておらず、経済的に復興し社会的に豊かになった時期に生まれた最近の若い世代に属する研究者たちによって形づくられていることである。今日の三〇歳や四〇歳の研究者たちからなるこの世代は、ゼロからマックス・ヴェーバーの著作を用いて自分たちの研究に着手しているのではなく、むしろ――このことはことさらはっきりと強調される必要はないのだが――より古い世代の両肩の上に立っているのである。したがって未来のことで頭を悩ます前に、過去数十年のヴェーバー研究について――これについてここで詳細には説明できないが――若干でも述べておくことが重要である。過去のヴェーバー研究の諸傾向を客観的な観点にもとづいて体系化するとすれば、次の五つの重要なアプローチを挙げなくてはならない。

① マックス・ヴェーバーに関するすべての研究の基礎となっているのは、ヴェーバーの著作や講演についての詳細な知識と彼の著作の成立史である。この作業については、私たちは今日でもまだ終りに至っていないが、しかし過去二十五年でこの分野ではかなりの進歩が遂げられた。ドイツでは一九七五年にマックス・ヴェーバー全集の編集においてその作業が着手された。(2) 困難な最初の段階ののちに約十年後に出たのが、世界大戦の数年に発表された「政治論・講演」の入った第一巻だった［MWG I/15］。アメリカではとりわけギュンター・ロートの研究と彼の『経済と社会』の翻訳によって、ヴェーバー研究は今までと異なる水準に引き上げられた［WuG, Roth, Wittch（eds., tr.）1968］。同様のことが、日本では折原浩による『経済と社会』に関する研究について言えよう。(3)『経済と社会』の最終的な編集をめぐるこれらの研究は依然として完結しておらず、逆にマックス・ヴェーバー研究の中心点は――ごく最近の論争が示しているように――これらの研究にある［Schluchter 1998; Orihara 1999; Schluchter 1999; Mommsen 1999］。マックス・ヴェーバーの宗教社会学研究の第一巻『プロテスタンティズムの倫理と資本主義の精神』――それはいまだに全集には欠けている――と、国民経済に関する講義についてのマックス・ヴェーバーのメモについても、注意が払われてしかるべきである。

② マックス・ヴェーバー研究の二つ目のアプローチとして過去何年も取り組まれてきたのは、マックス・ヴェーバーの著作が成立した精神的な根源は何なのかという問いである。この問題に関して疑いなく非常に大きな役

割を果たしているのが、——私たちが今日承知しているように——国民経済学である。私は、一九九八年一二月に死去した安藤英治教授が一九六九年にハイデルベルグでエルゼ・ヤッフェに行ったインタビューを今でもよく思い出す。安藤教授はこのインタビューの録音テープをずっと保存し続け、一九九〇年に東京に私が滞在したときに親切にもそのテープを私に贈って下さった。そこにはとても興味深い一節も含まれている。そこでエルゼ・ヤッフェはマックス・ヴェーバーに、ヴェーバーが学生たちに最も重要な本として薦めるのは何ですかと尋ねたのだが、そのときヴェーバーが挙げたのはマルクス、スミス、そしてリカードの名前なのである［安藤 1972：152］。さらに今日では、ニーチェのマックス・ヴェーバーへの影響が、日本では山之内靖教授によって、西洋ではロバート・イーデンとクラウス・リヒトブラウによってまた再び強調されている［山之内 1993；Eden 1984；Lichtblau 1999］。新しい傾向として今後重要と私が思うのは、ゲオルク・イェリネクの影響である。なぜなら実際イェリネクの「国家学」は普遍史のパースペクティヴをもっており、またイェリネクはヴェーバーに対して確実に強い影響を与えていたからである［Breuer 1999］。

③　マックス・ヴェーバー研究の三つ目のアプローチとして、一九六四年ハイデルベルグと東京での大規模なヴェーバー会議以来専念されてきたのは、例えば行為理論、比較宗教史、社会科学と方法論、そして政治社会学の領域などにおける、マックス・ヴェーバーの著作の解釈、とりわけ中心的な概念と理論についての解釈である。この研究では二つの方向性が区別される。一つはマックス・ヴェーバーの著作のテキスト内在的な再構成であり、もう一つはヴェーバーの概念や理念を、過去と現在の社会の分析に適用するもの、すなわちヴェーバーの理論を道具化して利用する解釈である。この後者の点については、私は後でさらにいくらか詳しく検討したい。

④　四つ目のアプローチとして挙げられるのは受容史であり、これに関してはとくに過去十年でより新しい研究が発表された。私が例としてとくに挙げるのは、日本における受容の研究、アグネス・エアディーによるアメリカでの受容についての論文、あるいはマルクス主義的な視点からみたマックス・ヴェーバーについてのヨハネ

ス・ヴァイスの著書である。[4] 興味深いのは、ドイツにおけるマックス・ヴェーバー受容についての包括的な研究がまだ存在しないことである。このことは今後の大きな課題の一つである。

⑤ 五つ目のアプローチとして最後に挙げられるのは、マックス・ヴェーバーという人物の伝記に関する数多くの論文である。私の見積りでは、このことに関して日本にはドイツ自体よりもきわめて多くの論文が存在している。[5] マックス・ヴェーバー全集の中でのマックス・ヴェーバーの書簡の編集によって、伝記についてきわめて新しい材料が使えるようになった。マックス・ヴェーバーについての伝記はドイツにおける女性運動史への一つの重要な寄与となるだけでなく、ハイデルベルグのブルジョワ的でアカデミックな環境へ視線を向けることで、マックス・ヴェーバー研究に対しても疑いなく重要な新しい認識を明るみに出すだろう。

したがって明らかなのは、より若い世代においても、専門研究者たちによるこれらの研究のアプローチが採り上げられるにちがいなく、またその研究が継続されていくだろうということである。これらの作業は多くの批判的な転回なしには進まないだろう。とくに、マックス・ヴェーバーが過去数十年において知識人の「救世主」へと様式化された場面ではそうである。さらにその他に、グローバル化というスローガンでおそらくもっとも正確に描写される新しい世界情勢に直面して、私たちすべてはマックス・ヴェーバー研究においてもこれまで知られていなかった新しい挑戦をどれほど受けて立っていないのかという問いもまた現われている。わずかな例外を除けば、これまでまだヴェーバー研究はこのテーマを独立の論文の対象にして来なかった。[6] 私の考えでは、このような脈絡の中に中心的な問題がある。つまり問われているのは、グローバル化はマックス・ヴェーバーの著作を用いることでより理解しやすくなるのか？　マックス・ヴェーバーはグローバル化の時代においても依然としてアクチュアルなのか？　グローバル化という事実はヴェーバーの著作の理解にとって、とりわけ彼の合理化の理論にとって何を意味するのか？　私たちはマックス・ヴェーバーの言う意味での加速化された合理化という時代に生きているのか、それとも逆にグローバル化は無秩序を作り出しているのか？　あるいは別の言い方で問えば、グローバル化は近代人が捕らえられている「鉄の檻」の鍵を開け、近代人に一切れの自由を返すのか？　それともグローバル化は官僚制、統制、そして不自由の増大を意味するのか？　という問題なのである。

これらの問いについて私は以下でいくつか解説したい。そのさい私は次のように議論を進める。1で私は、グローバル化の意義とは本来何なのかについて問う。2で扱うのは、グローバル化の原動力とは何なのかという問いである。3では、グローバル化のさまざまな次元について少し述べたい。最後の4では、官僚制とカリスマの諸関係の例を用いて、マックス・ヴェーバーの政治社会学がグローバル化の時代にもっているアクチュアリティについて検討したい。

## 1　グローバル化とは何なのか？

元ドイツ連邦共和国首相ヘルムート・シュミットは、私の大学で一九九七・九八年冬学期に、ハインリッヒ・ハイネ客員教授として今日のグローバル化について三つの講義を行った。その後新書判のペーパーバックとして出版されたその講義は、グローバル化を社会経済的・政治的・文化的挑戦として扱っている。(7)グローバル化の三つの次元のどれについても、グローバル化という現象のもとで本来理解されうるのは何なのかを示す例が数多く挙げられている。世界の幅広い範囲で起こっている人口爆発は大量の人口移動の新しい段階――それは世界的に見れば、とりわけ南から北へと進行している――につながり、先進工業諸国における大量失業の問題をもたらした。他方でエリート階級の移動も起こっており、とくに産業資本主義的な経営の領域、文化産業の領域、そして学問において起こっている。これらはグローバル化の社会的な帰結やそれに付随した事態の例である。またそれに加えて他のメルクマールとしては、経済のグローバル化――とくに技術や金融の領域における――があり、それは個々の国相互の経済的な依存が増大するという結果を伴った。そのさい貨幣・資本流通の自由化は政治に対する経済の新しい優位へとつながり、それどころか、経済的なグローバル化はゆっくりと、しかしたえず国民政府や国民国家の権限喪失へとつながっていると言うことができた。国民経済の終りは国民国家の終りと手を携えて進行している。このような展開のポジティヴな効果として疑うことのできないのは、豊かな国と貧しい国の落差は依然として大きいにもかかわらず、さまざまな世界地域の生活水準は徐々に互いに接近していることである。それだけにいっそう注目すべきなのは、大国であるアメリカ、中国、ロシアならびに日本、そしてヨーロッパ共同体はこの新しい世界の政治的な秩序についてはっきりしたヴィジョンをもっていないというヘルムート・シュミットのテーゼである。それら大国の政治は、まずは地域的な危機や衝突の限定化や克服に向かっている。第三の局面として加わるのは、異質なもの、つまり馴染みのない未知の文化との遭遇である。この異質な文化との遭遇が生じる仕方は二通りある。すなわち、異質な文化との遭遇は、二つあるいはそれ以上のさまざまな文化サークルの生産的な協力や混じり合い――これについては、アメリカが優れた長い伝統をもっている――として生じているか、あるいは宗教的な原理主義――それは例えば、イスラム教が支配的な諸国家で現われている――という形で生じている。私が念頭に置いているのは、イランやアフガニスタンである。後者の衝突の形態については、数年前にアメリカの政治学者サミュエル・P・ハンチントンが世界的なスケールで分析し、このような脈絡で間近に迫っている「文明の衝突」について述べている［Huntington 1998］。

ドイツの社会学者ウルリッヒ・ベックによれば、グローバル化は全部で以下の八つのメルクマールによって特徴づけられる［Beck 1998 : 29f.］。

① 金融市場の地理的拡大とネットワーク化、またそれと結びついた国民の枠を超えるコンツェルンの勢力増大
② 情報・コミュニケーション技術の永続的な革命

③　普遍的な人権の要求
④　世界的な文化産業
⑤　多中心的な世界政治――それは国民的な政府によって担われることはほとんどなく、ますます国際的な組織によって担われる――
⑥　世界的な規模での環境破壊
⑦　世界的な貧困と人口移動
⑧　文化間の衝突

これらの特徴が、二〇世紀の終りと二一世紀の始まりの世界に影響を与えている。その世界は、たしかにもはやマックス・ヴェーバーの世界ではない。ヴェーバーにとっては、政治的なものの優位や主権をもつ国民国家の存在は自明だった。しかし私たちが生きているのは、明らかに、国民国家やその政府が影響力を失い、その代わりに国民の枠を超えた制度や地域に生きる人たちが影響力を獲得している世界である。だが政治が方向性を決める権力を失うとすれば、そのとき代わりに登場するのは何なのか？　この疑問が私を、第二の点、グローバル化の始まりと原動力の問題へと導いていく。

## 2　グローバル化の始まりと原動力

グローバル化という概念はたしかにここ数年で最も使われたスローガンの一つだが、グローバル化とは実際二〇世紀の終りごろに初めて生じた現象であることについては、議論の余地がない。社会的また経済的な変化に関するさまざまな理論家が、グローバル化の始まりへの問いに対してまったく異なる答えを与えていた。マックス・ヴェーバーにとっては、近代資本主義は「われわれの近代的生活における不吉な前兆に満ちた勢力」だった。そのさい彼が念頭に置いていたのは、疑いなく一六世紀以来世界制圧を目指していた資本主義の傾向だった。だが、それにもかかわらずヴェーバーにとっては、世界制圧への傾向をもつ資本主義を考察するさいの中心問題は、依然としてヨーロッパの起源だった。つまり、ヴェーバーにとって文化の普遍史における中心的な問題は、――彼が『宗教社会学論集』の「序言」の有名な一節で叙述しているように――「どこにおいても不安定な形で展開していく資本主義的活動それ自体」ではなく、むしろ文化史的な意味における「西洋市民層の成立」だったのである［RS1 : 10, 大塚・生松訳 : 19］。

そのさいマックス・ヴェーバーはいわば同時代人として、現代の経済史叙述が一八四〇年と一九一四年の間の最初の大規模なグローバル化という概念の下で要約している展開――それによってヨーロッパとアメリカ間の貿易と人口移動が描写されている――をありありと思い浮かべていた(8)。カール・マルクスも世界的な資本主義システムの成立に関する問題ではまったく同じように議論したが、しかし厳密に言えばそれはもっと広いパースペクティヴをもった議論だった。例えば、一八四八年の『共産党宣言』の初めの部分を読めば、マルクスにとって資本主義はヨーロッパだけに限られる問題ではなく、むしろ普遍的な問題だったことは明らかである。例えば『共産党宣言』のある箇所ではこう書かれている。

ブルジョアジーは世界市場の開発を通じて、あらゆる国々の生産と消費とをコスモポリタン的なものにした。……古来の国民産業は破壊され、また今でもそれは日々破壊されている。……国産品によって満たされていた昔の欲望に代わって、もっとも遠く離れた国々や風土の産物によって満たされる新しい欲望が現われている。昔の地方的・一国的な自給自足と孤立の代わりに、全面的な交流、諸国民の全面的な依存関係が現われる［Marx & Engels 1951 : 29f., 訳 : 31-2］。

グローバル化の成立を似たような時期に設定しているもう一つの例はイマニュエル・ウォーラステインであり、彼は「資本主義世界システム」が形成された時期を一六世紀としている〔Wallerstein 1974〕。他の研究者たちは、一八世紀のヨーロッパ帝国主義にグローバル化の始まりを認めている。例えばイギリスの社会学者アンソニー・ギデンズにとっては、一八世紀と一九世紀における近代化がグローバル化プロセスの作動要因である〔Giddens 1997〕。社会学者H・V・パールミュッターだけが冷戦をグローバル化の作動要因とし、その冷戦の終りの日付を設定している〔Perlmutter 1991〕。したがってまったく明らかなのは、このグローバル化の始まりに関する論争が、あらゆる面で受け入れられるような決着にはまだ至っていないということなのである。

このことは、グローバル化プロセスの原動力、あるいは別の言い方をすればグローバル化プロセスを引き起こした論理的必然性とはいったい何なのか、すなわち、存在しているのはただ一つの論理的必然性なのか、あるいはもっと多く存在しているのか、という問いに関する議論についてもあてはまる。ここでは古くからあるマルクス・ヴェーバー問題が新しい形で現われており、そのためこの問題は興味深いものとなっている。たとえば、グローバル化はただ経済的な誘因だけを有しており、また大規模なコンツェルンや銀行がグローバル化の原動力であると主張することはもちろんできる。だが私の考えでは、この解釈は一面的すぎる。グローバル化のように非常に複雑な問題を正確に理解するためには、政治的・社会的・そして文化的な論証も含まれる多元的な理論が必要とされるのである。私の意見では、一九九〇年に政治学者ジェームス・ロズノウが興味深い最初の試みを展開しており、そこで彼は、資本も国民国家政府も単独では権力をもっておらず、それは国連、グリーンピース、または世界銀行に関しても同様であり、むしろすべての組織がその目的の実現のためにお互いに闘っていることを示している。それゆえロズノウが述べているのは、「多中心的な世界政治」なのである〔Rosenau 1990〕。この「多中心的な世界政治」の最も重要な原動力は、コンピューター・コミュニケーションによる技術革命である。このことは、マックス・ヴェーバーが描いた普遍的な合理化というプロセスが、技術革命の流れの中で二〇世紀の終りにその速度を速め、最終的に貫徹したことの一つの例となるだろう。この観察によって私は、今回の報告の三点目、すなわちグローバル化のさまざまな次元は、マックス・ヴェーバーの著作を用いることによってより理解されるのかという問いへ導かれていくのである。

## 3　ヴェーバリアン的観点からみたグローバル化のさまざまな次元

ここでは私はこれらの問題を詳しく扱うことはできないし、むしろ表面的ないくつかのわずかな記述で我慢しなければならない。そのために、グローバル化プロセスのうち、とくに重要と考えるいくつかの次元を選び出すことにする。

経済に関してまず検討したい。ヴィルヘルム・ヘニスは、一九八四年にロンドン・ドイツ史研究所で行われた「マックス・ヴェーバーと同時代人」に関する会議で、マックス・ヴェーバーとカール・クニースについて報告し、マックス・ヴェーバーの学問的関心が国民経済学の歴史学派に強い影響を受けていたことを示した〔Hennis 1994 : 28–77〕。マックス・ヴェーバーが一人の一九世紀の思想家だったことを理解するためには、国民国家と国民経済に関する彼のフライブルグ就任講演だけを読めばよい〔MWG I/4, 2. Hb. : 543–74〕。だが、にもかかわらずヴェーバーは未来に関するヴィジョンももってはいた。しかし彼は、今日私たちが、国民経済が徐々に消え去り、その代わりに単一のグローバル経済が（または時としては、個々の地域経済の間の調和が）かつての国民経済の地位に立っている世界に生きていることを、おそらくほとんど想像できなかった。このことは結果として、アジア、ヨーロッパ、または北アメリカなどの個々の経済地域が、マックス・ヴェーバーがまだ生きていたときよりもはるかに強く互いに依存し合うことをもたらした。もちろん、すでに一九二九年には世界恐慌が起こっており、それは世界的な次元にある経済がすでに以前から存在していたことの証明である。経済のグローバル化は一つの歴史的な現象である。それにもかかわらず個々の経済地域の依存性は今日大きくなっている。世界の金融市場は危機に対して分や秒の単位で対応している。それゆえ保護主義政策が行われる見込みは少なくなり、とくに個々の国民経済は——このことはとりわけユーロ導入以来のヨーロッパにあてはまるのだが——共通の利害関係を発展させ、ナショナリストであるマックス・ヴェーバーが依然として考えていたほどには、もはや互いから身を守る必要はないのである。

　このような経済的状況の変化は、社会に対していくつかの結果をもたらした。私はこのような脈絡の中で、とくに重要な一つの社会的結果の問題を指摘しておきたい。グローバル化に固有な特徴は、国境を越えた労働力の移動である。マックス・ヴェーバーは依然として、東部のドイツ人をポーランドの農業労働者から守る必要があるという考えをもっていた。今日では何百万もの人々が先進工業国で新しい故郷を探している。また彼らは、隣接する国からではなく、むしろ世界中のあらゆる所から——政治的な理由であれ経済的な理由であれ——来ているのである。このことが、社会学者ウルリッヒ・ベックが「伝記（Biographie）のグローバル化」と呼んだ新しい現象のもととなっている。さらにこの現象は、いわゆる「第三世界」出身の未熟練な労働者大衆だけでなく、むしろ一部の学術・技術エリートにさえもあてはまる——多くのマックス・ヴェーバー研究者ですら、今日では二つ目あるいは三つ目の故郷をもっているが、それはたんに知的な故郷だけにとどまらない。この現象は肯定的にも否定的にも観察することができる。肯定的な意味においては、理想的なケースでは精神的な交流と学術的・技術的な進歩が起こり、否定的な意味では社会的な拠り所が喪失し、人々がバラバラにされるということが生じる。いずれの場合にも、「世界的なディアスポラ」という概念がこれに関連して置かれるべきである。グローバル化の時代に生きる人は距離を越えて考え行動しており、マックス・ヴェーバーや彼の同時代人たちのように明確な輪郭をもつ政治組織や宗教的・社会的環境の中で考え行動することはもはやない。「距離の消滅」（アンソニー・ギデンズ）はグローバル化のとても重要な結果の一つであり、その結果によって、国民国家の輪郭はもはや社会の輪郭とは一致しないという事態がもたらされている。

　このことによって私は、グローバル化の三つ目の重要な次元、すなわち政治へと導かれる。多くの人の意見では、グローバル化は経済的な問題であって、政治的な問題ではない。この意見は私の解釈では正しくない。なぜなら、グローバル化の過程を政治的に一定の方向に導いているのは誰なのか、もっと適切に言い換えれば、調停しているのは（というのは、この全世界的な事象そのものは操作しようがないからである）誰なのかという問いは、重大な政治的問題だからである。政治思想家としてのマックス・ヴェーバーにとっては、近代国家における支配の正当化の問題がその政治理論の中心にあった。ヴェーバーの時代では、とくに国家は支配のために正当化されていた。しかしながらグローバル化のプロセスが行き着いた事態とは、国民国家の意義が弱まり、その代わりに国民の枠を越えた組織と領域、正確に言えばいわゆる「メガシティ」がかつての国民国家の地位に現われるという事態であると思われる。西洋では、例えば単一の「諸地域から成るヨーロッパ」という言葉が用いられている。たしかに形式的には依然として国民国家は存在しているが、しかしその国境は融通のきかないものではない。ヨーロッパ連合（EU）の官僚機構はますます権力を獲得しているが、しかしながら国民の枠を越えた大規模な官僚機構の権力統制の諸形態はまだ十分に発展していない。このことは、最近生じたような汚職や財政の乱れを招き、未来はとにかく「ヨーロッパ」にあるという未来像の信用を、政治的にしばらくは落とす可能性がある。他方で大都市はますます大きな重要性を得ている。多くの国において諸都市の政府は国家以上に権力をもっており、都市政府は政治について市民のコントロールをほとんど受けていない。このことはまさに日本においても、最近の新しい東京史で理解されていた問題であると思われる。特徴的なことだが、その著書の副題は「首都は国家を越えるか」である［御厨 1996］。このタイトルは、パリやロンドン、ベルリンやロサンゼルスの最近の歴史にもあてはまる。

当然、文化がグローバル化の四つ目の次元として取り上げられる必要がある。文化に関して私が思い浮かべるのは、今日世界中で有名なクラシック音楽、文学、芸術だけではなく、むしろかえって日常の文化や大衆文化、すなわち生活スタイルのグローバル化を念頭に置いている。ヴェーバーの普遍的合理化の理論が最後まで間違っていなかったのか、あるいはそうではなかったのかがもっとも明らかになるのが、文化の領域である。もしヴェーバーが正しければ、グローバル化の進行の中で文化的な同質化が生じる。実際、そのような世界の文化的な同質化への兆しは多く見られる。技術進歩、例えばインターネットはそれに関する良い例である。それにもかかわらず逆の傾向もまた存在しており、とくにローランド・ロバートソンが、「グローバル化」に関するもっとも重要な一九九二年の著書の中でその傾向を指摘している〔Robertson 1992〕。著書の中でロバートソンが主張しているのは、グローバル性とローカル性は互いに排除し合うのではなく、むしろグローバルな世界とローカルな世界の二つの相反する価値を含んだ状態、またはそれら二つの世界の弁証法が存在しているというテーゼである。したがって一方では会社、機関、シンボルのグローバル化が存在し、他方ではローカルな文化もまた引き続き存続し、それどころか（例えば、ロンドンでのアフリカのカーニバルにおける民間伝承的なやり方、他にもイスラム原理主義の政治的・宗教的な伝道目的のためになど）新しく創造されもしている。

これらすべての観察は、今日グローバル化された世界ではもはや、マックス・ヴェーバーの社会学によっては実際克服されえない諸問題に私たちが直面しているというテーゼを裏づけている。それゆえ、今日マックス・ヴェーバーの著作は時として、グローバル化された世界を分析するには時代遅れで役に立たないと思われている。ヴェーバーは、近代人は「鉄の檻」の中に捕らえられるだろうと予測していた。しかしながら、グローバル化はヴェーバー・テーゼに対する反証なのだろうか？　私は、近代世界に関するヴェーバー理論は死んでおらず、それどころかグローバル化された世界状況の下では、それは単にこれまでとは異なった仕方で読まれる必要があるにすぎない、と堅く確信している。それに関して、私は最後の箇所で一つの例を挙げてみたい。そこで問題となるのは、官僚制とカリスマの関係である。

## 4　多国籍的な官僚制と人為的なカリスマ——マックス・ヴェーバー政治社会学と現在

「今日の官僚制とカリスマ」に関する新しい研究でシュテファン・ブロイアーが強調したのは、マックス・ヴェーバーの政治社会学にとっては、官僚制の諸規則とカリスマ的な指導者の間の緊張関係が大きな意義をもっていたということであった［Breuer 1994］。ヴェーバーの賞賛は、才能によって古い秩序 Ordnungen を破壊し、新しいものを創造することができた偉大な指導者に向けられていた。しかしながら、マックス・ヴェーバーはむしろ大規模な「秩序」の理論家でもあった。ヴェーバーにとっては、資本主義やそれと同時に近代的な「経営」は経済の「秩序」であり、近代国家は国民とその市民にとっての「秩序」であり、官僚制は社会的・政治的生活の「秩序」だった。「秩序」と組織の理論家として、マックス・ヴェーバーほど官僚制の拡大を描写し、法治国家を分析し、近代的な経営を記述した人は他にはいなかった。このことは、一九〇九年の「社会政策学会」ウィーン会議でのヴェーバーの言葉にもっとも明確に現われている。

あたかも私たちは、知識と意思をもち、ただ「秩序」だけを必要とし、もし秩序が一瞬でもぐらつき、そして頼るものもなく、この秩序にもっぱら適応させられることから脱出させられるときには、神経質で臆病な人間となる運命にあるかのようである。この世界にはそのような秩序人しか存在しない。いずれによせ私たちを包み込んでいるのはこのような展開であり、したがって中心的な問題は、いかにしてわれわれはその展開をいっそう促進し加速させるのかという点にはなく、むしろこのような魂の細分化から、このような官僚主義的な生活理想の専制から人間性の残存を救い出すために、われわれはこのマシーンに対して何を対置しなければならないのかという点にある［SSp : 414］。

新しいヴェーバー研究からみれば、これらの言葉には、ヴェーバーが一九世紀の「秩序思想」に根を下ろしていることがもっとも明確に現われている［Breuer 1994 : 189］。（さらにまた、ヴェーバーは「無秩序」や「カオス」にも目を向けていたが、しかしその考察は、性愛と音楽についての「中間考察」における彼の叙述から読みとれるように、私人として以上の考察ではあったが、研究者として以下の考察でもあった。[9]）

しかしながら、「冷戦」後のグローバル化された世界を支配したのは秩序ではなく、むしろ無秩序とカオスだった。例として挙げられるのは、家族の解体、社会福祉国家の終焉、環境破壊、大量失業、極端な文化的相違、中心都市における大衆間の民族的差異である。きわめて明白なのは、合理化の普遍的・一面的な妥当性が話題に上ることはないということである。近代には光と影がある。これらのことを背景に、官僚制とカリスマの関係はあらためて定義し直される必要がある。そのさいブロイアーが主張しているのは、ポスト産業世界では、官僚制とカリスマは、マックス・ヴェーバーが頭に描いていたような一つのバランスのうちにあるのではなく、むしろ両方ともつねに増大し続けているというテーゼである。すなわち、経済と政治のグローバル化は将来さらに大規模な官僚制と絶大な力をもった「秩序」を招くことになる。同時に、カリスマ的な指導者のパーソナリティがこのような官僚制を統制するチャンスは、現代のメディア民主制では減少している。今日私たちが体験しているのは、政治的なエンターテイメントの流れの中で人為的に造られた人工的カリスマの形態であり、文化産業がそれにもはや関心を見出さなくなれば、そのカリスマの魅力は急速に減少することになる。ブロイアーが合理性とカリスマの浸透について述べるとき、彼はこのことを言おうとしているのである。合理性とカリスマの浸透は、社会学者ダニエル・ベルがそれに対して「イデオロギーの終焉」という表現を語り出したところのプロセスの結果である。マックス・ヴェーバーは一九世紀から二〇世紀への変わり目において、依然としてヨーロッパ啓蒙の精神の中で、合理化のプロセスを「脱呪術化」として解釈することができた。しかし今日の私たちが二〇世紀から二一世紀への変わり目にグローバル化によって体験しているのは、合理性と呪術がその増大した形態において、互いに融和することもなく衝突し合っているプロセスなのである。したがって、ヴェーバーが当時定式化した古い問題は今日も解かれてはいない。その問題が明らかになるのは、ただ新しい光の下においてなのである。それゆえ私の予想では、私たちは将来においても、合理性と「呪術化」とのこのような対立をより理解するために、ヴェーバーの著作を読むことになるだろう。

## 注

（1）このシンポジウムについての寄稿は、現在では［Mommsen & Schwentker（Hg.）1999］で読むことができる。
（2）これについては、［Schluchter 1981］を見よ。
（3）［折原 1988 ; Orihara 1994a : 103–21］そのほかにも彼の多くの論文を参照せよ。それらはそのうち国際的な議論において大きな役割を担うだろう［Orihara 1993 ; Orihara 1994c ; Orihara1994d ; 1995a ; Orihara 1995b］。
（4）このことに関しては、［内田 1990 ; Schwentker 1998 ; Erdelyi 1992 ; Weiss 1981］を見よ。
（5）私はここでは、以下の著作のみを例として挙げておく［住谷・小林・山田 1987 ; 徳永・厚東（編）1995 ; 山之内 1997a］。ドイツの視点からは［Käsler 1995 ; Schöllgen 1998］。
（6）例外の一つは、［山之内 1999 : esp. 179］。
（7）［Schmidt 1999］。［Schmidt 1998 : 47–9］も見よ。
（8）このことに関しては、Kevin O'Rourke と Jeffrey Williamson の重要な著書［O'Rourke & Williamson 1999］を見よ。
（9）これについては［Whimster（Ed.）1999］をみよ。

# マックス・ヴェーバーとタルコット・パーソンズ
## ——「資本主義の精神」のとらえ方をめぐって

富永健一

## 1 「資本主義の精神」のとらえ方

マックス・ヴェーバーは、経済の近代化を資本主義化としてとらえ、これを国家の近代化が官僚制化であるのと相互に並行する過程として位置づけていた。ヴェーバーにとって、近代化とは人間の行為が伝統主義を棄てて合理的になることを意味するものであり、近代官僚制が人間行為を組織化する最も合理的な方式であるのと同様、近代資本主義は資本計算にもとづいて市場的営利に指向する経済的行為の最も合理的な方式なのであった(1)。

ヴェーバーが資本主義をとらえるために提出した独自な視点は、資本主義の「精神」に着目するということであった。資本主義は経済にかかわるカテゴリーであるが、精神は文化にかかわるカテゴリーである、ということに注意しよう。資本主義が「ただ西洋においてのみ」成立したのは、西洋に固有な文化としてのキリスト教と深くかかわっている。しかしキリスト教それ自体は、仏教や儒教と同じく古代人の思想であり、西洋中世においてはそれは伝統主義以外の何ものでもなかった。伝統主義は「資本主義の精神」の敵対者である。キリスト教をこの伝統主義から離脱せしめたものこそ、宗教改革の所産としての禁欲的プロテスタンティズムにほかならず、禁欲的プロテスタンティズムはその経済的合理主義への指向によって伝統主義を離脱したのである、というのがヴェーバー・テーゼであった(2)。

他方タルコット・パーソンズは、ヴェーバーの『プロテスタンティズムの倫理と資本主義の精神』を一九三〇年に英訳し、さらに『経済と社会』第1部を一九四七年に英訳して、最も早い時期にヴェーバーをアメリカに紹介した人であるが、それに先だって一九二五年に、かつて若きヴェーバーが教授であったハイデルベルク大学に、ヴェーバーについて研究するために留学し、一九二七年にドイツ語の学位論文『ゾンバルトとマックス・ヴェーバーにおける資本主義』をハイデルベルク大学に提出した。この学位論文は、パーソンズの帰国後『ジャーナル・オヴ・ポリティカル・エコノミー』誌に「近年のドイツ文献における資本主義——ゾンバルトとヴェーバー」［Parsons 1928/29］という題で英語論文として発表された(3)。この論文でパーソンズは、ゾンバルトの『近代資本主義』とヴェーバーの『プロテスタンティズムの倫理と資本主義の精神』および『世界宗教の経済倫理』の「序論」をとりあげ、ゾンバルトの研究を「発生論的」、ヴェーバーの研究を「比較論的」と呼んで、この二つの資本主義論は相互に補完し合うと位置づけた。

この論文におけるパーソンズのヴェーバー論において、ここでの文脈からとりわけ興味のある論点は、禁欲的プロテスタンティズムの倫理の中心をなすカルヴィニズムの教義、すなわち一方でより多く働いてより多く稼ぐことを倫理的義務であるとするが、他方でその稼ぎによって生活を楽しむことを悪徳として禁ずるという教えが、快楽主義とも功利主義ともまったく切れたところにある、ということを強調している点にある［Parsons 1929 : 40–2］。これはのちのパーソンズの『社会的行為の構造』における中心テーゼである「主意主義的行為理論」につながる問題提起であるが、それではパーソンズは、この快楽主義でもなく功利主義でもないプロテスタンティズムの倫理にヴェーバーが与えた意味を、どのように解釈しようとしたのであろうか。

パーソンズは、ヴェーバー『世界宗教の経済倫理』の「序論」から、「現世を呪術から解放すること、および救済への道を瞑想的な現世逃避から行動的・禁欲的な現世改造へと切換えること、この二つが残りなく達成されたのは……ただ西洋の禁欲的プロテスタンティズム……の場合だけであった」という個所を引用したあと、『プロテスタンティズムの倫理と資本主義の精神』の末尾部分の有名な個所「ピュリタンは職業人たらんと欲した、われわれは職業人たらざるを得ない」を引用して、現世における職業活動に意味を与えた宗教的価値は、こんにち大部分消えてしまったというヴェーバーの近代化についてのペシミズムに言及する。ヴェーバーはこの個所で、「文化と歴史の因果的説明」には「唯心論的」説明と「唯物論的」説明とがあると述べ、そのどちらも一面的ではあるが、「両者は等しく可能である」と主張している。パーソンズはこれについて、ヴェーバーの理論で「唯心論的」説明とはカリスマが歴史を動かす進化の力であるとするものであり、「唯物論的」説明とは合理的な官僚制的マシーンが社会を支配するというものであって、そのどちらもがヴェーバー理論の中にある、ということに読者の注意を促す。パーソンズのこの解釈によれば、ヴェーバーが「両者は等しく可能である」と述べたのは、この対立する説明のどちらもがヴェーバー理論の中にあるからにほかならない。しかしヴェーバーが近代化のペシミズムについて述べるとき、パーソンズはヴェーバーが歴史の経済的解釈、すなわち史的唯物論の立場に立っている、とするのである［Parsons 1929 : 43-7］。これは、たいへん興味ある視点ではないだろうか。

パーソンズによれば、唯心論的説明と唯物論的説明はヴェーバー理論の中にただ併存しているのではなく、前者から後者へと進化してきたと位置づけられている。「合理的な官僚制的マシーンが社会を支配する」という歴史観を「唯物論的」とするのは、もちろん多分にアナロジカルな表現であるが、パーソンズは官僚制的マシーンを史的唯物論の意味での下部構造に喩え、これをヴェーバー版の唯物史観（Weber's version of the economic interpretation of history）であるとする。資本主義の精神は、まさに進化のこの道筋に沿って進んできた。出発点においては、それはカルヴァンというカリスマの力によって、禁欲的職業倫理の精神として創始され、広まった。しかし資本主義の発展が進むとともに、その禁欲的職業倫理の精神は失われて、形骸だけがルーティン化され、合理的な官僚制的マシーンという下部構造によって支えられているにすぎないものになってしまった。

パーソンズが指摘したように、ヴェーバーの「資本主義の精神」のとらえ方には、たしかに相互に矛盾する二つの要素が共存しているといえよう。すなわち一方では、ヴェーバーはカルヴィニズムというカリスマ革命の産物としての「精神」を強調し、資本主義の計算可能性とか合理的な官僚制的マシーンとかは、カルヴィニズムの精神が失われたあとの形骸（Gehäuse――大塚訳では「鉄の檻」）にすぎない、と論じている。しかし他方では、ヴェーバーは『経済と社会』において、資本主義の貨幣計算とか官僚制の専門技術的卓越性とかのような目的合理的行為の意義を強調し、また『儒教と道教』の最終章「結論――儒教とピュリタニズム」において、アジアに比べて西洋世界の卓越性を実現した原動力は合理主義の精神であるとして、西洋世界の近代化の帰結を賛美している。ここには明らかに、「資本主義の精神」のとらえ方についての両面性が見て取れる。すなわち、信仰に基づいて禁欲的に職業労働に献身するという「精神」要素を強調するか、貨幣計算や専門技術的卓越性という合理主義の「制度」を強調するか、という両面性がこれである。

パーソンズは、資本主義の発展がカルヴィニズムの精神を壊してしまったというヴェーバーのペシミズムは果たして正しかったであろうかと問い、これに疑問符をつけた。パーソンズによれば、官僚制の支配についてのヴェーバーのペシミズムは誇張されすぎている［Parsons 1929 : 47–51］。パーソンズは、「精神のない専門人、心情のない享楽人」といったヴェーバーの決めつけ方を批判的に見ていた。パーソンズのこの視点は、のちのパーソンズの「道具的活動主義」テーゼへとつながっていく。これについては、第4節で後述しよう。ヴェーバーの宗教社会学とパーソンズの宗教社会学とのこのような関連と相違、またヴェーバー／パーソンズの宗教社会学を日本における「資本主義の精神」のあり方という問題に関連づけて考えること、これらがこの小論の課題である(4)。

## 2　行為理論から見た経済と宗教の関係

ヴェーバーは、上記のように、資本主義の形成と官僚制の形成とを、近代化という一つの盾の両面と見なし、両者はともに「合理的になる」ことすなわち「合理化」として特徴づけられるとしたのであるが、しかし他方でヴェーバーは、合理性には形式合理性と実質合理性の二つが区別されるとし、形式合理性基準は必ずしも実質合理性基準を満たさないとした。ここにもまた、ヴェーバーの近代化理解における両面性が表明されている。

形式合理性とは、技術的に一元化された計算結果が得られることであって、資本主義の形式合理性とは複式簿記のような貨幣計算にもとづいて一義的な会計処理がなされることをさし、官僚制の形式合理性とは「怒りも興奮もなく」誰がやっても事務処理が一義的な結果に到達することをさす。これに対して実質合理的とは、異なる価値評価の基準ごとに合理性が判定されることであって、例えば戦争に勝つためという価値評価の基準からなされる資源配分と、国民福祉の実現という価値評価の基準からなされる資源配分とは、どちらもそれぞれに異なった評価基準において実質合理的であり得るが、資源配分の様式は両者においてまったく異なっている。そのような評価基準は、もちろんこの二つ以外に多数あり得るから、実質合理性基準は高度に多義的である、とヴェーバーは論じている［WuG : 44–5］。官僚制は形式合理的である反面、特定の価値評価の基準から見るとしばしば実質非合理的であり得るのと同様、資本主義も形式合理的である反面、特定の価値評価の基準から見るとしばしば実質非合理的であり得る、というのがヴェーバーの視点であった。

ヴェーバーのこの視点は、彼の行為理論にまで遡って考えることができる。『経済と社会』（以下 WuG と略記する）第1部第1章において展開されたヴェーバーの行為理論によれば、社会的行為は「目的合理的行為」「価値合理的行為」「感情的行為」「伝統的行為」の四類型に分けられる。ヴェーバーが社会的行為というとき、それはWuG第1部第2章の主題とされた経済的行為を含んでいるということが重要である。なぜなら、ヴェーバーの行為の定義は「行為者がそれに主観的な意味を結びつけるとき、その限りでの人間行動」というものであり、また社会的行為の定義は「行為者によって思われた意味によって他者の行動に関係づけられ、その経過においてこれに指向している行為」というものである［WuG : 1］が、この「行為者がそれに主観的な意味を結びつける」というのは、経済行為においては、ヴェーバーが依拠したオーストリー学派の近代経済学における「効用」にあたり、また「行為者によって思われた意味によって他者の行動に関係づけられる」というのは、市場における他者との経済的交換行為にあたることが明らかだからである［WuG : 31-7］。

社会的行為の概念が経済的行為を含むとすると、経済的行為にもまた他の社会的行為におけると同様、「目的合理的行為」「価値合理的行為」「感情的行為」「伝統的行為」の四類型が適用され得ることは、当然である。しばしば誤って考えられがちなように、経済的行為は「目的合理的行為」であると決まっており、非経済的行為は「非合理的行為」であると決まっている、ということはない。経済的行為にも「価値合理的行為」「感情的行為」「伝統的行為」はあり得るし、非経済的行為にも「目的合理的行為」はあり得る。なお、「目的合理的」対「価値合理的」というペアは、「形式合理的」対「実質合理的」というペアと同義ではないが、「目的合理的」行為は「形式合理的」であるのが通常であり、「価値合理的」行為は「実質合理的」であるのが通常である、と一般的にいえるであろう。

WuG第1部第2章の「経済行為の社会学的基礎範疇」をヴェーバーの経済理論（あるいは経済社会学）と見なし、『一般社会経済史要論』をヴェーバーの経済史と見なすなら、それらはどちらも「経済的行為」の概念から出発していることが特徴的である。すなわち、ヴェーバーの社会学と同じく、ヴェーバーの経済に対するアプローチの仕方も「行為論的アプローチ」なのである。行為論的アプローチを構成する基本カテゴリーとして、行為の「目的」と「手段」、行為を起こす「欲求」ないし「動機」、行為をガイドする「価値」といったことが問題になる。これらを「行為論的カテゴリー」と呼ぶなら、ヴェーバーの経済理論も経済史も行為論的カテゴリーを用いた分析であり、したがって当然、ヴェーバーの資本主義へのアプローチもまた行為論的カテゴリーによってなされることになる。『プロテスタンティズムの倫理と資本主義の精神』における「倫理」および「精神」というヴェーバーに固有の問題提起は、まさにここから発している。なぜなら、「倫理」とか「精神」とかいうのは、行為論的カテゴリーに属しているからである。さきに私は、資本主義は経済にかかわるが、精神は文化にかかわる、ということを指摘しておいた。この意味で、ヴェーバーの資本主義論は、最初から経済を超えていた。その経済を超える部分が、ヴェーバーにおいては「資本主義の精神」という概念化になったのである、ということが重要である。

他方パーソンズは、一九五六年に、意図的にヴェーバーの著書と同じ題名をつけた『経済と社会』[Parsons & Smelser 1956] を出版した（以下、パーソンズの『経済と社会』をESと略記する）。この本はスメルサーとの共著になっているが[5]、経済システムを社会システムのサブシステムとして位置づけ、AGILの四部門構成を用いた境界相互交換図式を展開するという基本アイディアは、パーソンズのものである。パーソンズの社会システム理論は、ヴェーバーの「行為論的アプローチ」を継承して、行為が動機づけに始まり、目標達成に終わるまでに必要とする機能を、A（適応）、G（目標達成）、I（統合）、L（潜在的パターンの維持）の4つとし、図1のような社会システムの4機能図式を構成した。

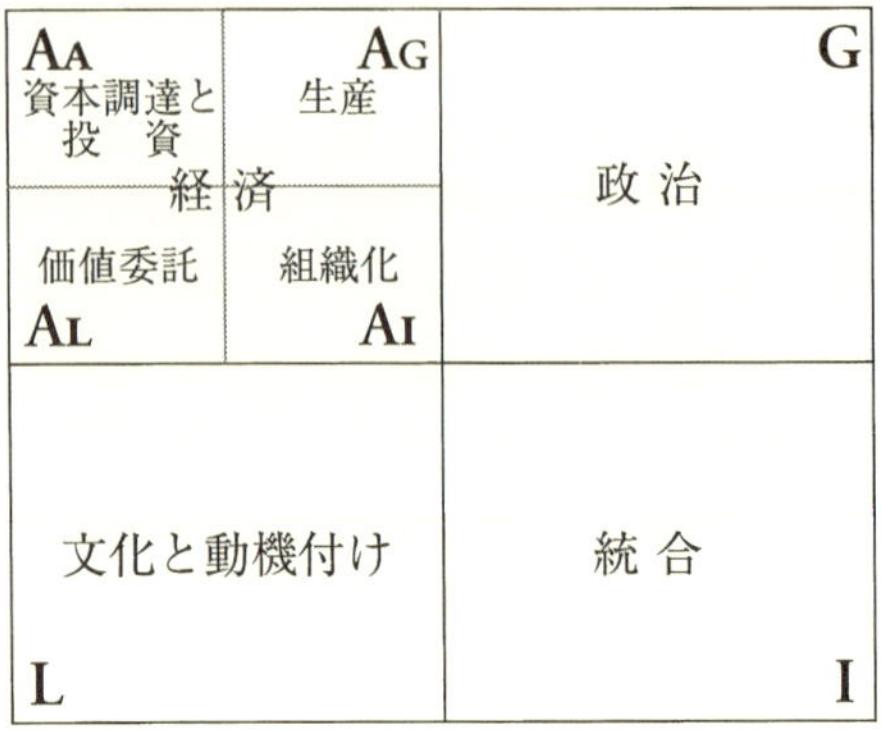

図1　AGILの4サブシステム

パーソンズは、ESの第2章「社会システムとしての経済」で、ヴェーバーが上述したWuG第1部第2章において、オーストリー学派の近代経済学に準拠しつつ、「経済的な指向をもっている行為」を効用サービスへの欲求充足を求めている行為と定義し、「経済行為」を財の処分力の平和的な行使であって第一次的に経済的な指向をもっている行為と定義していることをあげ、この後者の意味での経済行為のシステムが、パーソンズのいう「社会システムとしての経済」であるとする。パーソンズのＡＧＩＬ図式では、「広義の社会システム」を、図1に示したように、まず大きい四角を西北セル・東北セル・東南セル・西南セルの4つに区分し、それぞれをＡ（経済システム）、Ｇ（政治システム）、Ｉ（統合システム）、Ｌ（文化と動機づけシステム）とし、つぎにその中のＡ（経済システム）という西北セルの小さい四角（サブセル）をとりあげ、もう一度ＡＧＩＬ区分を適用して、西北サブセル・東北サブセル・東南サブセル・西南サブセルの4つに区分し、それぞれを$A_A$（資本調達と投資のサブシステム）、$A_G$（生産サブシステム）、$A_I$（組織化サブシステム）、$A_L$（経済委託サブシステム）とする。

　このようにすると、ヴェーバーのいう「資本主義の精神」は、Ａ（経済システム）の中の西南サブセルである$A_L$（「経済委託」サブシステム）に位置することが気づかれるであろう[6]。経済委託というのは分かりにくい表現であるが、この文脈では、経済システムとしての資本主義（Ａ）の中に、宗教や教育や文化一般の機能としての「潜在的パターンの維持」（Ｌ）部門でつくられた企業家や労働者の働く動機づけや倫理が、境界相互交換をつうじて入ってくるということを意味している。これを『プロテスタンティズムの倫理と資本主義の精神』の文脈に引きなおせば、禁欲的プロテスタンティズム（カルヴィニズム、ピュリタニズム）がＬサブシステムからＡサブシステムに経済委託として入ってきたのである。もし東アジアでこれから発展してくる東洋における資本主義の精神が「儒教資本主義」として説明できるとする（もちろんそういえるかどうかは大いに問題であるが）なら、儒教がＬサブシステムからＡサブシステムに入ってきたのである、ということになる。

## 3　ヴェーバーの宗教社会学

ヴェーバーの『プロテスタンティズムの倫理と資本主義の精神』は、上記のように彼の一連の宗教社会学諸論文の中で飛び抜けて早い時期に書かれたが、これはあくまで特殊研究であって、彼の宗教社会学の理論づけは WuG 第2部第5章『宗教社会学』、および同第9章第5節「カリスマ的支配」と第6節「政治的支配と教権的支配」を待たねばならなかった。

『宗教社会学』の冒頭でヴェーバーは、宗教を社会的行為の一形態としてとらえ、これを「宗教的ないし呪術的に動機づけられた行為」〔WuG : 245〕と定義している(7)。この定義は、宗教が行為理論のタームで考えられていることを示し、上述した WuG 第1部第1章における社会的行為の概念、および同第2章における経済的行為の概念と、理論的に整合している。

「宗教的ないし呪術的」というヴェーバーの言い方は、宗教がもともとその発生において呪術から切り離し得ないものであると彼が考えていることを示している。ヴェーバーは、宗教の原型をアニミズムのような「精霊信仰」(Geisterglaube) に始まるとするが、その精霊は特定のカリスマ的資質をもった人間に乗り移ると考えられている。これが呪術師 (Zauberer) である。この段階では、宗教はまだまったく非合理的な呪術にとどまっている。「忘我《エクスターゼ》」や「狂躁《オルギー》」は、そのような非合理的な呪術のあらわれである。

しかし宗教は合理化に向かう、というのがヴェーバー理論の根底にある基本テーゼである。呪術師は天賦の資質 (Gnadengabe) をもち、そのことを奇蹟や啓示によって確証して見せる能力を有するが、呪術師のカリスマはあくまで個人的なもので、制度化されていないから、帰依者を求めるにはその都度カリスマを証ししなければならない。これに対して預言者（Prophet）は、「みずからの使命によって宗教的な教説ないし神命を告知する」〔WuG : 268〕点で単なる呪術師とは異なるとはいえ、やはり呪術師と同様に個人的なカリスマ資質の持主で、カリスマの証しによって帰依を要求する点では呪術師と同じである。呪術師および預言者と異なり、カリスマが制度化された職務になったものが祭司（Priester）である。ヴェーバーは祭司を「崇拝の手段として神に働きかける職業的機能者」〔WuG : 259〕と定義している。「職業的機能者」というのがこの定義のポイントであって、現実には祭司の概念に呪術的資質や個人的なカリスマも含まれているにしても、祭司は「ゲゼルシャフト化された救済経営（Heilsbetrieb）の成員として、職務としての正当性を保証されている」〔WuG : 268-9〕のである、というのがヴェーバーの中心論点である。

上掲の祭司の定義の中に「ゲゼルシャフト化された救済経営」とあるのは、教会のことをさしている。呪術師や予言者のカリスマに始まった原始宗教は、祭司にいたって組織における官職と結びつき、「官職カリスマ」（Amtscharisma）となる。カリスマが官職になるということは、カリスマ的能力が「天賦の資質」から「教育の対象」になり、伝達され修得され得る専門化された能力に転化する、ということを意味する〔WuG : 677〕。官職とは制度であるから、このことは祭司のカリスマが人（ペルゾーン）から分離して制度になる、ということを意味している。このように、カリスマが官職と結合して制度になったものを、ヴェーバーは教会（Kirche）と呼ぶのである〔WuG : 692〕。教会が「ゲゼルシャフト化された救済経営」であるというヴェーバーの表現は、教会とは経営（Betrieb）であって、救済財（Heilsgüter）を管理している組織である、との概念化をあらわしている。WuG 第1部第1章『社会学の基礎概念』によれば、「経営」とは継続的な目的行為のことであり、経営に管理幹部が備わってゲゼルシャフト化されたものを「経営団体」といい、経営団体が法によって制定された秩序をもつものを「結社」（Verein）といい、結社が成員の行為を有効にコントロールできるものを「機関」（Anstalt）という。こうしてヴェーバーの結論は、教会とは祭司がカリスマ的性格を完全に剥奪され、「社会的アンシュタルト関係」（soziale Veranstaltung）になったものである、というところに落ち着く〔WuG : 718〕。

官職カリスマは宗教組織だけのものではなく、政治組織においても形成され、そして宗教組織の官職カリスマは政治組織の官職カリスマと結合するようになる。ヴェーバーは、祭司権力が政治権力を屈服させたものが「教権制」(Hierokratie)であり、逆に政治権力が祭司権力を屈服させたものが皇帝教皇主義(Cäsaropapismus)であるとして、両者を対比する。中世ヨーロッパのカトリック教会は、まさしく教権制であった。これに対して日本の封建制における武家権力、中国の家産制における皇帝権力はどちらも、宗教的権力に対する支配権を獲得することに成功していたから、皇帝教皇主義として説明される。

ヴェーバーはまた、「教会」を「ゼクテ」と対比した。教会においては、祭司は「救済財」という一種の信託財産を管理している官職カリスマで、教権制は「普遍主義的」支配権の要求を掲げており、教義や礼拝が合理化されているのに対して、ゼクテにおいては、アンシュタルト的恩寵と官職カリスマは拒否されており、成員の自由な合意が尊重されて普遍主義は断念されており、成員資格は特殊なカリスマによるのでなければならないとされている。カルヴィニズムによる宗教改革は、官職カリスマを否定して、教会をゼクテに近づけようとするものであったとヴェーバーは見ている。

以上から、ヴェーバーにおける宗教社会学の世界とは、宗教が呪術師や預言者の個人カリスマに始まって、祭司の官職カリスマに移行し、さらに制度としてのアンシュタルトになる、という官僚制化の過程を語るものにほかならない、と結論できる。ヴェーバーは一方では、宗教改革におけるカルヴィニズムの役割を、このようにしてアンシュタルト化した教会を個人カリスマに戻そうとする一面をもっていたと位置づけた。しかし他方では、ヴェーバーが宗教改革について中心的に語ったのは、それがキリスト教を近代思想につくりかえたという点であり、だから彼はピュリタンが現世の生活を徹底的に合理化したということに注目したのであって、彼らが呪術師や預言者のような個人カリスマのレベルに戻ることをよしとしたわけではなかった。その証拠に、ヴェーバーは『儒教と道教』の第8章「結論——儒教とピュリタニズム」の末尾において、ピュリタニズムを儒教と対比し、儒教が氏族制度に拘束され、伝統や地方的慣習や役人の情実などから脱却し得なかったのに対して、ピュリタニズムは合理的経営と純粋にザッハリヒな業務にすべてを還元し、合理的な法律を設定したと述べている〔RS1 : 528〕。ヴェーバーの宗教社会学における両面性は、西洋における資本主義と官僚制の発展、それに対するアジアにおける資本主義的発展の欠如、という経済史的・政治史的現実をこのように追認しつつ、他方でそれによって西洋近代からカルヴィニズムの精神が失われていったとするところにあった。

## 4 パーソンズの宗教社会学

パーソンズの著作系列には、ヴェーバーの『世界諸宗教の経済倫理』のような大規模な比較宗教社会学的研究はない。しかしプロテスタントの聖職者を父にもっていたパーソンズにとって、キリスト教の研究は彼の社会学研究の重要な一角を占めており、とりわけパーソンズが一九六〇年代以降に展開した近代化論ないし社会進化論の一環としてのヨーロッパ史およびアメリカ史の分析には、キリスト教史についての該博な知識が密接に織り合わされている。パーソンズの宗教社会学上の関心は、宗教改革以後におけるプロテスタンティズムの「進化」と彼が呼ぶものに向けられていた。

パーソンズの宗教社会学の出発点が、ヴェーバーの宗教社会学の研究にあったことはいうまでもない。パーソンズはヴェーバーの宗教社会学について、長大な解説論文〔Parsons 1967a〕を書いている(8)。しかしパーソンズのその後の到達点は、ヴェーバーの宗教社会学とはかなり異なる独自のものになっていった。パーソンズの宗教社会学をヴェーバーのそれと区別するものは、アメリカ人としてのパーソンズがアメリカにおけるプロテスタンティズムの進化に向けた関心にあった。パーソンズがここで「進化」という語を使っていることの意味を鮮明に理解するには、彼がハーヴァード大学社会学科における彼のかつての先輩教授であったソローキンの世俗化理論を強く批判した論争的な主張［Parsons 1967b］を見るのがよいであろう(9)。

ソローキンは、「世俗化」（secularization）という語を用いて、宗教は近代化とともに一貫して衰退を続けてきたと主張した。ソローキンの世俗化理論は、「観念主義的」文化（ideational culture）から、「理念主義的」文化（idealistic culture）を経て、「感覚主義的」文化（sensate culture）へという、ソローキンに独自の「文化の三段階移行」図式に基づくものである。ソローキンによれば、西洋の古代・中世は観念主義的文化が支配した時代で、中世カトリシズムはこの観念主義的文化に裏打ちされていたが、近代における科学技術とインダストリアリズムの発展は、それが理念主義的文化を経て、感覚主義的文化の支配する時代へと移行する結果をもたらした。かくして宗教改革におけるプロテスタンティズムの出現は、中世カトリシズムに比して、「世俗化」すなわち「宗教的なものの衰退」を意味し、これは感覚主義的文化の漸次的優位に由来するものとして説明できる、というのがソローキン・テーゼであった。

これに対してパーソンズは、宗教はけっして衰退してきたのではなく、改革されてきたのである、とする強いアンティテーゼを立てた。パーソンズは、ヴェーバーが『プロテスタンティズムの倫理と資本主義の精神』において展開した「禁欲的プロテスタンティズム」の近代における発展は、宗教が一般的衰退に向かっているという見方とはまったくあいいれない、と主張した。周知のように、ヴェーバーは『プロテスタンティズムの倫理』の第一章において、カトリックは「非現世」（Weltfremdheit）であるのに対してプロテスタントは「現世の楽しみ」（Weltfreude）を求めるという見方がしばしば主張されてきたが、これは単なる皮相な印象だけからするまったく誤った見解であって、イギリス・オランダ・アメリカのピュリタンたちは、それとはまったく反対に、非現世的・禁欲的で信仰熱心であった、と主張した［RS1 : 24–6］。この認識こそ、ヴェーバーの『プロテスタンティズムの倫理』における全展開の出発点をなしたものである。パーソンズはヴェーバーのこのテーゼを継承しつつ、プロテスタンティズムがカトリシズムよりも「世俗化」しているという事実はない、とソローキンを論駁したのであった。

さてその後のパーソンズは、この視点から、アメリカに移住したピュリタンの子孫たちによって担われたプロテスタンティズムの「進化」に目を注いだ。パーソンズによれば、アメリカにおけるプロテスタンティズムは、カルヴィニズムの教義を深く信奉した初期のファンダメンタル・ピュリタニズムから、リベラル・ピュリタニズムへの変質を経て、より幅広い許容域を受け入れるエキュメニズム（世界宗教主義）へと進化してきた。一六二〇年にメイ・フラワー号に乗ってヨーロッパから移住してきた最初の百何人かの人びとは、イギリス国教会のもとでは到底やっていけないと考えた純粋で過激なピュリタンであり、それ以後トックヴィルがアメリカを訪問して『アメリカの民主主義』を書いた一八三〇年代までの二百年ほどのあいだ、アメリカはまったくプロテスタントの国であった。トックヴィルは同書の中で、アメリカ人は彼がこれまで出会った人びとの中で最も宗教的な国民である、と書いた。

ところが一八四〇年代以後、まずアイルランドの食糧危機によって、アイルランドのカトリックが多数アメリカに移住し、その後イタリアや東欧諸国からも多数のカトリックがアメリカに移住してきた。アメリカのプロテスタントたちは、これら多数の非プロテスタント系アメリカ人の出現に直面して、かつてのヨーロッパの宗教戦争におけるように彼らと宗教的な争いを展開することを避け、彼らを国民社会の成員として受け入れる道を選んだ。かくしてアメリカのプロテスタントのあいだには、寛大なリベラル・プロテスタンティズムが広がるようになった。黒人はプロテスタントであったが、アイルランド移民をはじめとして南欧や東欧の諸国からの多数の移民はそうでなく、東洋系移民にいたってはキリスト教徒でさえなく、アメリカは複数人種の国であると同時に複数宗教の国になった。そうなれば、ピュリタンだけが禁欲主義で勤勉であるとして独善的な態度をとることは、もはや許されない。アメリカはエキュメニズムを許容する国にならざるを得ない［Parsons 1978；パーソンズ 1984］(10)。

パーソンズは、直接的にピュリタン的伝統に由来するアメリカの支配的な価値（dominant value）を、「道具的活動主義」（instrumental activism）と名付けた。パーソンズはこの語を説明して、「道具的」というのは、地上に神の王国をつくろうとする神の意志の道具（an instrument of the divine will in building a kingdom of God on earth）になるということを意味し、また「活動主義」というのは、規範的秩序のシステムのもとにおいて価値ありとされる業績(valued achievement)をめざして最大限の努力をするということを意味する、と述べている〔Parsons 1964 : 158-60〕。かくしてパーソンズが道具的活動主義と呼ぶものは、まさにヴェーバーが「世俗内的禁欲」(innerweltliche Askese)と名付けたもの、例えば一方で能動的に企業者活動に励みながら、他方で贅沢を禁欲する、ピュリタン型の資本主義企業家の精神にほかならない。ただ違うのは、そのような規範的秩序のシステムは、こんにち道徳として、また法規範として「制度化」されているので、もはやその宗教的基盤を明示的に認知することによって動機づけられる必要なしに達成され得る、ということである〔Parsons 1964〕。

パーソンズのいう制度化は、ヴェーバーでいえば官職カリスマとかアンシュタルトなど、官僚制化の文脈で理解される。しかしヴェーバーとは異なって、パーソンズは道具的活動主義が制度化された価値であるということについて、それは基盤としてのピュリタニズムがカリスマ的精神要素を失って形骸化したものである、といったマイナスの価値付与をしていない。パーソンズは、プロテスタントでない多数の人びとをかかえこんだ現代のアメリカ人たちを、ヴェーバーのように「精神のない専門人」とか「心情のない享楽人」とか決めつけることはしなかった。その理由は、パーソンズがソローキンの宗教衰退論に強い批判を加え、「世俗化」は宗教的なものが失われたことを意味しない、と主張したことによって明らかであろう。

パーソンズは、アメリカの道具的活動主義は制度化された価値であるとしたが、それが宗教的意味を失ったとは考えなかった。ヴェーバーとは異なるパーソンズのこのような考えは、パーソンズが彼の最終著作となった『行為理論と人間の条件』において、ベラーの提唱した「市民宗教」(civil religion)の概念を受け入れ、特定の宗派や特定の教会への所属を私的な事柄と見なして問わない、きわめて緩やかな宗教を宗教として認めるようになったことによって、強められた〔Parsons 1978 : 199-209〕ように思われる。かつて一九二八―二九年の「近年のドイツ文献における資本主義」論文において、資本主義の発展がカルヴィニズムの精神価値を壊したとしたヴェーバーのペシミズムは、果たして正しかったであろうかと問うて、これに疑問符をつけたパーソンズは、彼の生涯の最終段階において、複数人種・複数宗教の国であるアメリカ——彼はしばしば好んで政治社会学者リプセットの「最初の新ネーション」(the first new nation) という語を援用した——を「国民社会」として統合あるものにするために市民宗教を提唱し、アメリカ社会における「宗教的なもの」はこのような緩やかなかたちで維持されていくと考えていたのである。

ヴェーバーの「精神のない専門人、心情のない享楽人」(Fachmenschen ohne Geist, Genußmenschen ohne Herz) とは、誰のことをいったのであろうか。専門訓練を受けた官僚のことをいったとするなら、それは官僚制に高い評価を与えたヴェーバーの支配社会学と矛盾する。禁欲的で勤勉に働く勤労者は、今日でも、企業にも官庁にも、工場にもオフィスにも、学校にも病院にも、労働者にも技術者にも、また人種を問わず、宗教を問わず、日本人に多い無宗教の人たちをも含めて、数多くいるだろう。そのように考えるならば、ヴェーバーのペシミズムは、理由なきペシミズムであるといわねばならないのではないか。

## 5 日本における資本主義の精神の欠如——ヴェーバー／パーソンズの宗教社会学からの帰結——

最後に、シンポジウムの課題設定に合わせて、「ヴェーバー／パーソンズと近代日本」という問題を考えよう。ヴェーバー／パーソンズの宗教社会学はどちらも、「西洋（ヨーロッパとアメリカ）における自生的な近代化とキリスト教との関係」を明らかにすることに向けられた。ヴェーバーの場合にはこれに加えて、彼の「ただ西洋においてのみ」命題（“nur im Okzident” Satz）を補強するために、それの対偶命題、すなわち「非西洋（アジア）において近代化が自生しなかったことと非キリスト教との関係」を明らかにする、という比較宗教社会学的研究の作業が大きなスケールで遂行された。

日本の問題をこのような文脈の中に挿入しようとする時、日本の位置は微妙なものとなる。なぜなら、日本は非西洋かつ非キリスト教の国であるが、非西洋・非キリスト教圏の中では例外的に早く近代化を達成することに成功したからである。この「非西洋において最も早い近代化の達成」という事実に宗教との関係を認め得るかどうか、もし認め得るとすればそれはいかなる宗教であるか、ヴェーバーのいう合理化は日本においても進行しているか、これらのことが「マックス・ヴェーバーと近代日本」という問題設定のもとに、日本でこれまで論争的に議論されてきた(11)。しかしヴェーバーもパーソンズも日本についての専門研究者ではなかったのだから、われわれがここで「ヴェーバー／パーソンズと近代日本」を論ずるとしても、この課題についての答えが彼らの著作自体の中にあるわけではなく、論ずるのはもちろんわれわれ自身であるほかはない。とはいえ彼らの著作の中には、西洋との対比において日本の近代化の位置づけを考えるヒントは、いくつか存在している。ここでは、つぎの三つの項目を手がかりにしよう。すなわち、第一に日本にはキリスト教におけるような宗教改革はなかったという問題、第二に日本における政治と宗教との関係はキリスト教の場合と著しく違っているという問題、第三に近代の日本にはキリスト教国には少ない新宗教・新々宗教がきわめて多数あるという問題、というのがこれである。

第一は、日本は産業革命を達成したが、日本の伝統的な既成宗教は宗教改革を達成したわけではない、という問題である。没年が一九二〇年であったヴェーバーは、日本が達成した初期産業化を認知しており、そのことを『ヒンドゥー教と仏教』に「日本は資本主義の精神を自分でつくりだしたのではないとしても、資本主義を外からの完成品として比較的容易に受け取ることができた」と書いた。しかしヴェーバーは、日本の宗教に関しては、「日本人の生活態度の『精神』についての、われわれの関連にとって重要な特性は、宗教的契機以外のまったく別の事情によって生み出されている」と考えていた。その「宗教的契機以外のまったく別の事情」としてヴェーバーがあげたのは、「政治構造および社会構造における封建的性格」ということであった［RS2：296–300］。ヴェーバーが資本主義の精神の源泉として強調したカルヴィニズムは、宗教改革をつうじてキリスト教を近代思想にした近代化革命の担い手だったのであるから、宗教改革を経験せずしたがって近代思想の担い手にならなかった日本の諸宗教が、資本主義の精神の源泉たり得るはずはない。日本の資本主義は日本に自生した資本主義ではなく、ヴェーバーが言ったように「外からの完成品として」輸入した制度であったから、独自の「資本主義の精神」というようなものは不要だったのである。

他方、没年が一九七九年であったパーソンズは、日本の高度経済成長を認知しており、また門下からロバート・ベラーおよびエズラ・ヴォーゲルという日本についての専門研究者が出たこと、および三回の来日を経験したことにより、日本の近代化についての知識は浅くなかった。そのパーソンズもまた、関西学院大学での三ヶ月の講義の末尾部分で、簡略ながら「日本の歴史は長い間、神道の要素もあり、仏教の要素もあり、それにキリスト教の要素もあり、宗教の多元性の基礎が存在したと思います。そして近代において国家神道という形が短期間存在した時代を除いて、宗教は重要な政治問題ではなかったと思います」（『社会システムの構造と変化』［パーソンズ 1984 : 287-8］）と述べている。パーソンズが強調したアメリカの価値システムとしての「道具的活動主義」は、イギリス国教会に反逆したカルヴィニストたるピュリタンの伝統に由来するものであり、ヴェーバーのいう「世俗内的禁欲」とともに、近代日本の諸宗教には求め得ないものである。

第二は、政治と宗教の関係にかかわる問題である。ヴェーバーは上述したように、祭司権力が政治権力を屈服させたものが「教権制」（Hierokratie）であり、教権制が普遍主義的支配権を獲得したものが教会であり、逆に政治権力が祭司権力を屈服させたものが皇帝教皇主義（Cäsaropapismus）であるという対比的概念化を行なった。この対概念で日本と西洋を対比すると、つぎのようにいえるであろう。日本の神道は、皇室の祖先崇拝と結びついた祭政一致の宗教であったとはいえ、パーソンズが示唆したように、近代において国家神道という形が短期間存在した時代を除いて、ヴェーバーの意味でのアンシュタルトを形成しなかった。日本の仏教は、古代から中世にかけて、荘園領主としての経済的基礎を確立しており、さらに室町時代には寺院が守護大名でもあるという、ヨーロッパ中世の教権制に近い政治権力をもっていたが、徳川時代になるとまったく武家政権に押さえ込まれ、幕藩制権力に従属する存在になってしまった。日本の儒教にいたっては、武士の教学を独占したとはいえ、宗教としては、神社や寺院に相当する建造物さえほとんどもたなかった。かくして、中世ヨーロッパのカトリック教会が強い聖権を確立して俗権をこれに従属させ、ヴェーバー的概念化でいえば教権制を制度化していたのと対照的に、日本の近世封建制においては、武家政権という俗権が強大であって、聖権はこれに従属していたから、ヴェーバー的概念化でいえば皇帝教皇主義であった、ということになるであろう。

西洋世界におけるキリスト教は、このようにきわめて強力で持続力の強い宗教権力を確立していた。ヴェーバーが宗教の官僚制化の過程を定式化した「真性カリスマから官職カリスマへ」、「官職カリスマから教権制へ」、「教権制から教会へ」という図式は、ここでもまた「ただ西洋においてのみ」命題の一環にほかならなかった。宗教改革におけるカルヴィニズム登場の意味を理論化し、近代資本主義と近代官僚制とを並行する二本の柱とする近代化イコール合理化の意味を理論化したヴェーバーの試みは、このような歴史的背景のもとにおいてはじめて可能になったものである。ヴェーバーがアジアの近代化をもっぱら否定的な観点からのみ見るにとどまったのは、時代的制約があったことはいうまでもないとしても、彼が「ただ西洋においてのみ」命題のタームで考えていたことの反面にほかならなかった［富永 1998 : 17-55］。だからわれわれ日本の研究者は、ヴェーバーの近代化理論を基本的に「ただ西洋においてのみ」命題としての文脈で受け取らねばならず、この理論を歴史的背景のまるで違う日本における資本主義の精神の形成に直接あてはめることはできない、という態度をとる必要があるのではないか。

第三は、近代日本における新宗教・新々宗教の問題である。(12)最近の日本の宗教学者が用いる呼び方に合わせて、幕末以後に発生し近代において大きな教団を形成した諸宗派を新宗教と呼び、その中で第二次大戦後に発生した諸宗派を新々宗教と呼ぶことにする。島薗進『現代救済宗教論』［島薗 1992］にあげられている教団リストに従って、信徒数の多い順にそれぞれを例示すると、新宗教としては生長の家・霊友会・PL教団・天理教・本門仏立宗・金光教・大本教など、新々宗教としては創価学会・立正佼成会・真如苑・仏所護念会教団・世界救世教・念法真教・妙智会教団などとなる[13]。新々宗教の数は非常に多く、それらの中には、例えば阿含宗・真光教団・ＧＬＡ教団・幸福の科学などのように、念力・呪術力・超能力・霊能力などの非合理的な力を公然と用い、オウム真理教にいたっては薬物まで用いて、エクスタシーをつくりだすものがある。

ここでヴェーバー／パーソンズの宗教社会学との関連において、日本における新宗教・新々宗教の問題にふれる理由は、それらがヴェーバーのいう呪術からの解放としての合理化論、およびパーソンズによる世俗内的禁欲のアメリカ版としての道具的活動主義の価値システム論のいずれともまさに対照的に、とりわけ戦後において新々宗教が呪術の花盛りを現出してきたのはなぜか、という問題を考える必要があるからである。これについて、さしあたって考えられるのは、つぎのような日本に固有の宗教環境であろう。すなわち、第一に、日本の既成宗教は、神道・仏教・儒教に分かれて統合されておらず、ヨーロッパにおけるキリスト教のような集中力を欠いてきたこと。第二に、日本の既成宗教は、上述したように、徳川時代いらいヴェーバーの意味での「教権制」を確立することができなかったため、ローマ教会のような権威を有するアンシュタルトをもち得なかったこと。第三に、日本の既成宗教は、すでに繰り返し述べたように、宗教改革によって宗教教義を近代思想につくりかえることをしたことがないため、近代になってからも、宗教といえば非合理的な呪術のことであるといったレベルの理解から民衆が解放されなかったこと。第四に、上述の点と関連して、日本の民衆には宗教に現世の「御利益」を求める要求が非常に強いが、既成宗教はこれに十分答えてこなかったため、そこに一種の空白があったこと。これらのことが、近代になってからの日本において、新宗教・新々宗教がキリスト教諸国に例を見ないほど花盛りとなった理由であると考えられる。

冒頭に述べたように、資本主義は経済にかかわるカテゴリーであるが、精神は文化にかかわるカテゴリーである。日本は制度としての資本主義を完成品として西洋から輸入することに成功したため、アジアにおいて最も早く経済的近代化（パーソンズのいうＡセクターの近代化）を達成することができたが、完成品として簡単に輸入することの困難な政治的近代化と社会的近代化（それぞれパーソンズのいうＧセクターおよびＩセクターの近代化）はそれより遅れ、とりわけそれが不可能な文化的近代化（パーソンズのいうLセクターの近代化）は現在にいたるまでまったく進行していない［富永 1990；富永 1998］。現在の日本では、フランス思想の流行に乗って、近代化はすでに完了していまやポスト近代化の時代であるとする言論がさかんであり、戦後日本を批判的に見る視点を身につけていない若い世代の人びとの多くはこのポスト近代化の言論を抵抗なく受け入れているように見えるが、精神の近代化は、日本ではまだこれからの課題であるといわねばならないのではなかろうか。

## 注

（1）　ヴェーバーの「資本主義の精神」についてのテーゼは宗教社会学に位置するが、経済社会学もこれと関連をもっている。他方、「官僚制」についてのテーゼは、支配社会学に位置している。だから本稿におけるヴェーバー論は、宗教社会学と経済社会学と支配社会学の三つが交わる地点に視点を定めることになる。なおヴェーバーは、資本主義も官僚制も近代以前からあったとして、古代資本主義や家産官僚制などの概念を設定するが、本稿では近代資本主義と近代官僚制のみを問題とする。

（2）　ヴェーバーの『宗教社会学論集』所収の諸論文の中で、『プロテスタンティズムの倫理と資本主義の精神』は、執筆が飛び抜けて早く、一九〇五―〇六年に *Archiv für Sozialwissenschaft und Sozialpolitik* 誌に発表されたが、これに続く『世界諸宗教の経済倫理』所収の諸論文は一九一五年以後に同じ雑誌に発表されており、『経済と社会』所収の『宗教社会学』は両者の中間に書かれたと推定されている。

（3）　この論文の出版はパーソンズ二六歳の時で、彼の出版された論文中最初のものであった。

（4）　パーソンズのヴェーバー論を主題にして日本で書かれた最も早い時期の論文として［住谷 1968］をあげておく。

（5）　スメルサーが共著者になったいきさつは、ESのもとになったケンブリッジ大学におけるパーソンズのマーシャル記念講演が、講演の聴き手であった経済学者たちに不評であったことから、この本の第4章と第5章に景気循環や消費関数や経済成長に関する多少テクニカルな経済理論を導入するために、当時オックスフォード大学に留学して経済理論を勉強していたパーソンズ門下のスメルサーにパーソンズが協力を依頼した事情によっている。

（6）　「経済委託」（economic commitment）とは、経済システムが必要とする機能を他のサブシステムに委ねることをいう。「委託」（コミットメント）という語の意味は、のちに経済倫理学者のアマルティア・センが論文「合理的な愚か者」の中で用いたコミットメントの語の意味と同じである。

（7）　この場合の「社会的行為」にヴェーバーは Gemeinschaftshandeln という語を用いているが、ここで Gemeinschaft というのはテンニェスの用語法と異なりGesellschaftの対概念として使われているのではないので、soziales Handelnというのと同義に解するのが妥当である。

(8) ［Parsons 1967a］は、ヴェーバーWuG第2部第5章「宗教社会学」のEphraim Fischoffによる英訳本（一九六三年）のIntroductionとして書かれた。

(9) ［Parsons 1967b］は、Tiryakianによって編集されたソローキン七〇歳の記念論文集（一九六三年）への寄稿として書かれたものであった。

(10) ［Parsons 1978］は、*International Encyclopedia of the Social Sciences*への大項目“Christianity”の寄稿（一九六八年）である。またパーソンズ［1984］は、日本語オリジナルの本で、パーソンズの死の五年後に出版された。パーソンズは彼がミュンヘンで客死する前年の一九七八年に、関西学院大学の招聘によって来日し、三ヶ月間の集中講義を担当した。本書は、その講義の速記から翻訳されたものである。この本の最後の章（第一五講「現代社会と宗教」）に、世俗化とエキュメニズムについての説明がある。

(11) ヴェーバーの宗教社会学との関連で日本を論じた著作は数多いが、ここではそれらのうち、比較的最近出版されたものの中から、つぎの諸著作を参照している［中村編 1990; 小笠原 1994; 池田 1999］。

(12) 新宗教と新々宗教について書かれた著作は多いが、ここではつぎの三冊を参照した［島薗 1992; 沼田 1988; 村上 1980］。

(13) 創価学会は創価教育学会の名で一九三〇年に創立されているが、創価学会としての再スタートは戦後なので、新々宗教に入れた。なお金光教と大本教は、戦前に大きな影響力をもった新宗教であるが、［島薗 1992］に掲載されている一九八五年現在の信徒数上位一六の中に入っていない。

# エスニシティ・ネイションの「政治・国家社会学」としての『経済と社会』

佐久間孝正

## 1 はじめに

一九八〇年代後半から始まった東欧圏の崩壊は、これまでの「冷戦」に代わって「民族殺戮の時代」を生みだしている。そのようなおり、八〇年代初期から半ばにかけて、あたかもこんにちの複雑な「民族の世紀」を予測するかのように「エスニシティ論」に関する重要な書物があいついで出版された。一つはB・アンダーソンの『想像の共同体』であり、もう一つはこれに触発されて書かれたA・スミスの『ネイションとエスニシティ』である。

ところでこの二書を読んで驚くのは、彼らのエスニシティ論がその根幹においてウェーバーのそれと著しいまでに酷似していることである。これは何も二書が、ウェーバーのエスニシティ論の借用だというのではない。むしろ逆に従来までウェーバーは、マルクスやニーチェ、あるいは合理化や官僚制などとの関連で論じられることが多かったため、彼のエスニシティ論が無視されてきたこと、彼の社会学理論は――特に『経済と社会』は、こんにち的な民族問題を解読する書として読むべきではないかということを指摘したいのである。以下の小論は、ウェーバーのエスニシティ論の内容を紹介しつつ現在の民族問題を考える上で重要な論点が含まれていることを示すことである。

## 2 アンダーソンとウェーバーのエスニシティ論

近年の話題作、アンダーソンのエスニシティ論の基本は、次の三点に要約できる。一つは、「国民とは［イメージとして心の中に］想像されたもの」であるということ、あるいは「国民」も「国家」も主観の構成物だということ、二つは、このような「国家」の普及はメディアによること、その意味では「国家」も「国民」も印刷技術が発展した近代以降の産物であること、その後世界中で国家建設が盛んになったのも「出版資本主義」の存在と深く結びついていること、三つは、したがってナショナリズムも近代の産物であり、この民族の「主観的な思い」が「激情的な形」で世界を席捲していることである。

アンダーソンの理論が、なぜ注目されたかといえば国民も国家もそしてナショナリズムすらも、何か客観的な基準があって他と区別され、かつ人々をして生命を賭してまで自己のアイデェンティティにこだわらせるのではなく、それは過去の神話や伝説、出自や共通の祖先に対する「思い入れ」などすぐれて主観的な要素に依存していること、さらにそれが印刷物によって世界中に伝播していったことを暴いてみせたからである。

ところでエスニシティをめぐるこれら三つの特質について、九〇年も前にウェーバーが詳細に論じていたことは注目に価する。まず一についてウェーバーは、きっぱりと「国民」とは客観的な要素によって規定されるものではなく、自分も彼らと同じ出自に属しているという血統への「主観的な思い」「信念」に依存していることを明らかにしている。また二の国家、国民を形成する上で広範な民衆に共通の心情を作り出すメディア、とくに新聞の役割に注目している。国民的な共属の心情は、印刷メディアの普及によるというのである。三については、国民には「摂理による使命」が隠されており［WuG : 530, 濱島訳 : 214］、ナショナリズムとは「神話化された使命」への思い入れによるものでこれまた近代国民国家形成以降の特有の産物だというのである。

　このように現代の民族問題をめぐる上で重要な論点がほとんどでそろっていたにもかかわらず、これまで二・三の書を除いてあまり顧みられなかったのは残念である［川上 1993 : 160–218 ; 佐藤 1998 : 51–65］。それゆえもう少し彼の提起した問題を掘り下げてみておこう。

## 3　ウェーバーのエスニシティ論の展開と特質

　ウェーバーのエスニシティ論は、以下、四つの学会発表や論文のなかで集中的に論じられている。第一は、一九一〇年一〇月にもたれた第一回「ドイツ社会学会」大会におけるアルフレート・プレーツへの批判的コメント、「人種概念と社会概念、あわせて関連する二・三の問題」である。第二は、二年後の一〇月にもたれた第二回「ドイツ社会学会」大会のこれまたコメント「『民族の社会学的意義』によせて」、「『民族の権利』によせて」、さらに「『人種理論的歴史哲学』によせて」である。第三、第四は、『経済と社会』Ⅱ部四章の「種族的共同社会関係」であり、同じくⅡ部八章の「政治ゲマインシャフト」においてである。

　さて第一回「ドイツ社会学会」大会であるが、ウェーバー自身この時点でエスニシティや人種について、積極的な理論は展開していない。あくまでも社会の興隆・繁栄が、支配的人種の優秀性とかかる優秀性を遺伝によるとしたプレーツへの批判というかたちで展開されている。ウェーバーの結論は、こんにち科学的に確立された明確な人種理論など存在しないこと、同様に特定の明示的な要素が遺伝によって継承される因果関係も立証されていないこと、このような特定領域での因果関係すら立証されないまま遺伝理論だけが意味あるように吹聴されるのは、危険であり、むしろ科学的には有害であると断じている。

第二回の「ドイツ社会学会」大会になると人種論や国民論についてのコメントは、かなり詳細なものとなる。これは、ウェーバーの大著『経済と社会』の執筆時期と並行していたからであろう。紙数の関係もあるので三つの発表を逐一論じることはしないが、ウェーバーは「国民」とは、「一つの感情の共同体」であると規定している。その上で、共通の感情を形成するものとして信仰の共同性、政治的運命の共有化、共通の国家組織、さらに文化的な要素にも注目しそれには言語や新聞、恋愛小説、これを書く場合の俗語の存在、印刷物、出版社の役割などに注目している。その上で国民の規定にあいまいな人種理論など役に立たないこと、アメリカでは黒人の血が「百分の一しかない女性でもニグロの女」とされるのに、ドイツでは、ドイツ人の血がほとんど無い人でもドイツ人にみなされることがあること、あるいは「ニグロ」に固有な人種的臭いなど存在しないこと、しばしば工場の収益性の違いに人種や遺伝的素因がもっともらしく語られるが、これにはむしろ教育など後天的なものの方が重要なのであり、当時の人種理論家による支配的民族の血統の純粋性への思い入れは危険だとしている［SSp : 484–9, 中村訳 : 280–91］。

さて、ウェーバーのエスニシティ論がもっとも詳細なかたちで展開されるのは、第三の局面においてである。ウェーバーによれば、特定のエスニシティへの帰属意識は「外見上の容姿」と「習俗（Sitte）」の共有にあり、これが前提となってゲマインシャフト関係が成立する。その場合、この容姿と習俗、すなわちハビトゥスの異なる者へは反発や軽蔑、あるいは宗教的な畏怖の念が生じる［WuG : 234, 中村訳 : 66–7 ; 折原 1997c : 88］。国民国家とは、この容姿と習俗の共有化を前提に共通の言語を話す国民を束ねて、さらに勢力拡張を図る権力追求に発する。これらウェーバーのエスニシティ論や国民規定の特徴は、言語の共有を第一義としてはいないこと、共通の言語はハビトゥスや同一の宗教などと融合して意味をもつこと、また権力追求に近代国民国家の本質をみていること、それゆえ国民には「神話化された使命感」も生じることを指摘していることである。これは、のちに展開されるウェーバーのナショナリズム論の布石にもなっている。

なぜ、言語や血統の共有を国民規定の本質とはみなかったのか。それはスイスとドイツ、あるいはアイルランドとイギリス、さらにはアルザス地方にみられるように、同一言語を話していても双方区別する例があまりにも多いこと、クロアチア人やセルビア人のように血統が同じでも宗教の相違により国民性の感情に差異があることである。近年の研究では、同一エスニシティでも例えばスコットランドの低地地方と高地地方、あるいはウェールズの北部と南部の人のように異なる言語を話す例が紹介されており［Smith 1986 訳：34］、エスニシティの規定にすら言語が決め手にならないという意味でもウェーバーは、当時すでにこんにち的な問題を提起していたといえる。近年のユーゴスラビアの解体は、ウェーバーの見抜いていたものを地で行くものであった。

『経済と社会』Ⅱ部四章の主題が、「レイス－エスニシティ論」だとすれば、Ⅱ部八章の主題は「国家－国民論」である。ウェーバーは、前半で対外的な権力論との関連で「政治ゲマインシャフト」を論じ、後半で国民を論じている。ウェーバーによれば、政治ゲマインシャフトとは、物理的な強制力によってある地域住民を一時的に、もしくは永久に統制下におくことにより共同社会行為が成立することである［WuG：514, 濱島訳：175］。一方国家とは、「ある特定の領域で合法的な物理的強制力の独占を要求する人間の共同体である」［WuG：822, 石尾訳：18］。前者が、特定の領域で強制力が行使されることによって生じる人々の横の関係（集合体）に注目したものだとすれば、後者は同一領域内で強制力が独占されることに伴う支配－服従という縦の関係（集合体）に注目したものといえる。いずれの場合にもこのような強制力には、正当性の信念が付着している。そしてこの正当性の背後にあるのは、カリスマ的な力なり過去の伝統、合理的規則のもつ「威信」である。これらの威信が揺らぎ、正当性への信念が失われると政治ゲマインシャフトなり国家は重大な挑戦を受けることになる。それゆえ為政者の心すべきことは、正当性への信念を絶えず燃やし続けることである。

では国民とは何か。すでに政治ゲマインシャフトや国家の規定から明らかなように、それは特定の領域内で共通の政治的な権力を追求しようとする集団を思わせるが、本書でのウェーバーは、国民とはなにと同一視されてはならないかから検討している。まず国民とは、政治的な「公民（Staatsvolk）」ではない。同一の言語集団でもない。同一の宗派・宗教集団とみなされてもならない。まして同一の人種でもない。その上でウェーバーが注目したのは、前半の国民国家論との関連で国民が「政治的運命の共同への追憶」と結びついていること［WuG : 528, 濱島訳 : 210］、その限りで「国民には摂理による使命への伝説」が託されていることである。であればこそ政治的な運命を共有している民族は、その固有の政治権力を遂行するためにも共通の国家を形成するようになる。そして権力が強く求められれば求められるほど、国民と国家の結びつきもより緊密なものとなる。

この背後にあるのは、成員のもつ特殊な威信感情である。この威信感情は、単なる経済的利害の関数ではない。これは、他民族との関係のなかで他との違いを自覚することによって発揮される。こうしてあらゆる民族は、固有の文化や威信を保持するために政治権力を必要とする。ナショナリズムが摂理に対する使命を帯びているというのは、この威信感情・利害関係が他の民族との関係性のもとで特殊な意味で運動へと昇華したものだからである。かくしてこの政治権力が独占されているところ、それが国家であり、ハンガリー、チェコ、ギリシャ人を国民にしたものこそ独自の政治権力を追求して国家を形成したからであり、そうでないとユダヤ人のように単なる民族で終わってしまうのである［WuG : 529, 濱島訳 : 210–1; 佐久間 1986 : 323］。

アンダーソンのエスニシティ論を批判的に検討したスミスは、エトニとは「共通の祖先・歴史・文化をもち、ある特定の領域との結びつきをもち、内部での連帯感をもつ名前をもった人間集団である」とし、ネイションを「歴史的な領土、共通の神話と記憶をもつ大衆、公に認められた文化、統一された経済、構成員すべてに共通した権利と義務、これらを共有しかつ名前がある人間集団と規定している［Smith 1986, 訳 : 39, 321（訳者解説）］。エスニシティとネイションの違いは、共通の祖先の有無、統一された経済圏の存在と共通の権利・義務の発生にあり、前者は血縁はともかく特定領域内での共通の貨幣、税体系による経済生活の問題であり、後者は法的に認められた市民権にかかわりいずれの場合にも言語は、本質規定から抜けている。この規定に照らしてみてもウェーバーのエスニシティ－ネイション論は、現在の重要な論点をほとんど先取りしているばかりか、なぜある民族はエトニのままであり、他の民族はネイションとなりえたのかについても特殊な意味での「市民」の成立や政治権力との関係で論じていたといえる。

## 4 当時のエスニシティ論争の背景

ウェーバーが、こんにちの時点からしてもエスニシティに関する重要な論点を先取りできたのはなぜだろう。そこには、二つの理由がある。一つは思想史的な理由であり、二つは個人的要因である。前者は具体的にいえば、当時社会民主党のあいだでカウツキーとバウアーを中心に民族問題をめぐりかなり本格的な議論が行われていたこと、後者は先住民族や黒人問題を考える上で重要なアメリカを直接訪れたことである。

マルクス主義のアキレス腱は、しばしば少数民族問題が欠落していることだといわれる。後年のマルクスには、アイルランド問題やポーランド問題に代表されるように単なる先進国革命ではなく後進国革命を相互に媒介させる視点があり、また後進国革命を現実的なものとしていったレーニンが少数民族に多大な関心を払っていたことも事実である。しかしレーニンのは、あくまでも「民族自決」であり、「民族自治」ではなかったし［上条 1997：152］、マルクスのインド論や中国論もイギリスの「後進国」への支配がいかに弾劾に価しても彼らが自生的に近代社会へ決定的な一歩を踏み出しえない以上、イギリスの文明化作用を無視するわけにはいかないという主張に顕著なように、「後進国」や少数民族は歴史においてしばしば進歩を妨げ反動的な役割を演じるというのがマルクス主義の共通認識であった。これをもっとも典型的にあらわしていたのが、エンゲルスの「歴史なき民」である。少数民族や国家を形成しえない民族は、一時的に歴史に登場し歴史の歩みを止めたり逆行させたりできるかもしれないが、大局的には大きな民族の歴史的趨勢に従わざるをえず文明の埒外にあるというのである。あたかもスターリンの大国主義にも負けないエンゲルスの大国主義は、しばしば指摘される通り文明化の進んでいるヨーロッパに社会主義革命は成立するのであり、そのためには文明化・産業化は不可避であり、東洋や少数民族は文明にほど遠く、彼らの文化や生活習慣を守ろうとすることは歴史の歯車を停滞、もしくは逆転するものだとの認識である。エンゲルスがスラブ人を文明の敵とみなしたり、メキシコへのアメリカの侵略を文明の利益に比べれば、「ヤンキー」の侵略などとるに足らないなどと喝破しえたのはこうした西欧中心的な進化史観ゆえである［良知 1993 : 68］。

丸山氏は、こうしたエンゲルスの歴史観にヘーゲルの歴史哲学の影響をみている。すなわち、ヘーゲルには「世界史的民族」の観念があり、世界史をリードするのは、大国、すなわち普遍精神を宿す大国民族だとの信念があった。エンゲルスもまた少数民族は、伝統的で農業や牧畜民族であり、大国は産業が発展しているゆえに工業民族であり、社会主義社会が近代的な工業プロレタリアートを前提にする以上、大国が歴史の担い手になるのは必然と考えていたのである。また、政治形態からいっても主流民族は、中央集権を発展させるのに対して、少数民族は自分達の権益を守るために地方分権を要求しがちである。それは、かえって歴史の歩みを妨げるもの、社会の進歩や発展の障害物と考えていたのである。つまりヘーゲルやエンゲルスには、ゲール人やウェールズ人、アイルランドやブルターニュの人々が世界史で果たす積極的な役割をみない［丸山 1992 : 5］、歴史における普遍史的思考が濃厚である。

こうしたエンゲルスの背景に、さらにはダーウィン的な生物進化論も反映していたことは間違いない。少数民族が、主流民族に経済的にも文化的にも淘汰されるのは生物学の領域でも真理だと思われたのである。後年になればなるほどダーウィン評価から離れていったマルクスと異なり、エンゲルスのダーウィン評価は『種の起源』以来終生変わらなかった。マルクスなきあとのマルクス主義者にとって、エンゲルスの影響は絶対であっただけに、民族問題をどう位置づけるかは大きな課題であったが、このマルクス主義のアキレス腱を克服しようとしたのが、オーストリアのO・バウアーとドイツのK・カウツキーであった。

初めに口火をきったのは、ウェーバーをして「言語闘争の典型的な国」［WuG : 528, 濱島訳 : 209］といわしめたオーストリアのバウアーである。彼は、一九〇七年に『民族問題と社会民主党』をあらわし、民族とは「性格共同体」なり「文化的共同性」を等しくする者どうしの集まりであって言語は決め手にならないとした［丸山 1992 : 205–7］。バウアーは、すでに言語が共通でも同一民族にみられたくないこんにち的な例——イギリスとアイルランド、クロアチアとセルビアなど多くの事例を知っており、それだけに民族をわかつものに客観的なものよりも言語を媒介に形成される主観的なもの、すなわち文化や性格、精神など、いわゆるエスプリ的なものを重視した。

これがでるとただちにペンをとったのがカウツキーである。もともとチェコのプラハに生まれ若いときから民族問題に関心のあった彼は、以前から民族の本質を住民のコミュニケイトする手段としての言語にみていたが、バウアーの書に接し再度民族の規定要因に言語を強調したのである。もし文化や性格のごときエスプリ的なものが、民族決定の本質的要素だとするなら、民族と民族以外の諸団体との区別がつかなくなるばかりか、エスプリ的なものは民族を越えて共通するものだからである。イギリスとフランスの農民、イギリスとドイツの官僚は、エートス、ハビトゥスにおいても著しく類似している。その意味で民族を区別する本質は、言語にこそ求めるべきでバウアーの上げた共通の言語を話しながらも民族を区別する例は、共通の言葉が複数の民族にまたがるだけのこととみた［丸山 1992 : 208–10, 212–4］。

ウェーバーが、双方の論争に直接関わることはなかったが、彼の立場は、そのエートス論やハビトゥス論、あるいはこれまでみた民族規定に主観的要素を重視する姿勢からもバウアーに近かったと思われる。ウェーバーのカウツキー的なマルクス主義への違和感は、こうした民族の規定にまで及ぶと思われるが、しかしバウアーの理論だけで片づくものでもなかった。その点で、ウェーバーの複雑なエスニシティ論は、当時のマルクス主義陣営を中心に繰り広げられていた論争に対する自分なりの回答でもあった。

第二の理由は、ウェーバーのアメリカ体験である。精神疾患が一時おさまりウェーバーの後半の目覚ましい研究活動が開始された一九〇四年、以前の同僚ミュンスターベルクからアメリカ、セントルイスで開かれた世界博覧会に招待を受けたのである。彼のアメリカ滞在はほぼ三か月の短期間であったが、妻と共にニューヨーク、シカゴ、セントルイス、ニューオーリンズ、フィラデルフィア、ワシントン、ボルティモア、ボストンなどを精力的にみて回った。そしてアメリカインディアン、黒人、アイリッシュ、イタリア人などのあいだにそれこそ路上でみられる仕事の分離も含めた複雑な民族階層構成を知った。

ウェーバーのアメリカ評価は、アンビヴァレントなものである。それは、近代化・産業化の先端を走る社会の光と影をついている。一方では、妻の口を通して「資本主義の牙城の壮大な眺め」が語られる。しかし他方では、「作られたものの偉大さと作ったものの卑小さ」とか、「あらゆる個別的なものを無差別に飲み込むこの怪物」［LB, 訳：224–8］といった表現からも知れるように、近代の巨大な産業社会が個性的にして人格的なもの（関係）を非人格的にして物象的なもの（関係）に置き換える姿が洞察されている。それゆえ封建社会がなく、貴族が存在しないアメリカでは、自分より下の身分の者を人為的に作る必要が生じ、それが黒人蔑視となってあらわれ、さらにはこの根無し草的大陸で自分の人となり、人格的なものを表示するためにゼクテがヨーロッパ本国よりいきいきと機能することになる。その上でウェーバーは、この時点でアメリカの二大問題を指摘している。黒人問題と人口流入問題である。ウェーバーとまったく同じ時期にアメリカを訪問し、アメリカ論の古典といわれる『アメリカ印象記』を書いたヘンリー・ジェイムズも、アメリカ社会の「限りなき成長への意志」と「一切の個性を剥奪」し「画一化」する両面性を指摘し［James 1968, 訳：23–4］、かつ黒人問題にも言及しているが人口流入への危惧はないから、ウェーバーの指摘は後年の移民問題に揺らぐアメリカの苦悩をいち早くみていたともいえる。

しかし、ウェーバーのアメリカ体験で重要なのは、彼に人種概念を放棄させ国民や国家の人為性を知らしめたことだろう。以前ウェーバーは、「ポーランド人を人間にしたのはドイツ人だ」［PS：28, 中村他訳：43］にみられるような露骨な「人種意識」があった。しかしアメリカで繰り広げられる現実は、国民や国家の人為性である。以前クレヴクールが、「アメリカ人とは何者か?」と問い、それは「ヨーロッパ人でもなければ、ヨーロッパ人の子孫でもありません。したがって他のどの国にもみられない不思議な混血です」。「新しい生活様式、自分の従う新しい政府、自分のもっている新しい地位などから受け取っていく、そういう人がアメリカ人なのです」と述べたが［Crèvecœur 1963，訳：75］、けだしこれはウェーバーにとってアメリカ人に限ったことではなかった。国民とは、客観的な出自によって決まるのではなく、習俗や自己の従う帰属意識など主観的なものによって決まるのである。

前述したアルザス地方の住民がドイツ語を話しながらもフランス国民に愛着をもつのは、フランス革命という人類史に燦然と輝く栄光の民族と同じでありたいという願望の表れであろうし、同様に黒人の血が一滴流れているだけで黒人とみられ、著名人がドイツ人の血を一滴たりと受けずともドイツ人にみられるのも利害・評価が働くからである。その意味で国民とは、「属地的」なものではなく「属人的」なものなのである。その後もウェーバーは、黒人が人種的に（遺伝的に）臭いという偏見に対しては、衛生的でなければ白人だって臭く、不快な匂いはなんら人種と関係がないなどたびたび論文やシンポジウムで言及しているが、新大陸アメリカでの経験は、人種や国民、国家の問題（人為性）を考える上で大きな役割を果たしたのである。

## 5 アンダーソンを超えて

以上ウェーバーのエスニシティ論が、こんにちの議論に照らしてみても重要な論点を含んでいることがわかるが、それだけではない。彼の理論には、エスニシティ論から国家論へと深化する「構造化の理論」が含まれていることである。しかもこの構造化の理論は、所有と生産関係によるマルクス的な「階級国家」論ではなく、エスニシティとネイションにまつわる共属の観念と正当性の信念を基本とした「国民国家」論であった。スミスは、なぜあるエトニはエトニのままであったり他のエトニは「ネイションステイト」まで進むのか、あるいはネイションステイトは、本質的に近代ヨーロッパの産物であるがその分岐をなした「市民」はどのような契機で生まれたのか、この「市民」成立の有無が東西社会の性格を分岐せしめたが、なぜアジアやアフリカに「市民」は成立しなかったのかなどを問題にしている。この意味で従来の歴史は、諸民族の国家形成の歴史ともいえるが、こうした諸点についてウェーバーは、『法社会学』や『都市の類型学』で立ち入った考察を加えているのである。

これまでの議論から明らかなように、ウェーバーにとって国民とは主観的な共属意識に大きく依存するものであった。ところでこの共属意識を生むものこそ国民がもつ「正当性への信念」であり、その根拠は法のもつ正当性である。では、近代社会において法はいかなる過程で生まれたのだろう。ウェーバーは、近代的な法の起源を「習俗」にまでさかのぼる。習俗とは、一群のあいだでのしきたりに基づいて行われる「慣習（Brauch）」である。自然的な生活の諸条件を共有する一群の人々は、無意識のうちに地理的・風土的条件に「適合した行為」を形成していくが、ここに共通の習俗も発生する［WuG : 14–5, 濱島訳 : 122–3］。

ところで習俗というものは、あくまでも意識的であれ無意識的であれ、人々によって自発的に繰り返されるしきたりなり行為であって、これは決して法や規則によって義務づけられた行為ではない。それゆえ問題は、このような広範な人々にみられる行為からどのようにして法に顕著な規範意識なり義務観念が生まれてくるかであるが、ウェーバーはここで「習律（Konvention）」というものに注目している。習律というのは、ある秩序が一群の人々のあいだでそれにそむいたときには「手厳しい批判を受けるという見込みによって秩序の実効性が外的に保証される」ことである［WuG$^5$ : 17, 濱島訳 : 130］。習俗が繰り返されると、そこに了解関係が成立し、これを破壊する行為に対する規制の観念がおきる。この規制の観念によって順守される習慣は単なる習俗ではなく、習律と呼ぶべきだと考えたのである。

そして特定の習律が、「拘束性」の感情を基盤に個々人の了解関係によって長期にわたって存続するようになると、やがて「秩序の保証を担当している者」たちのなかから「自分たちが問題にしているのは……単なる習律……ではなく強制可能な法的義務なのだという観念」［WuG : 189, 世良訳c : 36］も生まれてくる。こうなると各成員のあいだで、ある規律が実効性をもつと了解されていた習律からそれに背いた場合には、処罰される強制装置を備えた法が形成されることになる。この場合、ウェーバーにとって重要なことは、習律が規則の違反者に対して単なる非難によって守られるのに対し、法は、違反者を非難するどころか実際に処罰し、さらには事前的にもそのような強制装置を保持していることである。この強制装置の担い手こそ、近代国民国家にほかならない。

　こうしてウェーバーは、自然的なゲマインシャフトのなかで生まれた習俗からやがては、習律をへて近代国民国家の法形成までの過程を了解関係の成立と正当性の信念を軸に構造化へと深化させる理論を提起していたのである。ここにはさらに、習俗から法へと変転する過程で人格的な社会関係から物象的な社会関係へと移行する過程が、あるいは歴史とは正当的な支配の根拠が家共同体から氏族や近隣団体、そして国家へと転換すること、近代国家とは支配の正当性を最終的に独占した特異な団体であること、いったん成立した習俗や習律の変更にはかなりの勇気を要するが、これを行う上で歴史上しばしば大きな役割を果たしたのが宗教的なカリスマであったこと、例えばイエスが古代の氏族的な結合を「両親をもときに敵にしえぬ者は私の弟子ではない」として古代にあって人々を結びつけていた血縁的な紐帯を粉砕したこと、ヨーロッパにおいてはこの氏族結合が断ち切られたところに「市民」も生まれ、これが核となって自治都市が発展していったこと、これがやがては西欧市民社会と血縁的な東洋社会との分岐にもなったことなどが多様な角度から展開されている。これは近年問われている、「市民権」をめぐる議論にも重要な比較のパースペクティブを提供している［Castles 1994 : 5–25］。スミスのいう西のネイションステイト対東のエトニが、すでに歴史的かつ比較文化史的観点から考察されていたのである。

　この意味でウェーバーの『経済と社会』は、まさに「エスニシティ・ネイションの政治・国家社会学」と読めるのである。『経済と社会』の全章に、エスニシティとネイションの関係をめぐる歴史的東西文化比較の段階的・類型的認識視座がこだましている。彼が、本企画に『経済と社会』と名づけたのもいかに人間のさまざまな領域における経済的－収益的活動が地域の宗教的・民族的・文化的・習俗的、要するに社会的な影響を受けるかをそれ自体、「経済」と「社会」のダイナミックな相互関係として東西文化比較史論的に明らかにしたかったからであろう。

## 6 グローバリズムの「虚構性」

さてこのような内容を含むウェーバーのエスニシティ論は、現在、どのような意味をもっているのだろうか。現代はしばしばグローバリズムの時代であるといわれる。これとの関連で地域的な慣習や尺度の通用する時代は終わり、グローバル市場、グローバル・スタンダードの時代ともいわれる。たしかにギデンズもいうように、「近くで起きたことが地球の遠くのできごとに影響を与え、遠くで起きたことが近くのできごとを左右する」〔Giddens 1990, 訳:85 ; *cf.* Gray 1998, 訳:81〕ことは日常的に起きている。その意味でグローバリゼーションは、もはや無視しえない現実である。しかしそこから一挙に、地球は一体であり地域的なものは衰退の一路をたどるとするグローバリズムとなるとこれはイデオロギーであり、現実を正しく反映しているとはいいがたい。経済による脱国家化の動きに対して、政治による再国家化の動きがいたるところで起きているからである〔Sassen 1996, 訳:44〕。

そもそもグローバリズムには、次のような三つの思考が暗黙のうちに前提にされている。一つは、グローバルなものとナショナルなものとは対立するとの認識、二つはグローバリゼーションは、情報や資本の動きなど主に経済的な領域で進んでいるが、地球上の動きを経済的な動きでみようとする経済偏向的な見方、三つは、グローバリズムの行き着く先は世界社会のアメリカ化との認識である。ソ連邦の崩壊にともない、市場的なものの見方が強化されるなかで各国のアメリカ化が不可避なものとみなされている。

しかし、グローバルなものとナショナルなものとは対立するものではない。こんにちの特徴は、まさにグローバルなものが進行するなかでナショナルなものが強化されさえしていることである。あるいは、グローバルな動きのなかでローカルな動きが強化されていることである。少なくともグローバルな動きが、ナショナルなものを衰退させるという二項対立的な関係にあるのではない。またグローバリゼーションが、経済的な領域や情報の分野で進行しているのは事実であるが、各文化諸領域にはウェーバーがみたような固有の法則が存在しており、経済がボーダレスに動くことによって文化や政治がそれに反する動きをみせることはよくある。そうでないとソ連邦の崩壊に合わせるようにイスラーム現象が世界を席捲し、経済の領域でのアメリカ化に文化の領域で対抗しようとする冷戦以降の新たな動きはみてとれなくなる。それゆえ経済的領域での市場化が進み、その限りでアメリカ化がみられたとしてもその他の文化や習俗までアメリカ化が進行するわけではない。ウェーバーのアメリカ論でもみたように、アメリカそれ自体の建国が特殊である。それ故アメリカは、今後も普遍モデルにはなりえない。

グレイは、「単一のグローバル市場という現代のユートピアは、すべての国の経済生活をアメリカの自由市場のイメージに従って作りかえることができるという想定にたっている」[Gray 1998, 訳：6–7] と批判しているが、ウェーバーの国家論でもみたように自然的な習俗を媒介に習律をへて法形成がなされ、特殊な意味での正当性の観念に基づく国家というものは、単なる経済のコロラリーではない。各国民国家は、歴史的経緯のなかにそれぞれの正当性の根拠をもつ。したがってこのような正当性を基盤に成立した国家は、グローバリゼーションの時代には、むしろ世界経済の波に侵蝕されないための固有の課題（ある省庁は衰退しつつも他の省庁は再編・強化される）を背負うのである [Sassen 1996, 訳：75–7]。その限りでエスニシティとかネイションも、容易に破棄できるものではなくグローバリゼーションの時代には種々の活動の新たなる正当性発揚の母体ともなる。

自然的なゲマインシャフトに発生する習俗から習律をへて法形成の根拠を問い、その正当性や威信に依拠して国家論を展開したウェーバーの構造化の理論は、安易なグローバリズムが横行するなかで大いに検討されてよい。

## 7 「文明の衝突」から「文明の共存・理解」へ

現代は、国家機能の衰退した「文明の衝突」の時代だともいわれる［Huntington 1996, 訳：31］。ハンチントンが世界の文明を八つにわけ、西欧文明の危機を説いたりするなかに前世紀末（今世紀初頭）のソロヴィヨーフやシュペングラーに通じる問題意識をみる思いもするが、文明が国家以上に長期にわたって存続し、人々のアイデンティティのよりどころとなってきたこと、冷戦構造の崩壊以後人々のアイデンティティがイデオロギーや国家に代わってより身近な民族や地域になっていること、しかもその背後に文明や宗教がひかえており、それゆえこれらの文明や宗教をそう簡単にほかの文明や宗教に置き換えることなどできないことには注目しておきたい。また、みてきた通り情報や人の移動がボーダレスな時代（トランスナショナルな時代）をむかえ、多くの文明や民族に自分が移動しなくても接触し、摩擦の危機がなにも文明の地理的境界に限定されないことも事実である。こうして今後一層、地域社会が多文化、多民族化するとなるとウェーバーの「理解社会学」はますます重要になるだろう。

あらためていうまでもなく「理解社会学」とは、人々の行為をその人が依拠する意味や価値に即しつつ、その内面的な動機にまでさかのぼって「行為の経過と結果」を探ることである。ウェーバーが「理解社会学」のスケッチともいえる『理解社会学の若干のカテゴリー』を表したのは、一九一三年である。これは『経済と社会』、別に「一九一一年―一三年草稿」［折原 1996a：6］ともいわれる地球規模での古今東西にわたる壮大な文化比較を意図した執筆時期と重なる。ウェーバーにとって社会学とは、人々の織りなす社会的行為の解明にあったが、それだけに言語、習慣、習俗＝ハビトゥス、伝統、文化、宗教、要するにエスニシティによって行為の意味が異なる場合、他者理解には人々がよって立つその究極の意味や価値の解明にまで及ばなければならないのである。ウェーバーの『経済と社会』を

「エスニシティ、ネイションの政治・国家社会学」の展開とみてきたわれわれにとって、それゆえ彼の社会学とは、「純粋社会学」でも「社会学主義」でも「形式社会学」でもなく、どうしても「理解社会学」でなければならなかったのだが、当時以上に地域社会の多文化、多民族化が進行している現在、異文化理解のためにも他者の行為やできごとをその究極の理念にまでさかのぼって意味解明するウェーバーの方法と真意があらためて問われなければならない。その意味で「理解社会学」は、これまであまりに単一の国民国家を前提に解釈されてきたが、むしろトランスナショナルな時代の「世界社会学」なり「国際社会学」の基礎理論として読まれなければならないのである。

# ヴェーバー・テーゼと歴史研究

大西晴樹

## 1　はじめに——安藤・山之内の問題提起——

一九〇四年から一九〇五年にかけて発表した論文「プロテスタンティズムの倫理と資本主義の精神（以下、原論文という）」のなかでマックス・ヴェーバーは、近代西洋資本主義の発達における「禁欲的プロテスタンティズム」と「資本主義の精神」の間にある親和関係を指摘した。すなわち、合法的職業労働によって最大利潤獲得を目的とすることは各人の使命であり、義務であるとさえ考える近代資本主義のエートスは、カルヴァン主義を中心とする禁欲的プロテスタンティズムに淵源するという命題であり、以来これは「ヴェーバー・テーゼ」として、『宗教社会論集』（一九二〇年）所収の改訂論文の刊行を挟みながら多くの論争を引き起こしてきた。

日本においても、ヴェーバー・テーゼは改訂論文の翻訳者である大塚久雄によって、「ピューリタニズム」、「独立《ヨー》自営農民《マンリ》」、「農村工業」を基本的なパラダイムとする近代イギリス資本主義発達史に取込まれ［大塚 1969：339］、その学説は単純な経済成長論ではなく、独自な近代化論として戦後日本の社会科学をリードし、比較経済史学、「大塚史学」とよばれる学派のなかで理論的にも実証的にも強化されてきた。もちろん反論がなかったわけではなく、越智武臣［1966：374］、岸田紀［1977：1-11］、最近では椎名重明［1996：ii］によってこのテーゼは一貫して攻撃され、そのつど擁護［安藤 1977 : 7 ; 古川・大西 1997 : 123］されてきた。だが、注目したいのは、一九八〇年以降、ヴェーバー研究者自身のなかから大塚のヴェーバー解釈に対する反論が提起されてきたことである。

　第一の反論は、ヴェーバー・テーゼの核心にあるカルヴァン主義の予定説が孕む「非人間的・事象的」特質の理解をめぐってである。山之内靖は一九六四年に開催されたヴェーバー生誕百年記念東京シンポジウムのさいに大塚自身も禁欲的プロテスタンティズムが孕む問題点に気づいていた点を指摘し、一九八二年以降、ヴェーバー自身の西欧近代の理解に対するニーチェ的モメントを強調している。すなわち、「鉄の檻」「管理する僕」といわれる近代官僚制のエートスは、大塚が考えたように禁欲的プロテスタンティズムの宗教的情熱が失われた結果帰結するのではなく、禁欲的プロテスタンティズムに原ロゴスとして内在するというのである［山之内 1982 : x ; 同 1999 : 66］。姜尚中もカルヴァン主義の予定説が孕む「非人間的・事象的」特質のなかに「非同胞関係」の世界支配のエートスを嗅ぎ付け、禁欲的プロテスタンティズムの「事象化の《精神》」においては「隣人」との関係における心温かい「人間性《メンシュリヒカイト》」は死滅し、「隣人」は「他者」として、さらには「手段」として位置づけられる」［姜 1986 : 9］と述べている。それに対して、大塚の立場を敷衍・擁護する柳父圀近は、カルヴァン主義の「非人間性」（ウンペルゼーリヒカイト）が伝統的な共同体的規制や伝統的権力からの個人の解放を実現したとの「普遍的意義」を強調し、山之内らが問題にした近代官僚制のエートスは「近代市民社会」の「鬼子」にすぎないと位置づける［柳父 1983 : 157］。常行敏夫も、ピューリタニズムの抑圧的なエートスを当時のヨーマンリが直面した「貧困」問題へ対応であると説明しながらも、「ピューリタニズムの「非人格的」なエートスがその誕生に貢献した、自由主義的な資本主義社会と民主政治は、ウェーバーが彼の全生涯かけて擁護しようとしたものだったのであり、ウェーバーはその可能性の一つを「ゼクテ」原理に求めていた」［常行 1990 : 323］と述べる。

　第二の反論は、「プロテスタンティズムの倫理と資本主義の精神」の原論文と改訂論文の比較研究を丹念に遂行した安藤英治によって提起された編集史からのそれである。安藤もやはり東京シンポジウムの頃から大塚のヴェーバー理解とは見解を異にしており、一九三八年に出版された梶山力の原論文の翻訳に改訂論文の翻訳を補う地道な作業を通じて発表した論文（一九八〇年）において、原論文の主題は大塚の理解するように近代資本主義論を説明する点にあったのではなく、「資本主義をめぐる「禁欲」論であり、その禁欲論をつうじて唯物史観を批判することが主問題であった」［安藤 1992 : 216］と述べている。実際一九九四年に完成・出版された梶山訳・安藤編の翻訳本を読むならば、改訂論文における加筆箇所の大部分は、宗教的要因についての言及ではなく、近代資本主義論を説明した箇所であることが分かる。偶然にも安藤と同じ頃、ヴェーバー・テーゼをめぐる論争史を整理したイギリスの社会学者G・マルシャルはこの編集史上の問題点を次のように説明している。

原論文においてヴェーバーは西洋近代の「資本主義の精神」の独自な起源としてプロテスタンティズムの禁欲倫理を世界観のレヴェルにおいて指摘したにもかかわらず、その直後の論争に巻き込まれる事によって、一九二〇年にこの論文を『宗教社会論集』に組み込むさいに、プロテスタンティズムの禁欲倫理を「経済体制としての資本主義」の複数起源の重要な一因を構成するものとみなし、因果関連の角度から説明することを余儀なくされた［Marshall 1980 : 20, 訳 : 37］。

ヴェーバー・テーゼには別個の二つの命題、すなわち、世界観として「資本主義の精神」独自の起源を明らかにした第一命題と、近代資本主義論、あるいは近代資本主義発達史として因果関連を問題にした第二命題が含まれており、原論文の主題は、安藤が主張するように第一命題の論証だったのである。『プロテスタンティズムの倫理と資本主義の精神』（以下、『倫理』と略記）論文がすぐれて論争上の書物という性格を帯びていることを考慮するならば、「『倫理』論文がイディアル・ティプスの連鎖した概念の世界であり、意味像であることを忘れると、概念は実体化され、行き付くところこの論文が経済史研究の論拠にさえされてしまう」［安藤 1992 : 221］との安藤の戒めは歴史研究者の心に深く刻み込まれなければならない。

これら二つの反論は、ヴェーバー解釈をめぐる問題であると同時に、敗戦後半世紀以上経過し、経済と情報のグローバル化の進行と戦争協力体制への移行を可能する管理社会の強化に直面するわれわれの課題が投影されたものだと言えなくはない。またヴェーバーが当時依拠した歴史文献にかんしても、一世紀前と比較してピューリタニズムにかんする研究水準ははるかに凌駕されてきているのである。私はもとよりヴェーバー研究者ではなく、『倫理』論文に触発されながら一七世紀イギリス革命期のピューリタン・ゼクテの研究に従事してきた者である。そこで、現在の歴史研究の成果からヴェーバー・テーゼを吟味すると、それはどのように再構築できるのだろうか。これが本稿の課題である。

## 2 予定説——理念型と対抗関係——

理念型は研究対象を説明するさいのヴェーバーの学問的方法であり、歴史的現象をそのまま引用するのではなく、著者なりの価値判断にしたがって引用し、構築された整合的概念にすぎない。ヴェーバーは「禁欲的プロテスタンティズムの倫理」を説明するさいに、カルヴァン主義の予定説について理念型を構築し、その教義に対する価値判断よりは、それが信徒に及ぼした実際の「心理的帰結」を問題にすることによって、「資本主義の精神」という概念にいっそうの説得力を与えている。

『倫理』論文の白眉ともいうべき理念型としての予定説の説明からは、彼のテーゼの核心をなす「被造物神化の拒否」と「職業観念」という二つのエートスが抽出される。すなわち、「神の恐るべき決断」は個人に内面的孤立化の感情をもたらし、そこから教会や聖礼典による救いの完全な放棄である「魔術からの解放《エントツァアベルンク》」や「被造物神化の拒否」が帰結する。またカルヴァン主義の「隣人愛」（被造物ではなく神の栄光への奉仕）の「事象的・非人間的な性格」はカルヴァン主義の倫理の功利主義的性格と職業観念の特徴をもたらしたと。しかし、その予定説から「禁欲的職業労働」を導くさいヴェーバーは次のように述べている点に注目したい。

［カルヴァンは、］人々が選ばれているか捨てられているかは彼らの行動によって知りうるとの臆見に対しては、これを神の秘密に立ち入ろうとする不遜な試みだとして、原理的に斥けた。現世の生活においては、選ばれた者も、外面的には、捨てられた者と少しも異なるところがなく、選ばれた者の主観的な経験でさえ――»ludibria spiritus sancti«「聖霊の戯れ」として――ただ信仰によって「終わりまで」»finaliter« 堅忍する信頼を除いては、すべて捨てられた者にも可能なのだ。だから、選ばれた者は神の見えざる教会をなしており、かついつまでもそうでありつづける。ところが、きわめて当然のことながら、彼の後継者たちは――ベザ（Bèza）もすでに――とりわけ日常生活のうちにある平信徒の広い層のばあいには、それは違っていた。彼らにとっては、救われていることを知りうるとの意味での »certitudo salutis«「救いの確信」が、どうしてもこの上もなく重要なことになるほかはなく、こうして、予定説を固持した地方ではどこでも、»electi«「選ばれた者」に属しているか否かを知ることのできる確かな標識があるかどうかという問題が、無くてはすまされぬことになっていった［RS1 : 103-4，大塚訳 : 173］。

こうしてヴェーバーはカルヴァンとカルヴァン主義者たちの予定説の相違を認識したうえで、ヴェーバー・テーゼにとって重要なのは、前者ではなく、後者の予定説であることを強調している。そして標識としての「救いの確信」こそ、資本主義の英雄時代の鋼鉄のようなピューリタン商人にうちに見られ、それを獲得するための最もすぐれた方法として「禁欲的職業労働」を帰結したのである。しかしながら、予定説におけるカルヴァンとカルヴァン主義者との相違はヴェーバー自身の論理構築に矛盾をもたらさずには措かなかった。その消息をヴェーバーは「カルヴァンにあっては、人生を支配する超越的な神性の思想が勝利を占めた。カルヴィニズムが民衆のあいだにひろがっていくさい、そうした思想はもちろん長続きしなかった」〔RS1 : 92, 大塚訳 : 155〕と述べている。これは「超越的神性」と標識としての「救いの確信」の両方を包摂する理念型としての予定説をみずから破壊するような発言だとはいえないだろうか。

近年の神学研究において、カルヴァンとカルヴァン主義者の予定説の相違、そしてヴェーバーの時代の研究段階ではその理念型に盛り込むことができなかったが、カルヴァン主義者同士の対抗関係を説明したものにR・T・ケンドルの研究がある。ケンドルはカルヴァンとT・ベザの予定説の相違を以下のように説明している。カルヴァンにあっては普遍救済が信奉され、「万人のために死んだキリスト」のみが救いの保証であった。そのためキリストへの信仰と「救いの確信」は区別されておらず、人間は自らの行為ではなく、キリストをあてにすべきであるという受動的な信仰の教えが説かれた。他方、ベザにあっては堕落以前説と限定贖罪説が信奉され、「選ばれた者のためにのみ死んだキリスト」は、選びと滅びの決定が天地創造の以前にあるため人間の救いにとってはあてにならず、信仰と「救いの確信」は区別された。そのため、人間は「救いの確信」を求めて自発的になり、「救いの確信」は善行から演繹されると主張する実践的三段論法が用いられた。カルヴァン主義としてW・パーキンズがイギリスで体系化したのは、カルヴァン自身の教えではなく、じつにベザの教えだったのである。パーキンズは選ばれているか、滅びているかという自らの運命に思い悩む誰もが救いに手の届くように予定説を緩和し、平易化した。彼は「救われたいという人間の意志」に重点を置き、その「意志」を「確かなもの」とする必要性を説いた。そのためベザ同様、「救われている者はよき業をなす、私はよき業をなす、ゆえに私は救われている」との実践的三段論法が用いられた。ケンドルは、人間の内省的行為によって「救いの確信」を証明せんとするこのような予定説を「実験的予定説」（experimental predestinarianism）と呼んだ〔Kendall 1979 : 9〕。ヴェーバーが「禁欲的職業労働」という実際の「心理的帰結」を導き出すためにカルヴァン主義者たちの予定説に焦点をあてたのは、この「実験的予定説」という救済論のせいであり、パーキンズの教えを汲むケンブリッジ大学出身のピューリタン聖職者の潮流は「ありし日の愉しきイギリスの生活の上に降りした霜」のごとく日常の牧会生活の中で「救いの確信」の証明を執拗に信徒に迫った。

だが、ヴェーバーの予定説では、どうしても捉えられない問題がカルヴァン主義には潜んでいた。それはカルヴァンとカルヴァン主義者の相違とも関連するが、カルヴァン主義者の実験的予定説に対抗する「反律法主義」(antinomianism)の問題である。実験的予定説が人間の内省的行為によって「救いの確信」を証明するのに対して、こうした人間中心主義的な救済論に反発する個人や集団がカルヴァン主義者の内部から出現したのである。反律法主義は、信仰と「救いの確信」を切り離すことに反発し、信仰を「聖霊の直接的な証言」という啓示、あるいは主観的感情的な体験として受けとめた。それゆえ、ケンドルは反律法主義を「体験的予定説」(experiential predestinarianism)と呼んでおり[Kendall 1979 : 169]、人間の行為を「救いの確信」の証明としてみなすか、あるいは、人間の行為を救済者の超越的神性とかけ離れたものとみなすかは、カルヴァン主義の救済論をめぐる正統と異端の抗争の原因として作用したのである[Hill 1986 : 177, 訳 : 230]。ヴェーバーは「洗礼派の諸集団」の救済論について「現世とその利害からの内的訣別、および良心においてわれわれに語りかけ給う神の支配への無条件的な服従だけが、まことの再生の紛れもない標識であり、したがってそれに相応しい行為が救いの必要事となった」[RS1 : 157, 大塚訳 : 268]とわずかに言及するにとどまるが、その救済論こそ人間中心主義的解釈に対抗する反律法主義的解釈に由来し、長老派→独立派→バプテスト派→クェイカー派という形でゼクテを帰結していくイギリス・ピューリタニズムのダイナミズムの原因であった。こうして、ヴェーバーの予定説を「禁欲的職業労働」のみを帰結する一元的な救済論に収斂してしまうならば、カルヴァン主義に固有な歴史形成のダイナミズムは見失われていくのではないだろうか。

## 3　ゼクテ――「良心の自由」と「現世内的無関心」――

安藤によれば、ヴェーバーは『倫理』論文執筆当初の計画では、禁欲的職業労働を第一章と第二章で展開し、第三章以下で基本的人権（ゼクテ論）を展開する予定であった。原論文において「後の章で述べる」ことを予告していた三十四箇所は、改訂論文においてすべて削除されており、内容はすべてゼクテ論であったという［安藤 1992 : 215］。ゼクテ論の白眉ともいうべき寛容論にかんしても大幅な変更が加えられ、原論文では反国教会制度、寛容の精神そのものについて論じられていたのに［Weber 1904–5, 梶山訳 : 245–6］、改訂論文ではもっぱら資本主義との関連で論じられている。また一九〇六年に発表された小作品「アメリカ合衆国における〝教会〟と〝ゼクテ〟」も、それが敷衍され『宗教社会論集』に「プロテスタンティズムのゼクテと資本主義の精神」として掲載されたおりには、重心は「良心の自由」であるよりも、有資格者からなる団体、各個聖餐団体の主権尊重、会衆自治による厳格な道徳的訓練をメルクマールとする「教会訓練」に方に確実に移行している。

これは救済をめぐる正統と異端の抗争という観点がヴェーバーのゼクテ論のなかで欠落している点と無関係ではない。ヴェーバーが当時参照しえたゼクテ研究の主なものは、R・バークレーやR・B・ジョーンズらいずれもクェイカー史家によるものであり、一六世紀大陸再洗礼派とゼクテとしてのクェイカー派の因果関連を指摘するにとどまる［RS1 : 151, 大塚訳 : 269–70］。そのため、クェイカー派に先立って市民革命期に「良心の自由」を求めて実際に政教分離闘争を遂行したゼクテ、その全貌は近年M・トルミーによって「分離諸教会」（separate churches）、すなわちジェネラル・バプテスト派、セパラティスト、パティキュラー・バプテスト派として発掘されたが［Tolmie 1977 : 122, 訳 : 226］、それらのゼクテの救済論まで言及されていないのである。ヴェーバーは『宗教社会学』において、「なかんずく洗礼派的諸宗派の人々に挫けることとの無い抵抗力を与えたのは、上流人知性主義ではなくて、平民的知性主義であり、またときには（遍歴の職人徒弟や使徒に支えられていた洗礼派運動の初期においては）賤民的知性主義であった。……こういったものはおよそそれ以後には決して見られないが、過去においてはただ後期ユダヤ教の大衆的知性主義およびパウロの伝道教団の宗教的な大衆的知性主義がわずかにこれに比較されうるであろう」［WuG : 312-3, 武藤他訳 : 172］と指摘しながらも、『倫理』論文では「特にその教義を研究すべき理由はないようだ」［RS1 : 151, 大塚訳 : 269］と判断している。しかし、ゼクテの救済論には「第一次的人権」である「良心の自由」の問題と重要な関連をもつ「被造物神化の拒否」の主張が漲っているのである。たとえば、革命前夜ロンドンの居酒屋で行われた「靴の修繕屋」でセパラティスト教会の牧師サミュエル・ハウの『人間の学問なんかなくたってみ霊の教えで十分だ』という説教は、「職人説教師」（mechanike-preachers）を揶揄するために用いられた「桶説教師」（tub-preachers）という言葉の嚆矢をなすが、アングリカンであれピューリタンであれ位階制を前提とする「官職カリスマ」に対する痛烈な非難である。ハウは、コリント前書に従いながら「人間の知恵では愚かな者こそが、神の知恵である」と主張し、ラテン語、ギリシャ語、哲学、修辞学などの古典的教養、ハウの言葉遣いをすれば「人間の学問」をもって神の前で自らを優越せしめている聖職者を批判し、神は人を分け隔てせず、賢い者を困惑させるために、人間の考えでは愚かな者を選び、牧師にしたという。その結果「み霊をもっているなら、行商人、鋳掛屋、煙突掃除人、そしてこの靴の修繕屋であろうと牧会できる」と述べ、聖職者による説教壇の独占を批判し、平信徒説教師周辺に結集したゼクテ成立の根拠を宣言する［大西 1995 : 116］。ここに「人間の学問」という正統派の業績主義に対する異端派の「み霊の教え」という「啓示」の対抗関係を読み取ることができよう。

神は「人を分け隔てせず」（ohne Ansehen der Person）という新約聖書の論理は、ガラテア書においてパウロがエルサレム会議で異邦人伝道の許可をえ、キリスト教がユダヤ教の一派から普遍的な世界宗教へ飛躍していく大きな転換点で用いられるが、ゼクテの救済論においてもその核心に位置している。ジェネラル・バプテスト派は、正統的カルヴァン主義が神の超越論的決定の名のもとに少数の「神聖な者」の選びを正当化することによって、救いを確信した者の「僭越」と「神聖さ」をもちえない大衆の「絶望」を告発し、万人救済説によって、万人に与えられたイエス・キリストを「受容」するのか、「拒否」するのかの選択を各人に迫った。彼らの指導者トマス・ヘルウィスは「無限の慈しみを持つ神は……人を分け隔てせず no respector of person、万人に対して等しく慈しみ深く、等しく公正であられる」〔大西 1995：67〕とのべ、救済における自己決定メカニズム（霊的自律性）を強調した。すなわち、救済における自己責任は国王であれ、主教であれ、他人に委任することができず、終わりの審判の日に「人間は神による審判の座の前で自らを擁護して答えるために自分で立たなければならない」〔大西 1995：79〕のである。この個人の救済責任による霊的自律性の強調こそ、世俗権力による個人の魂への介入の排除につながった。すなわち、「国王は死すべき人間であって、神ではありません。それゆえ、臣民の不滅の魂に対して法令を作ったり、霊的領主を置いたりする権力をもたないのです。もし国王が霊的領主や法律を設けるとしたら、王は不滅の神であって、死すべき人間ではなくなるのです」〔大西 1995：77〕。ここに王権神授説によって弁護されてきた国王に対して、「被造物神化の拒否」の論理が貫徹されている姿をみることができよう。その結果、個人の良心の支配者としての神と、世俗領域の支配者としての王が分離され、教会と国家の分離がなされるのである。この意味においてヴェーバーが『倫理』論文においてジェネラル・バプテスト派が「完全な寛容および国家と教会の分離を最初に主張した……教会」〔RS1：131-2，大塚訳：232〕と指摘しているのは正しい[1]。また宗教における「人間の平等」は、世俗における人間の「公正」な取り扱いを要求する論理に転化する。君主と臣民という人間の間での大きな違いはあろうとも、「君主は、すべての臣民に正義と公正を提供しなくてはならないのではなかろうか」。世俗領域における「公正観念」（concept of equity）は、市民革命期にゼクテによる政教分離闘争の高揚にさいしてジェネラル・バプテスト派やセパラティストからも参加したレヴェラーズによって政治的に理論構築されることになる〔大西 1995：81〕。ヴェーバー自身十分展開することはなかったが、霊的自律化の要請による「被造物神化の拒否」の論理は、クェイカー派の出現をまたずとも、市民革命期にイングランド国教会最高首長チャールズ一世の首を刎ねることによって国家教会制に代わる自由教会制を樹立し、ゼクテ存立の条件をゼクテ自ら打ち立てることになったといえよう。

だが、神は「人を分け隔てせず」という論理をこうした近代の輝かしい解放の論理としてのみ受け止めていいのであろうか。ヴェーバーは『中間考察』において、その事象的性格に着目し、「無人間化のために」「重要な諸点において実質的な倫理化を遂行する力が弱いことは争いがたい」［RS1 : 547, 大塚・生松訳 : 118］と述べている。そこで、市民革命期における農村のジェネラル・バプテスト派の教会形成の実態にそくしてこの論理の結末を考察してみよう。当時のイングランドの農村はその地帯構造により「開放耕地地帯」と「森林牧畜地帯」に区分され、ゼクテの非国教主義は通常後者において活発であった［Spufford (ed.) 1995 : 40, 訳 : 53］。そこでは正統的カルヴァン主義に対する反発があり、「霊的個人主義」ともいうべきアモルフな状況が革命期に出現した。ジェネラル・バプテスト派の説教師は反律法主義的な万人救済論を唱えることによって個々の魂を捕捉すると同時に、会衆主義に根差した教会形成に励むことになる。たとえば、教会記録を紐解くと、ケンブリッジシァのフェンスタントン教会では、一六四五年から一六五六年の十一年間に一七九名の受浸者がおり、一六五〇年代にその四割にあたる七十六名の破門が記されている。破門理由は国教会への出席、怠惰、姦淫、飲酒、スポーツ、妻への殴打などであるが、その神学的根拠として「神の好意と愛を知るには、水と霊によって再生されている条件を知ること、……われわれの中に働くみ霊の果実と結果をもつこと」が求められており、「み霊の教えで十分」だった解放の論理は「み霊の果実と結果」という個々人の行為主義、業績主義の論理にストレートに転化しているのである［大西 1995 : 256］。こうして教会生活は、内的啓示よりも、その行為主義や業績主義により事細かな教会規則や礼典の遵守を重視する形式主義へ転化し、政治権力に対しては抵抗の主体であるよりは「なすがままにまかせなさい」という「受動的服従」(passive obedience) の態度を示すことによって、教会以外の出来事に無関心な態度をとる「現世内的無関心」とも表現すべきエートスを涵養する場でもあった［大西 1995 : 304–5］。ジェネラル・バプテスト派から多くのメンバーを獲得したクェイカー派が浸礼という礼典の有無を重視するその態度を嘲笑うかのように「バプテスト」という教派名を命名したのはその形式主義に由来してのことであった。ゼクテの特質ともいうべき「被造物神化の拒否」の論理の帰結は、禁欲的労働という近代資本主義への貢献を産み出すと同時に、形式主義や業績主義を重視するあまり「現世内的無関心」のエートスをも帰結する点をも考慮に入れなければならない。

## 4　おわりに——プロテスタンティズムの終末論と帝国主義の精神——

『倫理』論文の末尾に近い個所では、ユダヤ教の投機的な賤民的資本主義とピューリタンの合理的な市民的資本主義との鮮やかな対比がなされている。この対比部分のほとんどは「資本主義の精神」の担い手をめぐって交されたゾンバルトのユダヤ人資本主義論との論争後、改訂のさいに加筆された部分である［Weber 1904-5, 梶山訳：318-9］。近年W・スティーヴンスンの手によってゼクテの社会層が中産、中産下層にウェイトをおきながら全社会層にわたって垂直的に分布していたことが、炉税調査等の史料から明らかにされつつある［大西 2000a：349ff］。しかし、ヴェーバーがゼクテの担い手の社会層から近代資本主義を論じた部分、すなわち「同時代の史料もとくにピュウリタンのゼクテ、すなわち、バプティスト派、クェイカー派、メノナイト派の信徒について語る場合、すべて例外なく、彼らを一部は無産者、一部分は小資本家の社会層として扱い、貴族的な大商人や金貸し＝冒険商人層と対立させている。ところで、まさにこうした小資本家層からこそ、西洋の資本主義に特徴的な工場労働の市民的＝私経済的組織は生まれ出たのであって、決して大富豪たち、すなわち、独占資本家、御用商人、御用金融業者、植民地企業家、会社発起人などといった人々の手で作り出されたものでなかった」［RS1：195, 大塚訳：353］というくだりから、近代資本主義の発展に対する植民地貿易の貢献は少なくとも比較経済史学派において過小評価されてきた。

しかしながら、ゼクテのなかでも富裕な部分、とりわけロード体制期の迫害により亡命を余儀なくされ、革命の勃発と同時にイングランドに逆流し、クロムウェルの政治的独立派の内戦遂行を精神的にも資金的にも援助した独立派会衆教会にあっては、その会衆なかに「新興貿易商人」(new merchants)を抱えていた〔Tolmie 1977 : 104, 訳 : 197〕。新興貿易商人とは、R・ブレナーによれば、特権貿易会社の「専業の商人」規制により海外に雄飛することを妨げられてきたジェントリ、富裕なヨーマンの次・三男、植民地貿易に乗り出すことで自ら市場に介入し、中間商人を排除できるタバコ商など国内小売商人や商店主、船頭などの「中産層」(middling sort of people)から構成され、新大陸貿易、東インド密貿易、アフリカ奴隷貿易に従事する者たちであり、アイルランド、西インド諸島、北米、アフリカを結ぶ三角貿易の開拓者たちであった〔Brenner 1993 : 180〕。この新興貿易商人にゼクテの職人説教師のような国内の手工業者が連なるかたちで議会派の主戦派は構成されており、アイルランド、西インド諸島を占領し、航海法を制定したイギリス市民革命は同時に商業革命の性格を帯びていたのである〔大西2000b : 124ff〕。また「良心の自由」の主張に止まったゼクテの説教師と異なり、独立派会衆教会の牧師はそれと同時に積極的な終末論的世界観、すなわち、イエス・キリストが地上に来臨し、聖者(ゼクテのメンバー)とともに千年間支配するという「千年王国論」(millennium)を提唱しており、「教皇派」スペインや「疑似プロテスタント」オランダと対峙し、国際商業植民地戦争を遂行していくうえで、この世界観は大いに役立ったのである〔大西 1999 : 182〕。

ヴェーバーが依拠した当時のゼクテ研究において、「千年王国論」は職人説教師によって唱えられたものとして理解されており、植民地争奪戦争と千年王国論の関係は不問に附されてきた〔Pincus 1996 : 76〕。しかし、ボーダーレス・エコノミーの時代に突入し、資本主義世界システム論によって資本主義の発展が説明されようとしている現在、「プロテスタンティズムの終末論と帝国主義の精神」という未開拓のテーマはヴェーバー・テーゼの新しい地平を必ずや切り拓く点を指摘して本稿を閉じることにする。

## 注

（1）ここで管見の範囲で『倫理』論文におけるヴェーバーの事実誤認をいくつか指摘しておこう。この宗教寛容を論じた部分［RS1 : 131-2, 大塚訳 : 231-2］では、まず「聖徒議会」の指導者プレイズゴッド・ベアボウンが「カルヴァン派系バプティスト」と記されているが、ベアボウンには再洗礼に及んだ事実はなく、セパラティスト（分離派）であった［Tolmie 1977 : 24, 訳 : 57］。ヴェーバーが引用した信仰告白が「イギリスのジェネラル・バプテスト派の決議」というよりも、オランダのメノナイト・ウォーターランド派に近い点は、［大西 1995 : 76］を参考にしてもらいたい。また「国家による良心の自由の成文法的保護を権利として要求した最初の教会の公文書は、おそらく一六四四年の（特殊恩恵説をとる）バプティスト派の信仰告白第四四条だったろう」という一文は、その修正版として一六四六年に出された告白の第四八条の間違いであろう。第四八条を引用すると、「そのため諸個人の良心の自由を賦与することは統治者の義務である。（そうすることは、良心的な者すべてにとって最も憐れみ深い、大切なことであり、そうすることなくして、ほかの自由はすべて名づけるに価しないし、いわんや享受するに価しない）」［大西 1995 : 82］。それから、たとえば「一六八九年のバプティスト派のハンサード・ノリー（Hanserd Knolly）の信仰告白もこの教義をかかげている」［RS1 : 124, 大塚訳 : 216］をはじめ数箇所に記されている「ハンサード・ノリーの信仰告白」とは、「ウェストミンスター信仰告白」を修正して一六七七年に初版、一六八八年に再版が出されたパティキュラー・バプテスト派「第二ロンドン告白」を指しており、その筆頭署名者が著名な牧師ハンサード・ノウルズであったことから、このような表現になったと思われる［Underhill (ed.) 1854 : 171］。

# 『儒教と道教』再読

長尾龍一

## 1　不可解な『プロ倫』

恥ずかしながら、私は『プロ倫』を何度読んでも理解できない。

第一には、ピューリタンたちが信じたといわれる神である。神は少数の人間のみを救済し、大多数の人間を滅ぼすことを、予め定めた、という。なぜそんなことをするのか、これも全然理解できないけれども、何度も読んでいるうちに、なんだかそれが当り前のような気分になってこないでもない。しかしそれでも分らないのは、そのように、他ならぬ、非合理に人間を選別した神が、選んだ少数者に対し、「世界を合理化する」ことを要求するという点である。

神が人間に要求しそうな徳目は他にたくさんあり、アブラハムのように、命ぜられた通りかわいい子供を殺すという無条件服従などもある（ノアのどこが神のお気に召したのかはよく分からない）。しかし「世界を合理化せよ」などという命令は、聖書のどこにも書いてないような気がする。

信者たるピューリタンの側に関しても、不可解なことばかりである。

まず彼らは、極端な利己主義者である。世間の有象無象たちは、皆滅びを約束されている。わずか数十年の生涯に比べて、救われるか救われないかには、永遠の運命がかかっているのだから、彼らは哀れ極まる存在であるが、こういう「心の貧しき者」を救ってやろうなどという「ほとけごころ」は露ほどもなく、ただ自分が救済されていることを確認するために、馬車馬のように、この世の「合理化」に励むのである。一体これらの宗派の牧師たちは、教会に集って来た俗衆に対して、「俺は救われるが、お前たちは滅びに至る宿命で、どうしようもない」と説教したのだろうか。

ふつうのアメリカ人は、独立宣言の人間平等思想や自然権思想をプロテスタンティズムの表われのように考えているようであるが、滅びに至る有象無象に人権を認めるなどという思想は、この体系の中に存立の余地はない。実際彼らは、旧大陸の有象無象たちから離れて「聖者の共同体」を形成しようとして、大西洋を渡ったのである。

「合理化」の対象は、この有象無象たちの世界である。供給者であるピューリタン資本家たちの相手方たる需要者＝買い手たちの大部分は、効用（即ち快楽）を最大化するように行動するヘドニストである。それ故、彼らに製品を売る資本家たちは、有象無象の現世的快楽を最大化すべく、「合理化」に励む、ということになる。

初期とはいえ、資本家たる者、まったく誰も使わず一人きりで働いていた訳ではなく、労働者を雇傭したであろう。この被傭者たちが彼と同じような「選ばれた者」であるならば、一応問題はないかも知れないが、実際にはその大多数は罪深く滅びに至るべき俗衆であろう。この俗衆を「合理的」に働かせるために用いるべき手段は、現世的快苦の飴と鞭（昇給・減給・昇進・降格・罷免等）に他ならない。「神の思い」（イザヤ五五・八）はもちろん人間に窺い知ることができないとはいえ、選ばれなかった多数者に対しこういう仕方で、即ち滅びへの途を加速する快楽の増進という仕方で、「現世を合理化せよ」と、選ばれた少数者に神が命じているとなどということも、「ウェーバー病」が進行すると、当り前に感じられるようになるのかも知れないが、私がそこまで到達するのは、絶望的である。

そもそも、「自分だけが救われている」などと確信する人間とはどんな人間であろうか。子供は叱られながら育つ。即ち規範から逸脱して、それが非難され、懲罰された、即ち「小さな罪を犯した」のである。プロテスタント中産階級の厳格な家庭教育は伝説的で、殿様の馬鹿息子のように、我まま一杯を許されて育ったりはしないであろう。

道徳的良心といわれるものは、こうして叱られた時の心のトラウマが内面化して成立する。良心的であればあるほど、自己の犯した小さな過ちにも敏感で、罪の意識も深いであろう。宗教への衝動の重要な根源の一つが罪の意識であるとすれば、「自分は罪を犯したことがない」などと信じている人物が、まじめな宗教者ではありえない。

カトリック教会の罪悪観によれば、人生はリーグ戦のようなもので、罪を犯したり償ったりしながら、全体として勝ち越していれば救われるし、少しくらい負け越していても、煉獄（浄罪界）を経過することによって、天国に行くことができる。しかし、少なくともウェーバーが描いたようなプロテスタントにとって、人生はトーナメント戦のようなもので、一旦負けたら、即ち一度でも罪を犯せば、おしまいなのである。こういう中で「自分は罪を犯したことがない」などと本気で信じている人間がいるとすれば、異常に自己欺瞞的人間だといわなければならない。

## 2　『儒教と道教』

### (1)　貨幣

『プロ倫』が全然理解できないのに比べて、『儒教と道教』は、（『プロ倫』と同じことを言っている箇所を除けば）、大体は理解でき、大いに感心している。木全徳雄氏は、ウェーバーの中国社会の認識について「胸のすくようにみごと」であると絶讃しているが［Rs1 木全訳：477（「あとがき」）］、私も、（中国専門家でないから、彼の認識が「正しい」かどうかを判断する能力はないが）、何となく鋭い洞察のように感じ、たった二、三年の研究で、これだけの洞察を得たことに驚嘆している。

まず中国の貨幣制度について、銀貨・銅貨・紙幣などをあれこれ導入したけれども、混乱に次ぐ混乱で、プトレマイオス王朝程度の合理化にも達しなかったとしている点も［Rs1 木全訳：403］、色々思い当るところがある。

例えば満洲事変当時の中国東北部においては、中国銀行券など中国本土の貨幣の他、各軍閥やその息のかかった金融機関も紙幣を発行し、銀行で「私帖」を発するものもあり、紙幣は二十種以上に及んだ。その他に「馬蹄銀、銀元などの銀本位貨と制銭、銅元などの銅本位貨」があり、それに日本の通貨（それも日本銀行券、朝鮮銀行券などの他、日露戦争当時発行された軍票まであった）やロシアの諸紙幣の他、どういう訳が墨銀（メキシカン・ダラー）なども流通していた。しかも各軍閥が勝手に増発して、一九一二年から三一年までの間に、「奉天票」は百分の一、「黒龍江官票」は五百分の一に下落した、という［満洲国史編纂委員会 1971：284–9］。内戦期においても事情は同様だったであろう。

こういう状態で売買がどのように行なわれるかというと、商品の評価と通貨の評価の両方をめぐる、延々と時間をかけた駆け引きの末、やっと合意が成立するのである。「一物一貨の原則」が存在せず、個々の取り引きごとに延々と折衝が行なわれる様子は、現在の中国でも異ならない。愚かな者や根気のない者は高い買い物をする。その代表者は外国人で、観光地などでは、中国人の数倍の「外賓入場料」を公示している。商人は「出たとこ勝負で上手に売る」ということに過大な関心を集中する。取り引きごとに価格が異なるのでは、「合理的経済計算」も不可能だろう、という話にもなる。

「合理的経済計算」に関連して、ウェーバーは、中国における数学教育（の欠如）に着目している［Rs1

木全訳：209]。孔子の塾で数学が教えられたという形跡はなく、士大夫教育における文系偏向という問題に連なる。そこから土地測量のいい加減さ、従って税率決定のいい加減さも生ずる [ibid. 124]。もっとも中国には（「五珠」が二つあるそろばんがあって）、釣銭の計算にさえ不自由する西洋人よりは、足し算引き算の能力はすぐれている。ウェーバーはそろばんの存在を知っていたのかどうか。

### (2) 都市と村落

大きな中国地図を見ると、石家荘、蘇家屯、郭家鎮など、同姓親族共同体の集落に由来するとおぼしき地名が少なからず見られる。中国の農民は、このように親族集団で、馬賊の襲撃を避け、塀に囲まれた集落に集中して住んでいた。中央に祖先を祀る廟と茶館があり、そこで重要な決定や裁判などが行なわれ、昼間には周辺の田畑に出て農作業を行なう。産物は、誰かが都市の市場に売りに行く。即ち祭祀・政治・防衛・生産・消費の共同体であった。「同姓不婚」というタブーの起源も、この同姓親族共同体（以下「郷」とよぶ）間の「外婚制」に由来する。

仮にこれが中国における都市の起源であれば、それは古代ギリシャのポリスと同様、都市は、武装市民の合意によって立つ政治主体で、ウェーバー図式からすれば、「近代的市民」への発展の可能性を秘めているということにもなるであろう。

ところがウェーバーによれば、中国においては郷（Dorf）と都市（Stadt）は全然違う [RS1 木全訳：160]。都市は古来権力者の居城で、「自弁武装する」市民などは存在しなかった。彼は、中国において都市は Festung であったと言っているが、これは「城」の訳で、「國」と同義であろう。國の字は、城壁に囲まれ、廟を武器で防衛する様子の象形である。日本の城は濠に囲まれて、都市の中にあるが、中国の城は城壁に囲まれ、都市そのものである。これは騎馬武装集団の脅威の有無の相違による。ウェーバーも冒頭で、日本の都市に城壁がないことを指摘している［ibid. 3］。

そこでの商工業者は、どこかの郷から出てきた出稼ぎ人であり、彼らがギルドを形成して、権力者と交渉したり、時には武装蜂起したりしても、彼らが都市の主体となるということはなかった、という［ibid. 18–9］。

これも鋭い洞察である。中国の大都市は、元来堅固で高い城壁に囲まれ、中央に権力者の宮殿が南面して立ち、そこから南下する中央通りの左右には官庁の建物がそびえ立ち、その近くに大官の屋敷が並んで、商工民はそれから外れたそこここに、ごちゃごちゃと住んでいる。彼らは出身地別・職業別の「幇」に分断されており、都市の政治的担い手にはならず、ただ既得権維持にのみ関心をもった［ibid. 223］。この都市と村落の二元性は、「都」と「鄙」、更には「朝」と「野」の二元性と結びつくであろう。

都市に住む王侯は、郷に集住する農民から租税を徴収する。税制において都市は農村に対して甚だ優遇されており、消費税も動産収入税も存在せず、関税率も極めて低かった、という［ibid. 48］。農民ももちろん喜んで納税するはずがなく、「不意討ちをかけ、殴打し、親類が駆けつけ、泣きわめき、そこで徴税官の方でも不安になって妥協するといったこと」が日常的であった［ibid. 389］。この「妥協」というところに、売買におけると同様の、出たとこ勝負的性格が表われている。

それにも拘らず徴税が可能だった理由は、権力の有する騎馬部隊の威力、馬賊の脅威に対してその騎馬部隊に依存せざるを得ない事情、そして治水等の公共事業の恩恵、などであった。郷を脅かすものは、馬賊の襲来という人災と、洪水という天災に他ならなかったからである。これらの考慮に基づいて、共同体自体が徴税に同意を与えることなしには、円滑な徴税は不可能で、ウェーバーも、税率の引き上げ等については、村落の代表者たる名望家層の同意が必要であると指摘している［ibid. 165］。

ウェーバーによれば、中国が資本主義を生み出し得なかった理由に一つに、合理的に予測可能な法制度の不存在がある［ibid. 172］。確かに刑法典は整備されていたが、国家的な民事法規がほとんど存在せず、公刊された判例集も存在しなかった［ibid. 174-5］。また法曹身分が存在せず、裁判は徹底的に家父長制的（patriarchal）に行なわれた［ibid. 251］。国家裁判所は民衆に嫌悪されており、廟の前での有力者（耆老）による調停的裁判のみが民衆の信頼を受けていた［ibid. 162］。

ウェーバー解釈の側から見れば、この議論は「市民」に対する彼の独自の思い入れと関わる。西洋の古代都市において、市民は戦士であり、政治主体であり、禁欲的な moral hero であり、その後裔が、近代において資本主義を作ったのである。

ある意味において、ウェーバーの生涯の中心主題の一つは、ブルジョワジーの自己主張の試みであった。十九世紀はブルジョワジー・バッシングの時代で、小ブルジョワは、小銭を貯めて小さな幸福を守ろうとする精神なき存在として、文学においても評論においても嘲弄され、大ブルジョワは、自らも「資本の論理」に翻弄されて人間疎外的資本主義のコマとなり、プロレタリアを搾取し、やがて葬らるべき階級として描き出された。

それに対しウェーバーは、「市民」こそが、旧約の預言者に由来する信仰と、ギリシャ的合理主義の正統的承継者であり、禁欲的「精神」によって資本主義を創造し、現代ドイツ国家の中心的担い手であるとした。彼によれば、中国の都市住民がそれに対応する存在（「政治的に重きをなした自覚的市民層」［ibid. 225］）でないことが、中国に合理主義や資本主義が生れなかった理由である。

農業においてこの市民層に対応するのが自作農で、東エルベにおいて、この自作農が、私益のために国益を害しているユンカー層とポーランド出稼ぎ農民のはさみ打ちに遭っているという危機が、彼の青年時代の重要な情熱の対象であった。

第一次大戦開戦直後、一九一四年七月末の日曜日、ハイデルベルクのウェーバー家に、友人たちが集った。その若者たちのことを、マリアンネは「その存在の形式と内容を、全体とは離れたところに求めていた人々」と回りくどい言い方で性格づけているが〔LB 訳：394〕、要するに市民的職業の従事者という意味である。その彼らが今や「進んで全体のために奉仕し、自らを犠牲にしようとしている」と感動に満ちて描いている。市民は戦士であり、ユンカー以上に国家の担い手なのである。

官僚的大組織とプロレタリアの挟み打ちにあって、市民層が解体するという予感こそ、ウェーバーを貫く悲観的歴史観の重要な背景をなすものであろう。

### (3) 読書人

ウェーバーの中国論における中心主題は、読書人身分（Literatenstand）の分析である。藤原氏・平氏・源氏から、徳川氏に至るまで、親族単位で権力を独占した日本と異なり、中国における統治エリート選抜の特色は、一応個人単位であったこと、そしてその選抜に当って、専門的能力でなく、古典の知識を中心する「一般教養」の能力がもっぱら評価されたことである。

こうして選ばれた人々は、教養の担い手としては「読書人」とよばれ、統治エリートとしては「士大夫」とよばれた。この両概念のずれから、老荘のような「仕官しない（士大夫でない）読書人」という存在も登場する〔RS1 木全訳：192〕。「法外に多かった」〔ibid. 221〕落第者の層が、読書人文化の周辺を形成する（王維は及第者、杜甫は落第者であった）。

ウェーバーによれば、この社会層は、元来は儀礼の専門家であったらしいが（あるいは「巫」（Auguren）であったかも知れない〔ibid. 191〕）、非宗教的教養（Laienbildung）の担い手となり、「中国文化の統一性の決定的表現者」となった〔ibid. 187–8〕。呪術的で野蛮な要素を含んだ古典を、非宗教的で礼に適ったものへと編集したのが、孔子である〔ibid. 195〕。ウェーバーは、これが孔子のなした最も重要な貢献（Leistung）ではないか、とさえ言っている〔ibid. 292〕。

　このような非宗教的な古典的教養の持主を官僚に選抜する制度は、春秋戦国時代に既に存在した。「君子」を養成して官界に送り込む孔子の塾も、そのような枠組を前提している。それを制度化したのが「科挙」で、試験科目は時代によって多少の相違もあるが、中心は常に経書、即ち古典の知識であった。この試験制度には、試験をめざす者に対する教育制度が随伴し、こうして教育を受けた社会層による文化的世界が成立する（ちなみに、戦後新制大学における「一般教養」の重要性を強調して、制度化したのが、プロテスタントの南原繁と矢内原忠雄であったのは、興味深いことである）。

　彼らは、皇帝は読書人を通じてのみ正統的支配をなしうるとして〔ibid. 229〕、血統の権威による権力を保持しようとする伝統派とも、買官者たちとも、宦官や後宮を通じて権力に接近しようとする呪術者たちとも、軍人層とも闘争し〔ibid. 226–230〕、大局的には勝利を博した〔ibid. 81〕。

　孔子が鬼神を敬して遠ざけたように、彼らは、彼ら流の主知主義者・合理主義者で、内心では宗教を軽蔑していた。天命はしばしば苛酷で、道の行なわれないことを彼らは自覚していたが、強い精神力をもって宿命に堪え、誇り高く平静を保つことが「君子」の誇りで、それが「小人」との相違であるとした〔ibid. 340〕。もっとも彼らの合理主義は、科学的合理主義ではなく、現世への適応における合理主義〔ibid. 410〕、平和的秩序を擁護するという点での合理主義であったから〔ibid. 281〕、民衆が信ずる淫祠邪教も、平和的秩序に有益であればそれを容認した〔ibid. 242〕。

　皇帝崇拝の国家的祭祀は、狂躁的・忘我的色彩を全く欠き、その教義には、来世信仰も終末論も存在しなかった［ibid.244–6］。公的儒教（offizieller Konfuzianismus）には、「儀礼の定式」（Ritualformeln）があるのみで、「個人的祈り」は全く存在しない［ibid. 435］。これは「超世界的で倫理的な神」（überweltlicher ethischer Gott）が存在しないことの帰結である［ibid. 248］。

超越神を欠き、形而上学を欠いた儒教が教えるのは、宇宙の秩序と、その一部としての社会秩序［ibid. 257］への適応としての「礼節」であり、周囲と調和し、優雅に振る舞い、沈着で威厳ある行動を身につけた「君子」となることである［ibid. 261–2］。「君子は器ならず」。神の器となって、召命（Beruf）に向って専心するプロテスタント的行動は優雅でないのである［ibid. 268］。

### (4)　道教

儒教の制度信仰は、民衆の宗教的欲求に応えないから、その間隙（Lücke）を埋めるものとして、神秘主義的な、あるいは呪術的な宗教が必要であり、その役割を果たしたのが、何よりも道教であった。ウェーバーの「何故中国に資本主義が生れなかったか」という問いに答えるに当って、商工業者の主たる信仰が道教であったとすれば、道教の経済倫理の分析こそ、本書の主題となるはずである。ところが実際には、儒教論が精彩に富んだものであるのに比べ、道教論は不満足なもので、これには資料不足という事情もあるのかも知れない。

不満足なものとなった理由に一つは、ウェーバー自身も認めているように［ibid. 297, 308］、老荘思想は読書人（それも失意の読書人）の思想であるのに、民衆宗教たる道教の解説の章において、老荘思想論を延々と展開していることである。「邦に道あれば即ち仕え、邦に道無ければ即ち隠る」というように、権力闘争の渦中にあった官人たちにとって、道家思想は敗北の際の自尊心の支えであった。「勝てば儒家、敗ければ道家」という訳である。道家思想をいくら分析しても、道教は分からない。老子の静寂主義が資本主義と結びつかないことは、論ずるまでもないことである。

最後の部分で、道教の不老長寿の薬、呪術的医学や、風水や、暦の占いや、行気法について述べているが、要するにプロテスタント的な「方法的な生活の合理化」の反対物で、これからは資本主義は生れない、ということである。

## 3 資本主義の起源

最終章「結論（儒教とピューリタニズム）」は、『プロ倫』が私に理解できないのと同様の理由で、理解できない。しかし、中国人の営利欲は、異常（außerordentlich）で強烈（intensiv）だが［RS1 木全訳：117］、それは近代資本主義と何の関係もない、ピューリタンのような、宗教的な生活の方法化（Lebensmethodik）が存在しないから駄目だという［ibid. 403-4］点については、些か感想がある。

ウェーバーは（近代）資本主義概念を、一方で、例えば株式会社制度や無記名債券などを生み出した近世の北イタリア市場などを排除し、他方では英国資本主義の起源を、宗教戦争期にまで遡らせて、自分の図式に都合のいいように変形している。また資本主義のエトスとして、禁欲と合理性をもっぱら強調し、知的創造性、innovation という点を軽視している。

思うに、資本主義の発端は、因襲的な生産と消費のパターンを脱して、より便利な製品をより安く市場に提供する者が登場した時である。こうして innovation の競争が始まり、その勝者は獲得した利潤を資本として再投資する。この過程が加速度的に進行するようになったのが、近代資本主義であろう。

このような初期資本主義の担い手の人間像については、満々たる野心、既存の思考様式を破る構想力、集中力というような属性が思い浮かぶ。自分が救われているかと不安におののく宗教改革側の人間より、ルネッサンス的人間である。ウェーバーが古典的な資本主義的人間とするベンジャミン・フランクリンなども、このようなルネッサンス的人間ではあるまいか。

ウェーバーの強調する徳性「禁欲」に関しては、常識的に考えて、何をするにも、禁欲なしに成就するということはありえない。大学に入学しようと思えば、苦手な科目も勉強せねばならず、会社で出世しようと思えば、早起きして満員電車で通勤せねばならぬ。大金を儲けて大名暮らしをしたいと思えば、若い頃にはそれなりの禁欲的労働が必要である。

ところが、「禁欲」と訳される Askese は、単なる欲望の節制ではなく、修業僧の「苦行」のような意味をもつ。快楽を罪悪視し、敢えて我が身を苦痛にさらす態度である。ウェーバーの思想によれば、未来の快楽のための禁欲などは資本主義を作りえず、快楽を罪悪視する Askese のみがそれをなしうる、というのである。こういうことの実証的証明には、どういう調査が適当なのか分らないが、まあ直感的には、疑わしい。

これはウェーバーが強調するピューリタンの完全主義的性格とも関わる。彼は、ピューリタンは完全主義者で、一瞬でも心をゆるがせにすれば、救いの確信が崩壊すると信じたという。しかしそういうウェーバーは、調子が悪くなると、旅行して息抜きをした。完全主義とは仕事の完全主義であって、四六時中息抜きをしないということではない。「仕事の鬼」といわれた企業創業者で、素行はそれほどよくないという人物も少なくない。

ヤコブ・ロェーゼルも指摘するウェーバーの誤まてる固定観念は、「呪術的」であれば合理的でなく、従って資本主義の担い手となりえない、という想定である（長尾「輪廻と解脱の社会学——マックス・ウェーバーのヒンドゥー教論をめぐって」『争う神々』［長尾 1998］所収）。日本でも「仕事の鬼」として、超精密機械を製作する工場主で、初詣でで御籤を引き、屋上に稲荷を祀る者も少なくない（長尾

「日本における経営のエートス」『争う神々』〔長尾 1998〕参照)。道教が呪術的だから資本主義に親しまないという彼の主張は、華僑資本家たちの成功という事実に言及するまでもなく、疑問である。

「合理化」については、ウェーバーは「宗教社会学論集序言」において、まず古代ギリシャの数学とルネッサンスの実験を、西洋的合理主義の特質として挙げている〔RS1 大塚・生松訳：6〕。これは思想史の常識である。イギリス資本主義が開花した頃には、英国はヒュームやベンタムに代表される情念と欲望の倫理学が花盛りで、ルネッサンスの知的風土を承継していた。

中国に数学的合理性が欠けていたというのは、的確な指摘である。また木全氏の名訳である「人間関係優先主義」(Personalismus)、私の言葉では「縁社会的性格」が、取引の安全を万人に保障する法制度を成立させ得ず、合理的資本主義を成立させ得なかったというのも、中国社会にしばらく生活してみると、誰もが痛感するところである。

しかしウェーバーの中国認識には、幾つか重要な見落としがある。儒教は一つのユニヴァースで、彼の認識も、鋭いとはいえ、一面性を免れない。例えば、儒教の「天」には超越的人格神の性格もあり、孔子には旧約の預言者に類比さるべき側面も存在すると思う。明治初期に中村敬宇のような儒者が、キリスト教に親近感をもったのもその現れであろう。

ともあれ、私は昨年、思想史教科書『古代中国思想ノート』〔長尾 1999〕を公刊したが、現在もう少し丁寧に『儒教と道教』を読み直してから書けばよかったと後悔している。鋭い洞察に満ちていて、疑問もあるが、学ぶところが多い。しかし、道教の経済倫理の内在的研究を殆んど抜きにして、「中国になぜ資本主義が生まれなかったか」を論じたのは、目的と手段の関係に齟齬がある(目的合理的でない)と言わざるを得ない。

# Ⅱ

# 人間像の変貌

――ヴェーバーと「善き生」の理念

# 文化の普遍史と現代
## ——文化的生の「ドイツ的形式」とマックス・ヴェーバー

嘉目克彦

### 1 はじめに

本稿は、マックス・ヴェーバーの「批判の仕事」に焦点を当て、そこに窺われる彼固有の問題関心を析出することによって、いわゆる「ヴェーバー的問題」の一端を明らかにし、以て、われわれがヴェーバーと取り組むことの意義を考えるための材料を提供しようとするものである。

ヴェーバーは主に科学と政治の分野で批判的な仕事をした。そのいずれの分野においても、彼はまずは近代ドイツ文化に対する関心から出発している。やがてその関心は近代西欧文化、そして文化の普遍史へと拡大深化してゆくのであるが、いずれにせよヴェーバーの仕事がその時代の文化状況への真摯な思想的対応として営まれたことは疑い得ない。彼は自らを「政治的エピゴーネン」であり、「歴史学派の子」であって、「近代西欧文化世界の子」にほかならないと自己認知し、わざわざこれを言明している。「時代の子」であるという明確な自覚のもとに、彼はあえて近代ドイツ文化を批判した。しかしヴェーバーは近代ドイツ文化の何を、如何に、何故、批判したのだろうか。

## 2 問題としての「文化的生（Kulturleben）」

ヴェーバーの科学の仕事は、結局、「文化の普遍史」として特徴づけられ〔RS1：1, 10〕、実際そのようなものとして営まれた。ヴェーバーの仕事としての科学がこのような「特質」を帯びたものであったことは、晩年の彼自身による特徴づけを待たずとも、遅くとも『客観性』論文において彼自身が明言している所からも明らかである。彼はそこで、自ら関係する科学を「人間の文化的生に関する科学」と特徴付け、この科学は文化的諸事象の相互連関の理解と歴史的生起の因果的説明に努める、と述べているのである〔WL：147f., 150〕。彼は実際、「文化的生」の諸事象の「文化意義」と「歴史的形成」という観点から、まずは近代ドイツ文化を考察した。その仕事は既に一八九〇年代の社会政策に関する諸論説から始まっているのであって、あえて言えば、その後の研究ではその外延的拡張が試みられているにすぎない。

ヴェーバーの科学の仕事においては、問題となるべき文化的生のうちで、特に経済文化（近代資本主義）とその作用（ユンカー階級とインストロイテの利害共同体の解体）、および経済文化とその他の文化諸事象（特に宗教倫理）との相互関係（近代資本主義の成立）が研究テーマとなって、その包括的な究明が長期にわたる研究対象となったのであるが（宗教社会学的研究、およびその予備的な概念構成作業としての『経済と社会』）、その他にも別して近代ドイツの科学文化が批判的研究の対象となり（認識批判の仕事）、この仕事はやがて彼自身の科学としての「理解社会学」の構想にまで発展することになる。

またヴェーバーの政治の仕事もドイツの政治文化を主要な関心の対象としており、ドイツ政治と経済、法、倫理および科学などとの相互関係が問題とされた。この関心も生涯衰えることはなかった。特にドイツ国民国家の政治的課題が国内政治と対外政治の両面にわたって執拗に追求され、たんに批判的論説の公表と政治家への働きかけに止まらず、晩年には自ら「能動的な政治」に直接関与して、その課題の実現を積極的に図ろうとした。このように、文化的生、とりわけ近代ドイツの文化的生に対する彼の批判的関心は終生一貫していた。

## 3　政治文化の「ドイツ的形式」とその批判

### (1)　ドイツの歴史的な政治責任

マリアンネが編集した彼の『青年時代の手紙』にも窺えるように、ヴェーバーは既に学生時代からドイツの現実政治に対して強い問題関心をもち、絶えずこれに批判的な論評を加えている。だが、彼はドイツ政治の何を、如何に、何故、批判したのだろうか。

学生時代以降、彼は晩年に至るまで、一方ではドイツの家父長主義的な「権威主義体制」とそれを支える家父長主義的・権威主義的な「心情」、他方では「満ち足りた、《飽和した》ドイツ」の「ドイツ的俗物根性」を一貫して問題にしている。(1) 権威主義的な体制と心情、そして「いわゆる《現実主義》の文化」――総じてドイツの政治的文化が特に国民の「政治的未成熟」という観点から一貫して批判された。一八九〇年代以降の社会政策に関する著作では、特に宗教界の「慈悲心主義」、政府の「保護主義」、諸政党の「ビスマルク崇拝」と「追従主義」、官僚や将校の「部下には《威圧的》だが上司には《へつらう》無節操な試補官根性」、支配階層の「虚栄心」と「俗物的な旦那の快感」、「昇進確約機関」としての学生組合の「コネクション」、学生の「決闘申し込みに応じ得る能力」、国民の「臆病」と「臣民」意識等々が政治文化の「ドイツ的形式」ないしは「ドイツ的流儀」として繰り返し槍玉に挙げられている。

また第一次世界大戦を巡って執筆された膨大な政治論説においても、同種の論点が繰り返し論じられているのは周知のとおりである。こうした国民の「政治的未成熟」に対するヴェーバーの批判的関心は、ドイツ国民の歴史的な政治責任に対する彼の中心的な関心からいわば派生したものである。

周知のように、ドイツ国民国家の建設はヴェーバーにとって、七千万の人口を擁する大民族の「国民的政治課題」としての「大政治」、すなわち「世界権力政治」の「出発点」であるはずであった。ロシアとアングロサクソンの世界支配に対抗して、「将来の世界文化の形成」に参画するための「ドイツの世界権力政治」が、国民国家の建設によってようやく始まるはずであった。しかしその出発点に立ったとき、彼にはドイツ国民が既に「政治的《飽和状態》」に達し、「《非歴史的》かつ《非政治的》な精神」の持ち主になっており、「ドイツの歴史は終焉したかにみえた」。民族の悲願であった国民国家の建設でドイツ民族の政治的事業は完了したかのように満足する国民に対して、ヴェーバーは大きな不満を抱いていた。「《飽和した》民族に未来はない」と、彼は執拗に訴えている。

そのさい彼が意識していたのは、大民族としてのドイツの「歴史に対する責任」ということである。まずは「将来のドイツ文化」に対して、ひいては「将来の世界文化」に対して、彼の世代のドイツ民族は政治責任を負っていると、ヴェーバーは考えていた。ドイツの歴史的な政治責任というこの認識は、彼の場合、「権力組織」すなわち「軍事国家」としてのドイツ国民国家の建設という世界史的な政治事業の「歴史的意味」にかかわる問題であった。「なぜ一体われわれは権力国家になったのか」と、ヴェーバーは戦時中繰り返し国民に問いかけた。この問題は彼にとっては政治問題や経済問題、軍事問題あるいは「文化問題」に先駆けて問われるべき「先決問題」であった。彼の答えはこうである。軍事国家の建設は、「将来の世界文化の形成」に参画すべき大民族というドイツの「運命の重み」が「歴史の法廷の前で」わが世代に課した「歴史的責務」である、と。だからドイツ民族の「名誉」にかけてわれわれは是非ともこの責務を耐え抜き、少なくともロシアとアングロサクソンの世界支配を阻止し得るまでは――と、われわれは限定的に理解しなければならない――自らの権力組織を維持し活用しなければならないと、このようにヴェーバー

は強調した。こうした観点から、彼は第一次世界大戦の「戦争の意味」まで論じてみせた。(2)

ドイツ国民国家の歴史的な政治責任という観点は、ヴェーバーの場合、ドイツの対外政治のみならず、その国内政治の課題をも規定するものであった。「ビスマルクの作品」としての権力組織にいわば「魂」を入れる仕事、すなわち「国民の社会的統一」あるいは「国民の内面的統一」という課題は、ドイツ国民の「政治的成熟」とともに、「ドイツの世界権力政治」の「前提」となるべきものであった（対外政治の優位）。この前提を作り出すためにこそ「民主主義化」（プロイセン邦の三級選挙法の改正）も「議会主義化」（帝国憲法第九条第二項の廃止による「官僚支配」の除去）も必要とされたのであり、ヴェーバーのこの要求が自然法的立場によるものでないことは周知の事実である。彼は初期の社会政策的諸論説で、ドイツ東部の農業労働制度の解体に関連して、インストロイテと自由労働者の双方が「国民文化」を基盤とする階級意識に目覚め、連帯してユンカー階級の資本家的利害に対抗するよう訴えていたが、これも資本家階級の私的な経済的利害に対して、国民文化の維持と主張という国民全体の政治的利害の優位を主張するものであった。ポーランド人出稼ぎ労働者によるドイツ人労働者の「駆逐」に対抗するための国境閉鎖と自営農民植民の主張も同様の観点に立つものである。ヴェーバーにとって、ドイツの社会政策と経済政策は総じていわば内装堅固な「兵営（Herrlager）」を建設するための優れて自覚的かつ意識的な「社会的政治」の作業であるべきだった。(3)だから、敗戦後の「新しいドイツ」の「国家形態」に関する彼の提案も、ドイツの世界政治上の課題の消滅（「帝国主義の夢」の放棄）に対応して、「純粋な国民的自立という理想の追求」に適合的なものへと方向転換されたのである。(4)

しかしながら、「ドイツの世界権力政治」はヴェーバーにとっては結局「歴史的義務の悲劇」に他ならなかった。ドイツ民族が「運命の重み」に耐え、運命が課した「歴史的義務の悲劇」にも耐えようと決意したがゆえに陥った悲劇である。運命はそれ自体が「悲劇」を招来するのではなく、運命にどのように対峙するかを自ら決することによって、運命を背負う存在の「生（Leben）」はその「形式（Form）」を与えられる。ドイツ民族は自らの意志によっていわば「政治的国民」となり、その「名誉」を尊び「恥」を恐れるが故に、あえて「歴史的義務の悲劇」を演じることとなったのである。「帝国主義者ヴェーバー」というモムゼン以来の特徴付けには、ヴェーバーのこの「悲劇」の意識に対する感覚が欠落しているように思われる。[5] 政治問題を論じるさい、ヴェーバーは確かに「文化民族」あるいは「文化国民」の一員として自らを自己認知しただけで、「政治的民族」あるいは「政治的国民」という表現は一度も使っていない。しかしながら、このような自己認知がなければ、彼の政治的発言はほとんど理解できない。ドイツ民族は人類の「歴史の法廷の前で」大きな政治責任を背負っているという独自の認識が、少なくとも敗戦直前まで、ヴェーバーの政治の仕事のすべてを規定していたといって差し支えない。「一層内面的な永遠の諸価値」、例えば「芸術的な価値は決してドイツ国民国家のような「兵営」では満面開花しないと、彼自身があえて明言していることも [PS: 142f.]、この関連で想起されてよい。

## (2) 政治の「ドイツ的形式」ないしは「ドイツ的流儀」

ところで、そうしたドイツ政治の歴史的使命をいかに果たすべきかという手段と方法の問題は、彼自身の理解でも目的論的な技術論に関係している。よしんば課題を的確に認識していたとしても、それを達成する最適な手段と方法について明晰でなければ、ことは失敗する。敗戦の直前まで、彼はドイツ国民の歴史的な政治課題を達成するための適合的な組織的手段は、国民の共同支配による立憲君主制的形態の軍事国家だと考えていた。それゆえ、さらにその組織と体制を支える「政治精神」(ナショナリズム)と「国家市民(Staatsbürger)」の育成もドイツの社会的政治の課題となったのである。このような目的論的関連は彼にとっては論理的必然であって、ドイツの政治は、社会的政治も世界権力政治も、すべてこの論理に沿って冷徹に遂行されるのでなければならなかった。しかし、実際はそうではなかった。

ビスマルクの「ボナパルティズム的独裁政治」や「守勢の政治」、ヴィルヘルムⅡ世の「個人統治」と「感情の政治」や「《感謝》を当て込む政治」、自由主義諸政党の「追従主義」といわゆる「現実政治」、同志ナウマンの「慈悲心主義」、政府およびドイツ社会政策学会の「保護」主義、そして官僚の「技術主義」、敗戦後の革命勢力の「平和主義」と「文筆家風情」等々。ヴェーバーはドイツの政治のやり方、その方法をこのように特徴付け、これを政治の「ドイツ的形式」と呼んで、(6)逐一徹底的に批判した。このような政治のやり方はすべて「結果責任」の観点からすれば「愚鈍（Dummheit）」以外の何物でもない。ザッハリヒに、課題に即して政治は遂行されるべきであると、このようにヴェーバーは主張した。

彼のみるところでは、政治の「ドイツ的形式」は、一方では人格的（persönlich）な関係と非人格的な即事的（sachlich）関係との混淆による「感情の政治」（ヴィルヘルムⅡ世）や政治の倫理化（ナウマン、シュモラー）、他方では私的な経済利害と公的な政治利害との混淆によるいわゆる「現実政治」（諸政党）や政治の技術化（官僚）にその特徴があった。このようなドイツの文化的生としての政治の「形式」には、「理解（Verstehen）」と「承認（Anerkennen）」の混同、あるいは「存在判断」と「当為判断」の混同、そして「自覚的な自己統御」の欠如といった精神的特性が認められると、ヴェーバーは考えていた。この点では科学の場合も同様であった。

## 4　科学文化の「ドイツ的形式」とその批判

### (1)　科学の「ドイツ的形式」

ヴェーバーは科学の「ドイツ的形式」に対しても疑問を抱いていた。ドイツ「歴史学派の子」として出発した彼は、確かに「人間の立場」から「人間の質」を問題とし、「経済（die Wirtschaft）」それ自体ではなく「経済行為（das Wirtschaften）」、「社会」ではなく「人間関係としての《社会的なるもの》」を対象とする「現実科学」としての「文化科学」を志向した。それは、「人間に関する科学」、「人間の生の諸事象をそれらの文化意義の観点から考察する学科」である［WL: 165］。だから社会体制や理念それ自体ではなく、そうしたものとの関係における実践的な「行為」と「生活態度」を問題にすることとなったけれども、行為と生活態度の規定要因については「社会正義」（シュモラー）や「人格の自由なx」（マイネッケ）、「人格の非合理な謎」（トライチュケ）、「意志の自由」（クニース）、あるいは「民族精神」、「人種」や「遺伝的素質」、「風土」といった一元的な実在的要因を想定することはなかった。当時流行となった「生産性」という価値理想や客観的な「経済法則」を生活態度の最終的な決定要因と見做す見解にも、彼は与しなかった［SSp: 419f.］。ヴェーバーはむしろ徹底して多元論的かつ関係論的な発想をしたのであり、この立場から彼は科学の「ドイツ的形式」を徹底的に批判したのである。科学の倫理化と芸術化、及び技術化、そして実体論がドイツの科学文化を覆っていた。彼の科学としての「理解社会学」はその批判の産物として生まれたのである。

神経疾患回復直後の一九〇三年、ヴェーバーが『ロッシャーとクニース』を書いて認識批判の仕事を始めたのは決して偶然ではない。また一九〇五年にマンハイムのドイツ社会政策学会に出席して「価値判断論争」を始めたのにも理由があった。科学の「ドイツ的形式」の批判が重要だと彼には思われたのである。恐らくそれは、ドイツの政治のやり方をも規定していたドイツ国民の精神的特性に深く係わることであった。彼にとってはやはり文化的生のドイツ的形式一般が問題であった。

## (2) 判断形式の批判

ヴェーバーの認識批判の仕事では主として「判断」の形式が問題になっている(7)。認識と評価の区別、存在判断と当為判断の区別、理解と承認の区別、理解という認識の方法、それに対する理念型的概念の役割、そしてさらに理解という認識方法の歴史的・社会的な意義にまで、彼はその批判的作業の対象を広げている。判断という人間の「行為」が、一方では「認識論」という理論的問題として、他方では歴史的・社会的な「生の規制」の方法にかかわる経験的・

実践的問題として批判的かつ生産的に論じられた。この両面での議論が彼の科学の仕事に独特の特徴を刻み付けている。(8)

判断のドイツ的形式においては、「存在」と「当為」という二種類の判断範疇、「文化」と「倫理」という二種類の判断基準、そして判断の「主体」と「手段」がそれぞれ混同されており、しかもこれらの混同は相互に絡み合っているると、ヴェーバーはみていた。彼はこの三つの混同をそれぞれ「流出論」ないしは「自然主義的ドグマ」、「倫理的文化」および「似非価値自由」論として定式化し、ことある度にこれらの判断形式と批判的に対峙した。「素材から特有の理想を引き出す」か、あるいは逆に「素材に特有の理想を持ち込む」か――これは、ヴェーバーによれば判断の形式を左右する基本的な違いである。この論点は既に一八九五年の就任講演で展開され、『客観性』論文でも繰り返されているが［PS : 16 ; WL : 181］、ドイツ社会政策学会を舞台にしたいわゆる「価値判断論争」では主要な争点となった。ドイツ歴史学派経済学の「長老たち」は「社会正義」や「分配の正義」という倫理的理想を経済文化の判断基準として経済学の中に持ち込んだのであるが、ヴェーバー自身が所属する「若い世代」の方は逆に、「流行となった《経済的なるもの》の過大評価」に染まり、「いまや経済学はそれ自身の素材から固有の理想を引き出すことができる」と思い込んでいる。これは欺瞞であると、彼は強く詰った［PS : 16 ; SSp : 419f.］。ヴェーバーによれば、認識に評価を持ち込むのは認識それ自体が成立するための前提であって、むしろ「価値関係」を欠いた「無前提の学問」などはあり得ない。問題は、持ち込んだ特有の評価をそのようなものとして自ら「自覚」するかどうかである。

彼は、自ら持ち込んだ「価値観点」に対する「自覚的自己統御の欠如」および「判断の内的矛盾」という観点から、長老たちのみならず若い世代の「似非価値自由」論者をも次のように批判した。長老たちは経済問題の判断基準として意識的に特有の価値理想を持ち込んだけれども、それが倫理的な性格の理想であった点に問題がある。他方、若い世代は経済学の素材から経済問題の判断基準が自動的に引き出せると考え、「価値判断からの自由」を主張しているけれども、これは例えば「生産性」などの特有の価値理想を無意識に持ち込み、しかも判断の主体を自分自身から経済学に置き換えることによって「科学の名の下に」自らの価値判断の客観性と正当性を主張しようとするものである、と。このような「似非価値自由」論者に対するヴェーバーの批判は殊の外厳しく、一九一七年の『価値自由』論文でもこの論点が執拗に論じられている。意識的な価値判断は、「知るに値する」事柄の選択において、すなわち概念構成を導く「価値観点」の選択によって既に下されているのである。「わが学派の功績著しい長老たちに備わっていた偉大な特質が、われわれの世代においては欠陥に転じてしまわないよう自戒すること」が大切だと、ヴェーバーは既に就任講演で指摘していた［PS : 17］。

### (3) 価値判断の分析

ヴェーバーはドイツの社会科学者の判断形式を問題にしたけれども、意識的な価値判断それ自体を批判したわけでは決してない。当為の問題は彼にとって「世界を震撼させる意義があり、最大の理念的射程距離をもつ問題」であり、「人間の胸を揺さぶる最高の問題」であって［SSp : 419］、価値判断なしにはそもそも文化も倫理も「生の領域（Lebens-sphäre）」としては成り立ち得ないのである。価値に対する「感受性」の欠如は、ヴェーバーにとっては「人間性」の欠如と同義だった。工場の機械装置と人間機械に組み込まれた労働者は「《価値関係》の欠如」を強要される［SSp : 21］。だから、「人間性の残りをこの魂の分裂から、この官僚制的な生の理想から自由にするために、われわれはこの機械に何を対置すべきであるか」、これが「中心問題」だと、このようにヴェーバーは一九〇九年の社会政策学会ヴィーン大会で力説している［SSp : 414］。価値判断は文化的生そのものだと、彼は考えていた。

ドイツ文化の世界文化に対する意義、「地上の諸民族内でのわれわれの権力主張とわれわれの文化意義」の立場が、ヴェーバーにとってはドイツ政治の判断基準となるべき「価値」であったけれども［SSp : 412］、ドイツ文化といい「われわれ」という、この彼自身の「ドイツトゥームの立場」は、彼の科学の仕事においては当然ながらいわば相対化されている。文化科学の対象は文化的生を営む現実の「人間」であるが、その人間の判断基準となる価値が区々であるということはヴェーバーに取っては自明のことであった。だから、彼のいう「人間に関する科学」は人間の多様な「価値判断」をそれとして「理解」する必要があったのである。ヴェーバーが「理解」というこの概念を自らの科学の中心に据えたのも決して偶然ではなかった。

ヴェーバーは価値判断論争のなかで、実践的な価値判断にかんする「価値討議（Wertdiskussion）」を実践的な政治問題に対して科学のなし得る積極的な仕事の例として強調したけれども、この価値討議は、じつは「人間に関する科学」にとっても必要不可欠の認識方法であって、これを彼は直ちに「価値分析（Wertanalyse）」ないしは「価値解釈（Wertinterpretation）」という認識作業の方法へと転換し、「行為」と「生活態度」の分析用具として積極的に活用した。特定の具体的な価値判断は特定の「究極の価値公理」を中核として構成された具体的な「世界像」にその根拠をもつと、ヴェーバーは想定していた。この想定は、遅くとも既に『プロ倫』論文において立論の「下敷き」になっていたのであり、「生の規制」に対する宗教的世界像の意義を強調する彼のこの研究は、そうした想定を前提にしなければ決して構想されなかったといってよい。「世界像」とそれに基づく「価値判断」が「行為」の「軌道」を決定し、こうして「生活態度」に「形式」が与えられる。したがって、このような想定の下では、行為と生活態度の「理解」と「説明」には行為者の「価値判断」の分析が不可欠となるであろう。ヴェーバーのいわゆる「理解的方法」が実際には明確な定式を与えられる前から、遅くとも『プロ倫』論文において既に適用されていたことは明らかである。『シュタムラー』論文以降、彼はその価値分析をさらに形式化して「意味解明」という理解社会学の中心的な方法に仕立て上げている。(9)

# 5　文化の普遍史

## (1) ヴェーバーの問題意識と問題設定

既に述べたように、ヴェーバーは早くも青年時代に、「運命的な力」となった近代資本主義の文化的作用（「文化意義」）に強い関心を示したが、彼の主要な科学の仕事はその関心から出発し、最後までそこに軸足を置くこととなった。

ドイツ東部の農業労働制度の変貌（ユンカー階級の農業資本家への変身と領民のゲルトロイテへの変身による両者の利害共同体の解体）についての見聞と調査研究が、この場合もその直接のきっかけになっている。この関連でヴェーバーが強調した論点は、資本家と賃金労働者の経済的利害は国民文化を維持しようとする国民全体の政治的利害と対立すること、しかしまたドイツ国民の政治的自己主張は経済文化の「市民的・資本主義的発展」を基盤とせざるを得ず、もはや「農業的・封建的」な経済には戻れないこと、経済の資本主義化という変化した「社会的な生活諸条件」に対する「適応能力」を欠いた高度な文化は低いレベルの文化に「駆逐」されること、このような「経済的駆逐(ökonomische Verdrängung)」は国民の「物質的および理念的な生活要求（Ansprüche an die Lebenshaltung in materieller und ideeller Beziehung)」ないしは「肉体的および精神的な生活習慣（physische und geistige Lebensgewohnheiten)」の程度と差異に密接に関係していること、等である。ヴェーバーはまたこの時点で、ドイツ東部のカトリック教徒のポーランド人およびドイツ人とプロテスタントのドイツ人との比較を通じて、国民の生活要求および生活習慣が「教会の絆（kirchliches Band)」と深くかかわっていることに既に注目している［PS : 6］。

ヴェーバーはこのように当初から、一方では資本主義的経済文化の他の諸文化事象に対する作用、他方では経済文化に対する（理念的・物質的な）「生活要求」と「生活習慣」の作用、さらにはその「生活要求」と「生活習慣」に対する宗教的「信仰」の作用について特別の関心を向けていたのであり、それ以降この相互関係に対する関心が彼の科学の仕事の主要なテーマを形成する。

経済文化と「他の文化諸事象」との関係については、早くも一八九五—九八年のハイデルベルクとフライブルクにおける講義（『《理論》経済学総論』）の第七章で、「経済と他の文化諸現象、特に法及び国家との関係」と題して論じられている［Weber 1898 : 10］。「一切の文化的生の最も重要な構成的成分としての国家、及び国家による規範的規制の最も重要な形式としての法」が経済文化との関連で特に取り上げられたのである［WL : 166］。この講義ノートの表題が後の大著『経済と社会』の基本的構成と似通っていることは甚だ興味深い。また後者の「生活要求」と宗教との関係は、周知のように『プロ倫』論文のテーマとなっており、そこでは——ルタートゥムとドイツの文化的生の関係に関する批判的考察を伏線としつつ——「ある宗教信仰がその信仰者の生活態度に及ぼす事実上の影響」という観点から、「宗教による生の規制と営業感覚の高度な発展との関連」が歴史的に究明された［RS1 : 28f.］。「宗教による生の規制（religiöse Reglementierung des Lebens）」という観点がその後のヴェーバーの宗教社会学研究の全体を貫いていることは周知の通りである。

このように、世紀の転換期以降、ヴェーバーはドイツの文化的生を意識しつつも、「生活態度（Lebensführung）」と「生の規制」の諸概念を媒介項として、まずは経済と「その他の文化諸現象」の一般的な相互関係を歴史的及び社会学的観点から論じることになる。『客観性』論文ではその問題が「一般的な文化問題」と特徴付けられ、これを究明する科学が「資本主義的発展の一般的な文化意義の歴史的・理論的な認識」あるいは「人間の共同生活の社会経済的構造とその歴史的な組織形態の一般的文化意義の科学的研究」と称されている［Weber et.al. 1904 : ii ; WL : 165］。さらに『世界諸宗教の経済倫理』に関する宗教社会学研究では、そうした問題関心がさらに「文化の普遍史」のレヴェルにまで引き上げられた。「諸事情がどのように連なったために、西欧の地で、しかもここだけに、普遍的意義と妥当性をもつ発展傾向にある文化諸現象が現れたのか」と、彼は改めて「普遍史的問題」を設定したのであるが［RS1：1, 10］、問題関心のこの拡張はドイツ国民としてのヴェーバーが「キリスト教の統一文化」に育まれた「近代西欧文化世界の子」としての自覚を新たにしたためだと思われる。

## (2) 生と文化の「合理化」

理解社会学は、定義によれば、「行為の主観的に思われた意味」の「解明的理解」を通じて行為の外的経過を因果的に説明しようとする科学であるが、ヴェーバーのこの科学の構想は何よりも「意味付与」の意志と能力を備えた「文化人」という想定を「先験的前提」としている。さらにまた、人間が「自然的生の有機的に指示された循環から抜け出ること」によって、「文化人としての純粋に現世内的な自己完成」に努めた結果、「《現世内的》人間にとってこの世で最高のもの」、すなわち「合理的な文化所有」が作り出されたという普遍史的認識が［RS1：569f.］、その定義の経験的前提として考えられていることは疑えない。近代においてはその文化所有が「職業労働として合理的に組織された文化」になったという認識も、恐らくその経験的前提に属するであろう。

ところで、人間が「自然的生」から抜け出て「文化的生」を営むためにはどうすればよいのだろうか。既に指摘したように、ヴェーバーの考えでは何よりもまず価値判断が欠かせない。特定の「価値理念」を選択し、それを行為と生活態度において「《文化》として実現すること」が必要である。ヴェーバーの想定では、「行為は価値実現のプロセス」なのである［WL：116］。こうして「形を与えられた生（das geformte Leben）」と「形を与えられた世界（die geformte Welt）」が、すなわち文化的生と文化的世界が形成される。ヴェーバーが「生の合理的な規制」あるいは「内面的諸力による生活態度の制御」、および「生活諸領域の合理化」あるいは「文化の合理化」について語るのは、まさしくこの問題連関においてである。[10] 行為と生活態度の合理的規制は合理的な文化所有に結実し、文化の合理的形成は

「専門職業人」を生み出す。「生活態度の合理的な体系化」と「生の合理的かつ方法的な形成」、あるいは「純粋に方法的な生活態度へと形成された行動様式」――この種の「生の規制」が「神的な力」ないしは「神的ラチオ」によって遂行されたのが、近代西欧人の文化的生に他ならず、「経済のラチオ」によって規制されたのが近代資本主義の「エートス」および生活態度に他ならない。どのような「合理性（Ratio）」が一定の社会階層の「生の力（Lebensmacht）」、すなわち生を規制する力となるかによって、文化的生の「内容」が決定される。例えばホモ・エコノミクスやホモ・ポリティクス等々はその純粋型であり、「精神のない専門人、心を欠いた享楽人」もその一例であろう。

では、西欧以外の文化圏においてはどうなのか。ヴェーバーの「文化の普遍史」と文化の比較研究は、「生の合理的規制」による文化的生と文化的世界の創造という「普遍的」現象を踏まえ、多様な文化圏のそれぞれにおいていかなる「生の力」がその文化圏を支配したかというテーマを追求するものである。知性的合理性や宗教倫理的合理性ではなくて、「アニミズム的合理性」や「呪術的合理性」が「生の力」となる場合もあることをヴェーバーは確認した［RS1：481, 482-4］。現代において「生の力」となるべきものは何であろうか(11)。

## 注

（1）以下で概観するヴェーバーの政治批判の仕事の詳細については、拙著［嘉目 1994］の第一章と第六章を参照願いたい。

（2）ヴェーバーは当局の度重なる失政から引き起こされた第一次世界大戦に意味を与え、これを合理化しようとした。これは、ドイツ国民の戦争である、と。「ドイツ国民」の社会的・内面的統一、すなわち国民的連帯感の育成はビスマルクが残した課題だと、ヴェーバーは考えていた。この点については、前掲拙著［嘉目 1994：31-3, 231f.］を参照のこと。

（3）ドイツ国民国家を「兵舎（Herrlager）」と特徴付けたのはヴェーバー自身である［PS：143］。「社会的政治（soziale Politik）」という場合［SSp：404］、ヴェーバーが考えていたのはドイツ国民の社会的統一という作業であろう。この点については、［中村 1987：23f.］も参照せよ。

（4）敗戦後のドイツの国家形態に関するヴェーバーの議論は――例えば大統領制に関する提案も――、「世界政治上の役割はもう終わった」という彼の認識に決定的に規定されている。ヴェーバーが、「帝国主義の夢」の放棄と「新しい課題」の設定を前提として国家形態の問題を論じたことに注意せねばならない。

(5) ドイツの「歴史的義務」がヴェーバーにとって「悲劇」たる所以を解明することこそ肝要である。「国民主義的権力国家」がビスマルクの政治的理想ではあっても、決してヴェーバーその人の理想ではなかったということ、この点を見極めることが肝心である。この点については、モムゼン『マックス・ヴェーバーとドイツ政治 1890–1920』第二版（邦訳）に対する筆者の批判的書評を参照願いたい［嘉目 1996a : 409–13］。

(6)「ドイツ的形式（deutsche Form）」についてヴェーバーは初期の社会政策的諸論説以来繰り返し論じている（例えば［PS : 159f., 284f.］）

(7) ヴェーバーの認識批判の仕事について詳細は、前掲拙著［嘉目 1994］第二、三、四章を参照願いたい。

(8)「判断」については、その認識論的構造の理論的問題とその行為規制的機能の経験的問題とを区別することができる。「行為の理解」というヴェーバー社会学の基本的構想はこの区別を前提としており、ヴェーバーの認識論は行為論の基礎理論として位置づけることができる。「理念の歴史的な力」あるいは「歴史において純論理的に強要する思想の力」に対するヴェーバーの関心［WL : 151,198］は、当然ながら「判断」と「認識」、あるいは「意欲」と「思考」の構造と機能にも向けられた。

(9)「価値分析」から「意味解明」への方法論的深化のプロセスについては、筆者の旧稿「『解明的理解』と『因果的説明』——ヴェーバー社会科学の方法論的基本構造試論——」［嘉目 1976 : 107–22］を参照のこと。

(10)「近代西欧文化」及び「近代西欧人」に関するヴェーバーの関心が一八九〇年代にまで溯るものであること［Weber 1898 : 29］、また「生活態度の合理化（Rationalisierung der Lebensführung）」が『客観性』論文で理念型的認識との関連で論じられていること［WL : 203］は興味深い。

(11)「安楽への隷属」という「能動的ニヒリズム」が現代において「生の力」となっていることを指摘しているのは、藤田省三である［藤田 1994 : esp. 6–15］。近・現代の「文化問題」と格闘する藤田の議論は、今日なおわれわれがヴェーバーと取り組むことの「意義」の一端を教えてくれる。

# 何故に日本のヴェーバー研究はニーチェ的モーメントを欠落させてきたか

山之内　靖

## 1　日本版「マルクスとヴェーバー」——近代ヨーロッパ文化の聖域化——

一九六四年の「ヴェーバー生誕百年記念東京シンポジウム」に見られた基調は「マルクスとヴェーバー」であった。宗教改革によって始まるヨーロッパ近代をモデルとしながら、そこから壮大な歴史社会学的世界像を構築する作業がいわゆる市民社会派に共通する課題であった。ヨーロッパ近代を生みだした社会的空間の性格は限りなく個性的であるが、その個性の中には人類史の方向をしめす普遍的な展望が開かれている。マルクスとヴェーバーは、その間に孕まれている理論的・方法的な相違にもかかわらず、ヨーロッパ近代がしめす普遍性をベースとして彼らの社会学を構築したのであり、その点で認識を共有している。これが市民社会派を特徴づけた知的ミリューであった。

このシンポジウムで「日本におけるヴェーバー研究の動向」［住谷 1965：173–85］を総括した住谷一彦は、市民社会派の出発点を戦前における「日本資本主義論争」に求めてこう語っている(1)。山田盛太郎の『日本資本主義分析』（一九三四年）を基準とする講座派の認識においては、日本資本主義は「内部の構成単位として封建的諸要素をひきずりながら発達してくる」特殊類型に他ならなかった。この講座派の認識には、ヨーロッパに形成された資本主義を正常な型としてモデル化する志向が内包されていた。「資本主義の発展は封建的土地所有の解体の仕方と深く関連しあっているという視角」、これが「日本資本主義論争」における講座派の根底にある問題関心であるが、日本におけるヴェーバー研究の主要な潮流をかたちづくることとなった大塚久雄を中心とする比較経済史研究は、この講座派的な問題関心を継承することによって、日本に独特と言うべきアプローチを生みだした、と住谷は主張する。「『講座派』、わけても山田氏の『分析』が示したような方法ないし視角が、大塚氏の視界のなかで、そのヴェーバー研究と内面的に結びつけられてくることのなかに、日本におけるヴェーバー研究の、世界的にみてもきわだって独自な特質が彫琢されてくる」。これが住谷の総括である。あるいはこうも言われる。「マルクスとヴェーバーという、方法も用いられている範疇もまったく異なる二つの思想体系が世にいう『大塚史学』という一つのるつぼのなかに流しこまれ、一種の融合反応を呈するような思想状況（Gedankenlage）が生まれてくるということのうちに、世界的に見てもまったくユニークなマルクス＝ヴェーバー的思想像の成立してくる根拠があるのではないか」。

見られるように、新カント派というドイツ観念論の系譜を背景として生まれたマックス・ヴェーバーと、ヘーゲルを転倒させることによって唯物論の系譜に立ったカール・マルクスの両者を――「方法も用いられている範疇もまったく異なる二つの思想体系」を――、相互に対立するものとしてではなく、むしろ相互に補完しあうもの、さらには相互に重なり合うものと捉えたところに、日本におけるヴェーバー研究の「世界的に見てもまったくユニーク」な特徴があった。この独特な観点は、封建社会の解体の仕方という一点に焦点を合わせ、終始一貫、この限定された関心にもとづいて歴史像を構成するという、戦中から戦後にかけて日本の社会科学をそこに引きつけた関心によって支えられていた。この関心においては、社会の封建的ないし伝統主義的構成を徹底的に破壊し解体するなかで誕生したヨーロッパ近代の社会とその精神文化は模範としてモデル化されたのであり、近代日本の歴史は、アジア的ないし封建的構成をその基盤としてふまえる、ある種の両性具有的非正常型としてそれと対比された。こうして市民社会派の理論構成において、ヨーロッパ近代という歴史社会学的空間は聖域化された。加えて、マルクスもヴェーバーも、ともにヨーロッパ近代文化の聖域化に貢献する社会学者として位置づけられた。

ヨーロッパ近代がもたらした歴史構成態の爛熟の頂点にあり、それが孕む底知れぬ不気味さをすでに見ているわれわれの時代からすると、市民社会派によるこのような楽天的な展望はすでに理解の外にある。それが楽天的だというのは、暗黙のうちに、ヨーロッパ近代は日本社会がそこへと最終的に収斂してゆくべき到達目標だとされているからである。到達目標を明確に自覚している一世代の人々にとっては、現実がいかに非合理ないし悲惨であれ、いつかはその目標にいたりつくであろう、という希望が約束されている。あるいは先の論稿で住谷が丸山眞男の発言を借りて述べるところによれば、そのような世代の人々は、「近代というものを一つの永久革命としてとらえる」ことにより、希望を永遠の先にまで引き延ばすことが可能となる〔丸山 1966 ; 住谷 1965 : 178〕。これにたいし、二〇〇〇年という区切りに立って新たなミレニアムを迎えるわれわれは、近代の延長上に到達目標ないし永久革命を展望するという希望に満ちた態度はもはや取り得ない。いまでは、近代に替わるなんらかのオータナティヴははたして可能なのか、という不透明で不確実な問いとともに生きることが、避けられない運命となっている。

社会科学を構成する知的動機を根本において規定している時代関心は、すでに大きく転換してしまった。と言うのも、近代がもたらした合理的技術のダイナミズムは、社会の制度を次々と自己の要求に合わせて作り替えてゆき、人間によって容易には制御することができなくなった一種の自己維持的システムを結晶化してしまったからである。しかもこのシステムは、「自然からの家出息子」〔Nietzsche 1872, 訳 : 33〕とも言うべき逸脱した性格を帯び、地球という限られた環境条件の限度を超えて自己運動を継続している。環境問題は、近代いらいの人類社会が破局の淵に近づいていることを警告している。

## 2

## オリジナル版「マルクスとヴェーバー」——近代ヨーロッパ文化の危機——

第二次世界大戦後、およそ一九七〇年頃まで、日本の社会科学において日本版の「マルクスとヴェーバー」に集約される問題関心は有力な潮流でありつづけた。しかし、住谷がそれを「世界的に見てもまったくユニーク」と評したことに留意しなければなるまい。確かにマルクスとヴェーバーのそれぞれが残した膨大な記述には、ヨーロッパ近代がしめす歴史のダイナミズムを一個の理論モデルとして提示する筋道が内在していた。例えば『資本論』第三巻の「商人資本に関する歴史的考察」（第四編二〇章）は、『プロテスタンティズムの倫理と資本主義の精神』と読み合わせることを可能にする歴史認識が豊かに用意されている。しかし、そうした符丁の重なりを読み取る作業が、戦時期から戦後にかけての日本という特殊な時間的場面で遂行されたという事実を見落としてはならない。日本版の「マルクスとヴェーバー」は、きわめて特殊な共通関心に支えられて構成されたところの、時代的産物なのである。

ここで注目すべきは、マルクスとヴェーバーの両者に見られる問題関心の相互補完性に注目する読み取り作業は、日本版のそれに限られなかったという事実である。実は「マルクスとヴェーバー」という問題設定は、他ならぬヨーロッパの知的ミリューのなかで最初に形成されたのであった。しかもそれは、日本のケースとはその性格を異にしていた。と言うのも、それは近代ヨーロッパ文化を聖域化する方向に向かったのではなく、むしろその反対に、近代ヨーロッパ文化の根源にある歴史性に深い懐疑の眼差しを向けるものであったからである。

その作業に先鞭をつけたのはハンガリーのマルクス主義者ルカーチであった。ルカーチは彼の『歴史と階級意識』（一九二三年）に収められた「物象化とプロレタリアートの意識」において『資本論』の新たな解釈に取り組み、それを商品論に見られる物象化の論理に即して理解するという道を開いたのであった。ルカーチによれば、マルクスが

『資本論』において展開したのは資本主義の単に構造的な分析なのではない。それはむしろ、資本主義社会に生きるすべての社会的関与者について、彼らの存在を制約する転倒的な意識＝物象化された意識の分析に向けられたのであった。物象化された意識が支配する社会に生きる関与者たちは、彼らの社会関係を市場における物理的ないし数量的表示にそくして理解するように慣習化される。こうした慣習化は、物象化された関係を通して利潤を抽出する資本家階級だけに付随するのではない。それは資本家階級によって収奪されている労働者階級の日常意識にも深く浸透してゆき、その階級闘争の形式をも決定している。

ルカーチのこの解釈が、資本主義の構造分析とそれにもとづく階級闘争に焦点を合わせてきた、既成のマルクス主義諸流派のそれとは決定的な相違をしめしていることに留意しなければならない。ルカーチは労働者の日常意識もまた物象化された商品経済社会の関連に取り込まれているのであり、この意識の転換なしにはいかなる革命的変革もあり得ないと語ったのであった。

ここで二つの事態を指摘しておかなくてはなるまい。

第一に注目されるのは、『資本論』を物象化論を軸として解読する作業は第一次世界大戦の歴史的経験をへるなかで初めて登場した、という点である。第一次世界大戦は人類が経験する最初の総力戦であった。そこでは、塹壕で向き合って銃を撃ち合う兵士だけが戦ったのではなかった。総力戦においては、直接の戦場からは遠く隔たった市民の日常生活そのものが戦争遂行へと動員された。兵士と市民の間を分かつ壁は事実上消えてなくなり、市民生活の全体制が戦争遂行の装置へと転換されていった。ここでは、労働者や事務職員や農民ばかりではなく、彼らの家族も含めて、すべての人員が戦争遂行の担い手として動員された。しかも予想外だったのは、各国政府が戦争前に危惧していたところとは異なり、資本主義体制にたいして対抗運動を活発に展開していた労働者階級とその政治的代表団体である社会主義政党の多くも、この動員体制に積極的に参加した、ということであった。勿論、戦争末期には長引いた動員とあまりに過大な犠牲を前にして公然と抵抗する運動が現れてきた。しかし、それにしても、労働者階級は本来的に資本主義に対抗する存在だとする素朴な前提は、事実を前にしてその意味を喪失したのである。労働者の存在を、階級関係以前的な日常性のレヴェルを現す物象化された意識にまで立ち戻って捉える発想は、総力戦状況を経験する過程で結実していった［山之内編 1995；山之内 1996；山之内 1999］。

物象化された意識は階級関係の派生態なのではない。むしろその逆である。階級関係こそが物象化された意識の派生態なのである。これがルカーチの主張であった。とすれば、階級関係の分析ではなく、物象化された意識の分析こそが、資本主義批判においてその核心をなす領域なのである。

第二に注目されるのは、ルカーチがマルクスの『資本論』に言及するにとどまらず、同時にマックス・ヴェーバーの参照を求めていたという事実である。ルカーチはヴェーバー社会学において、宗教社会学と並んで中軸としての位置をしめた支配の社会学に留意を求める。ルカーチによれば、そこに見られる合理化論＝官僚制論は、その実質においてマルクスの物象化論と呼応する性格を帯びていた。ヴェーバーは彼の近代官僚制にかんする議論のなかで、近代社会における管理と制御は、合理化された法体系に即して秩序化される方向へと傾斜してゆくと指摘していた。ルカーチはこの点を捉え、ヴェーバーの言う合理化＝官僚制化の本質は脱感情的な法秩序を基準とする計算可能性（Berechenbarkeit）にあるのであって、それはマルクスの言う物象化と同質の事態を指し示している、としたのである。マルクスにおいてもヴェーバーにおいても、物象化（Versachlichung）は近代社会の基本的な特性なのであった［山之内 1982：15–27］。

マルクスとヴェーバーの両者を物象化論を基準として解読し、対立関係というよりも相互補完関係から捉えるというこのオリジナル版「マルクスとヴェーバー」は、見られるように、その日本版とは著しく性格を異にしていた。それはヨーロッパ近代文化を聖域化するという関心とはほど遠かったのであり、むしろ、第一次世界大戦の経験に照らして確認された次の点、つまり、資本主義社会に内在する階級対立の弁証法に期待して来るべき未来社会を予測するという解放の予言は、もはや信頼に値しないという断念、これをベースとしてもたらされたのであった。ここには覆いがたいペシミズムが宿っている。周知のように、ヴェーバーはこのペシミズムの裏側でニーチェの超人（Über-mensch）と呼応するカリスマ的リーダーシップという問題のカテゴリーを彼の社会学に持ち込んできた［Mommsen 1959］。ルカーチも、労働者自身には彼らの物象化された意識から脱却してゆくモーメントを期待することはできないとする断念に追い込まれたのであり、そこから、レーニン主義に依拠しつつ、前衛党の指導という反デモクラティックな発想へと退行していった。

ここでヴェーバーやルカーチの方法的限界を問題にする余裕はない。ただ一つ、その後の社会科学がたどる道筋との関係で彼らの方法的限界の意味にふれておこう。確かにヴェーバーのカリスマ論にせよ、ルカーチの前衛党論にせよ、共に、近代文化の先に何らかのホリゾントを提示するものではなく、むしろ、近代文化の限界をその退行的見取り図によって物語るに終わった。しかし、この限界を直ちに非難することは短絡的だとされねばなるまい。むしろ重要なのは、彼らが抱え込んだこの限界こそが、その後の社会科学にとって、取り組むべき最重要な課題として意識されたということである。ヴェーバーやルカーチの方法に内在するこの限界こそは、後に現れてくる社会科学にとって、突破されなければならない第一の障害として意識されたのである。例えばタルコット・パーソンズの『社会的行為の構造』は、そうした真剣な模索の跡をしめす一つの記念碑である［Parsons 1937; 山之内 1982: 179–324］。

同様の問題をマルクス主義の歴史に照らして語ることもできるであろう。物象化を軸としてマルクスの全体系を解読して見るというルカーチの発想は、やがて、物象化というこの脱感情的で無味乾燥な観念は、一体、いかなる精神を媒介としてもたらされたのであろうか、という問いとなって跳ね返ってくる。近代社会の人間とは、物象化のもとで匿名的・形式的な合理性へと自ら好んで自分を追い込んでゆくところの、問題的存在なのではなかろうか。こうして、社会の構造分析を場面として批判的認識を構築するにとどまらず、人間存在そのものへの哲学的ないし哲学批判的問いをとおして批判的認識を構築するという、今一つの、より根源的な問いがあらわれてくる。二〇〇〇年という新たなミレニウムの入口においてマルクスの初期の作品『経済学・哲学草稿』（一八四四年）が再度吟味の対象とならざるを得ないのは、この問いとかかわってなのである。ヴェーバーの作品は、ルカーチを経過してさらにカール・レーヴィットに伝承されることにより、「問題的存在としての人間」という根源的な問いへと橋渡しされることとなった。

この問いについて立ち入る前に、次の点を確認しておこう。物象化の論理を中心として『資本論』を読むというルカーチの発想は、実のところ、彼がマルクス主義の立場に移行する以前にうけたヴェーバーからの思想的洗礼を土台として初めて可能となったのであった。そのことは、ルカーチが一九一〇年代の初頭にハイデルベルグで開かれていたヴェーバーのサロンに出入りしており、ヴェーバー夫妻から大きな期待を寄せられる学徒だったという時間関係に照らして確認することができる［LB, 訳 : 351］。『資本論』を物象化論から解読するというマルクス学上の革新は、実際には、マルクス体系そのものに内在して始まったのではなく、ヴェーバー合理化論が物語る近代ヨーロッパ文化の危機診断が先にあって初めて可能となった。マルクスの思想を、近代の延長上に未来を展望するオプティミズムとしてではなく、近代ヨーロッパ文化の危機診断にかかわるペシミズムを孕んだ思想として解読する作業は、ヴェーバー社会学との接触を物語るエピソードを抜きにしてはスタートできなかったのである(2)。

ルカーチによって始められたこの作業をさらに徹底して問い詰める人物が現れた。カール・レーヴィットである。レーヴィットは『マックス・ヴェーバーとカール・マルクス』（一九三二年）において、ルカーチの作業を出発点としながら、さらに、初期マルクスに見いだされる自己疎外（Selbstentfremdung）の論点を再発掘してきた(3)。

レーヴィットが彼の論文のなかで何度か『歴史と階級意識』に言及していることがしめしているように、レーヴィットはルカーチによって発掘された方法――階級関係以前的な一般的意識の批判的分析という方法――をさらに前進させようと試みたのであった。しかし、十年の時をへることによって、そして恐らく一九二九年の恐慌とナチズムの登場という事態がはらむ政治的状況の緊張を前にして、レーヴィットの分析にはヨーロッパ近代文化全体にかかわる危機の掘り下げという観点が、一層前面に押し出されてきたのであった。

その点は、なによりも、ヴェーバーの方法のもつウェートがルカーチの場合と比べて一段と高い位置をしめるようになった、という事実となってあらわれた。ルカーチにおいては、分析の主たる課題は『資本論』の解読に向けられていたのであり、ヴェーバーはマルクスの方法（物象化論）の有意味性を側面から補完するエピソードとして援用されるにとどまっていた。しかしレーヴィットにおいては、ヴェーバーの方法はマルクスのそれと対等な重みをもつ構想としてとりあげられている。しかも、ヨーロッパ近代文化の危機を語る社会学としては、まず最初にヴェーバーが論及され、ついでそれとの関連においてマルクスがとりあげられることとなる。両者が活躍した時代の時間的位置——マルクス（一八一八—一八八三年）、ヴェーバー（一八六四—一九二〇年）——からすれば奇妙な倒置とされねばならないこの論述の順序は、決して偶然に選ばれたものではなく、また、どうでもよい事柄ではなかったであろう。ここには『ヴェーバーとマルクス』の構想の背後にある中心的な問題関心の質が投影していた。

レーヴィットがまず初めにヴェーバーから論述の筆を取りはじめたのは何故か。この問いに答えようとする場合、ただちに浮かび上がるのは、彼が哲学研究の出発点においてニーチェと対面していたという事実である［Turner 1993：1-32；Turner 1996：ix-x］。レーヴィットは一九二三年に提出された学位論文の題に「ニーチェの自己解釈およびニーチェの解釈に関する解題」を選んでいた［Donaggio 2000；山之内 1999：88-9］。注意して吟味すれば判るのであるが、レーヴィットは『ヴェーバーとマルクス』を執筆するに際してこの学位論文によって定められた問題関心を踏まえていたのであった。

レーヴィットは「ヴェーバーは、自分を知らずにただ専門知識の習得にのみ熱心な人間や、科学に対する素朴な信仰を抱いている大多数のマルクス主義者から、根本的に区別される。現在の科学の特性をこのように理解したことから、ヴェーバーは、専門科学として合理化された科学一般の《意義》をたずねることになる」と指摘しているのであるが、ここには、科学によってもたらされた「真理」なるものがおのずから文化や文明をより高度な発展へと導いてゆくとする素朴な啓蒙主義的信念への対決が語られている。ヨーロッパ近代の文化は「科学的真理の価値に対する信仰」——つまりは、科学による人類の解放という救済願望——をもたらしたのであったが、しかし、この「信仰」はそれ自体として証明可能な事実ではない。むしろそれは、時代の意識によって支えられた「特定の文化の所産」に過ぎない。価値自由を求めるヴェーバーの学問論は、一部で誤解されているようなもの、すなわち、価値判断を放棄して「ただ科学だけの世界に引き下がろう」とするものではない。まったく逆である。「科学的《客観性》を目標としてわれわれがなしうること、また、なすべきことは、《主観性》を減少させるという馬鹿げたことではなく、科学的に重要ではあるが科学的に証明はできないものを、かえって意識的に、明瞭に指摘し、考量するということ」これである。

レーヴィットは、ヴェーバーの諸作品には「科学の価値に関するヴェーバーの《方法論的》疑問」が宿っていた点に留意を求めている。ところでこの疑問の質は、レーヴィットによれば「ニーチェが《真理》の意義と価値はなにか、と哲学にたいしていだいた疑問とじつは同一のものであった」[Löwith 1932, 訳:26–9]。

レーヴィットが初期マルクスの諸作品のなかから自己疎外論という、後期のマルクスでは消え去ってしまった論点をひきだしてきたのは、この自己疎外論のなかに、人間存在を根源的に問題化する視点が宿っているからであった。この自己疎外の論点は、若きマルクスがフォイエルバッハの宗教批判――それはヴェーバーが遂行した宗教社会学の先駆形態と見ることができる――から継承してきたものであった。レーヴィットはルカーチが『資本論』の商品論から引き出してきた物象化論に触発されながらも、物象化をもたらす究極の根拠を求めて人間存在そのものにまで掘り下げてゆこうとした。ヘーゲルにおいて哲学の主題をなしたのは人間そのものではなく精神であった。ヘーゲルにおいては、人間は市民社会に属する卑俗な存在としてのみ対象となる。ヘーゲル哲学において主役としての役割を担うのは人間ではなくして絶対精神なのであり、世界史はこの絶対精神の自己展開として現象する。ヘーゲルにおけるこの転倒は、実は意識の自己疎外態に過ぎないもの（絶対精神）を哲学の主題――従って真の主体――とすること、ここに基づいている。レーヴィットは資本主義社会における意識の物象化をも、根源的には人間存在そのものに起因する問題（=自己疎外）として把握する人間学（Anthropologie）の観点を選択したのであった[Löwith 1932, 訳:73–85]。一九七〇年代いらい、アルチュセールや廣松渉は初期マルクスの人間学を誤解してそれを近代精神の認識論的投影だと断定した［山之内 1999：76］。不幸なことに、この誤読は広く共有され、疎外論への関心は長らくの間、失われたままであった。しかし、フォイエルバッハに始まりレーヴィットによって発掘された人間学は、ニーチェによる根源的な近代批判と通底するものだったのである。

レーヴィットにおける自己疎外の論点は、したがって、哲学の営みというよりも哲学批判の営みであった。それは自己疎外態に他ならないものを真理として提示する哲学ないし科学を批判的に相対化する作業であった。それは、哲学的真理あるいは科学的真理として語られる客観的価値を、人間存在そのものが抱える根源的問題性の現れとして問いの対象とするラディカルな提言であった。ヴェーバーの合理化論とマルクスの自己疎外論の間には、相互に相いれない対立が見られる。というのも、ヴェーバーは合理化を自由な精神の躍動そのものに起点をもつ歴史的現象とみなしたのであり、したがって、それを逃れられない運命と捉えたのに対して、マルクスは自己疎外によって真理と非真理へと分裂した人間存在をその歴史的制約から解放し、「《最高の共同体》の自由」へと到達しようとしたからである［Löwith 1966，訳：72］。この相違を強く意識していたにもかかわらず、レーヴィットはヴェーバーとマルクスの両者から社会科学的認識への根源的な批判を読み取り得ると考えている。そのような解読の方法が提起されえたのは、ヴェーバーの合理化論に近代ヨーロッパ文化の終焉にまでおよぶ危機意識がはらまれていたからであり、初期マルクスの自己疎外論に「最高の共同体」の革命的復元なしには修復不可能とされる近代文化の根源的問題性が語られていたからである。

## 3　市民社会派的解釈体系の神学的性格――救済願望について――

レーヴィットの『ヴェーバーとマルクス』は第二次大戦終了後、いち早く邦訳され、多くのヴェーバー研究者がそれによって触発された。レーヴィットの学位論文は最近まで知られることがなかったのであるが、しかし、彼がその後まもなく『ニーチェの哲学』と『ヤーコプ・ブルクハルト』を発表していることは日本でも周知のところであった。しかるに、日本の社会科学は、ヴェーバーの社会科学方法論がその背後にニーチェによるヨーロッパ近代文化批判を踏まえている、というレーヴィット論文の本来の主題を読み取ろうとはしなかった。日本のヴェーバー研究は、「ヴェーバーとマルクス」のオリジナル版に十分接触する機会をもっていたにもかかわらず、ヨーロッパ近代文化の聖域化という基調から脱却することはなかったのである。

しかし、よく注意して調べれば判るのであるが、東京シンポジウムにも、この基調をゆるがす亀裂がすでに生じていた。日本においてヴェーバー社会学導入の先導者としての役割を担ってきた大塚久雄は『職業としての学問』に見られる「学問的無神論」に言及し、その論点の背景にある「合理的非合理性」の論調に対して「かずかずの疑問がわいてこざるをえない」と告白していたのである［大塚 1965：303–32］。『職業としての学問』のこの筋道は「予言者について、原始キリスト教について、宗教改革について、歴史における変革の原動力を鋭く問題としてきたヴェーバーの学問的立場」と整合的であり得るのか、と大塚は問うている。この亀裂はその後のヴェーバー像に分裂をもたらす起点であった。

大塚はヴェーバーの思考に到底整合的とは言えない破綻が見られると考えている。しかし、整合的でないのは大塚のヴェーバー理解だったのではなかろうか。大塚は、自らが訳出した『プロテスタンティズムの倫理と資本主義の精神』に次のように明記されていることを、まったく見落としているように思われる。

> 人間は委託された財産に対して義務を負っており、管理する僕、いや、まさしく『営利機械』として財産に奉仕する者とならねばならぬという思想は生活の上に冷ややかな圧力をもってのしかかっている。財産が大きければ大きいほど――もし禁欲的な生活態度がこの試練に堪えるならば――神の栄光のためにそれをどこまでも維持し、

不断の労働によって増加しなければならぬという責任感もますます重きを加える。こうした生活様式は、その起源についてみれば、近代資本主義の精神の多数の構成要素と同じく一つ一つの根は中世にまで遡るが、しかし、禁欲的プロテスタンティズムにいたって、はじめて、自己の一貫した倫理的基礎を見いだしたのである〔RS1, 大塚訳：339〕。

この一節が明らかにしているように、ウェーバーは近代資本主義および近代官僚制の精神史的起源を宗教改革そのもののうちに見いだしている。禁欲的プロテスタンティズムこそは「『営利機械』として財産に奉仕する」精神構造をもたらした「倫理的基礎」だとヴェーバーは指摘している。近代文化の倫理的根源にまで遡り、これを懐疑し批判するヴェーバーがここにいる。この発想には、一八九四年いらい親しんだとされるニーチェのキリスト教文明批判が投影していた〔Scaff 1987：260ff.；Hennis 1987, 訳：207–38；山之内 1993：183〕。

ヨーロッパ近代文化を聖域化したいま一人の社会学者として市民社会派が参照するマルクスについてはどうであろうか。ここでも、われわれは『経済学・哲学草稿』第三草稿に次のように明記されていることに留意すべきである。

啓蒙された国民経済学にとっては、私的所有を人間にたいするたんに対象的な存在としてしか認めない重金主義および重商主義の一派は、物神崇拝者（Fetischdiener）、カトリック教徒にみえる。それゆえエンゲルスは正当にもアダム・スミスを、国民経済学上のルターと名づけた。ルターが宗教、信仰を外的世界の本質として認識し、したがってカトリック的異教に対立したのと同様に、また、彼が宗教心を人間の内面的本質とすることによって、外面的な信心を止揚したのと同様に、……〔スミスにあっては〕人間そのものが私的所有の本質と認められることによって、人間の外にあって人間から独立した――したがってただ外面的な仕方でしか支持され主張されえない――富は止揚される、すなわち、この富の外在的な没思想的な対象性は止揚されるのである。――ただし、人間そのものは、ルターの場合に宗教の規定のなかにおかれているのと同様に、私的所有の規定のなかにおかれることとなる。したがって、労働をその原理とする国民経済学は、人間を承認するような外見のもとで、むしろただ人間の否認を徹底的に遂行するものにすぎない［Marx 1932, 訳：119–21］。

スミス経済学＝古典派経済学の労働価値説について、マルクスは宗教改革におけるルターの教説に対比させながら、これを近代精神に固有な自己疎外現象とみなしている。ここでは物象化の論理は第一次的形態および第二次的形態という二重性で捉えられている。第一次の物象化《フェティシズム》は重金主義ないし重商主義のそれであり、第二次の物象化《フェティシズム》は「啓蒙された国民経済学」＝スミスのそれである。第二次の物象化においては「人間そのものが私的所有の本質と認められる」のであり、したがって「人間の外にあって人間から独立した……富の外在的な没思想的な対象性は止揚される」。この文脈が物語っているように、若きマルクスは古典派経済学のなかに宗教改革によって形象化された新しい人間認識を読み取ったのであり、しかも、この新しい人間認識こそが私的所有の聖域化——近代世界を特徴づける自己疎外——をもたらしている、と見ている。労働価値説は近代革命の精神にとり、その精髄ということになる。この筋道から判るように、マルクスは、一般にそう受け取られているところとは異なり、労働価値説を評価し称賛しているのではない。むしろ反対である。労働価値説こそは人間の本質を私的所有と一体化させる倫理的根拠として作用している。これがマルクスの言わんとする真意であった。この自己疎外論をマルクスは『キリスト教の本質』［Feuerbach 1841］の著者フォイエルバッハから吸収してきた。『経済学・哲学草稿』第三草稿は、労働＝私的所有をダイナミックな動因とする近代の原理に対して、身体論を軸とするフォイエルバッハの受動性＝受苦性という観点を対置している。宗教改革に起点をもつ近代の精神史的原理に批判的な若きマルクスがここにいる。ここでは、近代社会の制度的構造が問題性の根源なのではなく、近代世界における人間存在の文化的＝精神的歴史性がそのものとして問題的だとされる。

近代という歴史社会学的な空間の聖域化に貢献する社会学者としてマルクスとヴェーバーを位置づける市民社会派

の解釈体系は、マルクスにおけるフォイエルバッハのモーメント、ヴェーバーにおけるニーチェのモーメントを見落としている。この見落としこそが、日本版「マルクスとヴェーバー」をそのオリジナル版から区別させ、「世界的にみてもきわだって独自と言うべきアプローチ」を、かくも長らく持続させた原因となった。

大塚はプロテスタント的宗教倫理が「価値の倒錯」「倫理的倒錯」を引き起こし、「精神なき専門人、心情なき享楽人」を帰結してしまうというヴェーバーの病理学的診断を受け入れながらも、この現代の難局を突破する拠り所は宗教改革の原理以外にない、とする。「ヴェーバーがすでに……予測していた資本主義の機械的化石化の状態を突き抜けて……『資本主義の精神』のうちに含まれていた『生産倫理』（「労働――経営倫理」）がふたたび目を覚まし、歴史の進歩の方向に沿って、人々の上に強烈な作用をおよぼすこと」、これが大塚の結論である［大塚 1969b : 100］。この大塚の認識においては、宗教改革によって誕生した近代の精神は、その後に現れるいかなる屈折や障害にたいしてもそれを超えることを可能とする永久革命の原理である。この考え方が、オリジナル版のマルクスばかりではなく、オリジナル版のヴェーバーとさえもかけ離れたものであるのは、すでに明瞭である。

市民社会派に属する日本のマルクス研究者もまた、オリジナル版のマルクスからかけ離れた地点で自己充足していた点で、ヴェーバー研究者と同様であった。『市民社会と社会主義』その他の著作により、市民社会派のマルクス解釈をリードした平田清明のケースを見てみよう。平田は『経済学・哲学草稿』第三草稿に見られる「受苦的存在」に関する論点――身体的器官を介して行われる関係行為は「人間的現実性の確証行為である。すなわち、人間的な能動性（Wirksamkeit）と人間的な受苦（Leiden）とである。なぜなら、受苦は、人間的に解すれば、人間の一つの自己享受（Selbstgenuß）だからである」［Marx 1932, 訳 : 136］――をこう解釈している。労働生産性の増大の結果として「真実の自由の王国」が開花し、「自己目的としての人間的な力能展開」が可能となる段階になると、「本来的な物質生産」における「受苦としての労働」は「労働力能の自己享受としての働き《シュピール》」に転化する［平田 1972］。平田は、近代の原理（労働＝私的所有）に対抗する拠点としての受苦、というフォイエルバッハ→マルクスの思想系譜（自己疎外論）

を見損ない、「受苦としての労働」を解消してそれを「シュピール（遊び）」に変える、という生産力的見地をもちだしている。近代の意識を特徴づける物象化と自己疎外は、人間的本質を自己活動に――つまり、ルター的には内面的確信としての「信仰」に、スミス的には「分業労働」に、ヘーゲル的には「絶対精神」に――見いだす転倒性の現象形態である。これが『経済学・哲学草稿』第三草稿に込められたメッセージであった。この若きマルクスのメッセージを平田はまったく理解していない。「自己目的としての人間的な力能展開」を平田は解放の到達目標として掲げて疑わないのであるが、それこそは自己疎外をもたらす近代の精神そのものなのである。平田の言う「真実の自由の王国」という幻想こそは、フォイエルバッハのキリスト教批判を受け止めていた若きマルクスからすれば、近代精神の自己疎外態なのであり、宗教的救済願望の近代的転化形態なのである［山之内 1982：49–50］。

大塚のヴェーバー解釈も平田のマルクス解釈も、ともに原著者の真意を誤読している。この誤読の背後にあるのは、市民社会派の社会科学に入り込んだプロテスタント神学の命題に他ならない。近代の精神史的原理はいかなる窮境においてもそれを突破する永久革命の根拠であり（大塚）、生産力発展の行き着く先は「受苦としての労働」の「シュピール」への止揚という解放の楽園である（平田）。こうして、ヴェーバーのカリスマ論にはらまれている身体論的モーメント（機械的・本能的領域）も、また、マルクスの疎外論にはらまれている身体論的モーメント（受苦）も、ともに視野の外におかれた［山之内 1976–1978；山之内 1982：45–53；山之内 1986：180–254；山之内 1993：145–6；山之内 1997a：220–4；山之内 1999：23］。近代文化は時間とともに進化してゆく線型の軌道を描くと理解された。退化する時間、循環する時間は忘却された。フロイトの「文化の不安」［山之内 1982：348–9］、ジンメルの「文化の悲劇」も、ここでは――丸山眞男のケースを除いて［山之内 1999：33–4，297–322］――共有されることがなかった。このような解釈が一般化した背景にあるのは、近代文化に救済の可能性を重ね合わせる無意識の願望であった。

大塚や平田に代表される日本版「マルクスとヴェーバー」は、第二次大戦後に形成されたものだと一般に信じられている。しかし、その出発点はまさしく総力戦の体験にあった。しかも、オリジナル版が第一次大戦がしめした終末的状況への反省的対応から出発したのに対して、日本版は第二次大戦期における近代の超克の一変種――総力戦体制のもとでの合理化を積極的に構想する立場――として誕生した〔山之内 1996 : 33-171 ; 山之内 1999 : 41-90〕。この出自の決定的な相違こそが、これら二つの「マルクスとヴェーバー」をして、真正面から対立する性格のものたらしめたのである。

## 4　新たなホリゾント――救済願望を超えて――

総力戦状況が強制するウルトラ・ナショナルな統合の下で階級社会は組み替えられ、強力な行政官僚制による制御を介してシステム社会へと編成替えされた〔山之内 1996〕。第二次大戦終結後の先進産業社会は、この国民国家的統合を梃子として消費社会へと向かった。「安楽への全体主義」〔藤田 1997 : 29-42〕は消費社会の欲望の到達点に他ならないが、いまやこの官僚主導型の制御装置は行き詰まりを見せている。グローバリゼーションの時代に移行するなかで、われわれはシステムの合理性が約束する生活の便益を今後も享受し続けるのか、それとも、フォイエルバッハと若きマルクスが唱導した受苦者の連帯というオータナティヴを求めるのか、その両義的分裂に直面している。この両義的状況において、オータナティヴを代表するのが「新しい社会運動」である〔Melucci 1989 ; 山之内 1996 : 336-41 ; 山之内 1999 : 18-24〕。「新しい社会運動」は情報技術革命が約束するかに見える疑似的な「自由の王国」や「透明な社会」〔Vattimo 1992 : 1-12〕に安住するものではなく、文化をめぐる批判的政治学としての性格を自ずと帯びてくる。この批判的な政治学は、現代社会にとり、宗教改革いらいの近代文化を根底から問いなおすラディカルな自己審問とならずにはいない〔山之内 1999 : 4-40〕。ここでは、近代の人間という問題的存在を正面から問う作業が避けられなくなる。

客観的にそこにあると見える制度や構造を分析すれば、そこから何らかの真理が見いだせるとする近代科学の確信は幻想に他ならない。そもそも、客観的な対象を認識し解釈しようという行為はその対象を支配しようとする意志を隠された前提としているのであり［Nietzsche 1901; 山之内 1993 : 99–152］、それ自体、すでに客観的ではありえない。近代の人間そのものを問題的存在として対象に据える人間学に、われわれはいよいよまともに付き合わねばならなくなった。日本のヴェーバー研究は、レーヴィットの『ヴェーバーとマルクス』に立ち戻り、そこから再出発しなければならないであろう。

## 注

（1）市民社会派による「マルクスとヴェーバー」なる問題設定については、他に、内田義彦［1967］、内田芳明［1972］の参照が欠かせない。今日では、市民社会派にかんする海外からの本格的な研究であるシュヴェントカーの著作［Schwentker 1998］が参照されるべきである。シュヴェントカーの論点については、山之内［1999 : 41–90］をみよ。

（2）ルカーチの主発点がマルクス主義にあったのでないことは、『魂と形式』や『小説の理論』に代表される彼の初期の作品をみれば明らかである。ルカーチがマルクス主義に近づくのは第一次世界大戦とロシア革命の衝撃によってであった。

（3）レーヴィットによる初期マルクス研究は、そこから自己疎外論を初めて抽出してきた点で画期的な意味をもっていた。その洞察力は、彼が『ヴェーバーとマルクス』の刊行と同じ年（一九三二年）に発見され公刊された『経済学・哲学草稿』を見ることなく、自己疎外論というキイ概念に到達していたことを思えば、ますます感嘆に値する。しかし、他方では、『経済学・哲学草稿』を見ていなかったことにより、レーヴィットの視野に一定の制約が生じてしまったことも否めない。本稿の第三節「市民社会派的解釈体系の神学的性格――救済願望について――」は、レーヴィットのこの制約を埋める意図を込めて書かれている。もしレーヴィットが『経済学・哲学草稿』を――とりわけその第三草稿を――読んでいたならば、彼は恐らく、ヴェーバーの宗教社会学を貫通している市民社会批判と初期マルクスの市民社会批判の理論的近似性をハッキリと表に出したに違いない。しかし、上の制約の故に、レーヴィットの考察はヴェーバーの合理化論＝官僚制論と初期マルクスの自己疎外論の対比だけにおかれている。さらに、レーヴィットは『経済学・哲学草稿』第三草稿の主題の一つであったフォイエルバッハ由来の「受苦的存在としての人間」というテーマにも接することができなかった。いま振り返って感じるのは、レーヴィットのこの制約が日本の――さらには世界の――研究者たちを惑わせてしまい、ヴェーバーの宗教社会学に内包されている近代批判のモーメントを隠蔽する結果につながってしまったこと、さらに、初期マルクスに見られる「受苦的存在としての人間」というテーマが忘却され続ける結果を招いてしまったこと、これである。

# 社会科学と主体――ウェーバー研究の根本問題

橋本　努

## 1　はじめに

二〇世紀における日本の社会科学の遺産を次世紀に向けて継承する場合、とりわけ重要なのは、マルクスとウェーバーの研究史であるように思われる。なかでもウェーバーの場合、近代化をめぐる諸問題を、われわれの「人生がもつ意味」だとか、われわれの「意味世界の変容」という観点から取り上げており、今なお精神史的な興味関心をかき立ててやまない。現時点から振り返るならば、二〇世紀日本におけるウェーバー研究の中心は、戦前であれ戦後であれ、「ウェーバー的精神」なるものをめぐって展開されてきたと言うことができるだろう。そこにおいては、「ウェーバーはどう生きたのか」とか、「ウェーバーは社会科学の営みによってどのような精神性に達したのか」という問いをめぐって、意義深い研究が提出されてきた。

もっとも丸山眞男［丸山 1965］が指摘するように、ウェーバーの生き方やエートス論から「求道者精神」をつかみ取るというたぐいのウェーバー研究は、ロマン主義的ないし感傷主義的な「道徳主義」に陥る危険がある。言い換えれば、そのような研究は、結果としてたんに道徳を説くだけの説教におわってしまいかねない。しかし、道徳というものを反省的に捉える「規範理論」の立場からみるならば、日本におけるウェーバー研究の背後には、一つの根本問題が想定されていたとみることができるだろう。それはすなわち、「社会科学の営みは、いかなる人間を陶冶しうるのか」という人間学の問いである。「われわれは、社会を認識するという営みにおいて、はたして善く生きることが可能なのだろうか」——この問いは規範理論からみた場合に、社会認識というものが抱える一つの根本問題として現れてくる。

近代とともに発生した社会科学の営みは、その当初から、近代社会のよき担い手としての「近代主体」というものを想定してきた。「近代主体」とは、いわゆる主体的・自律的に生きることの理想である。そのような主体は、社会科学の営みによって陶冶可能（学習可能）であると考えられてきた。またウェーバーおよびウェーバー研究においては、一つの中心テーマをなしてきた。しかし今日では、「主体」という人格がそもそも理想なのかどうかについて、懐疑的な見解が多く表明されている。とりわけ一九八〇年代以降、「ポスト近代」こそがわれわれの時代であり、近代主体はもはや理想たりえないと主張されている。ではいったい、近代主体というものが理想でなければ、われわれはいかなる人格の理想を語りうるのだろうか。本稿では、新たなる主体の理想について、ウェーバー研究に内在しながら検討してみたい。

以下ではまず、主体をめぐるわれわれの問題状況について、批判的に検討する。次に、「近代主体」の理念を検討しつつ、それに代替しうる人格の理念として、「問題主体」というモデルを提示する。第三に、「価値自由」論において想定される人格の理念を検討し、そこにおいて「問題主体」の理念が有効であることを論じる。最後に、「われわれは近代とポスト近代の狭間にいるのか」という問いを立て、新たに「第二近代」という対抗的な時代認定を提示する。

## 2　主体をめぐる問題状況

「主体」とは、果たしてわれわれの理想なのだろうか。社会科学の営みによって「主体」を陶冶すべきだという見解は、従来の社会科学において、暗に想定されてきた道徳であった。しかしわれわれは現在、この主張に対して次のような破壊的批判を目の当たりにしている。

まず、徹底した懐疑主義の見解がある。それによれば、社会科学が学問の名において主体的な生き方を強制するのは、お節介である。社会科学が科学であるためには、あらゆる価値から自由にならなければならない。社会科学を学ぶ意義は、価値へのコミットメントを相対化することにあるはずだ。これに対して、主体性といった価値を素朴に信じる社会科学者は、すでに社会を徹底的に懐疑して認識するという態度を失っているのである。云々。

こうした批判はなるほど、根源的な要求を突きつけている。すなわち、学問という営みはあらゆる価値現象を方法的に懐疑するべきだという要求である。しかし問題は、価値に対する徹底した懐疑というものが、多くの場合、社会に対する冷笑的な態度（シニシズム）をもたらすという点にある。社会を認識する営みが冷笑的態度を蔓延させるならば、それは政治的判断力の未熟な人間を輩出することになるだろう。また社会科学はその意図せざる結果として、例えば全体主義に適合的な精神風土を準備することにもなろう。主体への懐疑は、それ自体としては社会認識に相応しい態度であるとしても、その実践的含意としては、社会の条件を掘り崩す危険がある。それゆえ主体に対する懐疑は、何らかの規範論的学問によって吟味されなければならない。

第二の批判として、社会科学的営為の実態を暴くものがある。すなわち、社会科学を学んでも、主体的に自律した人間になるとは限らない。もっと言えば、社会科学と主体性のあいだには、何の関係もない。その証拠に、社会科学者の多くは人格が破綻している。また、たとえウェーバーを勉強したとしても、自律した主体性を獲得できるわけではない。主体性を陶冶したいのであれば、社会科学以外の営みを求めるべきだろう。社会科学の課題はむしろ、社会をよりよく認識（理解や説明）することにあるのだから、自らの生き方に関する議論は必要ない。云々。

この種の批判に対しては、逆に次のように問いただすべきである。すなわち、多くの社会科学者は、社会科学の学的成長に貢献できるわけではない。もっと言えば、社会科学者になることと知的貢献をなすことのあいだには、弱い因果関係しかない。だとすれば、社会科学者たちの社会的存在意義はどこにあるのか。あるいは社会科学を学ぶことの意義はどこにあるのか。社会科学の営みと人格の陶冶の関係をまったく切り離してしまうならば、かえって悪しきエリート主義をはびこらせてしまうのではないか。こうした問題を、批判者たちに投げ返したい。誤解のないように補えば、社会科学者の多くは、決して人格破綻者ではない。社会科学の営みが何らかの人格陶冶を可能にするならば、その可能性を教育の理想として語ることは、なお可能であるように思われる。

最後に、以上の二つの批判と類似したものとして、専門研究と教養の分離を正当化する議論がある。すなわち、どの社会科学の分野においても、そこでは専門的な研究業績が望まれているのであって、全人格を発展させるという教養の理想は断念しなければならない。ウェーバーの場合においても、全人格の発展という理想はすでに断念されていたのであり、そこにおいて「職業としての学問」の課題は、「知の成長」に仕えることにあるとされている。社会科学もまた、そのような専門科学の営みを運命づけられているのであり、社会科学者は安易に人格の理想など語ってはいけない。云々。

こうした主張はある意味でもっともなのであるが、しかし次のように答えることができる。なるほど社会科学は、全人格の発展を引き受けることはできないが、たんなる道具的専門人を輩出する以上のことはできる。社会科学はその中間に、部分的ではあるが、人格の理想を掲げることができる。ウェーバーはそのような人格について断片的に語ったにすぎないが、その後のウェーバー研究をふまえるならば、われわれは社会科学が陶冶しうる人格の理想というものを、再度語り直すことができるだろう。われわれは、専門的な社会科学を破棄して総合的な人文学の伝統に戻ろうとするのではなく、また逆に、社会科学を認知的・道具的な理由からのみ正統化しようとするのでもない。われわれは、専門分化した社会科学の営みにおいて陶冶しうる（部分的な）人格というものを、新たに語り直すことができるのである。

ではわれわれは、「主体」という人格の理想をいかに構想することができるのだろうか。次に、ウェーバーおよびウェーバー研究において提出された「近代主体」の理念を検討しつつ、これに代わる理想として、「問題主体」というモデルを提出したい。

## 3　近代主体と問題主体

「近代主体」とは、いわゆる「自由で自律的な主体」をいう。その特徴は、目的合理性を考慮し、合理的（理性的）に判断する能力をもち、一定の価値基準を精神の中心に据え、そしてその基準に準拠しつつ、恒常的に一貫した振舞を成しうる、という点にある。このような意味における「近代主体」は、近代社会を担う人間の理想であると考えられてきた。また同時に、社会科学が陶冶すべき人格の理念として、二〇世紀の社会科学が掲げる基底的な道徳であるとみなされてきた。

「近代主体」の人格理念は、時代とともにさまざまな観点から肉付けされてきた。とりわけウェーバー研究に即して「近代主体」の特徴を追補するならば、さらに以下のような諸特徴を挙げることができるだろう。

まず近代主体は、自分の精神の中心に「究極的な価値」を設定する。例えば、私は「愛」という価値を自らの中心に据えるとか、あるいは「正義」という理念を自らの中心に据える、といった具合に、各人は自身の人格のコアに究極の価値を据える。もっとも、究極の価値は複数でもかまわない。ただしその場合でも、価値は明確に規定しうるものでなければならない。次に、近代主体はそうした諸価値から、他の諸価値、諸目標、諸手段を、階層的・組織的に位置づけて、人格全体を価値と目的と手段の合理的な体系として設計していかなければならない。近代主体は、自らの価値体系を構築し設立することにおいて、十全な自律を成し遂げることができる。

他方において「近代主体」は、実践的な場面においては、実存的統一を示すことができなければならない。すなわち、具体的問題に直面したならば、そこにおいてすぐれた振舞とエートスを示さなければならない。また近代主体は、相矛盾する現実の諸側面のあいだで、それを横断するような実存的統一を示すことができなければならない。実存的統一とはこのように、強度をもった実践の連続において、生の統一感をもつことを意味する。（このような主体像は、とりわけヤスパースのウェーバー解釈において示された。）

近代主体はさらに、社会科学の方法的態度を身につけていなければならない。すなわち、認知的理性を用いて、他者とのコミュニケーションをすぐれた方向へ導くことができなければならない。なるほど社会科学の認識は、先に述べたような、価値設定の自律や究極的価値の反省を促すことができる。しかしそれだけに留まらず、社会科学の態度は、知的に誠実であることを倫理的に要請し、討議によって自らの価値観点を明確に示すことを求めている。

さらに近代主体は、認知的な場面に留まらず、実践的な場面においても、社会の出来事について自分なりの観点から「意味」を与えていくことができる人間でなければならない。他者との公共的なコミュニケーション空間において、新たな意味世界を構築していくことができるという人格の理想は、「文化人」と呼ばれる。（この文化人の理想をウェーバーから読み取るものとして、中野敏男のウェーバー解釈がある。）

最後に近代主体は、社会変革を担いうる人間として理想化されることがある。それは認知的レベルにおいては、「賤民知識人」の理想となる。すなわち、社会の中心ではなく周辺的な場所に追いやられつつも、そこから社会全体を根底的・体系的に捉え返し、それによって既存の社会を変革するためのヴィジョンを与えるという人格の理想である。(この解釈はとりわけ折原浩のウェーバー解釈において描かれた。) これに対して実践的なレベルにおいては、近代主体は「変革主体」の理想となる。すなわち、既存の社会をラディカルに変革するために必要な精神的諸特徴をもち、その変革を担う人間である。(内田芳明のウェーバー解釈においては、政治的な民衆扇動家としての予言者が描かれた。)

以上の諸特徴は、これまでウェーバーの著作や人生の中から読み込まれた「近代主体」の諸理念である。しかしこうした「近代主体」の人格理念は、拙著『社会科学の人間学』[橋本 1999] で詳しく論じたように、さまざまな点で問題をはらんでいることが分かる。例えば、究極的価値におけるパラドクスの問題、実存主義的な人格評価の危うさ、良心の問題、究極的価値の変更という問題、文化人における意味喪失の問題、周辺的社会状況の喪失という問題、マルクス的な社会変革理念の無効性、といった問題がある。私見によれば、近代主体の理念は、こうした諸問題を克服できないことから、十分に満足のいく理想であるとはいえない。近代主体は、その理念の概念的一貫性という点からしても、また、その理念の歴史・社会的な有効性という点からしても、もはや有効な理念たりえない。

では、われわれは、近代主体に代わるどのような人格の理想を描くことができるだろうか。いわゆるポスト・モダニズムの見地に立てば、そもそも人格の理想を掲げること自体が胡散臭いように見えるだろう。崇高な道徳の実践は、それ自体が権力作用をもつ以上、脱構築しなければならないからだ。またいわゆるポピュリズムの見地に立てば、人格の理想を掲げることは、それ自体がエリート主義の傲慢であるようにみえるだろう。いかなる崇高な人格の理想も、日常道徳においては必要がないとみなされるからだ。

こうした批判に対してわれわれは、なお語りうる人格の理想があると考える。ポスト・モダニズムにおける脱構築は、道徳や政治の実践に対してシニカルな態度をもたらす点に問題がある。またポピュリズムにおける日常の肯定は、かえって教育の理念(教育基本法が掲げる「人格の完成」)に対する絶望をもたらす点に危険がある。これに対して人格の理想を掲げることは、一方においてシニカルな理性を食い止めつつ、他方において理念なき教育に歯止めをかかけることができるだろう。そのような人格の理想として、われわれは、「近代主体」に代わる「問題主体」なるモデルを掲げたい。

「問題主体」というアイディアは、とても単純な発想から生まれている。それは人格のコアに、「価値」ではなく「問題」を据える、と考えるのである。言い換えれば、人格というものが「問題」から成り立っていると考えて、自ら自分の問題を選び取ることが主体の理想だとみなすわけである。このような「問題主体」は、理想的な主体像が満たすべき「自律」という条件をクリアしている。しかしそれは、「近代主体」とはまったく異なる諸特徴をもっており、近代主体とは拮抗する別の理想であるといえるだろう。これまで「主体」の理想は、自分で自分のことを決めるという場合に、決定すべきは自らの「究極的価値」であると想定してきた。しかし自らの究極的価値を選び取ることは、実際にはきわめて危険である。そのような態度は、自ら選んだ価値によって束縛され、独断的になることを回避できないだろう。また、究極的価値を選び取ってしまっては、さらなる人格の成長を目指すという契機を失うだろう。

そこで人格の中心におくべきは、「価値」ではなくて、むしろ「問題」であると考えてみてはどうだろうか。人格のコアに「究極の問題」を据えるならば、価値に対する独断的な態度を防ぐことができる。また、究極の問題を探求するという態度は、それに対する応答の過程において、人格を成長させることに資するだろう。「問題主体」は、人格のコアに「問題」を設定する。そしてその問題から派生する諸問題を、一つの系《コロラリー》として構成していこうとする。「問題主体」は、一連の諸問題を設定することによって自律するのであり、たんに他者が投げかける問題に呼応するだけでなく、自ら問題を立て、その系を構成していく存在である。また「問題主体」は、成熟した多文化的状況において、内発的な創造を企てることができる。さらに、自ら立てた問題が他者にとって迫真的であるならば、その迫真性の伝達によって、すぐれた社会変革を導くことができるだろう。

この他にも問題主体の特徴は、さまざまな観点から詳しく記述することができる。例えば人格の特性、問題の特性、問題設定の特性、問題と価値の関係、実践的振舞、といった観点からである。しかし問題主体の詳しい解明については別に論じたので、ここでは繰り返さない〔橋本 1999〕。重要な点は、われわれは「近代主体」の諸特徴をすべて破棄したとしても、主体の理想を別様に構想しうるということである。それゆえわれわれは、主体の理想それ自体を否定する必要はない。否定すべきは「近代主体」の諸特徴であって、主体そのものではない。ポスト・モダニズムにおける近代批判においては、この点が明確にされなかったために、主体的であることの不可能性が強調されることになった。しかし「近代主体」に対する批判を超えて、われわれは主体の理想を語りうるのである。（「問題主体」の特徴を「近代主体」との対比で捉えるならば、上の表のようにまとめることができるだろう。）

表：近代主体と問題主体の対比

| 近代主体の六類型 | 近代主体の特徴 | 問題主体の特徴 |
|---|---|---|
| 究極的価値の設計主体 | 価値をコアにおく | 問題をコアにおく |
| 実践的人間 | 実存的な統一 | 問題系の統一 |
| 社会科学的人間 | 価値観点による自律 | 問題観点による自律 |
| 文化人 | 意味を与える存在 | 問題を与える存在 |
| 賤民知識人 | 周辺からの変革志向 | 多文化的状況からの内発的創造 |
| 変革主体としての予言者 | 予言の迫真性 | 問題の迫真性 |

## 4　価値自由と人格理念

では「問題主体」という人格は、いかにして陶冶可能なのだろうか。社会科学の営みにおいて問題主体の陶冶は、とりわけ「価値自由」というウェーバーの方法的態度を、一定の方向に解釈した場合に可能となるだろう。「価値自由」はこれまで、とりわけ「近代主体」を想定する方法論であると考えられてきた。しかし私は別の解釈を提示することによって、「価値自由」という方法が、「問題主体」を陶冶する機能をもつと主張する。この点を説明するために、ウェーバー自身の研究を例にとりあげて検討してみよう。

ウェーバーは『宗教社会学論集』の序言において、次のように問題を立てた。「いったい、どのような連鎖が存在したために、ほかならぬ西洋という地盤において、またそこにおいてのみ、普遍的な意義と妥当性をもつような発展傾向をとる文化諸現象が姿を現すことになったのか」[RS1 : 1, 大塚・生松訳 : 5]。簡単に言えば、なぜ西欧において近代文化のヘゲモニーが成立したのか。この問題は、ウェーバーにおいては「西洋近代に固有な特徴とは何か」という問題に解釈＝転位され、そしてそこから、「自由な労働の合理的組織をもつ市民的な経営資本主義の成立」という答えが提示されるに至る。さらに論文「プロテスタンティズムの倫理と資本主義の精神」では、下位問題として、「そのような市民的経営の資本主義が成立するためには、どのような道徳的資質が原因となるか」という問題が立てられる。そしてその答えは、非宗教的な啓蒙主義の倫理ではなく、「プロテスタンティズムの倫理」、すなわち「禁欲的職業人のエートス」であるとされる[RS1 : 54–5, 大塚訳 : 79–81]。プロテスタンティズムの倫理は、意図しない結果として西欧に固有の資本主義を生み出す一因となった。これがウェーバーのプロ倫テーゼである。

以上のウェーバーの議論を簡略して定式化すると、次のようになる。

問題(1)：西欧近代文化のヘゲモニーの特徴は何か。
答え(1)：市民的経営の資本主義である。
問題(2)：市民的経営の資本主義を成立させた道徳的資質は何か。
答え(2)：プロテスタンティズムの倫理である。

このような問題と答えを与える研究の背後には、いったい、どのような価値観点や価値判断が関与しているのだろうか。以上の問答は、一見すると、「プロテスタンティズムの倫理」こそが「西欧近代文化のヘゲモニー」を生み出したと主張しているようにみえる。しかしウェーバーによれば、「プロテスタンティズムの倫理」は、西洋近代文化を生み出した最重要の原因というわけではない。それは無数にある因果連関の中の一つにすぎないとされる。ではなぜ、「プロテスタンティズムの倫理」が原因として摘出されたのだろうか。ウェーバーによれば、それは研究者の観点からみて、「知るに値する」意義をもっているからである。なるほど別の研究者であれば、同じ問題に対して別の因果連関に関心を寄せるだろう。しかしウェーバーは「プロテスタンティズムの倫理」こそ、知るに値する原因であると考えたのであった。

こうした問答における因果帰属は、研究者の「観点」を重要な要素としている。また研究者の観点が一定の評価を含む場合には、そこには「価値自由」という方法的態度をめぐる問題が発生する。「価値自由」とは、社会科学の営みにおいて、研究者は価値に関して自由であるべきだとする方法論的要請である。しかしこの「価値自由」という方法については、「自由」とは何であるかをめぐって、さまざまな解釈が提出されてきた。最も標準的な解釈は、「価値を選び取る（積極的な）自由」というものであり、そこにおいては「近代主体」というものが人格の理想として想定されてきた。そこで次に、「価値自由」に関する「近代主体」的解釈を、先に挙げた問答に即して検討してみよう。

近代主体的解釈によれば、先の問答は、次のような価値観点を想定している。すなわち、「われわれは、現代文明を発展させるために、最も適合的な価値（＝エートス）を担うべきである」という要請である。そしてこの要請から、「そのためには何が因果的に適合的なエートスであるか」という問題を立てる。次に、この問題を学問的に探求し、その答えとして、ある特定の適合的なエートスを確定する。得られた答えとしてのエートスは、まさに本人が引き受けるべきエートスであると価値判断される。つまり、ここで立てられた学問的問題に対する答えは、同時に価値判断の内容でもあり、自己の生き方として選びとるべきものとなる。

例えば、現代文明を発展させるために適合的なエートスは何かという問題に対して、「中産階級の勤勉さ」という答えを確定したとしよう。ならばそこから、その勤勉さを自らの価値として生きるべきである、という価値判断が導かれる。このように、まず価値観点をもち、そこから学問的に問題を設定して因果適合分析を行い、そこで得られた答えを価値判断として支持するならば、価値観点と問題と答えと価値判断の四つはすべて、演繹的に結びつくことになる。このような考え方は、大塚久雄のウェーバー解釈によって示された［大塚 1969c : 94, 100］。われわれはこれを、方法論における「近代主体」モデルと呼ぶことができるだろう。

「近代主体」モデルは、社会科学の方法によって、究極的価値を人格のコアにおく主体を陶冶できると考える。その場合、「価値自由」は、価値評価を、心情告白という私秘的な場面へ追いやるのではなく、むしろ、価値に対して「態度を引き受ける」ように人格を陶冶する。通説となった安藤英治の解釈によれば、「価値自由」には二つの意味があって、一つは「没評価性」であり、もう一つは「自らの価値理念を明確に保持しつつそれに囚われないで、価値理念を自覚的に自己統制する」という態度の要請である。この後者の要請は、「近代主体」を陶冶するものであり、それは「価値への自由」という「積極的自由」であると言い換えることもできる［向井 1997：223］。積極的自由とは、一つの価値を自発的に決断し、それに従って一貫して生きていくことである。「自己の価値世界といかに異なった価値世界と対立してもいささかも揺らぐことのない自立性――この自己確信の強さがあってはじめて事実を事実として認識することができる」［安藤 1965b：104］。その場合、「価値自由」であることの条件は、「明確な実践的価値評価が、主体的なセルフ・コントロールのもとに掌握されて、自覚的な『価値関係』を形成し、認識されるべき対象を照らし出す」ことである［折原 1977：54–5］。この意味における「価値自由」は、事実と価値判断の境界をはっきりと認識し、結果に対する予測を試みつつ、自分が立脚する観点に対して責任を負うことを要請する。したがって、価値評価を没却したり、中立の立場をとることは認められない。

以上の解釈を簡略して示すと、次のようになる。

価値観点：われわれは現代文明に適合的な価値を人格のコアに引き受けるべきである。
問題：現代文明に適合的な価値（エートス）は何か。
答え：プロテスタンティズムの倫理である。
価値判断：われわれはプロテスタンティズムの倫理を人格のコアに引き受けるべきである。

このように社会科学における問答は、「価値自由」の要請を満たすために、一定の前提（価値観点）と一定の帰結（価値判断）を要請している。そしてそのことによって社会科学の営みは、「近代主体」を陶冶することができるとみなされる。

しかし、こうした近代主体の想定に対しては、これまで二つの批判が提出されてきた。一つは「精神的貴族主義」的解釈と呼びうる見解であり、もう一つは「可能主体」的解釈と呼びうる見解である。詳しくは別に論じたが、その要点のみを簡略して提示すると、次のようになる。まず「精神的貴族主義」的解釈とは、次のようなものである。

価値観点：われわれは現代文明に適合的な価値を人格のコアに引き受けるべきである。
現状認識：現代はすでに「近代のたそがれ（twilight）」期にあり、近代文明を発展させたエートスをいまさら担っても無意味である。
問題：現代ではなく、それ以前の近代文明には何が因果的に適合的なエートスであったか。
答え：プロテスタンティズムの倫理である。
価値判断：われわれはもはやこの倫理を担いえない。この悲観的運命性を直視し、その認識に耐えなければならない。

以上の解釈は、とりわけ山之内靖のウェーバー解釈によって示された［山之内 1993］。ここでは「近代主体」的解釈と同様に、「価値自由」というものが、一定の価値判断を導きうると想定されている。すなわち価値判断は、「近代的な価値としてのプロテスタンティズムの倫理」を、もはや担いえないものとして、それに耐えるための倫理を準演繹的に導き出している。これに対してもう一つ別の解釈として、「可能主体」的解釈というものがある。それを簡略して示すと、次のようになる。

価値観点：われわれは現代文明に適合的な価値を人格のコアに引き受けるべきである。
現状認識：近代から現代への移行は、選びうる価値の多元化と偶有化をもたらした。
問題：現代ではなく、それ以前の近代文明には何が因果的に適合的なエートスであったか。
答え：プロテスタンティズムの倫理である。
含意：われわれが担いうる価値は選択に開かれている。学問は、その選択可能性を開示するのみであり、特定の価値判断を演繹することはできない。

以上のような「可能主体」的解釈は、折原浩のウェーバー像を私なりに解釈したものである。折原によれば、ウェーバーは、近代西欧文化を支持したのではなく、それのもつ「問題性」に関心をもっていたのであり、近代を問題化することで、新しい人生に乗りだそうと身構えていた。しかしその新しい人生は、われわれ自身の問題として残されたという〔折原 1965：270–1〕。それゆえ社会科学にできることは、各人が自らの価値を選ぶために、可能な価値の選択肢を多く知るような人格を陶冶することだ、と考えるのである。

しかしこの「可能主体」的解釈をさらに押し進めるならば、人格のコアに「問題」をおく「問題主体」のモデルを構成することができるだろう。実際、ウェーバーの価値自由論は、問題主体の観点から解釈しうる余地を残している。そこで次に、私はこれまで提出されていない非公認解釈として、「問題主体」的解釈というものを提出したい。

「問題主体」はまず、価値観点として、「現代文明において意義のある問題を担うことによって、すぐれたエートスを示すべきだ」と考える。次に、学問的に探求すべき問題として、いくつか複数の評価が帰属されるような、価値について争いうる問題を設定し、その問題を複数の価値観点から考察していく。例えば、「近代は、はたしてよい社会といえるのか」という問題を立てて、さまざまな応答の可能性を検討する。このやり方は、価値を偶有化し、価値判断の諸可能性を明示化するという点では、「可能主体」的解釈と同じである。しかし「問題主体」は、さらに問題に深くコミットメントして、問題を人格のコアに据えようとする。既存の解釈における人格モデルは、「価値」を人格のコアに引き受ける主体を想定していた。これに対してわれわれの「問題主体」的解釈は、「価値」を仮説として捉え、人格のコアに引き受けるべきは「問題」であると考える。

問題を実践的意欲のレベルで引き受けるならば、彼は、その問題に対して応答可能な複数の価値判断を、自らの精神のうちで拮抗させることができる（「拮抗的高揚主体」）。そしてまた、問題に準拠して、価値判断を変更することもできる（仮説としての価値判断）。「問題主体」はこのように、学問的問答の「答え」ではなく、その「問題」を人格の基本要素として引き受ける。引き受けられた問題は、それが意義をもつという点では、なるほど価値性を帯びている。しかし価値と問題は、次の点で鋭く区別される。すなわち、一つの問題には多くの価値関心が付着しており、「この問題が重要だ」ということ以上にその意義と理由を一義的に遡ることはできないという点である。各問題は、多くの価値関心を含みながら設定される。問題主体は、一つの価値関心から多くの問題を整序するのではなく、一つの問題に多くの価値関心を帰属する点で、人格の内部に価値の多元主義を実現することができる。この点において、問題主体は他の人格モデル（「近代主体」「精神的貴族主義」「可能主体」）と区別される。

このように、先述の問答を「問題主体」の陶冶という点から捉え返すならば、「価値自由」という方法論的要請もまた、問題主体の陶冶に資すると解釈することができる。私の解釈では、「価値自由」は次のような機能をもっている。まず、ウェーバーのいう価値自由は、「経験科学の問題」と「価値問題」を明確に区別することを要求している、という点に着目したい。経験科学の問題は、「question-answer」の形式によって、一義的な解答を得ようとする。これに対して、現実の価値を争う「価値問題」は、世界観を争う問題であり、一義的な解答を得ることができない。そこで「価値問題」に対しては、各人が自分にとって適切だと思う「応答」を見つけることが課題となる。つまり「価値問題」とは、「question-answer」の形式によって問題を「解く」ものではなく、「problem-response」の形式によって問題に「応答」を試みるものである。ウェーバーは、一方では、経験科学によって一義的な解答を得ることのできる

「question-answer」形式の問題を技術的問題とみなし、他方では、一義的に答えることのできない「problem-response」形式の問題を「意味問題」であるとした。その場合、「価値問題」においては、自分で問題設定することを引き受けなければならない。それゆえ、「価値自由」という方法は、各人にそのような「問題」を自覚させ、その問題にコミットメントすることができるように人格を陶冶する機能をもっていると解釈できる(1)。

以上のように、「価値自由」に関する私の非公認的解釈は、「問題主体」の陶冶に適合的なものである。社会科学の営みは、価値自由という方法論的要請を通じて、問題主体を陶冶することができる。われわれは「近代主体」という人格の理想に対して懐疑的になるとしても、主体の理想を別様に語りうるのである。

## 5　われわれは近代とポスト近代の狭間にいるのか

「主体」の理想を新たに語り直すことができるとすれば、「ポスト近代」という時代認定もまた再検討されなければならないだろう。一九八〇年代以降の時代認識として、われわれの時代は「近代からポスト近代に移行した」という漠然とした図式的理解は、依然として多くの人気を集めているように思われる。しかし良識ある人々は、近代的な価値観がすべて不要になったとは考えず、われわれは「近代とポスト近代の狭間にあって、両者の価値を矛盾しながら保持しなければならない」と主張している。近代的な価値は必要であるが、しかしそれらは縮小して保持しなければならないというわけである。

だが、はたして「ポスト近代」という時代認定はどこまで妥当なのだろうか。この点を精査してみる必要がある。「問題主体」というわれわれの人格モデルが有効であるとすれば、われわれは「近代主体」が有効性をもちえた時代に代えて、「問題主体」が有効性をもちうるような「第二近代」なる社会を展望することができるだろう。社会は今後、これまでとは別の近代性を獲得していくと考えるならば、「ポスト近代」という時代認定は、第一近代が「たそがれ」を迎えたことに対する過渡期的な認識にすぎない。別の観点からみれば、「ポスト近代」は、新たな近代（第二近代）の始まりとして位置づけることができるだろう。

そこで「近代とポスト近代の狭間」という時代認定を、ウェーバー研究に即して検討してみよう。山之内靖氏に代表されるウェーバー理解は、ウェーバー本人を近代とポスト近代の境界地点に位置づけることによって、両方の価値を分裂しながら担うことの重要性を主張している［山之内 1997a］。すなわち、一方では「予測可能性」を社会科学的に認識するという近代主体の実践を掲げつつも、他方では苛酷な運命を受苦として引き受け、「騎士精神」の陶冶を企てることが、ウェーバーの生き方から学びうる倫理であるとしている。そこにおいては、主体的自律と受苦的運命という二つの理想が、「近代からポスト近代へ」という時代の流れのなかに位置づけられ、これら二つの時代の狭間に立つことが重要であるとみなされている。しかしこうした時代認定には、次のような難点がある。すなわち、近代主体が理念として有効性をもちえた「第一近代」を経験していない人は、そのような主体の理想を「断念」することや、それに伴う受苦の感覚をもつことはないだろう、という点である。それゆえ「近代とポスト近代の狭間」という認識は、特殊世代的な時代経験に留まるのではないかという疑念が生じる。

こうした疑問は、近代の理想を限定的に捉えることにも起因している。もしわれわれが、近代のもちうる価値的ポテンシャルを新たに引き出すことができるならば、近代主体が掲げる「予測可能性」の限界は、「主体」の限界ではないことが理解されるだろう。第一近代においては、一定の近代的価値にもとづく予測と管理が重視されてきた。これに対して第二近代においては、多元的価値の拮抗を問題化する主体によって、神々の闘争は人格内において継承されるのであり、そこでは新たなる不透明性が生じる一方で、新たな価値のポテンシャルを成長させていく主体というものを構想することができるだろう。

また第二近代においては、主体の再編に伴う「価値の地平融合」が起こりうる。運命的なものと主体的なものは、別のところで詳しく論じたように、弁証法的に結びつく関係にある。ある意味で、主体的に生きざるをえないということがすでに受苦なのであり、受苦と主体性は、分裂的というよりも融和的である。第二近代においては、「受苦」は主体の特徴として位置づけなおされなければならないだろう。そもそも騎士精神をもった受苦者は、誰にも頼らずに覚めた認識の一点によって自己を支えなければならないのであり、彼は「受苦者の連帯」によって自らの受苦を和らげることはできないはずである。騎士精神は、自らの運命＝受苦を認知的・美的に昇華することはできても、連帯という倫理によって和らげることはできない。受苦において善き生を獲得するという「受苦の神義論」は、「主体」の存在論的な倫理として位置づけ直されなければならない。それは諸価値の拮抗的高揚を通じて主体の内発的成長を試みるような、問題主体の理念に接続することができよう。

このようにわれわれは、第二近代という時代認定の中で、既存の近代観が見失ってきた価値的ポテンシャルを、主体のなかに取り込むことができるだろう。来たるべき新たな時代を切り開く人間は、第二近代を担う主体である。われわれはそのような人間を陶冶するために、社会科学によって陶冶しうる人間の学、すなわち社会科学の人間学というものを必要としている。

## 注

（1）ウェーバーは、価値問題を自然科学的に扱おうとする立場に対して、それが「価値自由」でないと批判する。その理由は、「価値について争われる場合には、問題はまったく別の、あらゆる証明可能な〈科学〉から遠ざかった精神の地平に投射される」からであり、そこでは「まったく異質な問題設定」がなされるからである［LB : 384, 訳 : 290］。またウェーバーは、「世界を動かす意義の問題、一人の人間の心を動かすというある意味で最高の問題が、技術的＝経済的な問題に変えられ、一つの専門的学問分野の議論の対象とされることに堪えられない」と述べている［LB : 423, 訳 : 319］。この部分を積極的に読み込むと、「価値問題を設定する機能としての価値自由（「問題自由」）」という解釈が得られる。なお「問題自由」という私の解釈について、詳しくは橋本努［1999］を参照されたい。

# ヴェーバー『古代ユダヤ教』と私の研究史

内田芳明

私の改訂・新訳である、マックス　ヴェーバー『古代ユダヤ教』（一九九六年）［RS3　内田訳b］がこのたび「レッシング・ドイツ連邦政府翻訳賞・一九九九年」を受賞することになった。その受賞式が一一月二二日、東京ドイツ文化センターにておこなわれ、審査委員長のベルリン自由大学教授イルメラ　日地谷　キルシュネライト博士が選考過程全般の報告をされ、（ちなみに日本側の審査委員長は三島憲一教授であった）、そして評論家としても国際的に知られている加藤周一教授が、極めてていねいな立入った私の翻訳業績についての総括的評価説明をおこない、そしてドイツ大使ウーヴェ　ケストナー博士より、これまた私の翻訳のみならず私のヴェーバー研究の業績についても言及されるという極めて丁重な挨拶をされて、そのケストナー博士よりレッシング賞の授与がおこなわれた。キルシュネライト博士の説明によれば、一四〇の候補作品の中から選定されたということでもあり、とにかくこのようにして、大変に名誉のあるレッシング・ドイツ連邦政府翻訳賞が私の長年にわたる訳書、ヴェーバー『古代ユダヤ教』に授与されたのであって、この全く想像外の出来事にただただ驚嘆すると共に、ここに深く感謝と喜びの思いをこめてこの受賞の報告をしておきたいと思う。

さてマックス　ヴェーバーの『古代ユダヤ教』（Max Weber, *Das antike Judentum*）［RS3］に出会って、初めてこれの翻訳と研究を開始したのは、私が戦後・東京商科大学の学部学生一年生の時である。その時以来、この論文と私は、翻訳においても研究においても約半世紀もの長い間、つき合ってきたことになる。

先ず翻訳の仕事であるが、この半世紀に三回おこなっている。そしてそのたびごとに何かしら私のヴェーバー研究や歴史・社会科学の研究の新しい展開がなされてきたように思われる。

私は、自分が鈍才であると思っていたから、旧制東京商科大学の学部学生になった時、自分は果たして学者というものになれるのかどうか、疑問に思っていた。そこで学者になれるという自信を何か一つ獲得せねばならぬ、と考えた。それでその一つの方法として、当時中世経済史家としてわが国で権威に思われていた上原専禄教授のゼミに入って、自分の能力を試みてみたい、と考えた。上原教授は、西洋中世の修道院のラテン語の資料をじかに読みこなして著作を公刊しており、名声は学界になりひびいていた。それについてこんな話がある。当時松田智雄経済史家が、十五世紀のフッガー家の研究をしていて、そのラテン語資料がどうしても解読できなかったので、それを上原教授の所にもっていったところ、その場で即座に解読説明してくれたので、松田氏は、ただただ無条件に脱帽した、ということを松田氏は語っている。この種の話はほかにもいろいろとある。とにかくこの上原ゼミの演習報告などを通じて私は、ひそかに学者になれるという手ごたえのようなものをつかんだ、とはっきり記憶している。又こんな思い出もある。学部二年の時、たまたま写真版で手に入ったマックス　ヴェーバーの支配の社会学の部分の原文（第一部、第二部とも）を、ゼミのテキストとして使用したことがあった。毎回、一部と二部と照応部分を一緒に、かなりの分量を読まされて報告させられたのだが、とにかく私はヴェーバーの理論的構成について、なまいきにも、分ったような報告をしたものである。ところがしばらくたって『理論』という雑誌に上原教授の対談があって、その中で上原教授は、《最近うちのゼミでは、ドイツ語原典をテキストにしてやっているのだが、ヴェーバーが分って読んでいる学生がいる》、というようなことを語っていた。それは私のことを言っていたことは明らかであるが、これはいろいろと驚きもし、不思議にも思うことではあるのだ。第一その頃、私のドイツ語の語学力はみじめなものであったのだが、それが、どうして上原教授を感嘆させるほどの読み方ができたのか、不思議である。ただ、ドイツ語学力が達意の人でもヴェーバー理解が出来ないでいる例をその後いろいろと見せつけられるに応じて、ヴェーバーのような学問的・精神的背景の深い人の作品を、語学理解することと文化理解することとの間には一つの距離があることを今にしてみれば思うわけである。底の知れた私の語学力でヴェーバーの理解がどうして出来たのか。そんなことが、ヴェーバーの『古代ユダヤ教』に直面しこれと格闘する過程でその後も私には起っているように思う。

『古代ユダヤ教』を私は学部一年の秋から翻訳し始めたが、第一章原文二八〇頁まで訳しておいた翻訳ノートを、学部二年生の時の十二月の一橋寮の火災で焼失した。直ちに再び翻訳を始めて大体四〇〇頁を訳了して、卒業論文を『古代ユダヤ教』研究としてまとめたのである。ドイツ語ができない学生が、どうして四〇〇頁の本を読み通す力があったのか。それどころかそれを理解して学界に貢献しうるような論文が書けたのか。ますます不思議とせねばならぬことなのである。とにかくヴェーバーの宗教社会学の世界を解明する重要な論文「古代ユダヤ教の構造と概観」を書いて私は大学生活を終えたのである。それはたしかに重要な学者生活への出発だった。というのは、後期ヴェーバーの宗教社会学の方法論的構造概念としての「社会層」の方法論的意義をその時私はすでに発掘し解明していたからである。その卒論は卒業後いま一つ論文「旧約宗教と社会層」を作成して、関根氏の論文一つと一緒に、関根正雄教授の強い要請で卒業後氏との共著で、『旧約宗教の社会学的背景——ヴェーバー「古代ユダヤ教」研究——』〔関根，内田 1954〕として出版されたのだが、その年の九月には、大塚久雄教授が『思想』九月号に書評を書いてくれた。その中で大塚教授は私の論文における新しい発掘について、次のように貢献を認めてくれている。

> 内田氏は、このようなヴィンケルマンの言葉を引用しながら、自分たちのヴェーバーの読みかたを示しているが、私はそれに双手をあげて賛成である。そして、内田氏はこの読みかたを実行した結果、ヴェーバーにおける「社会層」Soziale Schichten という社会学的方法概念を鋭く全面に押しだし、この「社会層」をいわば接合点として宗教史的諸契機を社会学的諸契機に関連させて捉えるという方法的立場から、「古代ユダヤ教」の叙述内容を明確に読みとろうとする真剣な努力を重ねている。このことは、ある意味では当然のことともいえようが、しかしそれを意識的に前面に押し出したことはたしかに示唆にとむのであって、実際たとえば「都市貴族」層の理解や

「エートス」概念の翻訳その他でしばしば卓見が示されている。この点は十分に敬意を表しておきたい。［大塚 1969c : 593］。

しかし大塚氏は、当時、氏の問題関心である「共同体」理論の観点を前面に押し出して、それを私の「社会層」の観点に批判的に対置したのであった。というのは、その翌年、日本の学界に広く影響を与えることになる大塚氏の『共同体の基礎理論』［大塚 1955］が出版されたからである。だから氏は、上記の文章に直ちに続けてこう言うのである。

ただ、それに関連して、評者としてなお一抹の疑惧の念というか、望蜀の念というか、そうしたものが残ることも付け加えておかねばなるまい。というのは、右のように「社会層」という方法概念が鋭く前面に押しだされているが、そして、それはそれとして極めて正しいやり方だと思うけれども、その結果、内田氏のばあい、かえってヴェーバー社会学における他の重要な方法諸概念の影がうすくなってしまったという嫌いはないだろうか。たとえば前近代的な社会構成の基礎を決定する「共同体」Gemeinde の問題である［大塚 1969c : 593-4］。

私はこの書評を読んだ時、自分の全く知らないことを教えてくれる先学の底力というものをみせつけられ、ただただ感嘆したのであった。なにしろ「共同体」なるものの方法概念については何も知らなかったからである。私の卒業論文においては、ヴェーバーの『古代ユダヤ教』の第一章の表題、Die israelitische Eidgenossenschaft und Jahwe にある Eidgenossenschaft をたしかに「誓約共同体」と訳してはいた。しかし「共同体」の方法概念の自覚があったわけでは全くない。それで、一〇年後、みすず書房から初めて私の訳書『古代ユダヤ教』を出版する時には、迷うことなく、こんどは自信をもって（?!）「誓約共同体」と訳したわけである。

だが、この訳語が不適切であること、厳密に方法概念の認識の立場からすれば、むしろ誤訳とも言うべきものであることに気づいたのは、こんど、みすず書房訳出版から三〇年ほどたって、改訂新訳を岩波文庫版として出版することになった時なのである。その点は岩波文庫版の下巻解説で論じておいたので〔RS3 内田訳 b : 1097-100（訳者解説）〕、ここでは詳しく繰り返さないけれども、要するに、Eidgenossenschaft（誓約同志共同態）は、一方に土地所有にもとづく諸共同体（Gemeinde）をその構成の一部として含みつつ、他方で非土地所有者集団（例えば、商人、職人、寄留者ゲーリーム、小家畜飼育者諸部族等々）をもその重要な構成要素として含むところの、単なる Gemeinde 概念とは性質を異にする、一層高次のかつ広汎な「同志共同態」（連合）なのである。他方、Gemeinde 概念だけについてみても、大塚氏のそれは経済学的・経済史的範疇であって、ヴェーバーのそれは、経済史的概念としても使用されながら、それを超える社会学的概念としても使用されている。だから経済史的カテゴリーだけを押し通すことはこの限界にぶつかるのである。それに加えて大塚氏の場合、中世封建社会は「村落共同体」（大塚氏のいう「ゲルマン的共同体」）のみが取り上げられていて、土地所有なき商人・手工業者の誓約共同体として成立した中世都市共同体も、視野の外に置かれてしまうことになる。そしてなかんずく大きな欠陥は、イスラエル Eidgenossenschaft そのものの独一無比の社会形態の人類史的にみて限りない重要性や世界史的意義が、大塚共同体理論によって全く見えなくさせられてしまう点にあるだろう。

更にまた論理的方法論的レベルで言っても、大塚共同体理論を『古代ユダヤ教』の読みかたとして前面に押し出した結果、内田論文のメリットとしてせっかく大塚氏が取り上げてはいた「社会層」の新たな方法論的意義についても、その重要性——新しいパラダイムへの転換の契機を含む重要性——を必ずしも積極的に認識することにはならなかったのである。内田論文（卒業論文）は、「社会層」が「宗教史的諸契機と社会学的諸契機」との構造関連（後期ヴェーバーの宗教社会学の構造的体系性）を探求し、分析し、析出し、そして叙述するための重要不可欠の社会学的方法概念であることを——ヴェーバー研究史上、初めて——発掘し解明した業績であったのである。これは、歴史研究と歴史叙述における社会学的構造的体系性とその構造関連の方法概念としての社会層の意義を発見したことなのである。このことは後に七〇年代以降の世界史的変動の進展の中で限りなく重要となることはあとで述べる。というのは、このこと——社会学的構造的歴史研究と歴史叙述の方法の成立——こそは、ヴェーバーの『プロテスタンティズムの倫理と資本主義の精神』（一九〇四—五）と後期ヴェーバーの普遍史的宗教社会学的研究、すなわち『世界宗教の経済倫理』との間に横たわる方法論的一大飛躍を物語るものだからである。

ところで、歴史考察・歴史叙述における構造関連の機能を果たす方法概念は「社会層」だけではない。一方の極に「社会層」がその機能を担って位置しているとすれば、他方の極に「エートス」Ethos が位置しているのである。「エートス」概念については、この卒論では、まだ構造関連・構造体系の方法概念としては自覚されてはいなかった。これを「社会層」—「エートス」の両極構造とその総合という形で解明したのは、卒論から十五年ほどたった後の私の『ヴェーバー社会科学の基礎研究』〔内田 1968〕においてである。特に第二章「社会層と宗教倫理〔エートス〕の相関」をみてほしい。ただ卒論の段階では、「社会層」についてとらえていたその構造論的方法意識を「エートス」においてもとらえる、というところにはまだ達してはいなかった。日本におけるヴェーバー研究史上において大塚氏は、「エートス」の概念の経済史的解釈において、これを「生産力エートス」と解釈したのは、大塚教授の一大貢献であった。そしてこの大塚氏の「生産力エートス」論を、私が卒論において越える地平を開いていた、という点は、ここに指摘しておいてもいいことだと思う。先に引用した大塚氏の書評にも私の「エートス概念の解釈」にも「卓見が示されている」と述べられてはいたのである。これについては一つ思い出がある。『思想』九月号の書評が現われた、その翌年の正月に、私は大塚教授を私宅に訪ねたのであるが、その時最初に大塚教授が私に語った言葉はこうだった。《あなたは、ヴェーバーの「エートス」概念を、歴史創造概念として広く解釈しましたね！》。

ヴェーバーにおける「エートス」Ethos 概念は、一九二〇年の改訂版の『プロテスタンティズムの倫理と資本主義の精神』に七・八回現われるが、一九〇四—五年の初版にあった Ethik を一九二〇年に Ethos に書き変えた場合か、それ以外はすべて新しい加筆部分に現われる。もとより何の概念規定なしに「エートス」概念を一九二〇年の改訂版に用いている。そしてそれを、「生産力エートス」概念として把握したのは大塚教授の創見であった。ところが、私が卒業論文（の「付記」に論じられている）においてヴェーバーのEthos概念を「歴史創造概念」として解釈したのは、ヴェーバーのEthos概念に関するいま一つの新しい発掘であったわけである。その際、大塚久雄氏の「生産力エートス」概念が、又もやここでも「エートス」の経済学的・経済史的基礎概念として、いわば経済史学の専門領域の方法概念として、構想されていたのに対して、私の「エートス」概念は、経済史を越えた一層広く社会学的基礎概念として、近代的生産力エートスの創造ばかりでなく、広く世界史と諸局面に、歴史創造の原理として働くであろう創造概念として構想されていたのである。このことを後に私は西洋思想史の流れの中に比較考察をふまえて理論的に体系づけて構成した。私の『ヴェーバー社会科学の基礎研究』〔内田 1968〕の第一章「マックス・ヴェーバーのエートス論とプラーグマ論」がそれである。ついでながら、「エートス」概念と並んで「プラーグマ」概念についても、ヴェーバーはこの概念を全く説明ぬきで時々使用しているのにすぎない。であるから、エートス論と同じくプラーグマ論も、いわばヴェーバーに代って私が、古代ギリシアの場合いらいの比較思想史的考察を通じて、ヴェーバー的方法概念として概念構成をおこなったのであって、その論文はその成果なのであった。であるからこの『ヴェーバー社会科学の基礎研究』は、どこまでがヴェーバー研究であり、どこからが私の独自の社会科学の理論的創造になるのか、人は疑問に思うであろう。現にあるヴェーバー研究者は書簡で、《私は御高著の題名は謙遜にすぎるとの感じを最初懐きましたけれども、翻ってみると、これはまことに挑戦的ではないかと考えました》と書いてくれているのである。

さてここでもう一度大塚教授の「共同体」論の話にもどることにしよう。大塚教授は、ヴェーバーの『古代ユダヤ教』の「読みかた」として、その基礎的に重要な方法視角として、新たに「共同体」Gemeinde理論を押し出してきたのであった。これはこれで、当時私を驚かせたし、今後も経済史研究のための重要かつ有効な方法視点であることには変りはない。その点を初めて鋭く提示したことは大塚教授の貢績であった。この点は誤解のないように、はっきりと言っておきたいと思う。ただその概念は極めて限定された方法概念として理解されねばならなかった。すなわち、右に述べたように経済学的・経済史的基礎範疇として限定されて使用されねばならなかったのである。そうでないと、すでに指摘したように、例えばヴェーバーの『古代ユダヤ教』を構成する中心的な基礎概念であるEidgenossenschaftの意味を、全く誤解させてしまい、ヴェーバーのその方法概念の意味が全く見えなくさせられてしまう、ということを私は、右に指摘してきたわけである。

ところで問題はこれで終りではない。もっと重大な問題、すなわち大塚＝共同体論の輝かしい貢献の方面の裏側にある、この理論の陰の部分、いわばそのエア・ポケットの問題について批判的に指摘せねばならないのである。大塚＝共同体論は、先にも指摘したように、マルクスとヴェーバーの学説の独自の統合の上に構築されたのであった。すなわちマルクスの「資本制生産に先行する諸形態」における発展段階の発想を基礎にすえ、その上にヴェーバーの古代・中世の経済史的研究成果を重ねて独自に統合し、共同体の発展諸段階（アジア的・古代的・ゲルマン的形態）を構想したのであった。大塚氏の共同体論のこの貢献の部分については、私は詳しく論じている。私の『ヴェーバーとマルクス』の第二編「大塚久雄におけるヴェーバーとマルクス」［内田 1972：307–404］の中に、「大塚久雄の共同体理論の研究」［ibid. 337–76］なる一章を書いているのである。その時にはその理論の陰の部分、エア・ポケットについては私は十分気がついてはいなかった。以下に論ずるのは、その新しく気づいた点についてである。

さてとにかく大塚氏は、この共同体論が、経済史の基礎概念として構想されたものであることを、最初の書き出しで明言している。《この経済史総論の講義では、さしあたって経済史の研究及び叙述のために必要な基礎的諸概念及び理論の概要を説明する》ためのものだと言明している［大塚 1955：1］。そして続いて、これは、あくまでも《仮説Hypotheseに過ぎず、したがって当然に一層豊富な史実に基づいて絶えず検討しなおされ、訂正或いは補足され、再構成されねばならない》、と述べられている。しかし、いくら訂正され再構成される、と言われていても、共同体の発展諸段階（アジア的形態→古典古代的形態→ゲルマン的形態）の枠組を変更することなどは、どこにも全く考えられてはいないのである。なぜなら、マルクスの世界史の生産様式の発展段階説を歴史認識の当然自明の枠組として決定的に前提し、その説に全く見合った形において、資本主義生産様式以前の諸段階を、「共同体」の諸段階と言いかえたものにほかならないからである。大塚教授はその点について次のように明解に示しているのである［ibid. 3］。

さて、この講義では論点をいちおう「共同体の基礎理論」という問題に限定することとしたい。周知のように、すでに過ぎ去った悠久な世界史の流れののうちには、アジア的、古典古代的、封建的、資本主義的及び社会主義的とよばれる生産様式の継起的な諸段階が存在した。ところでそのうち封建的生産様式の崩壊、他面から言えば、資本主義的生産様式の発生と言う変革点を境界として、世界史はある意味で大きく二つに分けることができる。と言うのは、この変革点を境界としてそれ以前の生産様式は、それぞれの特殊性はあるにもせよ、いずれも根底において「共同体」Gemeinde として編成され、その上に打ちたてられていたのに対して、それ以後の生産様式はそうした「共同体」的構成を全く欠いていると言う決定的な相違を両者の間に見いだすからである。

みらるるごとく大塚教授は、マルクスの世界史における生産様式の発展図式について何の疑問もいだいていなかったわけであって、そのマルクス学説を自分の立場として継承した上で、資本主義「生産様式」以前の諸段階に対応する経済史的基礎過程として、「共同体」の諸形態の構想を打ち出したわけなのである。大塚氏がなぜ「共同体」論にこれほどまでに情熱的に固執するのかと言えば、《資本主義の発生と発展の過程は、他面からみれば、旧い封建制の崩壊の過程であり、そのうちに「共同体の解体」という重要な一節を含んでいる》［ibid.「はしがき」］と見られているからである。「封建制の止揚＝共同体の解体」という大塚氏のこの理論は、封建的遺制を引ずっている後進的日本資本主義という講座派マルクス主義が提出した問題意識を継承しつつ、このテーマの経済史的問題性を鋭く認識し、そのことによってより正常な近代化を推進させようとする大塚氏の問題意識の経済史的表現であった。その限りにおいて、大塚氏の理論は変革の理論として敗戦後の復興の意欲にあふれていた時代の要求とその学問的問題意識を支援するものとして広く歓迎され、周知の如く大塚経済史学は一世を風靡したのであった。

しかし大塚教授の「共同体」理論には、大塚氏も気づかず、その後誰も認識できなかった一つの重大な理論的エア・ポケットが、つまり陥穴があったのだ。それは何かというと、マックス ヴェーバーの社会科学が主題として全力をあげて追及していた超テーマ、すなわち人類の歴史と共にいたるところで存在していて人間の地上における全存在の仕方に関わってきた「資本主義」、従って近代以前の諸社会にも存在し、近代以後のとりわけ一九世紀以後の、今日の資本主義、そして過去において中国にもインドにも日本にも、そして古代バビロニアにも古代ローマ帝国にも存在していた、そして今日でもいたるところに普遍的に存在している「資本主義」の問題性というこのヴェーバー固有の問題が、大塚氏の理論によって、全く見えなくさせられてしまった、そして見えなくさせられてしまう、ということである。この「資本主義」というのは何を指しているのか、ということについて念のためつけ加えて一寸のべておくけれども、それはヴェーバーが、戦争資本主義、略奪資本主義、植民地資本主義、投機資本主義、冒険資本主義、国家財政寄生資本主義、バブル資本主義、高利貸資本主義、政治寄生資本主義、非合理的資本主義、…等々、様々の用語で、ほとんど情熱的に追及してきた問題なのであって、その典型として、ユダヤ的「賤民資本主義」(Pariakapitalismus)が追及されたのであった。言うまでもなく、マルクスの世界史の発展段階理論においては、近代の時期に現われた資本主義だけが「資本主義」として取り扱われ、近代以前の社会は、資本主義としては問題になってはいない。このマルクスの発展段階論に制約されている大塚教授の「共同体」論の場合についても、同じように、近代以前の資本主義の問題は欠落してしまうことになる。

私はこんど、このマルクスや大塚氏の経済理論において欠落せざるをえなかったこの「賤民資本主義」――これの解明こそ『古代ユダヤ教』の研究主題であった――というヴェーバーの本来のテーマに即して、バブル経済の構造を露骨なまでにあらわにしてきた現代資本主義の問題を、そこに根ざした文化と人間と自然の危機の現実と対決する問題意識において、一冊の本にまとめた。『ヴェーバー　歴史の意味をめぐる闘争』〔内田 2000〕がそれであるから、詳しくはその本を読んでほしいと思う。

私は、『古代ユダヤ教』の翻訳を三回手がけていると書いた。今ふりかえってみると、その三回がそれぞれ、『古代ユダヤ教』の読み方の三つの段階三つの局面となっていることが区別されるとも書いた。第一回の学生時代の翻訳の仕事から生じて展開されたものは、卒業論文とその著作出版であり、『アウグスティーヌスと古代の終末』〔内田 1961〕であった。トレルチ『ルネサンスと宗教改革』〔Troeltsch 1925, 訳 1959〕もこの時期の仕事である。アウグスティーヌス研究では、『古代ユダヤ教』を模範として、それに対応する古代末期史を書けないものか、と考え、研究を開始したのだった。だが身辺上の変化がこの仕事を継続させなかった。

第二回目の翻訳の仕事というのは、みすず書房版の『古代ユダヤ教』Ⅰ（一九六二）、Ⅱ（一九六四）のことである。この翻訳がみすず書房から出版されたということについてだが、たしか一九五九年の夏だったと思うが、その夏、中軽井沢の知人の山小屋で研究をしていた私の所に、東京からわざわざ、みすず書房の高橋正衛氏が訪ねてこられて、そこで翻訳の契約をとりかわしたのであった。そのあと、トレルチの研究と翻訳の仕事が続き、それが終って、この大事業といえる『古代ユダヤ教』の翻訳に再びとりかかったわけである。私はその頃丁度四〇歳を前にして又とない人生の重要な時期にさしかかっていた。そのため、学者としてたいした仕事もまだ出来ないのに翻訳ばかりに、トレルチの仕事をふくめて又もや五年近くも時を奪われるのはやり切れない、と思ったりもして、何故今こんな面倒な仕事をしなければいけないのか、としばしば自問して多少ともイライラしていたことを思い出す。しかしそうかといってヴェーバーの『古代ユダヤ教』の翻訳は、他の人の手に渡すわけにはいかないだろう、自分がやらねばならない仕事なのだ、というような執着心というか、使命感みたいなものもあって、そうした矛盾した雰囲気の中で仕事が行われたのであった。

さて『古代ユダヤ教』がみすず書房から出版されたことに対しては、例えばシュヴェントカー氏（W. Schwentker）が、*Max Weber in Japan*,〔Schwentker 1998 : 296〕において、《日本のヴェーバー研究の一里程標 Meilenstein であった》と評価している。ただ、いかなる意味で一里程標であるのかについてはシュヴェントカーは何も言及していない。私の『古代ユダヤ教』が出版された一九六四年には、東京大学にて、ヴェーバー生誕百年記念シンポジウムが開催された。これは、偶然に同じ年であった、ということにすぎないかもしれない。しかしもしこの二つのことが日本におけるヴェーバー受容史上の一つの転換点を指し示すものと解せるのだとすれば、それは偶然以上の一つの象徴的な出来事の一致だったとも言えると思う。というのは、先ず一方では、このヴェーバー生誕百年記念シンポジウムは、戦前から戦後にかけてヴェーバー研究をリードした大塚久雄氏を中心にその世代と私達の世代の社会諸科学者、歴史家たちを一堂に集め、一つの総括を果たしえた、という点で日本におけるヴェーバー受容史・研究史上の一つの頂点を示す大会であった。ところが他方では、その頃すでに新しい世界状勢への変動が始まっていた。すなわちそのシンポジウムの前にはすでに、一九五六年のフルシチョフのスターリン批判とハンガリー事件があり、一九六二年には中ソ論争が起っていたが、このシンポジウムの二年後の一九六六年には中国文化大革命の発生と毛沢東思想の形成ということがあり、そしてソヴィエト社会主義および東欧社会主義諸国家の内部からは、困難な諸問題が発生してきた。加えて一九六八年に全国的規模での学生反乱が生じた。そしてこれらの一連の深刻な変化と正に対応する形で、七〇年代以降の世界資本主義の巨大な発展があった。この世界史的広がりにおいて深刻な形で文化状勢が変動していくのに応じて、それまで戦中・戦後の復興期の国民に光を点じ、指導的役割を果すことの出来たかに見えた大塚氏たちの社会科学の方法諸観点や思想的立場の意義は、いつしか薄明の中に見失われていったとしても、それはやむをえないことだったのである。この世界の変貌する中で、先ずマルクス主義社会科学の全般的凋落があった。それと歩調を共にして近代市民派社会科学者たちの文化的・社会的活動にも凋落があり、全般的後退が強いられたのである。

これらの一般的進行をヴェーバー受容史の観点から説明するとすれば、近代市民派社会科学者たちがマルクスと共に依拠していたヴェーバーの『プロテスタンティズムの倫理と資本主義の精神』が、この新しい世界状勢に社会科学の立場で立ち向っていくための有力な拠点であり続けることはもはや困難になってきた、ということなのである。いや、もう少し正確に言うならば、大塚氏はヴェーバーの資本主義概念を、マルクスの発展段階理論にもとづく資本主義概念と重ね合わせて独自に理解したために、ヴェーバーの資本主義概念を誤解させる道を開いてしまったのであり、ヴェーバーの資本主義の全人類史的問題提起を全く見えなくさせてしまったのであって、世界資本主義の暴走とバブル経済への突入の新しい時代に全く対応できず、破産してしまうことになったのであった。この新しい時代の文化的・社会的状況の変化の中で、その現実に対決するための新しいパラダイムなり方法なりをヴェーバーの社会科学になお求めねばならぬとするならば、一方でヴェーバーの「資本主義」概念の本来の問題提起（賎民資本主義）に立ち帰ることが必要であると共に、方法論的には、今や人は、構造論的方法論で構築されていたヴェーバーの後期の諸研究、つまり『世界諸宗教の経済倫理』にそれを求めねばならないはずなのである。『プロテスタンティズムの倫理と資本主義の精神』のような、いわば単線的な歴史方法論の立場から、我々の視座を『世界諸宗教の経済倫理』のような複合的・構造論的方法論の立場へ転換せねばならなかったはずなのである。げんにヴェーバー自身、それら二つの論文の間の関係が単線的方法視座から複合的構造論的なそれへの転換であることを注記し言明していたのである。さてしかし、後期の宗教社会学の視座に我々が転換すべきだ、とは言っても、『儒教と道教』や『ヒンドゥー教と仏教』だけに立場を求めるわけにはいかぬと思う。やはり『古代ユダヤ教』から新たに出発するほかはないものと思う。私じしんとしては、この新しい世界の状勢に対決する中でこの第二回目の翻訳沈潜の中から幾つかの問題を引き出して展開することとなった。『ヴェーバー社会科学の基礎研究』〔内田 1968〕、『マックス　ヴェーバーと古代史研究』〔内田 1970〕、『ヴェーバーとマルクス』〔内田 1972〕、『歴史変革と現代』〔内田 1973〕がその成果である。最後にあげた本では、『古代ユダヤ教』の中にある「周辺」における宗教文化創造論を引き出してこれを発展させ、「中心」「辺境」「周辺」の歴史的文化状況の概念構成をおこなって、世界史の諸方面の考察に適用してみたのである。歴史学の方法概念としてこの三概念構成は全く独自の貢献とみなしえよう。

さて次は、世界史的大変動としての八〇年代の以後新しい世界状況の激変が次に来るわけである。すなわちバブル経済の進展とその崩壊に示されている資本主義経済社会のおそらくは最終的ともみられる大規模な危機の進行と、それに関連した地球自然環境の破壊と危機の進行である。岩波文庫（一九九六年）の『古代ユダヤ教』の三度目の翻訳の仕事は正にこのバブル経済崩壊の只中でおこなわれたのだった。その仕事の中から生み出されたものとして、この危機の時代に対する解答となりえているかどうかは全く別であるが、少なくとも自分の気持の上ではそれに対決する思いの中で、こんどの私の『ヴェーバー　歴史の意味をめぐる闘争』［内田 2000］は書かれたのであった。マックスヴェーバーが『古代ユダヤ教』の全体叙述によって浮き彫りにさせてくれて、我々に示してくれた「賎民資本主義」（Pariakapitalismus）の問題提起を、今日のバブル経済の悪魔的乱舞の世界史的現実に対決するためのパラダイムとして受けとめて、私はこの本を書いたのだと一応は説明できるとは思う。そう言うと偉そうに聞えるが、実はこの仕事もまた最初には意図されておらず、偶然のチャンスの中から生まれたものだったのである。私は、季刊雑誌『あうろーら』にこの四、五年の間、「風景と歴史の哲学への断章」を書き続けてきた。この雑誌の編集者が驚くべき寛容をもって私に執筆の自由を与えてくれたおかげで、自然に展開されてきてしまった、というのが実状であった。そのうち歴史哲学に関する方面をまとめたのがその本になったということである。残る風景論の方面、いわば自然の——自然科学的宇宙像とは質的に異った——いま一つの自然世界の発見に関する方面についても、加筆編成の後来春には『風景の発見』（朝日選書）として出版されることになっている。

この風景論の方面は、私の『風景の現象学』［内田 1985］いらい開始された私の——社会科学者としての仕事とは異る——いま一つの新しい研究・著作活動の延長線上の仕事なのである。私は、右の本に続いて『風景と都市の美学』［内田 1987］、『思索の散歩道』［内田 1989］、『現代に生きる内村鑑三』［内田 1991］、『風景とは何か——構想力としての都市――』〔内田 1992〕、というように幾冊も風景論関係の著作を公刊してきた。しかもそれら一連の仕事は、現象学的方法、現象学的生の覚醒、というような哲学的方法論的な一つの地平を切り開いた上でのその方法視角からの一貫した作業なのであった。こうなると例えば上山安敏教授が私の『思索の散歩道』への書評で、《ヴェーバー研究によって戦後日本の社会科学の理論的基礎づけにリーダー的役割を果して来た著者がどういうように社会科学と風景論とを架橋するのか》、というような問いを私に向けたのも当然のことだと思う〔上山 1989b〕。しかし上山教授は、私の現象学的方法への開眼について、すでに『風景の現象学』への書評「想像力を鏤《ちりば》めた紀行文」で次のようにポジティヴに評価しつつ、私の研究史を総括してくれているので、私は深い感銘と敬意とをもって――いささか面映ゆくはあるが――ここにその一部を引用することをゆるされたいと思う。

> マックス・ウェーバー研究ですぐれた業績を挙げられた内田芳明氏が、今度ヨーロッパ紀行を世に問われた。ギリシア、シチリア、北ヨーロッパの旅である。旅はその行程が長ければ良いものではなく、滞在が長期であれば良いものでもない。彼の旅行歴は、「風土」の和辻哲郎より遥かに少ない。ヨーロッパの自然との出会いを、「死んだ自然」でなく、「生きた自然」と自己同一化に高めるには、文献によって彫琢し抜かれた、自己のヨーロッパ映像が用意されていなければならないことを本書は教えてくれる。
>
> 　ウェーバーの「古代ユダヤ教」から出発して、「ウェーバーとマルクス」によって戦後の社会科学の一里程標をつくった著者が、徐々に旋回を始め、クラーゲスの表現学やメルロ・ポンティの現象学に魅せられていった知的変遷の奇跡を汲取ることができるし、社会科学を解体せずに、新しい人間学へ飛翔するための栄養素にしようとする姿勢も感知できる〔上山 1985〕。

実を言えば、『風景の現象学』を書いた時にはまだ、私の中に生じてきた二つの世界の間の架橋とか統一とかの構想は、達成されていたわけではなかった。しかし上山教授が、むしろ予見的に鋭く洞察して語ってくれていたその架橋と統合を果す道へと、その後の私が自然に歩んでいったことだけは確かである。その後まず『風景と都市の美学』を書いて経験的素材的基礎固めをおこなった後、自然に流れ出るが如くにして「風景と社会科学の架橋」という題名の論文が書かれたのだった［内田 1988］。続いて、風景論からする内村の世界の新しい発見として『現代に生きる内村鑑三』が書かれた。そして右の『思想』誌上の論文は、加筆拡大されて『風景とは何か――構想力としての都市――』の第Ⅲ章「都市風景とは何か」となった。そこで「架橋」のひとすじの道は語りえたのではないだろうか。これら一連の風景論的著作を貫いているのは、「風景の発見」「風景感情の覚醒」という新しい問題関心のテーマであり、そしてこれを探求しこれに表現を与える現象学的方法の覚醒である。ここに導いたものは、現実的には一九七三年のギリシアの旅から始まって、やがて続けられる南北ヨーロッパの風景の旅の印象体験であり、理論的・哲学的にはL・クラーゲスとの出会いであった。クラーゲスの心情哲学とヴェーバーの社会科学の方法論的立場との間には、一つの越え難い淵が横たわっている。その対立を十分に知った上でヴェーバーはクラーゲスの世界を必要なかぎりにおいて一部自分の歴史社会学の方法の中に受け入れていったように思われる。げんにヴェーバーは、互いに方法的に全く対立する二人の心理学的哲学者クラーゲスとヤスパースとを、いつか対決すべき相手として、一緒に並べて、宗教社会学論集の「序文」（一九二〇年）の中に注記しているのである。ヴェーバーはクラーゲスを高く評価していたのであって、一九一三年前後にヴェーバーはクラーゲスをハイデルベルク大学の哲学教授にすいせんしたことがあった。ところで私がクラーゲスに沈潜できたのは、七〇年代の資本主義の暴走の中で顕著になってきた社会的混迷の深化と生の危機感であったと思う。

いずれにせよ、歴史的文化世界の sachlich な過程に対決しこれを考察することに終始する私の社会科学の世界に、「自然」と「歴史」の生を心的現象世界として観得し記述することを可能にさせてくれた現象学的方法意識が、新たな時代文化状況の中で苦悩する日常の中で、与えられたということについては、私はそこに何か運命的な導きの恵みのごときものを感じないわけにはいかないのである。

付記――ヴェーバーの『古代ユダヤ教』は第一次世界大戦の末期に、内外激動の只中で雑誌に発表されたのだが、誤植・誤記など多数をふくんでいた。聖書引用個所の誤りは多数あり、ヘブライ語発音表記の誤りとか、地名の誤記、それに学術語の誤植、(例えば jus honorum が jus bonorum となっていて訳者を苦しめるとか)、など、全体で二八八個所あり、今回、岩波文庫新訳を出版してから私は、その二八八個所の正誤一覧表を作成して、マックス・ヴェーバー全集刊行の編集者モムゼン教授に送っておいた。モムゼンはそのコピーを直ちに、ミュンヘンのヴェーバー全集刊行文書室の Dr. Karl-Ludwig Ay に送り、アイ氏はそれを、『古代ユダヤ教』発行担当者 Prof. Otto に手渡した、と感謝状をそえて、私に伝えてきた。

ついでながら、私的な思い出に関わることであるが、そのアイ氏の手紙によると、全集刊行の仕事でアイ氏は、今は亡きヴィンケルマン教授に接して、多くのことを学んだ、とのことであり、そしてその際しばしばヴィンケルマンは、「大きな誇りと喜びとをもって」、大塚久雄氏や私のことを語った、ということである。これは私にとって懐かしいことであると共に、多少とも驚きでもあった。私は一九七七年、二ヶ月間、ミュンヘンに滞在した時、ミュンヘンの南、美しいテーゲルンゼーの湖畔にあった静かなヴィンケルマンの家を二回訪問している。その時のことは、私の『思索の散歩道』〔内田 1989〕の中の「ミュンヘン便り――ヴィンケルマン教授とヴェーバー研究所のことなど――」で詳しく語っている。

# 一九六四年前後

――日本におけるウェーバー研究の一転機

石田　雄

ウェーバー専門研究者でない私にとって、日本におけるウェーバー研究との接点となったのは、一九六四年「生誕百年記念シンポジウム」を組織するお手伝いをした機会であった。そのような私の眼からみると、六四年というのは、日本におけるウェーバー研究が強い収斂傾向を示した頂点であった。

そして、それ以後は、逆にウェーバー研究内部における分化だけではなく対立も目立つようになってきた。もともとウェーバー研究を専門にする気のなかった私にとって、この対立状況がウェーバー研究から足を遠のかせる契機となった。それゆえ、六四年以後の日本におけるウェーバー研究については、私自身の接触体験に基づいて何かを述べることはできない。

ここで個人的体験との関連で日本におけるウェーバー研究の歴史について何か述べるとすれば、それは六四年を境にしてなぜウェーバー研究における収斂傾向から分化・対立への転換が起ったかに関する私的な印象ということになる。なぜ六四年のシンポジウムを境にこの転換が起ったかを、知的状況の変化の中で考えてみるのがこの小論の課題となる。

まず収斂傾向を生み出した状況については、私には同時代人として容易に理解することができる。それは戦後の「悔恨共同体」（丸山眞男）の存在を起点として、「課題としての近代」をめざす共通した志向が知的世界を支配していた状況〔石田 1995：91〕の生み出した自然な現象と思えたからである。戦後日本の社会科学に指導的役割を果した大塚久雄、川島武宜、丸山眞男などの間で、ウェーバーとマルクスがひとしく重要な意味を持ったのも、この共通した課題とのとりくみが生み出した結果であった［石田 1968：286ff.］。

六四年のシンポジウムでも「ウェーバーかマルクスか」ではなく、「ウェーバーとマルクス」が中心的関心となったのもこのためである。第二日目に「合理化」が共通主題とされ、「合理化」がしばしば「魔術からの解放」とともに語られたのも、右に述べた共通の課題意識と関連している。

ところが六〇年代における急速な「近代化」の達成が、この共通の課題意識を失わせ、「近代」の意味の多様化を生み出したことが、ウェーバー研究における分裂の要因になったものと思われる。その点は後に述べるとして、まず収斂の時期における状況をもう少し検証しておこう。

この時期の一つの特徴は、ウェーバーとマルクスという方法的に対立する二人の理論を、緊張感を伴った形で結合させようと試みた点にある。そのことを可能にしたのは、前述したように「課題としての近代」をめざすという共通の強い意思であった。さらにその背後にあったのは、戦時中の「近代の超克」というスローガンの持っていた方向への鋭い批判であった。

「近代の超克」という方向を克服するためには、ウェーバーの「合理化」をめざすエトスの探求と、封建遺制を揚棄するマルクスの方法による変革との両方を必要とするという考え方が広く支持されていた。その際ウェーバーの多元的方法とマルクスの一元論との緊張は意識されていたが、「発展の類型」および「利害状況」と「理念」の関係という形で両者を結びつける努力が共通してみられた。

同じ課題を共有し、その課題達成のためにウェーバー理論が有効だという共通認識は、異なった専門分野、対立するイデオロギーを信ずる人たちの間にも、相互交流による収斂傾向を生み出した。私が四〇年代末から五〇年代の間に参加したウェーバー関係の研究会を例示すれば次のようになる。経済学部での「パトリモニアリスムス」（WuGの一部）をテキストとした大塚ゼミ、日本史の井上光貞、永原慶ニらとの「古代農業事情」読書会、法学の川島武宜、世良晃志郎らとの「法社会学」読書会、法学部研究室で政治研究者たちとの「支配の諸類型」読書会などである。当時はこれらのテキストについては翻訳もなかったし、原文も手に入れにくかったので、原文をさがして一緒に読むということは、ウェーバーに接する貴重な機会をなしていた（私個人では「儒教と道教」を読んでいた）。

これらの研究会では接することのなかった社会学の人たちによるウェーバー研究とは、六四年のシンポジウムを準備する過程で予備討論の段階からはじめて接触することになった。このようにして「生誕百年記念シンポジウム」はウェーバー研究の収斂傾向が頂点に達したことを示しているように私には思えた。それだけに、この時期以後の分化と対立が一層強く私には印象づけられた。以下その変化をもたらした要因を考えてみたい。もちろん限られた紙面の中であるから大胆な推測になることを、あらかじめ断っておきたい。

六四年以後の変化をもたらした最大の要因は、既にふれたように、知的状況における「近代」の意味転換にあると思われる。より具体的にいえば、「課題としての近代」の重要性が失われ、「近代化」という概念がそれに代って注目をひくようになった。社会的には六〇年代の高度成長が、理論的にはそれと照応する形でみられたアメリカの行動主義的方法の影響力の増大が、その変化の背景をなしていた。

これと関連してみられる変化は、六四年までが「ウェーバーとマルクス」の時代であったのに対して、六四年以後の時代は「ウェーバーとパーソンズ」によって特徴づけられるという点にみられる。

このようにして、六四年以後の新しい傾向は「課題としての近代」が重要性を失ったという消極面においては共通の要素を持っていたが、他面では対立の契機を内に含んでいた。それは、「近代化」という概念が注目されるといっても、その評価が一義的でなかったからである。

もう少し詳しく言いかえよう。六四年以後のウェーバー論に共通した契機は、前の時代における「課題としての近代」への志向——それは西欧近代を理想化する「近代主義」ともよばれるようになった——を批判し克服しようとする点に見出される。しかしその批判にはさまざまな方向を含んでいた。「近代化論」そのものをアメリカのイデオロギー攻勢によるものとするマルクス主義者の拒否反応を別にするとしても、「近代主義者」における「欠如論」を批判して、日本では「近代化」が成功裡に進行しているのだという楽観論と、「近代主義者」がめざしていた「近代」あるいはそれに向かう「近代化」そのものが誤っていたという悲観論とは、方向が異ることはいうまでもない。

「近代」批判の方向を進めようとする論者の中には、ウェーバーをニーチェにひきよせて理解し、ウェーバーを「ポスト・モダン」と称する教説の予言者として強くうち出そうとするものもある。「ウェーバーとマルクス」から「ウェーバーとパーソンズ」へ、そして「ウェーバーとニーチェ」というのも一つの変化の方向であったといえるかもしれない。さらにウェーバー像における「ポスト・モダン」への傾斜は、時にオリエンタリズム批判と結びついて、「近代」批判だけでなく「西欧」批判という方向をとる場合もある。

「近代」批判における意味の多様性が、六四年以後の日本におけるウェーバー像の分化をひきおこしたとしても、それを対立にまで至らせた知識社会学的要因は何であったのか。大胆な仮説としていえば、それは戦前からの——あるいはそれ以前の儒学以来の——訓詁学的傾向と、ウェーバー的表現をかりれば「達人宗教」的接近とに求められるだろう。

訓詁学的傾向とは、ウェーバーの書いたものを経典として、その字句の解釈を重んずるやり方である。しかし、その解釈は解釈者の問題意識によって規定されるから、実は解釈者の主張を経典の権威によって正当化することになりやすい。そうなると当然ウェーバー解釈をめぐる正統の争奪に伴う対立も起ってくる。

「達人宗教」的接近とは、ウェーバーを「人生の教師」とまで呼んで、それに近づくことを人間としての課題とする傾向を意味する。すなわち「模範予言者」としてのウェーバーに傾倒する特徴的な態度である。その場合模範となる達人としてのウェーバー像は一つでなければならないことから対立も生れる。この傾向はウェーバーの伝記的研究が進められるとともに、「魔術からの解放」を余儀なくされる。しかし、その後も惰性として何程かの遺産を残しているかもしれない。

原因は何であれ、六四年以後の日本におけるウェーバー研究の分裂と対立を強く印象づけられていた私にとって、九九年一一月のシンポジウム「マックス・ウェーバーと近代日本」の企画は、誠に驚くべき現象であった。厳しく対立していたと思われていたウェーバー論者たちが一堂に会して報告・討論がなされたからである。

敗戦後の第一世代における収斂の時代から、その世代に反発する第二世代における分裂と対立の時代を経て、さらにウェーバーに距離をおいた第三世代の人たちのイニシアティーブで、多様な解釈の間における討論に積極的意味を見出そうとする方向が示されたものといえよう。私としては、さまざまなレベル――文献学的な探求、思想史的位置づけ、今日的視点からの理論的展開――を区別した上で、それぞれのレベルでの多様な意見が交換され、さらに異ったレベルの関連についても自由な討議がなされるという形で進められるウェーバー研究の発展が刺激となって、過度に専門分化し「精神なき専門人」の作業になりがちな今日の社会科学が、再び活性化されることを願って筆を擱く。

# Ⅲ 歴史からの眼差し

――ヴェーバーの時代を読む

# マックス・ウェーバーの「パーリア」論

上山安敏

## はじめに

一九六四年の「ウェーバー生誕百年記念東京シンポジウム」に見られた基調は、戦後の社会科学構築に向けて学界あげての高揚した状況の中で、特殊日本的なものであった。六〇年代の日本の学界・論壇を席圏していた「マルクスとウェーバー」を基軸に展開されている。

ところが、同じくウェーバーの生誕を記念して開かれたドイツ社会学会での「ウェーバーと現代社会学」では、ナチスへの贖罪を投影する時代精神を背景にして、価値自由と客観性の議論の中で、社会学の方法論をイデオロギー批判的に再検討する（ハーバーマス）［Stammer（Hg.）1965, 訳：128］ことが語られた。日本とドイツの間にウェーバー問題をとらえる姿勢の余りに大きい落差が感じられた。

しかし日本の社会科学の構築はマルクスとウェーバーの理論に大きく依存してきたため、マルクス主義派に対して市民社会派という日本独自の知識社会の図形がえがかれた。その市民社会の理想型の精神的支えとなった、ウェーバーのプロテスタンティズムの倫理については、西欧市民社会の観点からその内在的な理解につとめ、余り外在的批判はなされてこなかった。社会科学と宗教学とを切り結ぶ歴史的実証は手つかずのままであった。

ところが、上述のドイツ社会学会では、総会でのハーバーマス発言の波紋よりも、宗教社会学の分科会で重大なウェーバー宗教社会学に対する批判が注目をあびていた。ウェーバーの宗教社会学を支えているグランド・セオリー、いやその核をつくっている「パーリア宗教」「パーリア民族」「パーリア資本主義」に対してである。バビロン捕囚後のユダヤ人は「社会学的な意味で『パーリア民族』であり、ユダヤ人はインドのカースト制度のない環境のなかに自由意思で選んで『パーリア民族』になった」というテーゼをウェーバーはどうして彼の『古代ユダヤ教』でとりあげたのか。六四年に学会で噴出したトピックが、半世紀も経つ中でウェーバー宗教社会学批判として絶えず提起され続けているのは何故だろうか。

そこにどうしてもウェーバーがライフワークとして挑んだ『プロテスタンティズムの倫理と資本主義の精神』(以下『プロ倫』とする)と『古代ユダヤ教』を当時の宗教的・政治的条件のからまった布置状況の中で考えなければならない理由がある。

ルターの宗教改革以来、プロテスタントの精神風土の中でカントやヘーゲルのドイツ観念論と教育体制の中で育った真面目なドイツは、ユダヤ教ないしユダヤ人に対してフランス人やイギリス人と違った対応に追われた。それは、ドイツはナチスによるホロコースト以前、ユダヤ人を国外追放しなかった唯一の国であったこと、ユダヤ人との共存を歴史的事実として受入れていたということである。ところがドイツにおける啓蒙による「解放」と「同化」はフランスの啓蒙から学んだわけである。これは内発的でない。

そこに特殊ドイツな現象が起こる。少なくともドイツ観念論のカントやヘーゲルは解放と同化に賛成であり、政治・教育体制としてユダヤ人とドイツ人との共生に真剣である。講座体制の中にユダヤ人学者による「ユダヤ教学」(Wissenschaft des Judentums) が設置されている。しかし神学のレベルで、パリサイ派以降のユダヤ教に冷たい。いや敵意さえもっている。このねじれ現象に火をつけたのが、東欧からのユダヤ人の流入を背景にしたトライチュケ論争である。

ウェーバーの同時代の知識人の大半は、このユダヤ人とドイツ人との関係を、公然と政治イデオロギーとして発表するか、隠れた形でアレゴリー的に表現するかは別にして、避けることのできない問題と見ていた。これは単に反ユダヤ主義か親ユダヤ主義という二項対立で分類できるものでもなく、反ユダヤ主義と親ユダヤ主義を両極にしてその間のプリズム的差違によって判定できるものでもない。

それはユダヤ人にとっても「自己憎悪」があり、また西欧化したユダヤ人と東欧ユダヤ人との感情的齟齬がある。またドイツ人内部にも反啓蒙のロマン主義の側からのカバラ畏敬があって、屈折した心理がそこにある。

## 1

ドイツでウェーバーの「パーリア」論批判は、シュルフターによって、すべてではないが多くの諸論文を通して紹介されている。『ウェーバーの古代ユダヤ教研究』［Schluchter（Hg.）1981］、『ウェーバーの古代キリスト教観』［Schluchter（Hg.）1985］に収められている。

シュルフターは、これらのウェーバーの理論に対する批判を取り入れる形で、「ユダヤ教と初期キリスト教」「グノーシスと初期キリスト教」の関係が訂正される段階にあることを認めている。これについては別稿に譲りたいがパリサイ派とタルムードユダヤ教を、市民的パーリア宗教と規定したこと、それと関連して、パウロの宣教をユダヤ教のパリサイ的地位に縛りつけている決定的な鎖を断ち切ったということに最大の意義を認めようとするウェーバー解釈がある。しかしウェーバーの解釈に対して、ユダヤ教に対して向けられている反儀礼主義の一面的な強調のし過ぎと、グノーシスを知識人的なアジアの救済宗教の一変種とみる見方への批判がなされている。

しかしシュルフターは、ウェーバー批判を受容した上で、宗教社会学の業績としてどう評価するかについては、ウェーバーの学問観の中で処理している。つまりシュルフターは、ウェーバーの「職業としての学問」の言葉「これは学問上の仕事に共通の運命である。……学問上の「達成」はつねに新しい「問題提起」を意味する。それは他の仕事によって打ち破られ時代遅れとなることをみずから欲するのである」［MWG I/17, 尾高訳：30］をとりあげている。ところが「時代遅れ」となり、「凌駕される」というのは、「学問の進歩は人類がそれに従ってきた合理化の一部分ないし主要部分であり」「『専門化』を運命としている」ことを前提としている。だからどうしても「進歩」とは「魔術からの解放過程」と同定できる。いやそう考えなくてはならないという思考を前提としている。

しかし、パウロのユダヤのパーリア儀礼集団からの突破、グノーシスのアジア的宗教論などを問題とするならば、たんなる批判的実証主義の立場から古い資料で固められた仮説が新しい文献学・考古学的資料の発見・発掘によって塗り変えられるというカテゴリーでなく、宗教観の衝突という根元的な対決にかかわっていると見られるだろう。

## 2

ここで、ウェーバーのパーリア概念の発生過程を見ていきたい。それはウェーバーの宗教社会学の中で果たした役割が極めて大きいし、そして一見無関係のように思われるが、晩年にウェーバーが唱えた「脱魔術化」(Entzauberung）と双生児のように思考が絡み合っている。ただし「脱魔術化」については、別稿に譲る。

ウェーバーが初版の『プロ倫』でプロテスタンティズの倫理を主要テーマにしたことは当然のことだが、ユダヤ教については余り断定的な価値評価はせず、伝統主義で済ませていた。パーリア概念は出さなかった。しかしその後本格的に『古代ユダヤ教』に没頭する。その間に、一方ではゾンバルト、ブレンターノら社会経済学者との間に批判・反批判が交わされる中で、彼の思考は練り上げられる。他方で彼は神学者ダイツマンを含めてハイデルベルクの「エラノス」グループで討議している。

この「エラノス」は、ルター派の正統教会ヒエラルキーとは違って、リベラルなプロテスタントの集まりであり、当時問題になっていた旧約聖書と新約聖書の間を、断絶ではなく両者の連続を意図していた。単的にいうならば彼は『プロ倫』の中の新約聖書のプロテスタンティズムと、『古代ユダヤ教』による旧約聖書のイスラエル予言とを結びつけようとしていた。

ところが、そこにどういう事態が生じたのか。一九〇五年の『プロ倫』には一九二〇年の改訂版によって重要な加筆文が挿入されている。原論文と改訂論文とは加筆によってトーンが違ってくる。このことを鋭く抉ったのは、安藤英治『ウェーバー歴史社会学の出立』［安藤 1992］である。安藤は一九〇五年版（原論文という）と一九二〇年版（現論文という）とを較べてこう述べている。少し長いが引用する。

原論文ではユダヤ教がピューリタニズムに与えた圧倒的影響が強調され、両者の異質性の指摘は僅か一行で断り書き的な書き方であったのに対して、現論文においては近代資本主義の立場から書かれた加筆文がそもそも主題であると受取られることになった。読者はこう思った。ウェーバーのユダヤ教のエートスは賤民資本主義として貶下し、それと合理的な市民的エートスのピューリタニズムを対比することをテーマとしているというのに、なぜこんなに影響を強調するのだろう！［安藤 1992 : 388］

ウェーバーの『プロ倫』を読み切った筆者ならではの感想である。

このように原論文とそれへの挿入による言論とのズレを比較する中で、読者に違和感を覚えさすのは何故か。それはウェーバーが一九〇五年段階で、ユダヤ教と原始キリスト教との間にある異質さを認めながら、連続性を維持しようとしたのに対して、その後ユダヤ教・世界宗教倫理に研究対象を移すにつれ、ユダヤ教と原始キリスト教との断絶面をはっきり意識したということであろう。そこには、「イギリス・ヘブライズム」をめぐって、ゾンバルトとの論争が影響がある。これについては別稿に譲りたい。

かくてその終点が『古代ユダヤ』を一貫して流れる通底音「パーリア（賤民）宗教」、そしてそこから流出する「パーリア資本主義」である。

しかしこのパーリアという概念は多義的に解釈される。安藤英治は「貶下」した感覚で受け取っており、ドイツ社会学会の発言でも「悪口と蔑視の意」でとらえている［ibid. 129］。しかし『古代ユダヤ教』の優れた翻訳者であり、ウェーバー研究の先達者である内田芳明は、その解説で、「賤民というのは『いやしい』とか社会的差別とかの価値判断を全く含んでいない」と述べ、「最近国際的にナチ経験後の今日では評価（価値判断）が強く感じとられるので不適当であるというように批判がいろいろ提出されているのであるが、全くの曲解である」［RS3, 内田訳b：下1040（訳者解説）］と述べている。

確かにそういえる。パーリアは、ウェーバーの価値中立的な理念型の用法のために、後に述べるような意味の重層を含んでいる。中世以降のゲトーのイメージもあれば、逆に「苦難の僕」という神義のもつ崇高さのイメージも包み込んでいる。これはウェーバーのカリスマの理念型にも見られる訳で、その具体的人物像としては、イエスを思わせる予言者像がある代わりに、彼にとって嫌な、リテラーテンのアイスナーやオットー・グロースも含まれるように彼の好悪いずれも内包されている。

だからそういう風にみると、「パーリア宗教」「パーリア民族」にみるパーリアは一方で中世以降につくられたゲトーをイメージすることは可能であろう。だがウェーバーが、「パーリア状態」と表現しているのは、イスラエルの苦難の神義、つまり予言者が苦難や醜さや侮辱的状況を忍耐強く持ちこたえることの栄光を神に願うことをいっている。「捕囚の民のパーリア状況を自由意思によって自分に引き受け、その悲惨と醜さと受難をつぶやかずさからわずして耐え忍ぶ」［RS3：392, 内田訳b：下889］このイスラエルの苦難の神義の下に世界の救済に役立てようとした予言者は、イエス、パウロ、福音書の説教に受け継がれている。ウェーバーは第二イザヤ、エレミヤの予言のもつ苦難の神義論と原始キリスト教との精神的系譜を確認している。これは同時代のプロテスタント神学の共通了解であったといえるだろう。グランド・セオリーの一つの支柱である。

とするとパーリアというのは、ゲトー状況という「貶下」だけでなく、苦難と侮辱に耐えて神の伝道という栄光に生きることを前提にしている。だから内田芳明は、パーリアの含意をネガティヴとポシティヴの両義性で説明しているのである。ただし大塚久雄は客人民族としてのユダヤ人の苦難の神義による栄光化というポジティヴな面においてのみ終わっており、パーリアのもつゲトー的暗さに余り触れていない［大塚 1994：117］。

確かにウェーバーのパーリアはつかまえ所が難しい。徳永恂も、あのウェーバーを反ユダヤ主義と親ユダヤ主義の座標軸にしてとらえようとした、刺激に満ちた論述の中で、「古代ユダヤ教におけるウェーバーの『パーリア民族』としてのユダヤ人把握に、軽侮の響きをかぎつける一部のユダヤ系学者の神経過敏の誇張」をあげている［徳永 1997：247］。

そこでパーリアをめぐって、宗教学（宗教史）と社会科学を連結する歴史的検証が必要になってくる。

## 3

ところで、そもそもパーリアという言葉は当時の知識人の間でどういう語感として使われていたのか。少なくともナチス経験以後の感覚からすれば、侮辱的な差別感はいがめないが、それを抵抗なしにライフワークのキー・タームとして使うことは、ウェーバーの周辺にとり違和感もなかったと考えるべきだろう。彼は政治的立場として反ユダヤ主義にあえて抵抗し、同化と解放に同情的であった親ユダヤ主義の陣営にあったからだ。

しかも、このパーリアという言葉は、解放と同化以後のユダヤ人の中から拡められていたのだ。それは決して反ユダヤ的ルサンチマンの疑いはかけられていないモーゼス・ヘスから一七八九年に使われていた。モーゼス・ヘス（一八一二―七五）は「コミュニスト・ラビ」として知られて、マルクスやエンゲルス、バクーニンを社会主義者に教導しており、シオニズムの創設者である〔野村 1992：61〕彼はユダヤ人とキリスト教徒の結婚を奨め、同化とユダヤ人解放を前提とする意見をもっていたのだ。事実彼自身もキリスト教徒と結婚している。『パーリアとしてのユダヤ人』の著者ハンナ・アーレントもユダヤ人の側からパーリアを呼びかけた一人である。彼女はしかもウェーバーの「パーリア民族」を挙げているところから、当時の知識人の間で日常用語になっていることが分かる。

だが、アーレントの用いるパーリアには、アーレント自身をその中に投入している語感があり、ドイツの側からの解放のもたらす自由、同化のもたらす平等が実はまやかしであったということ、十九世紀のユダヤ民族の運命が抑圧されたものであったことを悟った、抑圧される側からの声としての「意識的パーリア」なのである。だからこの一般にとらえられるパーリアから、同化のもう一つのタイプ、「成り上がり者」を排除したものである。

さらにアーレントは、ヘルマン・コーエンの唱くような自らの高貴とユートピア的な系譜の源となるイザヤやエレミアの予言のパーリア性ではないと断っているのだ。アーレントにとって、結局「ゲトーに戻れ」を叫ぶ被抑圧民族の自己確認なのである。ウェーバーのパーリアは、宗教と結びついており、パーリア宗教観には、潜在的に啓蒙による同化と解放の下に、西欧文化圏へ参代しようと指向するユダヤ人、精神的にユダヤアイデンティティと同化との間にあって自己憎悪に苦しむユダヤ人、彼らに手を指しのべようとするリベラルなプロテスタントの優越感がある。彼らは自ら野蛮な反ユダヤ主義から守る盾になっている自負があるからだ。ウェーバーのパーリアが、アーレントと違って、『古代ユダヤ教』を通じて宗教問題にがっぷり取り組んでいるのもそのためだろう。そこには、消えることのない不協和音が響いている。

## 4

そもそもなぜウェーバーがこうした両義性をはらんだパーリア概念を最大のモチーフにして金字塔ともいえる『古代ユダヤ教』を書き綴ったのか。

そこにはウェーバーを取り巻くドイツ帝政期のプロテスタント神学、教会、知識人の間で集合的に意識されていたグランド・セオリーを彼が共有していたことが分かる。そのグランド・セオリーとは、第二イザヤ、エレミアの予言者の精神が旧約聖書の一角を占め、それが原始キリスト教に継承され、ルター、カルヴィンの宗教改革を経て、今日のパウロ主義に生きている。したがって近代ヨーロッパの精神の源流は予言者さらに詩編、ヨブ記に求められるというのが第一点。さらに他のユダヤ教の遺産は、捕囚後のエズラ、ネヘミア体制から始まるパリサイ、ラビ体制の下で、予言の精神は制約された形でしか継承されず、ユダヤ教の負の部分である、割礼、食事規定、安息日などの行動的タブーに拘束された儀礼集団に硬直化していった。そうした「後期ユダヤ教」（Spätjudentum）と「古代イスラエル宗教」とは全く異なった宗教である。これが第二点だ。そこから当時ユダヤ教とキリスト教との比較がなされ、信仰と行ない、愛と復讐、普遍宗教と民族宗教のキャッチフレーズが生み出され、一般信徒の中に浸透していったのである。これらについては別稿に論じる積もりである。

こうしたグランド・セオリーに何故社会科学者としてのウェーバーが与したのか。神学者でないし、宗教学の専門家でないと公言しているウェーバーが、経済と宗教の相関関係から、神学者や宗教学専門家とは異なる『古代ユダヤ教』をえがいたとしても、同時代の最も緊急な宗教問題、「キリスト教とユダヤ教」の連続性と断絶性の問題に取組んだのは自然のことだった。

そのさい彼がもっとも大きく依拠したのは、プロテスタント聖書学の分野で、神学者の枠を脱して、当時の「宗教史学派」のもっともユニークな存在であったJ・ヴェルハウゼン、さらに歴史学のアプローチからキリスト教の発生に迫ったE・マイヤーの業績であった。とくにヴェルハウゼンの聖書学は、イスラエルの予言の研究から旧約聖書全体にわたっていて、旧約聖書を批判的文献学によってすっかり解体してしまった。ユダヤ人にとって信仰の書は歴史主義的批判主義の立場から「科学」の前にずたずたに分析された。これについても別稿に譲りたいが、ヴェルハウゼンの書が出なければ、ニーチェのアンチ・クリストも生まれなかっただろうし、フロイトの『モーセと一神教』も世に出なかっただろう。ニーチェ、フロイト、ウェーバーは三者三様の仕方で、「キリスト教とユダヤ教」の間に渦巻く謎に挑んだのである。

そこでウェーバーは、先ず苦難の神義論がユダヤ人をパーリア状況におしやったことを積極的に認めている。そのさい第二イザヤ、エレミアの予言による苦難の神義論が必然的にパーリア状況を生み出すことを逆説的論理でとらえている。

したがって、ウェーバーはこのパーリア状況こそ、「市民的な」信仰共同態をしかも「自由意思」でつくり出す原動力となっている、とする。ウェーバー自身苦難の神義論とくにイザヤ、エレミアの予言に感動を覚えたことは妻のマリアンネの語るところだ。彼はこのエレミアの捕囚前の民族危機に立ち向かった姿を、第一次大戦を前にドイツの国難の中にある自らの姿を二重映しにしている、と考えられる。

古代イスラエルの予言者が、ヤハウェ崇拝に背いて偶像崇拝、他宗教の魔術に親しむ者を弾劾し、非難する予言は、彼がその後『職業としての学問』などで人口に膾炙させた「脱魔術化」のモデルになっており、アジア宗教の「模範予言」に対置される「使命予言」として理念型化されている。

## 5

ところでパーリア民族がいかに発生するか、そのことに集中的に論述を合わせたのは、『古代ユダヤ教』の第二部「ユダヤ的パーリア民族の成立」であった。ウェーバーの『古代ユダヤ教』に対する批判が、第一部「イスラエル誓約共同体とヤハウェ」に対して絶大な賞讃を与えられる一方で、第二部の偏向性が指摘されたのもそのためである。

しかし第二部には、最後に補論「パリサイびと」が補筆として付加されている。そして中途で絶筆になっているが、原始キリスト教に次いでイスラム教の問題を取扱う積もりだったようである。最後がキリスト教とユダヤ教との改宗運動の競争のところで終わっており、この改宗運動の対決がパウロの異教徒キリスト教徒とユダヤ人キリスト教徒とのいわゆるアンティオキアの使徒論争と深くかかわっていることを指摘している。このことがユダヤ教のパーリア性の核心を衝いており、ユダヤ教とキリスト教の関係に深く踏み込んでいる。

ウェーバーはパーリア概念を用いながら、古代イスラエルの予言の、苦難の神義論を支える「パーリア状況」から、捕囚以後に典型的な閉鎖的儀礼集団としての「パーリア民族」への変化を巧みに移し変えている。それは予言者と祭司権力の対立をとり出して、(1) 自由予言の台頭と比例して祭司権力の無力化〔RS3 : 296, 内田訳 b : 下681〕をあげ、(2) 捕囚期のパーリア儀礼集団の中心になっている申命記運動への拒否〔RS3 : 298, 内田訳 b : 下684〕、(3) 予言者の儀礼的命令、犠牲、安息日と割礼に対する無価値観の傾向を読みとっている。エレミアの表面的な割礼に対する「心の包皮の割礼」〔RS3 : 298, 343, 内田訳 b : 下685, 下786〕は原始キリスト教のパウロ主義の前駆的現象である。(4) しかも予言者の中で多く見るエクスタシー現象を集団現象としてでなく、孤独な個人の内発的なものとして見ていく。ウェーバーは当時の心理学、精神医学に見るエクスタシー理解とは全く異なる解釈を驚くほどの筆力量をもってそれに求めたのである。

［RS3：300f., 内田訳b：下695f.］これは明らかにフロイト、オットー・グロースを意識して対抗しているのである。(5)予言者の神秘家（Mystiker）からの排除［RS3：327, 内田訳b：下751］(6)予言者の激情性と申命記の教化的な傾向との対立［RS3：340, 内田訳b：下779］をあげ、ウェーバーは予言者と申命記知識人層との分極化を引き出している。

このことによって、ウェーバーは捕囚期において起草されたエズラ、ネヘミア体制によるカプセル化した儀礼集団と、ナザレのイエスと通ずるイスラエルの予言者とが互いに距離を遠いて、異なった途を歩んでいったことを考えている。彼はこの点で旧約聖書の内部的構造の動きを鋭く腑分けしているのだ。見事というほかない。もしも予言者の影響が、新しい申命記編集者の手で儀礼カプセルに入れられることによって、そのまま永続しておれば、古い儀礼的民衆共同体にはならなかったであろうと推量しているのである［RS3：350, 内田訳b：下801］。

ウェーバーはいつからパーリア民族が始まったのかははっきり述べていない。シュルフターは最初は第一回の神殿崩壊（BC五八六年）、次に第二回の神殿崩壊（七〇年）その次にタルムード編集後、次に中世ということになる［Schluchter 1988：Bd.2. 235（Anm. 105）］と読んでいる。

ウェーバーがパーリア民族の成立にあたって強調する要素は、(1)政治的団体でなく、儀礼的宗教団体である、(2)自由意思による対外遮断と自己孤立化、(3)対内道徳と対外道徳の二元主義、(4)客人民族の四点を考えてよいだろう。これが、真正の予言として引き継がれたイエス、パウロの原始キリスト教の共同体との分裂を引き起こすことになる。ただし、儀礼的カプセルに入ったユダヤ教共同体も、伝来の宗教を心情倫理的に昇華することを認めている。ウェーバーはラビ、タルムードの下でユダヤ人共同体に「市民的」共同体、「都市的共同体」のもつ合理性を承認するのである。ここにはウェーバーの特有な、アジア的グノーシス、サバタイ主義、カバラの運動を除外する配慮が働いている。

儀礼的遮断が起こる原因を、ウェーバーは寄留民（ゲーリーム）の内部への抱え込みにあると見る。ヤハウェ主義の小家畜飼育者の宗教団体であったユダヤ民族が割礼と安息日を課し、血の抜かない肉の食事（レビ記一七の一〇）

とモロク神への人身犠牲の禁止（レビ記二〇の二）をすることで、自分たちの遮断的儀礼集団をつくり上げた。それは外国人と犠牲の食事をすることとの禁止と異民族との結婚の禁止を齎し、イスラエルの神義である「選ばれた民族」という選民思想の上に対内・対外道徳の二元主義が見られ、この経済的領域での経済的な対内・対外倫理の区別は経済的行動様式の宗教な評価を受け継いだ。

この対内・対外道徳の二元主義は、とくに「ピューリタニズムとヘブライズム」をめぐるゾンバルトとの論争から触発されて、パーリア理論がピューリタニズムとユダヤ教との分極化を実証する道具立てに使われるようになる。ウェーバーは二重道徳から二重経済倫理まで高まり、しかもそれが宗教的評価と結びつくという思考から、ユダヤ教の経済倫理が古代以来のユダヤ民族のパーリア資本主義を創出していく、という論理を組立てたのである。「これがピューリタニズムが徹底的に嫌悪した国家掠奪資本主義の形式に通暁させた」［RS3：360，内田訳b：下821］ことになる。この段階ではかつての古代イスラエルの、パーリア状況の中で「デマゴーグ」を唱いた予言者の影響は全く消え、逆に儀礼集団の倫理つまり二重道徳に堕落してしまい、反対に真の予言の継承によって生まれたパウロ－宗教改革の流れはヨーロッパの資本主義に適合していった。

しかしそれでもって、ウェーバーの『古代ユダヤ教』のパーリア論は終わったわけでない。捕囚からの帰還によるエズラ・ネヘミア体制下で祭司的編纂がなされ、祭司政治による宗教的教団国家が強化され、ここで閉鎖集団としてのパーリア性は一段と濃厚になる。

遮断の傾向をとくに推し進めた担い手は、バビロン捕囚教団とそれに感化された帰還団体の組織者であった。帰還ユダヤ人のサマリア人並び捕囚にさいして残留した「地の民」に対する差別。エズラの年代記のなかに儀礼的に厳正な捕囚民の教団とそれに結びつけた人びとが「ニヴダーリーム」（遮断された人びと）と呼ばれたことはそのことを表徴している。［RS3：373，内田訳b：下848］。ゴーラー（捕囚民）は他の神殿を非合法として排斥する。この時期に「ユダヤ人（Juden）」という公的な呼称が発生したのである。

ユダヤ人の歴史にとって誇るべき、捕囚民と祭司の宗教は、ウェーバーにとって予言者の理想像から離れ、ラビによる律法の拘束に縛られ、「世界宗教」に発展する方向を閉され、ここに都市居住パーリア民族が成立する〔RS3 : 378, 内田訳 b : 下860〕ことになる。

## 6

そこで最後に補論の「パリサイびと」に入る訳だが、ここでウェーバーは「パリサイ派と原始キリスト教」との対立という、今日聖書学の最大のアポリアに筆を進めている。これはナグ・ハマディ文書発見以前という資料的問題もあるが、それよりもウェーバーが同時代の宗教史学派の制約の内にあるということが考えられねばならない。彼の用いる「後期ユダヤ教」――これは別稿に譲る――の概念は今日批判されている。

ここでは同時代のリベラル・プロテスタント派のグランド・セオリーである、エズラ・ネヘミア体制のユダヤ＝後期ユダヤ教は、前捕囚期の予言者の倫理の堕落形態であり、その硬直化した儀礼宗教を突破したのがキリスト教である、という主張と筆調を合わせている。最後にユダヤ教の律法の精神が、つまりパリサイびとと古代末期のラビたちの精神が破られることなく、後までも存続しつづける限り、正にその限りにおいてだけ、ユダヤ人団体をパーリア民族という彼らが選んだ状況にとどまらしめている」〔RS3 : 442, 内田訳 b : 下1003〕と断定し、後の中世のユダヤ人ゲトーの閉鎖的パーリアを推量させている。

しかもこの段階で儀礼的に遮断された客人民族としての類型がはっきりしており、それも外部から拒絶されるという強制によってでなく、自由意思で自らすすんでそうなった〔RS3 : 434, 内田訳 b : 下986〕ことを強調しているのだ。このユダヤ人の外部の目にうつった「人間嫌い」の態度が今日のユダヤ人をつくり出した。そこから「ユダヤ人の『ゲトー』の社会的孤立化が、徹底的にユダヤ人が自分で選び自分で欲した結果であった」という結論を導き出す。中世のゲトーの外部の環境から押し込められるという政治性は後退している。

ここにユダヤ教が国家・民族宗教であるのに対して普遍宗教が登場する。ユダヤ民族の宗教が世界史的意義をもつのは、この旧約聖書の中で教えこまれている倫理の中でパーリア状況にいるユダヤ人に独特な儀礼的遮断をキリスト教が無効とし、廃棄したことだ。つまりユダヤ人のカースト的遮断を基礎づけているトーラーの儀礼的諸規定から解放した。それを受け継いだパウロの伝道があったから世界史的意義をもつことができたということになる。

ウェーバーは最後段階で、パウロ伝道の意義を誇り高く語る。ウェーバーはこのくだりをパウロとペトロ・ヤコブとの論争に異常なほど詳細に叙述している。旧約聖書の解体学の業績を信頼したウェーバーは「新約聖書の叙述は決定的な点においては完全に信頼するに足る捺印をもっている」。と告白している。新約聖書の使徒行伝、ガラティア書、つまりルカ－パウロの視線がそのまま無批判的に生かされている。ガラティア書はパウロの伝道の書であり、使徒行伝はいわゆるパウロとペトルスとの間に交わされた異教徒宣教をめぐる路線対立が叙述されている。

そのさいウェーバーの読み方は、改宗者の問題にパーリアをからませている。改宗者問題は当時ヴィルヘルム皇帝も巻き込んだ時事問題であった。ウェーバーは、捕囚民ユダヤ人とディアスポラユダヤ人、さらに異教徒からの改宗者（無割礼改宗者）の区別があり、ユダヤ教団が改宗者獲得に腐心しており、このことからユダヤ人共同体の中の一つの支部に過ぎなかった原始キリスト教もこの改宗問題に苦しんだと見ている。

アンティオキアにおける使徒論争については別稿に譲りたいが、エルサレム中枢部の側はあくまでもモーセの律法への拘束と儀礼の中の核心である割礼にこだわった。しかしアンティオキアを本拠にして、割礼の排除を求めるパウロ派は妥協して、偶像崇拝と血と絞め殺した動物と不品行以外は認められた。

ここで、パウロの宣教はエルサレムとの妥協で、異教徒にかぎられていたのに、完全ユダヤ人に対してもモーセ律法からの自由を行う。ここに予言者の神殿崇拝、割礼への抵抗と律法からの自由がパウロに引き継がれていることがうかがえる。

ところが改宗者伝道をめぐるユダヤ教とキリスト教との競争は、パリサイ派とローマ帝国との間に生じたユダヤ戦争による神殿崩壊の結果、折角獲得した改宗者の裏切を経験して、ユダヤ教団内部に次第に改宗者獲得の熱が冷め、そのうえ帝国が改宗者受け入れの条件が課される客観状勢を前にしてユダヤ人側は改宗者獲得を止めるに至った。それとともにキリスト教への自己防衛ははげしくなり、ユダヤ教からキリスト教への改宗者は激減する。キリスト教の側からの改宗も目先だけに終わった。かつて双方が改宗競争で入り混んでいたのにいまや互いに断絶が起こる。

この改宗運動は、ローマ帝国の政治状況下でパウロの、律法による儀礼集団としてのユダヤ教団からの突破と分裂を促すと同時に、ユダヤ教団を一層の遮断された儀礼集団へ固めさせていった。

こういうように見ていくと、『古代ユダヤ教』は、パーリア状況の下に苦難の神義論を通して第二イザヤからパウロに継承する過程で、犠牲、神殿崇拝、割礼、食事規定のように遮断化を齎す儀礼が廃され、神義論を純化・内面化するパウロ－プロテスタントの流れと、逆に儀礼集団として遮断化され、対内・対外の二重道徳でカプセル化していく流れとの分極化に収斂されている。

この構想は、一九二〇年の『プロ倫』の改訂版において、プロテスタンティズムのエートスが近代産業資本主義に適合していくタイプと、パリサイ派とラビの下での二重道徳のエートスがゲトー化したパーリア資本主義の適合化していくタイプの分極化とぴったり照応している［RS1: 181, 梶山訳: 318, 大塚訳: 320］。

苦難の神義の下に耐え忍び神の栄光を求めるパーリア状況の中での予言者と、国家・掠奪主義に通暁するパーリア資本主義との分水嶺を、ウェーバーは経済的活動における、合理的世俗内禁欲による、宗教的な「救いの確証」があるかどうかに求めた［佐伯 2000: 150f.］。これがウェーバーの経済と社会の相関性の論理の中で枢要な地位を占めた。

このパーリアのもつ正と負の重層の構想には、ゾンバルトの間にかわされた「ユダヤ教とピューリタニズム」の把握をめぐる論争が介在していると考えられる。そのためにウェーバーをして、パーリア国家・掠奪主義という、およそウェーバーらしくない、ゾンバルトよりもラディカルな表現を用いたのだろう。これについては別稿に譲る。その意味で、このユダヤ人の儀礼的パーリア集団を破壊して、「モーセの覆い」をとっぱらって、新しい契約をつくったパウロの行動はウェーバーにとって大きな意味をもつ。

果たせるかな、ウェーバーは『ヒンドゥー教と仏教』において、「アンティオキアにおいて行われた、一切の出生の儀礼的制約の聖餐共同体のための排除こそは、宗教的条件という観点からみるならば西洋の「市民層」の受胎のときにあたる。もとよりそれが実際に誕生するのは中世都市の革命的共同宣誓（conjuratio）において、千年以上も後になってではあるけれども。というのは共同の食卓なくしては、キリスト教的にいえば共同の晩餐なくしては、兄弟盟約も中世の都市市民の成立もまったく不可能だったからである。」［RS2：40；牧野 2000：227］とアンティオキア論争に世界史的な意味を与えている。

## 7

もう枚数がないので、簡単に『古代ユダヤ教』がどういう宗教の布置状況の中で書かれたかを見ておきたい。

(1)　ウェーバーは当時彼を取り巻いていた「文化プロテスタンティズム」のグループに属しており、ユダヤ教とキリスト教との精神的系譜を思索していくリベラル・プロテスタント神学者と親和的関係を維持していた。彼がリッチュル以後の「宗教史学派」、その中でも固有の神学者と少し離れたJ・ヴェルハウゼン、E・マイヤーの輝かしい業績に依存していることは否定できない。彼らは旧約聖書の徹底した解体に向かっている。文献学から聖書記述者を腑分けしていったが、これはモーセ五書、トーラーが硬直化したものであり、「化石化した宗教」になっていること、それに代わって予言と詩篇、ヨブ記こそ、イエス、パウロのキリスト教に継承されていることを示していた。それは

「批判的実証主義の学問」によって客観性が担保されていた。

そのために、イスラエル予言と捕囚以後のエズラ・ネヘミア後のパリサイ派、ラビ体制のユダヤ教とは区別されなければならなかった。このグランド・セオリーに、リベラル・プロテスタントのA・ハルナックも賛成している。

⑵ ところが、このグランド・セオリーは東方ユダヤ人の流入以後同時代に高まった、反ユダヤ主義に対して盾になる役割を果たしている。旧約と新約とを繋ぐことでユダヤ＝キリスト教の一体性を打ち出しているからだ。その意味でカント倫理に感応したリベラルな改革派ラビたちも、このグランド・セオリーにアンビヴァレンツな態度で対峙せざるを得なかった。

ドイツ人の側からの、啓蒙による解放と同化の政策の一環として学術体制の中に生まれた「ユダヤ教学」（Wissenschaft des Judentums）は、ユダヤ教を魔術から脱却しようとした宗教と見る（ウェーバーがそうであった）ことに腐心して、改革ラビたちと協調していた。リベラル・ラビユダヤ教とリベラル・プロテスタントの共生の時代を迎えていたのである。

⑶ ウェーバーは、いかにユダヤ教とキリスト教とが他の宗教と異なり、脱魔術化の性格をもつかを、『古代ユダヤ教』の重要なモチーフにしている。予言者の魔術の排斥、神秘主義とエクスターゼの排除、モーセに代わるヤハウェ神、さらにパリサイ派とラビの相対的な都市型合理主義への抱え込みが語られた。

ウェーバーはユダヤ教から受け継いだ良質の「脱魔術」を、キリスト教の内部のカソリックの典礼（魔術への拘束）から脱出したピューリタンに適用している。

だが、ヴェルハウゼンの宗教史学派によるモーセ五書の文献学的解体が進めば進むほど、プロテスタントの信仰書である新約聖書の文献学的考証もプロテスタント学者の独占的縄張りでなくなった。シュトラウス以来のイエスの歴史性の研究にまで「ユダヤ教学」の学者が容喙してくる。イエス＝ラビ説である。

⑷ かくて宗教史学派にとって、ユダヤ教との共生の時代も危機を迎える。一方でチェンバレンのイエス＝アーリ

ア人説がメディアを通じて拡がり、旧約と新約との断絶の動きが出始まるとともに、他方でリッチュル学派の内部からニーチェの造反が波紋を拡げた。ニーチェのアンチ・クリストはヴェルハウゼンによる旧約聖書解体学の露払いの後に鬼子として生まれたものである。ニーチェはヴェルハウゼンの業績を彼独特の心理学的方法で読み取り、旧約聖書と第二神殿後の祭司団による律法宗教とをわけ、律法宗教とパウロの原始宗教を祭司＝ルサンチマン宗教によって繋いだのである。フロイトの『モーセと一神教』も、ヴェルハウゼンとマイヤーの聖書解体学とそれと精神的同盟者であったイギリスのフレーザーの神話学に依拠している。三人は同時代人であり、とくにウェーバーと後期ニーチェとは精神的高貴性と知的誠実性を共にしており、反・反ユダヤ人主義でも同じ地平にある。しかし別稿に譲りたいが、パウロをイエスから離し、ストレートな反パウロに踏み切った方向は、ウェーバーとは逆である。またユダヤ人フロイトがモーセによって一神教を純化しようとしたのに対して、ウェーバーはヤハウェ神との契約ブントをユダヤ教の要にしている。その意味でウェーバーは、ニーチェやフロイトと比し、宗教史学派のグランド・セオリーの忠実な維持者なのである。

(5)　だが、一八八〇年代は解放と同化の政策によって与えられた自由と平等が実はまやかしであり、むしろヨーロッパの合理主義的資本主義の下でユダヤ民族の精神を衰弱させるものだとする考えから、新しいユダヤ人のアイデンティティが求められるに至った。それは改革派ラビとプロテスタント体制との共生を解消し、同化の拒否に踏み切らせた。彼らはキリスト教の側のロマン主義と神秘主義から刺激を受けながら、啓蒙による開放政策の下で馴致された「ユダヤ教学」に反抗し、新しいユダヤ教の地平を切り開いていったのである。

ヘーゲル派の傘を脱して、ブーバーと聖書翻訳に踏み切ったローゼンツヴァイク、ポーランドのハシディズム運動に触発され、ユダヤの原宗教を求めたブーバー、その批判的継承者としてカバラ神秘主義に源流を見たショーレム。ウェーバーらの第二イザヤからパウロを経たユダヤ＝キリスト教の射程からはずれ、ラビから異端視されたハシディズム、カバラを復権しようとする彼らの、旧世代のユダヤ教学からの脱出にはニーチェの全価値の転倒が響導力になっている。

彼らはドイツの反ユダヤ主義ショーヴィズムに対して、ヘルツルのシオニズムに共鳴するが、ウェーバーたちのリベラル・プロテスタントにもっとも精神的に対峙したのは、ヘルツルのシオニズムでなく、ブーバーらの「文化シオニズム」であった。リベラル・プロテスタントの頂上に立つハルナックとリベラルラビ体制の精神的指導者レオ・ベックとの論争は、ユダヤ教とキリスト教との共生の破綻を意味していた。

カバラ、ハシディズムの見直しに向かったユダヤ人の側は、ラビの聖書解釈の権威にとらわれずに、ユダヤ人の生活に息づく口承伝承、民話、神話、イデッシュ語の復権をはかる。ウェーバーが脱魔術化の視角の中でユダヤ教から捨て去ったツァウバーへ新しいまなざしが投げかけられる。カフカも接触したプラーグ・シオニストのバル・コホバ運動も民族主義を隠そうとしない。

啓蒙の解放時代にカントが「ユダヤ教の安楽死」を宣言したり、シュライエルマッハが「死んだ宗教」と規定したにも拘わらず、一言も怒らなかったプロテスタント国家の下でのユダヤ人は、六〇年代に宗教史学派のヴェルハウゼンの業績を前に、彼のうち出した「ユダヤ教の化石化」に不満を持ちながらも表面切っては反論しなかった。ウェーバーの『古代ユダヤ教』は、このリベラルな「プロテスタントの覆い」の中で、パーリア論を社会科学として組立てたのである。

だが、ウェーバーが依拠した旧約記述によるテキストがユダヤ民衆にとって規範力を持ったのかということの再検討、パリサイ派とパウロを含めた新約聖書記述のユダヤ人側から見た偏面性、予言と魔術の対立の古代ユダヤ人社会での実態からの見直し、などさまざまな問題を今日抱え込んでいる。これらを考えると、ウェーバーが世紀転換期におけるリベラルなプロテスタントの知識人のもつユダヤ人観の制約から抜け出していなかったのではないか、と考える。

# ウェーバーの大統領制論とワイマル共和国崩壊の憲政史的問題

雀部幸隆

## 1 問題の所在

一般にウェーバーの政治論は、われわれ戦後民主主義の教育を受けた者には、なかなかすんなりとは呑み込みにくい内容を含んでいるように思われる。かれは政治における権力的契機をことのほか強調するし、若い時には帝国主義的とも受け取れる発言をしている。そして最晩年には、例の人民投票的指導者民主制論によって、ひとつ間違うと権威主義的政治体制に道を開きかねないと思えるような議論を展開している。

事実ドイツの戦後民主派第一世代のモムゼンは、まさにそのようなものとしてウェーバーをつかまえた。かれの『マックス・ウェーバーとドイツの政治　一八九〇―一九二〇年』〔Mommsen 1974〕が提示したウェーバー像は、権力主義者ウェーバー、自由帝国主義者ウェーバー、そして人民投票的指導者民主制論によって、とりわけその憲政論的展開であるライヒ大統領制論によって、ヒトラーの権力掌握に意図せずして道を開いたウェーバーという、三位一体のウェーバー像であった〔雀部 1999a : iii〕。

このモムゼンのウェーバー像にたいしては、これまで内外ともに多くの批判がなされてきたが（比較的最近のものだけを挙げると、Eden〔1983〕, Anter〔1995〕, 雀部〔1993〕, 牧野〔1993〕, 佐野〔1993〕, 嘉目〔1996b〕, 雀部〔1999a〕）、この最後の論点に関しては、ワイマル共和国崩壊の憲政史的過程に即して十分な批判がなされてきたとは言いがたい。ところが、この大統領制論によって思わずしてヒトラーの権力掌握に道を開いたウェーバーというモムゼン・テーゼは、いうまでもなく重大なウェーバー批判であり、もしモムゼンの言うとおりなら、なんのために苦労して難解なウェーバーを読むのかということになるだろう。もちろん、このモムゼンの立論にたいして多少の強引さを感じ、はたしてそこまで言えるのかという疑問をいだく向きも少なくはないと思われるのだが、しかしながら、ワイマル共和国崩壊の憲政史過程に即してきちんとしたモムゼン批判がなされてはこなかったため、ウェーバー政治論にたいする人々の心証は、濃淡の差はあれ、いわば灰色のままである。そしてその灰色の霧がはれないまま、ウェーバー政治論研究にたいする一種のペシミズムが一般化しているように思われるのである。

だが、こうした状況は不幸なことである。なぜなら、そうしたペシミズムは、まず第一に、ウェーバー政治論研究のウェーバー研究全体にたいしてもつ枢要の意義からして――「政治はわたしの昔からのひそかな恋人でした」というウェーバー晩年の述懐を想起されたい［Baumgarten 1964 : 671 ; 雀部 1999a : i］――、ウェーバー研究全体に歪みをもたらすからだし、第二に、ウェーバー研究を離れて言っても、今日われわれは、政治とは何か、政治において肝要なことは何かに関して、ウェーバーから積極的に学びとるべき多くのものを有しているにもかかわらず［雀部 1999a : iv］、そうしたウェーバー政治論への積極的取り組みを妨げるからである。それゆえ、右のモムゼン・テーゼにたいする対決はどうしても避けて通るわけには行かないのである。

## 2　モムゼン・テーゼの内容とその問題点

さて、ウェーバーはワイマル憲法のなかに強力な権限をもつ大統領の規定を盛り込もうとした。その理由は、一つには、ワイマル共和国には連邦制的構造が基本的に残存し、それゆえNationの統一性と一体性とを直接体現する国家機関が必要であること、それからもう一つは、ライヒ議会とその諸政党とが多数派形成能力をもって、強力な国家指導に当たるライヒ政府を構成することができるどうかはなはだ疑問であったこと、しかもこの議会諸政党の多数派形成能力の欠如ないし脆弱性が、比例代表選挙制の導入によって固定化され、さらに悪化するように考えられたことである。そこでウェーバーは、ライヒ首相および大臣の任命権、ライヒ議会の解散権、非常緊急の場合のライヒ大統領の停止的拒否権、官僚内閣の任命権、国民への諮問権などのいわば大権的権能を、ライヒ大統領に留保しておこうと考えたのである。その大統領の権限の正統性根拠は、国民による直接選出という国民投票的＝民主的正統性である。もちろんウェーバーも、通常の場合には、ライヒ内閣がライヒ議会の信任を受け、議会に責任を負い、議会の監督を受けて統治の任に当たることは当然と考えていた［MWG I/16 : 220ff., 中村ほか訳 : 550ff. ; MWG I/17 : 222ff., 中村ほか訳 1982 : 593ff. ; 雀部 1999a : 293ff.］。だから、かれはワイマル共和国の統治形態を「国民投票的大統領制と代表制的議会制とが並存する国民投票的＝代表制的統治」としたのである［WuG : 173, 世良訳b : 196 ; 雀部 1999a : 115f.］。

ウェーバーのこの強力な大統領制論は、もちろんそのままの形でワイマル憲法のなかに盛り込まれたわけではない。しかし、かれの基本的コンセプトはワイマル憲法の中に活かされたと見なすことができる。ワイマル憲法の有名な第四八条はウェーバーの発案になるものではないが［Mommsen 1974 : 403, 訳 : 663］、しかしかれの考え方の趣旨には合致するものである。

さて、その後のワイマル共和国史の展開を見ると、とくにその末期に、大統領の強力な権限、とりわけ憲法第四八条に依拠した大統領内閣、大統領政府体制ができ、その最後の段階で、ヒンデンブルク大統領がヒトラーを首相に任命することによって、ヒトラーの形式的には合法的な権力掌握が成る。そこから、一九五五年に初版の出たブラッハーの『ワイマル共和国の崩壊』以来、この大統領政府体制がそもそもヒトラー独裁の先駆形態であり、そうしたヒトラー独裁のいわば梯子となる危険性を予想することもなく、憲法の中に強力な大統領制を盛り込んだ「ワイマル憲法の父」

たちは致命的な誤りを犯したのだと主張する歴史家が多く出てきた〔Bracher 1984 : 32, 56f. ; cf. Boldt : 288ff. ; Schulze 1982 : 413ff.〕。モムゼンはまさにこのブラッハー系譜の見方に依拠して、「ワイマル憲法の父たち」の一人としてのウェーバーを批判したわけである〔雀部 1999b : 4f., 10f.〕。

それではモムゼンは、ウェーバーをもってヒトラーの意図せざる先駆者だとする自説を、憲政史的関連においてどう展開しているか。

かれはまず「大統領制と議会制システムとの混合というワイマル憲法の妥協的性格は、期待どおりの特別の柔軟性をなんら発揮せ」ず、むしろ「責任の有害な曖昧化」をもたらしたと言う。それは、かれによれば、端的には、この憲法体制が「いざとなれば大統領制的統治形態をとることができる」、政治が行き詰まったときには「大統領とその諸権限、とりわけ憲法第四八条という安全弁がちゃんと取り付けられてあるのだ」という安易な考えを助長し、「議会主義的な責任の意識」、つまり議会諸政党の統治責任の意識を「眠り込ませた」ということに表される〔Mommsen 1974 : 405, 訳 : 665〕。

だが、一見すると明らかなように、「眠り込ませた」というのはワイマル憲法とウェーバーを含むその父たちとにたいする筋違いの論難である。そもそもワイマル憲法において大統領の権力は、その非常権限、つまりライヒへの義務不履行のラントにたいするライヒの強制執行権（憲法第四八条第一項）および国内の「公共の安寧、秩序の回復」を目的とする緊急権（同第二項）を内容とする大統領の非常権限をも含めて、「リザーヴの権力」である〔Schulze 1982 : 324〕。ワイマル憲法は――この点はウェーバーの大統領制論においても同様だが〔雀部 1999a : 302〕――、通例は、その常態的統治システムとして、ライヒ議会の「信任」を受けて統治する「議会制的システム」を予定していた。つまり議会諸政党にたいして確固たる「議会主義的責任意識」をもって国家統治に当たることを義務づけ、またそれを期待していたわけである。その「責任意識」が「眠り込んだ」のは――「眠り込まされた」のではなく「眠り込んだ」のである――議会および議会諸政党の側の責任であり、ライヒ憲法およびその父たちの責任ではない。「リザーヴの権力」が用意されていたから、それに頼る意識を議会側におこさせたというのはあらぬ責任転嫁であって、議会にはそもそも「リザーヴの権力」の出番がないよう極力努める責務があった。議会政治において何よりも重要なことは、いうまでもなく、議会と議会諸政党とが多数派形成能力をもつことである。とりわけ当時のドイツにおいては、所与の文化的・経済的・社会的諸条件の多様性、なお存続するかつての領邦国家的伝統からして、文字どおりの多党体制が不可避であったのであるから、それだけに諸政党は、res publica の本義に照らして、また res publica の存立維持のために、万難を排して相互に妥協能力をもち、国民意思の「代表をつうじての統合」と、それにもとづいた国家の Regierbarkeit の維持に努めなければならなかったのである［Huber 1981 : 28f., 36f., 54 ; Huber 1984 : 733］。

ところが実際にはそれどころか、たとえばワイマル共和国発足以来（一九三二年七月の総選挙でナチスが第一党になるまで）第一党の地位を占めつづけてきたドイツ社会民主党は、一九二三年一一月二日、第二次シュトレーゼマン大連合内閣がザクセン州の社会民主党＝共産党連立政権（州政府）の極左主義的行動を抑えるためにライヒ強制執行を断行したことをきっかけに、同内閣から三閣僚を引き揚げ、そしてそれに追い討ちをかけるようにして、同年一一月二三日、その残骸内閣にたいする不信任決議案賛成にまわることによってシュトレーゼマン首相を失脚させたし［Eyck 1984, 訳 : 98ff.］、さらに決定的には、一九三〇年三月――この時期はまさに社会民主党のヘルマン・ミュラーを首班とする大連合内閣の時期である――、折からの大恐慌によって悪化した失業保険財政赤字問題に関連して、労使ともに負担すべき保険料積立金率の引き上げをめぐって、連立与党内でドイツ人民党（ＤＶＰ）との間に対立が生じたとき、同党（社会民主党）がオスカー・マイヤー（ドイツ民主党）およびハインリヒ・ブリューニンク（ドイツ中央党）の共同提案になる最終調停案を拒否することによって、ほかならぬ自党首班のミュラー大連合内閣を窮地に追い込み、同年三月二七日、同内閣を総辞職させた［Eyck 1986, 訳 : 298f.］。当時の同党のスポークスマンは、わが党は「架空の国益をプロレタリア階級の利益より優先させること」を断固として拒否するとして、党の致命的愚行を正当化したという［Eyck 1986, 訳 : 302］。

こうした実績を前提して考えるなら、モムゼンが「大統領内閣」システムへの alternative 提出のつもりで記している次のようなレトリカルな問いかけにたいしては、到底、首を縦に振るわけにはいかないだろう。

「ライヒ議会が機能不全に陥ったからこそ大統領内閣は出現しえたのであり〔「しえた」のではなく「せざるをえなかった」、「しなければならなかった」のである——引用者、以下同じ〕、そしてそれら諸内閣がナチスによる擬似合法的な権力掌握を可能にする道を開いたのである〔いや、そうではなく、大統領内閣システムこそがナチスとヒトラーとの全体主義的独裁を防ぐ僅かに残された最後の手段だったという見解がありうる〕。そのことはまったく疑う余地がない。しかし、誤って国民にたいする唯一究極の責任の付託者と見なされた大統領という制度がもし存在しなかったとすれば、議会制の危機状況からの脱出の方策として、あのように危険な道をとることができただろうか〔では、どんな「道」がありえたというのか〕。民主諸政党は、大統領の恩顧を後ろだてとする権威主義的諸政府にたいして寛容政策をとっておれば……なんとか国民社会主義の毒杯を取り去ってもらえるのではないかと、あだな期待をいだいて手を拱いてなんかいないで、互いに結束し、勇をふるって共和国救出の決然たる戦いに立ち上がるべきではなかったか。おそらく……民主諸政党が立ち上がったとしても、ヒトラーは権力掌握に成功しただろう。だが、その場合には、ドイツの議会主義も民主諸政党も、もう少し名誉ある終焉を迎えたことだろう。」〔Mommsen 1974 : 406, 訳 : 667〕

要するにモムゼンは、「ライヒ議会が機能不全に陥った」とき、「民主諸政党」が「互いに結束し、勇をふるって共和国救出の決然たる戦いに立ち上がるべきだった」というのであるが、それではかれは「民主諸政党」が一体どうすればよかったと言うのか。

ライヒ議会では、すでに一九三〇年九月の総選挙の結果、相反する思惑からではあるがワイマル共和国打倒を目標とするナチス、共産党の両極政党の議席の比率が三一パーセントを超え（議会の機能不全）〔Huber 1975 : 207〕、三二年七月の総選挙以降は、この両極政党だけでライヒ議会議席の過半数を制するにいたっている（議会の完全な機能麻痺）〔Huber 1984 : 735ff.〕。こうした状況のもとで、とりわけ一九三二年の夏以降は、いうところの「決然たる戦い」の内容が議会内の行動でありえようはずがないだろう。「民主諸政党」が、それぞれ正反対の思惑からではあれ「議会制システム」を破壊するためにだけ議会を「利用」しているナチスや共産党を抱き込むなどということは、まかり間違っても出来る相談ではないからである。だとすれば、「民主諸政党」は議会外でゼネストでも組織すればよかったというのか。だが、いかなる展望のもとに？　それともひょっとしてモムゼンは、社会民主党＝共産党枢軸の「人民戦線」でも組めばよかったというのだろうか。当時コミンテルンの指令により、「社会ファシズム論」＝社会民主党主敵論に立っていた共産党がそれを拒否しただろう。それどころか、ドイツ共産党は、一九三二年一一月六日、ライヒ議会選挙の直前に、ナチスと組んでベルリンの交通ストライキを強行した［Eyck 1989, 訳：251f.］。百歩譲って共産党が社会民主党との共同行動を拒否しなかったとして、「人民戦線」を組んでどうせよというのか。武装蜂起でもせよ、というのか。ナチスは当時すでに数十万の「突撃隊」を擁していた。隊員数、軍装備、戦闘意欲、戦闘技術のどれをとっても、社会民主党系の「国旗団」や共産党系の「赤色戦線戦闘者同盟」よりもはるかにぬきんでた力をもっていたナチスの「突撃隊」は［Huber 1981：264f., 291］、願ってもない好機到来とばかりに反転攻勢に出、エセ合法革命の仮面戦術をかなぐり捨てて、一気にクーデタによる政権奪取をめざしたことだろう。そうなると、事態は、たとえば一九三二年七月にハンブルクのアルトナで共産党とナチスとの間で起きた内戦の全面化＝全国化であり［Höhne 1983, 訳：261f.］、内戦鎮圧のために、これまで「突撃隊」の断乎たる鎮圧を躊躇していたドイツ国防軍も、さすがに重い腰を上げざるをえなかっただろう。その成り行きがどうなろうと、その結果、モムゼンの言うように「議会制民主主義」が「民主諸政党の決然たる戦い」によって救出されるどころか、それが実際に起こったよりももっと早く「死」を迎えていたことだけは確かである。

こうして見てくると、マックス・ウェーバーはいかにもミゼラブルな論拠にもとづいて、ヒトラーの政権掌握の意図せざる露払い役に仕立て上げられたものと言わざるをえない。これまで内外のウェーバー研究のなかで、このモムゼンの所説が一度たりともまともに正面切って論駁されたことがないのが不思議なほどである。

しかし、人がワイマル共和国崩壊に関する、とりわけその末期の「大統領政府体制」の役割にたいするブラッハー系譜の理解にとらわれているかぎり、このモムゼンのかもしだしたウェーバーにたいする曖昧模糊とした、それだけにいかにも意味ありげな嫌疑の霧はくまなくはれはしないだろう。そこで、そもそもワイマル末期の大統領政府体制をどう見るかが問題となる。それをブラッハーやモムゼンのようにヒトラーの権力掌握の先駆、その合法的な道ぞなえをしたものと見るか、それともそうでないと見るかが問題となるのである。

## 3　ワイマル末期の大統領政府体制をどう見るか

ところで、ブラッハーの見解にたいしては、すでに一九五七年に『史学雑誌』一八三号でヴェルナー・コンツェが批判的な書評を寄せており［Conze 1957 : 378ff.］、かれはその後もその批判を繰り返している［Conze 1993 : 345ff.］。しかし管見のかぎりでは、ブラッハー系譜の見解にたいして最も明確で詳細な対立的見解を打ち出したのはエルンスト・ルドルフ・フーバーである。かれの見解は、索引巻を除いて総頁七七〇〇頁以上に及ぶ膨大な『一七八九年以後のドイツ憲政史』の第六巻および第七巻に展開されている［Huber 1981 ; Huber 1984］。

その結論は、第一に、ワイマル末期の大統領政府体制が不可避であったこと、したがってまた第二に、それはワイマル末期の危機段階で国家のRegierbarkeitを保障する唯一の選択肢であったこと、そして第三に、大統領政府体制はヒトラーの全体主義的独裁を防ぐ僅かに残された最後の手段であって、それにもかかわらずヒトラーが権力を掌握したのは、まさにこの大統領政府体制がその使命を全うしなかったこと、つまり大統領政府体制が挫折したことによってもたらされたものであるというものである［Huber 1981 : 53f. ; Huber 1984 : 6, 732ff., 1281］。ハーゲン・シュルツェの『ワイマル』［Schulze 1982］、ハインリヒ・アウグスト・ヴィンクラーの『ワイマル』［Winkler 1994］も、やがて見るように、それぞれ若干のニュアンスの違いはあるが、ほぼ同様の認識に到達している。

筆者は、ワイマル共和国末期の大統領政府体制の理解の仕方としては、このフーバーらの見解がブラッハーやモムゼンの見方よりも一層リーズナブルだと考えている。

その理由をかいつまんで述べると、以下のとおりである。

一般に一九三〇年三月のミュラー大連合内閣の倒壊以降は、ライヒ議会に基礎を置いたライヒ政府の成立は不可能となったという認識の点では、ブラッハー系譜の見方もフーバーに代表される見解も軌を一にしている［Bracher 1984 : 32 ; Huber 1981 : 5 ; Huber 1984 : 734f.］。しかもこのミュラー大連合内閣の崩壊に最終的な責任を負うのは、すでに触れたようにミュラー首相本人を出した社会民主党である。そしてそのあと、とくに一九三〇年九月のライヒ議会総選挙以降、そして決定的には一九三二年七月の総選挙以降は、先にも見たライヒ議会内の議席配分から考えても、議会に依拠した政府の成立は不可能であり、大統領政府体制が不可避であったことは明らかである。しかしそれが不可避であるということは、当然、それがワイマル国家の Regierbarkeit を保障する唯一の選択肢であったということになる［Huber 1984 : 737ff.］。

ところで、この大統領内閣にたいしては、ナチス、共産党の右左の両極政党が、そしてパーペン内閣の時代以降は中央党その他の既成諸政党も時としてそれに加わり、ネガティヴな不信任決議、つまり自分たちの方では積極的に新しい政府を形成する用意のない、またそんな用意のそもそもありえない不信任決議を連発する［Huber 1984 : 738］(1)。

そうなると、折からの大恐慌下で景気浮揚＝雇傭創出の緊急対策をしなければならず、また左右両極の対立が激化して、さながら内戦状況を呈している不穏な政治状況を押さえる非常措置を採らねばならない大統領政府としては、ライヒ議会を解散して総選挙を不定期間延期して――というのは、総選挙を実施しても、ワイマル末期のこの時期には、そう簡単にナチスと共産党とが過半数を制する議会の勢力配置が変わるとは考えられなかったからだが――、反抗的議会を棚上げし、その間に大統領の緊急令によって懸案の景気浮揚＝雇傭創出政策を実施し、両極政党の過激な政治行動を押さえ込まなくてはならない、そのためには憲法第四八条にもとづいて非常事態宣言もせねばならない、ということになる〔Huber 1984 : 1155〕。

この非常事態計画は、パーペン内閣時代の一九三二年九月と一一月とに二回、そしてシュライヒャー内閣の一九三三年一月下旬にもう一度、企てられるが、三二年の時には、大統領のヒンデンブルクはそれに裁可を与えるけれども、結局パーペン首相とシュライヒャー国防相とがそれに踏み切れなくて未発に終わる〔Huber 1984 : 1076ff., 1154ff., 1275〕。(2) とくに一一月の時には、シュライヒャーは国防軍の首脳部に、非常事態計画に移った場合どういう事態が予想されるか、シミュレーションをやらせる。そうすると、その結論は、当時すでに数十万の隊員を擁していたナチスの突撃隊と――突撃隊はヒトラーが首相に就任した一九三三年一月三〇日の時点では七〇万を数えたという〔Huber 1981 : 291〕――、それから自称一五万の共産党の赤色戦線戦闘者同盟〔Huber 1981 : 265〕とが同時に蜂起するならば、一〇万の国防軍ではとても鎮圧できないというものであった（ヴェルサイユ条約によって、ドイツ国防軍は兵力一〇万に制限された）。シュライヒャーはこの机上作戦計画の結論を受け、そしてまたこの時には、かれはナチスを分断してナチスの党組織部長グレゴール・シュトラッサー派を味方に引き付けようと考えており、したがってナチス突撃隊を丸ごと鎮圧するのは得策でないと考えていたことでもあったから、パーペン首相の非常事態計画に反対したのである〔Huber 1984 : 1156ff., 1275f. ; Schulze 1982 : 389ff. ; Winkler 1994 : 521ff.〕。第三回目の非常事態計画は、シュライヒャー内閣の最終段階、一九三三年一月二八日だが、この時には、今度はヒンデンブルクが首を縦に振らなかった。シュライヒャー君、君は去年一一月には部下にシミュレーションをやらせてパーペンの計画に反対したではないか、事態はその後変わったのかね、というわけである。ただこの時には、ヒンデンブルクはすでに前首相パーペン、大統領府官房長オットー・マイスナー、息子のオスカー・フォン・ヒンデンブルクに説得されて、ヒトラー首班内閣の組閣を容認しており、シュライヒャー首相に見切りをつけている。ヒンデンブルクは、一九三二年の八月と一一月との二回ヒトラーと会談し、ヒトラーから首班要求を突き付けられながら、それを二度とも撥ね付けたのであったが、今回三度目にはその要求に屈したのである［Huber 1984 : 1205ff., 1210ff., 1227ff., 1276f., 1278f.］。ちなみにドイツ現代史家のヴィンクラーは、この時点で大統領内閣が非常事態計画に踏み切ったとしても、国防軍が確固たる出動体制を整えたなら、突撃隊と赤色戦線戦闘者同盟との同時蜂起による内戦が勃発する気づかいはなかっただろうと推測している［Winkler 1994 : 608f.］。

　この推測の当否はともかく、こうして非常事態計画は三度企てられ三度とも未発に終わるが、この非常事態計画の憲法問題は、ライヒ大統領がワイマル憲法第四八条にもとづいて非常事態宣言を公布するということ自体にあったわけではない。非常事態体制を布くこと自体は憲法第四八条第二項の許容するところであり、憲法にのっとった委任的独裁の行為であるが［Schmitt 1970 : 27, 111, 訳 : 44, 138ff.］（なお委任的独裁と主権的独裁との区別の古典的定義についてはSchmitt［1994 : 33ff., 134ff., 訳 : 44ff., 156f.］, Huber［1981 : 691］, Huber［1984 : 1281］）[3]、問題は、その前提となるライヒ議会総選挙の不定期間延期が、議会解散後六〇日以内に総選挙を実施すべきむねを定めた憲法第二五条第二項に抵触する、という点にあった。しかし当時の危機的な限界状況のもとでは、この憲法第二五条第二項の棚上げは緊急避難としてやむをえないというのが、当時大統領政府体制側の見解であっただけでなく、社会民主党のプロイセン州政府首相オットー・ブラウンや、やはり社会民主党系の国法学者エルンスト・フレンケルなども認めていたところであり［Winkler 1994 : 570, 576f.］、これは妥当な判断といえよう。憲法第二五条第二項という憲法の一条項に抵触し、それを棚上げしてでも、非常事態計画に踏み切らなければ、ワイマル憲法体制そのものを救い出すことができない、選挙で三五パーセント以上の有権者の支持を得、七〇万になんなんとする準軍事組織を擁するヒトラーの主権的＝全体主義的独裁［Huber 1981 : 691 ; Huber 1984 : 1281］をとても阻止することができないというのは、ワイマル末期の異常な危機的状況のもとでは十分根拠のある見方だと思われるからである。

　ところでシュライヒャーは、Querfrontsplan、政党横断戦線の結成によって大統領政府の支持基盤の拡大をはかり、そのうえで非常事態計画の実施に踏み切ろうとするが、社会民主党や中央党、そしてパーペン、大統領府官房、ヒンデンブルク大統領自身の反対にあって、その計画は挫折する［Huber 1984 : 1213ff., 1228ff., 1243ff., 1246ff. ; Winkler 1994 : 551ff. ;

Schulze 1982 : 394ff.]。

この政党横断戦線構想というのは、一方ではグレゴール・シュトラッサーらのナチス左派を取り込んでナチスを分断するとともに、他方では社会民主党系の自由労働組合やキリスト教系の労働組合と手を結んで、ナチス左派から社会民主党右派までを包含した国民的統一戦線を結成し、右左の両極に対抗する大衆的基盤を作って非常事態体制に入り、その間に政府が大統領の緊急令によって Arbeit schaffen という喫緊の課題を成し遂げよう、そしてさしあたりこの課題達成に限定した政策綱領のもとに国民的結集をはかろうというものである［Winkler 1994 : 549ff ; Huber 1984 : 1158f., 1182ff.］。だが、一方ではグレゴール・シュトラッサーはナチス内部でヒトラーとの権力闘争に破れて党を追い出され、他方ではシュライヒャーに協力する用意のあった自由労働組合の指導者たちもオットー・ヴェールスやルードルフ・ブライトシャイトなどの社会民主党首脳に押さえ込まれてしまう［Huber 1984 : 1213, 1274f. ; Winkler 1994 : 547ff.］。こうして政党横断戦線が成功しないまま、やむなくシュライヒャーは差し迫ったヒトラーの権力奪取を阻止するために非常事態宣言の布告をヒンデンブルクに要請するが、ヒンデンブルクはこれを拒否する［Huber 1984 : 1244ff. ; Winkler 1994 : 580f.］。中央党もまたパーペンや大統領府官房とは違った思惑から、つまり議会主義的形態でヒトラー首班の黒（中央党）＝褐色（ナチス）連合政権を作ろうとする思惑から、シュライヒャーの非常事態計画に反対する。シュライヒャーは非常事態計画の実施に関して中央党にも協力を要請するが、中央党の党首ルードヴィヒ・カースは公開書簡でそれを拒否するのである［Huber 1984 : 1247f, 1271f.］。

さて、こうしてシュライヒャーの政党横断戦線構想の挫折、非常事態計画の挫折のうえで、ヒトラーのいわゆる合法的な政権獲得がなされるわけである。

このように見てくると、大統領政府体制はその使命としてはヒトラー独裁を防ぐ僅かに残された最後の手段であったこと、ヒトラーの成功はこの最後の手段の挫折によってもたらされたものであることが明かとなる。パーペンや大統領府官房のヒンデンブルクの側近たちがその不明からヒトラーを権力の座に付けた責任を免れないことはもちろんだが――シュライヒャーもそれ以前に数々の誤りを犯している。かれ自身は、ブリューニンク内閣倒壊時にパーペン首相擁立に一役買ったことを自らの最大の政治的失策だった、と述懐したという〔Schulz 1992 : 1024〕――、しかし社会民主党首脳部や中央党首脳部もまた、パーペン内閣反対、シュライヒャー内閣反対に固執して、擬似合法的、擬似議会主義的手段にこだわり（と、この時点では言われなければならないだろう。なぜなら、ワイマル末期のこの時点では、議会に依拠した政府の形成は、議会内外の実力からして、ヒトラー首班、ナチス主導の政府でしかありえず、しかもヒトラーはもっぱら議会制政治システムを破壊するためにだけ議会を利用しようとしていたのであるから）、パーペンたちとは別の形でシュライヒャーの政党横断戦線の結成と非常事態計画とに反対することによって、ヒトラーの政権奪取を間接的に助けたということになる〔Huber 1984 : 1271f., 1274f.〕。

この点、E・R・フーバーは総括して述べている（長文のため要約する）。ライヒ議会の多数が憲法に敵対的な右左の両極政党の手に堕ちたことによって惹き起こされたライヒ存立の危機にさいして、ライヒ議会の解散と総選挙の不定期間延期とによってその危機からの脱出をはかろうとする非常事態計画は、なんら民主主義を破壊する手段ではなく、立憲国家を救済するためになおわずかに残された唯一の手段であった。しかるに、シュライヒャー内閣に反対するブルジョア中央派および社会民主党首脳部、なかんずく中央党党首カースは、非常事態計画反対に固執した。「多数は多数である」というエセ合法的命題へのこれらグループのこだわりは、共和国の終局的破壊を招来した。憲法体制を擁護すると称して行われた反シュライヒャー闘争は、実際にはドイツの立憲国家崩壊への道を開いたのである、と〔Huber 1984 : 1227〕。

ヴィンクラーもまた次のように記している。「〔社会民主党と中央党との〕二大民主政党は、一九三三年一月末の時点で、あたかも共和国を脅威にさらす者がシュライヒャーであってヒトラーではないかのような行動をとった。かれらには真の危険がワイマル憲法の一条項への抵触であって、その全体の破壊ではないかのように見えたのである。」〔Winkler 1994 : 583〕

## 4 結語

この見方が正しいとすると──筆者には、この見方がこれまでのところ一番納得のいく見方だと思われるのだが──、ヒトラーの意図せざる先駆者としてのウェーバーというモムゼン・テーゼは到底支持しがたいということになる。それどころかウェーバーは、ほかの「ワイマル憲法の父」たちとともに、強力な大統領制をワイマル憲法の中に盛り込むことによって、当然のことながらそのことを直接具体的に予想してはいなかったとはいえ、ヒトラーとナチスとによって現実のものとなった全体主義的独裁の危険が迫ったとき、それに対抗すべき手だてを憲政論的に用意したのであって、むしろその先見の明が評価されるべきだということになる。ウェーバーはまだ帝制崩壊前の一九一八年五月、「新秩序ドイツの議会と政府」の序文でつぎのように述べていた。「本当に使い物になる議会制的新秩序がドイツに生まれるかどうか、これはまだ何とも言えない事柄である。その成立は右翼がこれを妨害するかも知れないし、左翼の取り逃がすところとなるかも知れない。このあとの方の可能性もわれわれは考慮しておかなくてはならないのである。けだし民主制や議会制にもまして重要なのは、なんといってもNationのLebensinteressenだからである。」[MWG I/15 : 435, 中村ほか訳 1982 : 336f.] このウェーバーの懸念は、すでに見た社会民主党の犯した致命的誤りや中央党の黒＝褐色連合追求の動きを見れば明らかなように、ドイツにとっては不幸なことながら当たっていたのである。そしてウェーバーは、まさに「このあとの方の可能性」に対処するために、ワイマル憲法のなかに強力な権限をもった大統領の規定を盛り込んだのであった。この点、H・シュルツェはその著作『ワイマル』のなかで述べている。「従来大統領制と議会制との並存という点で、ワイマル憲法の父たちの理念を批判するのがお決まりのことだったが、しかし今やその知恵を賞讃すべき時である。つまりバランスの取れた好天候用の憲法の門構えの背後に悪天候用のリザーヴの憲法が控えていたのだ。その憲法上の規定はライヒ大統領の国民選挙と第四八条を用いるその権限とである」と[Schulze 1982 : 98]。この見方は当たっていよう。

なお、本稿の叙述は紙幅の制約から梗概程度にとどめざるをえなかったが、詳細は、名古屋大学『法政論集』一八〇号、一八一号、一八三号（一九九九年一二月、二〇〇〇年三月、同六月）の三回にわたって、同じタイトルで発表した論稿で論じておいた。またウェーバーの政治論を全体としてどう見るかに関しては、筆者はやはり最近発表した『ウェーバーと政治の世界』（一九九九年、恒星社厚生閣）において私見を述べてある。ともに参照願うと幸いである。

## 注

（1）ネガティヴな不信任決議を不当とし、これを禁止すべきであるとする議論は、ワイマル中期以降、とくにワイマル末期の危機段階において、ワイマル憲法改正論議のなかで絶えず登場し、しかも改正論者の間で唯一意見の一致を見た論点であった。ヴァルター・イェリネクやカール・シュミットは、そもそもみずからの方で積極的に代替内閣の提言をなしえない、元来相反する目標を追求する諸政党間の、単なる現内閣打倒という否定的な思惑の合致からする不信任決議は、議会におけるたんなる妨害行為にすぎず、ライヒ首相および国務大臣の議会による信任の必要を定めたワイマル憲法立憲の趣旨にもとるものであって、憲法解釈としてはこれを無視してよい、すくなくとも現内閣はそうしたネガティヴな不信任決議が議会でなされても、即座に辞職する必要がなく、職務遂行内閣として現業務を継続すべきである、またライヒ大統領はライヒ首相及び大臣の任免権者として、ライヒ議会が積極的に代替内閣の組閣を大統領に進言できる用意を整えるまでは、当然に現内閣を罷免する責務を負わない、と主張した[Huber 1981 : 335f. ; Schmitt 1970 : 345, 訳 : 396ff.]。

この憲法解釈の当否はともかく、このネガティヴな不信任決議の禁止は、第二次大戦後一九四九年のドイツ連邦共和国基本法第六七条第一項（建設的不信任決議案条項）のなかに取り込まれることとなる。

（2）一九三二年九月と一一月のパーペン内閣の非常事態計画は、同年四月のプロイセン州議会選挙、七月三一日のライヒ議会選挙においてナチスが三十数パーセントの得票率を獲得してプロイセン州議会およびライヒ議会の第一党に躍り出、また一一月六日のライヒ議会選挙においてもナチスが若干得票率を減らすが依然として議会第一党の地位を確保したことを受けて、ルードヴィヒ・カースを中心とした中央党首脳がナチスとのあいだで黒＝褐色連立の（そして必要に応じてフーゲンベルクの国家人民党をそれに加えた）議会制政府を作り、ヒトラーの首班要求をも許容しようとした動きを再三示したことに対抗しようとして、企てられたものである[Huber 1984 : 951f., 1053, 1067f., 1143ff., 1148]。

その間、パーペンも、みずからの支持基盤拡大のために、ウィングを左に広げて社会民主党系の自由労働組合取込み工作を開始する。一九三二年七月三〇日（ライヒ議会七月選挙の前日）、パーペン首相とガイル内相、シュライヒャー国防相はライパルト、グラース、エガールトなど自由労働組合指導者たちと友好的懇談を行う。ただ労働組合の指導者たちは、シュライヒャーのザハリヒな態度に好感を抱くが（のちのシュライヒャーの Querfrontsplan の基盤の一つ）、パーペン、ガイルにたいしては警戒心を解かない［Schulz 1992 : 954f.］。他方ではヒンデンブルク大統領も、非常事態計画のいわば中央突破方式だけを追求したわけではない。一九三二年一一月一二日、パーペン内閣がウィングを左に伸ばす工作もままならず、窮地に陥って総辞職を決意したとき、ヒンデンブルクは国民的結集の内閣をつくるために、政府問題に関する一切の話し合いに応ぜずとの姿勢を明確にしていた社会民主党を除く主要諸政党の意向を打診する［Huber 1984 : 1144］。そのなかの最も有力な政党である中央党の党首カースがナチスを含む「国民的結集内閣」の結成を強調したために、ヒンデンブルクはカースにたいし一度自己の構想にもとづいて各党と組閣の予備折衝を試みるよう指示する。その指示にもとづいてカースはただちに予備折衝に入るが、国家人民党のフーゲンベルクがヒトラーを信頼できないとしてカース構想に反対し、ヒトラーもまた自分がみずからの首班要求――これがヒトラーとナチス党員との入閣の絶対条件としてヒトラーの常々要求していたことである――にたいしてヒンデンブルクが裁可を与えることは現在のところありえないのでカースの提案には乗れないとして、やはりカースの構想に反対したため、カースはやむなくこの時点では黒＝褐色枢軸の議会制政府を作ることを断念した。その報告を受けてヒンデンブルクはパーペン内閣存続を決めるのである。だが、カースの黒＝褐色連合追求の意思は不変であった［Huber 1984 : 1143ff.］。中央党首脳は、ヒトラーに憲法遵守等々を約束させれば、かれがもしその協定を破棄しようとしたとしても、自分たちが連立離脱のカードをちらつかせることによってそれを阻止できると考えたのだが、これは、のちのパーペンやフーゲンベルク同様、とんだ見当違いであった［Huber 1984 : 1272］。

（3）「委任的独裁」（die kommissarische Diktatur）は、現憲法と憲法によって制定された権力とにより憲法の明文の規定によって委任され、国家と国民との安寧秩序すなわち現憲法体制そのものの存立を維持し防護するためになされる、その任務、範囲、継続期間ともに限定された、非常緊急の権力行使である［Schmitt 1994 : 133f., 訳 : 156f. ; Huber 1984 : 1281］。

それにたいして「主権的独裁」（die souveräne Diktatur）は、「既存秩序全体をその行動全体によって除去されるべき状態と見な」し、したがって「現行憲法にではなく、招来されるべき憲法にもとづく」独裁である。それは「制定された権力」からの受任によるのではなく、「憲法制定権力」（すなわち国民）の「代理的」委託にもとづく独裁である［Schmitt 1994 : 134, 140f., 訳 : 157, 165ff.］。もちろんこの独裁も、「独裁」とはたんなる恣意的専制ではなく「受任」「委託」（eine Kommission）の行為であるという「独裁」の本義に照らして［Schmitt 1944 : 134, 訳 : 157］、一定の限定された目的をもつ。その目的とは、「招来されるべき憲法」の「起案」であり、その起案が終われば、この独裁もその任務を終了するとされる［Schmitt 1994 : 141, 訳 : 165］。

しかし、「国民」は「憲法制定権力」の担い手としてはアモルフで不定型な存在であり、かかる不定型な存在の「代理」(Repräsentation)、不定型な存在からの受任の正統性根拠は、おそらく史上きわめて稀な例外的ケースの事後的にならともかく、通例存在しないも同然である。そうした代理的委託はそれ自体としては主権的独裁者のたんなる僭称にすぎない。だとすれば、「主権的」独裁は、実は「授権的」「委託的」な例外的・絶対的権力行使という「独裁」の本義に反した、超憲法的・前憲法的な恣意的専制となんら異なるところがない、という結果になる。それゆえ、近世初頭に「独裁」について深い考察をめぐらしたジャン・ボダンが「委任的独裁」に「局限」して「独裁」概念の「法律的基礎を樹立した」のは[Schmitt 1994 : 32, 訳 : 45]、ある意味では当然だったといえよう。

ちなみに、ウェーバーとシュミットとの決定的相違点の一つは、シュミットが「主権的独裁」の観点に進むのにたいし、ウェーバーは「委任的独裁」を不可欠と見るけれども、「主権的独裁」はまずこれを絶対に受け容れないだろう、という点にあるように思われる。

# 政治史と文化史との間
## ――マックス・ヴェーバーと歴史学「方法論争」

牧野雅彦

### 1　はじめに――問題の所在

一九〇四年に『社会科学および社会政策アルヒーフ』に発表された論文「社会科学および社会政策の認識における『客観性』」がヴェーバーの社会科学方法論の綱領的な論文であることはよく知られている。この論文は大きく二つの部分に分かれているが、その前半部Iの冒頭には次のような言葉がおかれている。

> 誰でも知っているように、われわれがたずさわっている科学、つまり、人間文化のさまざまの制度や現象を研究する科学は、政治史は例外かもしれないが、いずれも歴史的には、まず実践的な観点から出発したのである［WL: 148, 濱島・徳永訳：5］。

われわれの携わる社会科学――この論文のヴェーバーの言葉でいえば「文化科学」――は、まず何よりも実践的な観点から出発してきた、ただし政治史は別である、とヴェーバーはいうのである。だがなぜ政治史は別なのか。政治史こそまさに政治的・実践的な問題と正面から関わってきたのではないのか、という素朴な疑問がでてくるであろう。

ここでいう政治史がどのようなものであるのか、何故にウェーバーは政治史とみずからの社会科学とを対置したのか、この点についてこれまでの研究でふれられることはあまりなかった(1)。もちろんウェーバーの重点は社会科学の方にあり、しかもかつては実践的な観点から出発してそうした観点に規定されてきた社会科学そのものの転換（価値自由）を強調することにあるのだから、それに対置される「政治史」がどのようなものであるかはあまり重要ではない、ということは可能であろう。しかしながらウェーバーの議論を注意深く読んでいくならば、どうもそうではなさそうだということが明らかになってくる。というのも論文後半の、例の理念型を論じたところにもやはり政治史と彼の推進する社会科学なり文化科学とを対比しているところが出てくるからである［WL : 193-4, 209, 濱島・徳永訳 : 54-5, 71-2］。二カ所ある記述のうち後の方でウェーバーはこう述べている。

ところで、具体的な歴史上の連関は、必ずしも明確に規定された概念と関係させせなくても、その場合その場合で充分その経過を具象的にとらえることができる、ということが指摘されるだろう。そのことは、われわれ自身承認しておいたことである。それに応じてわれわれの学科の歴史家に対しても、政治史家に対してと同じように、次のような要求が提出されるにちがいない。「日常言語（Sprache des Lebens）」で語るべきではないのか、と。たしかにそうだ！　……政治史家にとっては、彼の叙述の対象となる文化内容は、通例一義的である――あるいはそのように見える――が、われわれがおかれている状況は、一般にそれほど恵まれたものではない。直観だけに頼る描写は、いずれも、誰でも「自分が心に抱いているものを見る」だけだ、という芸術的な描写のもつ独自の意味合いを免れることはできない［WL : 209, 濱島・徳永訳 : 71-2］。

政治史の場合には、専門的で難解な用語を格別用いなくとも、普通の人間が日常生活で用いている言葉で語れば十分であるといわれるかもしれないが、われわれの推進しようとする社会科学・文化科学においては厳密に規定された明確な概念が必要だ、というのである。それではここでヴェーバーが念頭に置いている政治史とはいったいどのようなものであるのか、ここでいわれている政治史の特質をめぐる議論とはどのようなものであったのだろうか。

その一つの手がかりになると思われるのが、ドイツ中世史家として有名なゲオルグ・フォン・ベロウが一八九八年に『史学雑誌』(*Historische Zeitschrift*)に発表した「歴史学の新方法」という論文の中で行なっている次のような議論である。ベロウはここで、エドゥアルド・マイヤーの『古代史』(初版)を引きながら次のように述べている。

個人というものはただ原因の作用の結果にすぎない、という哲学者の判断は歴史家としての彼の興味を引くものではない。彼は個人というものをそれ以上分解しえない事実として計算に入れる。「人間学が――とエドゥアルド・マイヤーは(一五頁で)いう――法則的なもの、一般的なものを提示することに自らを限定する一方で、歴史においてはそれと並んで偶然と個人の自由意志が支配するのである。その際に、この二つの概念について人が哲学的にどのように考えるかはどうでもよいことである。歴史叙述は哲学的に構成された言葉で語るのではなく、日常生活の言葉で語るのである(Die Geschichtschreibung spricht nicht in einer philosophisch konstruirten Sprache, sondern in der des taglichen Lebens.)」[Below 1898 : 247–8][2]

このベロウの論文は、その表題が示すようにカール・ランプレヒトの「新しい歴史学の方法」に対する批判論文として書かれていた。ランプレヒトが一八九〇年から刊行した浩瀚な『ドイツ史』とその方法をめぐって、多くの歴史学者をまきこんで大論争が行われる。これがいわゆるランプレヒト論争、あるいは歴史学の「方法論争」といわれるものであるが、ベロウはランプレヒト批判の急先鋒の一人であった。歴史叙述は哲学的に構成された言葉でなく、「日常生活」の言葉で語るべきだ、というのはランプレヒトの自然主義的な概念、とりわけ「象徴主義」(Symbolismus)、「類型主義」(Typismus)、「因襲主義」(Konventionalismus)、「個人主義」(Individualismus)、「主観主義」(Subjektivismus)

といった発展段階論に対する批判の文脈で論じられていたのである。もとよりそこで引用されているマイヤーの『古代史』はランプレヒト論争より以前に書かれているが、マイヤーもまた一九〇二年に「歴史の理論と方法」という論文を書いてこの論争に介入している。マイヤーは論文のはじめにランプレヒトの「ベロウ氏の歴史学の方法」という一八九九年の論文［Lamprecht 1899］――つまり先のベロウの批判に対する反批判論文――の論旨を紹介して、これに論評を加えている［Meyer 1902 : 7f., 森岡訳 : 13f.］。周知のようにウェーバーは一九〇六年に「文化科学の論理学の領域における批判的研究」というマイヤー批判の論文を書いているが、これはそのマイヤーのランプレヒト批判論文を対象にしていたのである。

このように見てくるならば、ウェーバーの方法論文は多かれ少なかれこのランプレヒト論争と関係をもっていることに気づくであろう。たとえば『ロッシャーとクニース』の冒頭のロッシャー論のところで、ウェーバーは周知のようにリッカートの『自然科学的概念構成の限界』（一九〇二年）の論旨に依拠して議論を進めている――とウェーバー自身はいう――のであるが、リッカートのこの本も、ランプレヒト流の自然主義的な潮流に対して歴史の方法論・認識論的特質を明らかにするということを一つの課題としていた(3)。また『ロッシャーとクニース』の随所にはランプレヒトに対する批判的評注が記されていることは周知のところであろう。もとよりそうした断片的なコメントからおしはかる限りウェーバーのランプレヒトの業績や学問的意義に対する評価は決定的にネガティブであって［WL : 7-8, 22, 24-5, 松井訳a : 21, 50, 53-4］、それゆえにこそウェーバーはランプレヒト論争に直接介入してその立場を明らかにすることはなかった、その必要を感じていなかった、というのがこれまでの大方の評価であったように思われる(4)。だが、それにもかかわらずウェーバーはなぜ、マイヤー批判といういわば間接的な形でランプレヒト論争に関与したのであろうか。いいかえれば、世紀転換期以降のウェーバーの方法論的作業はランプレヒト論争、歴史の方法論をめぐる論争といかなる関係にあるのだろうか。従来、ウェーバーの方法論はまず第一にはメンガーとシュモラーの「方法論争」という経済学史の文脈で、歴史学派経済学とウェーバーというかたちで議論されてきたが、もう少しパースペクティブを広げて、ドイツ歴史主義の流れ全体、ランケ以来の歴史学、歴史的思考の流れのなかにウェーバーと歴史学派経済学とを位置づける必要があるのではないだろうか。それによってウェーバーの方法論の意味もよりあきらかになるのではないかと思われるのである。

## 2 政治史学の危機と解体——歴史学「方法論争」の背景

さてそこでまず、ランプレヒト論争の背景として、ドイツの伝統的歴史学としての政治史学の危機があるということを押さえておく必要があるであろう。これについては一八九五年にフリードリヒ・マイネッケが『史学雑誌』に載せたハインリヒ・フォン・ジーベルの追悼文の中でつぎのように書いている。

とりわけ彼〔ジーベル〕は歴史学と政治との結合がゆるんでいるのを嘆いた。たしかにそれはわれわれの内的〔国内〕発展の不可避的な帰結であった。だがわれわれ若い者たちの多くはそのことをもう十分に深刻に受けとめていた。われわれはジーベルの世代の政治的叡知を遺産としてしっかり維持しようと努力している。しかしながらそうしようと思ってもわれわれには直接的な政治的衝動が欠けているし、生の源泉がわれわれには枯渇してしまっている。われわれの学問は今や二つの方向に分裂している。一つはランケにまで遡る方向で、この世紀の富に耽溺して、歴史をますます美的な演劇のように享受する方向だが、それゆえに内的な衰退の危機に立たされている。今一つは極度に実証主義的な発想をとる方向で、たしかに今日の社会問題との生き生きした連関で著名になったのであるけれども、内的な明晰さにおいてジーベルの世代の業績にはるかに劣っており、歴史的な生の真に調和的な把握にはいまだ到達しておらず、またその一面的な前提からは到達することはおそらく困難だと思われる

［Meinecke 1895 : 394–395］。

自分たちはジーベルら偉大な政治史家たちの政治的叡知を継承しようとしている。けれども彼らの政治的パトスはもはやわれわれには過去のものになってしまった。われわれの前にあるのは、ランケ的な美的観照への回帰か、それともより徹底した実証主義の方向か、という二者択一である。後にマイネッケたちの世代は「ランケに返れ」をスローガンにしていわゆる新「ランケ学派」を形成した、と位置づけられることになる(5)。

ランケの歴史方法論を簡明に示したものとして有名なベルリン大学就任講演「歴史と政治の類似と相違について」を見れば明らかなように、ランケ自身の考えが、ここでいわれるような美的観照という立場に完全に収まりきるものであったかどうかはいま少し慎重な検討が必要だと思われる［Ranke 1941］。実践から完全に退いた美的観照やそういう立場からの芸術的歴史記述というランケ史学のイメージはむしろ後の世代、とりわけランプレヒト論争の際に定着したという側面があるように思われるが、そのことはともあれ、ランケにあっては政治と歴史とは、密接に関連しながらもやはり厳然と区別されていたのであった。そうした区別に飽き足らない歴史家たち、政治と歴史とをより密接に結びつけようとした政治史家たちこそヨハン・グスタフ・ドロイゼン、ジーベル、そしてハインリヒ・フォン・トライチュケら「プロイセン学派」と呼ばれる一群の政治史家たちであった。かれらはビスマルク＝プロイセンによるドイツ統一を積極的に支持し、リベラリズムの転換、国民自由党の形成に際して大きな役割を果たすことになる。そうした彼らの仕事、政治と歴史との結合の代表が、たとえばトライチュケが一八六四年に書いた「連邦国家と単一国家」に始まる一連の評論であったし、またウェーバーとゆかりの深いヘルマン・バウムガルテンが一八六六年――プロイセンがオーストリアに勝利した年――に書いた「ドイツの自由主義」という自己批判書であった。彼らにあっては歴史と政治、歴史記述と政治評論は国民統一という課題のもとに一つのものとなる。いわば統一までの時代の課題に対応した時代の学問こそ、政治史学なのであった。

しかしながらマイネッケが嘆いているように、ドイツの統一という歴史的課題の達成とともにそうした政治的情熱は次第に薄れていくことになる。いわば政治史学はその情熱の対象、課題を喪失したのである。[6] そして統一とともに新たな時代の問題として浮かび上がってきたのが「社会問題」であり、それに取り組む学問としてクローズアップされてくる学問が、グスタフ・シュモラーに指導される歴史学派の国民経済学であったのである。——マイネッケのいう実証主義的な潮流とはまず第一には彼らに代表される実証主義的な経済史研究であったと思われる。そうした時代の課題の転換を象徴する出来事こそ、社会政策をめぐって行われたトライチュケとシュモラーとの論争であった。[7] ここでは歴史家トライチュケはむしろ弱肉強食の「自然主義的ドグマ」の提唱者として現れ、歴史的・文化的存在としての人間とその「風習道徳的なもの」を強調するシュモラーによって徹底的に批判されることになる［Schmoller 1875］。

一八九〇年代のウェーバーが自らの学問的方向の選択に当たって選んだのがやはり国民経済学だったということはこの関連で理解することができるであろう。ウェーバーはフライブルク大学就任講演『国民国家と経済政策』で経済学は「政治の侍女」であると主張して大きな反響を呼ぶことになるが、ウェーバーにとってまさに国民経済学は政治史に代わる新たな政治的課題を担う学問、いわば政治のための科学なのであった。だがいったん選択した歴史学派経済学に内在する——政治のための科学というあり方そのもののもつ——方法的ジレンマにウェーバーは直面する。これが世紀転換後のウェーバーの方法諸論文の課題であった。それは彼にとっては政治ではなくて学問を選択することの意味をあらためて問い直す作業でもあったのである。[8] そうした問題にウェーバーが直面した一八九〇年代の後半期に行なわれていたのが、ランプレヒトをめぐる歴史学「方法論争」である。

## 3 政治史か文化史か——もう一つの「方法論争」

さて「方法論争」の論点の第一は、これまでの伝統的歴史学、政治史学が自明のこととしていた歴史の固有の対象領域への問いかけであった。この問題についてはランプレヒトの論争の直前に、伝統的政治史学の立場を擁護するディートリッヒ・シェーファー「歴史学の固有の領域」（一八八八年）と、経済史的な観点から文化史研究を推進するエバーハルト・ゴートハインの「文化史の課題」（一八八九年）との間で「政治史＝文化史論争」ともいうべき論争が行なわれている。シュモラーは『シュモラー年報』でゴートハインのこの論文を好意的に書評していた［Schmoller 1889］。オーストリア学派の創始者カール・メンガーとの間で行なわれた経済学の「方法論争」においては歴史主義の擁護者として現れるシュモラーであるが、政治史・文化史論争の文脈ではむしろ文化史やランプレヒトに代表される実証主義的な潮流の方に連なっている。(9) 歴史主義の立場に立ちながらも、その内部で実証主義的あるいは自然科学的な法則的認識への志向をもつというそうした傾向は、シュモラーに限らず、もともとロッシャー以来の歴史学派経済学そのものに内在する一つの傾向なのであった。したがって歴史学派経済学との対比でウェーバーと歴史主義の関係を考える場合には、歴史学派の国民経済学自体が歴史主義からの乖離をそのうちに含んでいるという点を考慮に入れなければならない。ランケ以来の歴史主義の流れの中でウェーバーと歴史学派経済学との関係を再検討する必要がある、と先に述べた一つの理由はここにある。

そうした伝統的な政治史中心の歴史学の方法に正面から挑戦状をたたきつけたのがランプレヒトであった。ランプレヒトは自己の「ドイツ史」に対するベロウやフェリックス・ラッハファールらの攻撃に対して、一連の反批判論文を書く、その最初のものが「歴史科学の新方向と旧方向」［Lamprecht 1896］である。ここでランプレヒトは、先に挙げたマイネッケのジーベル追悼文を引用して、ドイツ政治史学の破産を宣告し、その源流としてのランケにまで立ち返ってその方法的な問題を明らかにしたのである。

すなわち、従来の歴史学、政治史学が偉大な政治的個人の個性的・一回的な業績や事件を物語り、芸術的な観点から叙述するのに対して、ランプレヒトは、個人に対しては集団を、一回的・個性的な事象に対してはくり返し継起する法則的なものを強調し、芸術的美的観照に対しては実証科学としての徹底を主張する［Lamprecht 1899 : 48–9］。そうした観点からみれば、歴史において決定的に重要なのは文化的なもの、ランプレヒトの言い方を借りれば客観的な外皮をとってあらわれる「人間の生活様式」、そのうちに存在する精神的なもの、社会心理的な「状態」であるということになる。政治的な個人はいわばそうしたものの表現にすぎない。そして（象徴主義、類型主義、因習主義、個人主義、主観主義というように）段階的に継起する社会心理的状態の発展を規制するものこそ、ヴントの「創造的合成」の法則だ、とランプレヒトはいうのである［Lamprecht 1902 : 577–9］。

ウェーバーが「ロッシャーとクニース」のクニース論の例の「理解」をめぐる議論の冒頭でヴントの「創造的合成」について論じているのもまさにランプレヒトのこの議論との関わりにおいてであった。ヴントのいう「創造的合成」は何らそれ自体として価値を生み出す内在的な法則というわけではなく、そうしたある種の社会心理的な質的変化が「創造的」とみなされるのは観察者、認識主体の価値観点によってなのだというかたちでウェーバーはヴントの議論を厳しく批判しているが、同時に、そうしたある種の質的変化が観察者の価値観点から意義あるものとなること、とりわけある歴史的行為とそれに伴う質的変化が、行為の意味の転換として現れることがあること、それこそがわれわれの関心なのだ述べている［WL : 49–52，松井訳 : 105–10］。こうした指摘が「プロテスタンティズムの倫理と資本主義の精神」を念頭においていることは明らかであろう。[10] そういう観点から見れば、「プロテスタンティズム」論文でウェーバーが扱おうとした問題、いったいいかなる事情と因果連関から禁欲的プロテスタンティズムは近代資本主義を形成するに与って力のあったあの「生活態度」（Lebensführung）を生み出すことになったのか、という問題意識は、ランプレヒトの社会心理的「状態」をめぐる問題意識とかなり重なり合う部分をもっていたといえるであろう。マリアンネのいう「創造の新局面」に当たってウェーバーはいわば政治的なものに対して文化的なものの優位を強調することによって「突破」をはかった、といえるかもしれない。その契機を与えたものの一つがランプレヒトをめぐる論争であったと思われるのである。

## 4　歴史的思考の擁護——マイヤー批判論文の意義

それではランプレヒト論争に対するウェーバーの全体としての態度はいかなるものであったか。いいかえれば、ウェーバーはなぜマイヤー批判という間接的な形で論争に介入したのであろうか。[11]

ウェーバーがマイヤーを批判する第一の理由は、やはり政治史か文化史か、という問題と関わっていたように思われる。マイヤーにとって歴史的に重要なものは、まず第一に政治的なものなのであった。マイヤーは「歴史の理論と方法」の中で、歴史研究の対象となるべき歴史的に意義あるものとは何か、という問いに対して、それは「後世に影響を及ぼしたもの」であると定義した上で、こう述べている。

一つの歴史的事件は、その影響の及ぶ範囲が広くなればなるほど、重大となり、その事件にわれわれの向ける関心も大きくなるのである。それゆえ歴史的関心の正面に陣取るものは、一方においては偉大な文化史的諸現象、とりわけ宗教や文学、芸術のような創作物である。というのはこういった現象の影響は最も普遍的であるからである。他方においてそれは決定的な政治上の事件、つまり常にその本質からしてすでに広い範囲との関係をもつ政治的諸事件である。政治的諸事件は歴史のあらゆる部門の中で支配的地位を占めている。というのも人間の営むあらゆる他の生活が、結局のところ、この政治的諸事件に基づいているからなのである。なぜなら政治的な結合つまり国家（この言葉を最も広い意味で考えればそこには部族や遊牧民の制度もふくまれる）は、人間の生活の基準となる外的組織であり、国家の経験するすべての変化は人間生活の他のあらゆる部門に決定的作用をおよぼすものだからである。現代人は新たな観点を立てて歴史の重心を文化史もしくは経済史に移そうという試みを企てた。しかしこのような現代的な試みは、すでに前に示したように、理論のみを重視し明白な経験的事実を無視していたために、非常な骨折りを重ねているにも関わらず、目的を達するまでにはいたりえないのである。政治史は、人間の生活がその本質を根底から変えるようなことでもない限り、歴史の中心にとどまりつづけることであろう［Meyer 1902 : 38–9，森岡訳 : 54］。

国家を中心とする政治的な事件は人間生活に決定的な影響を及ぼす、その限りにおいて、歴史の中心はやはりなんといっても政治史だ、というのがマイヤーの立場であった。歴史的個性認識の擁護というマイヤーの論点に基本的には同意しながらも、なおウェーバーをマイヤー批判に踏み切らせたのはおそらくこの点であった。マイヤーの「歴史の理論と方法」に対する批判論文「文化科学の論理学の領域における批判的研究」の中でウェーバーは述べている。

> 後の時代になんらかの因果的な影響を及ぼしたものだけを保存するような古代史などというものは、――とりわけ政治的な諸関係を歴史的なものの大黒柱とみなすような場合には――まったく内容空疎なものとなるだろう。それはちょうどランケが述べたように、ゲーテをそのエピゴーネンのために「格下げ」するような「歴史」、つまりゲーテの個性やその生の表現のうちで文学に「影響」を及ぼし続けている部分だけを確認するようなゲーテの「歴史」のようなものであろう［WL : 256，森岡訳 : 162］。

「歴史的意義」とは何か、歴史研究の対象のもつ「歴史的重要性」の究極的根拠は何か、をめぐって展開されるこの論文の前半部分で、ウェーバーは過剰と思われるくらい執拗にマイヤーのこの議論にこだわり、歴史的に意義あるものは後世に因果的影響力を及ぼしたものだというマイヤーの議論に反論を加えている。「歴史的に意義あるもの」はあくまでも認識主体たるわれわれがその「価値理念」に関わらせて選び取った対象なのであり、後世にまったく因果的影響を及ぼさなかったインカやアステカ文明でさえ、われわれの価値関心の持ち方次第では歴史的に意義あるものとなりうるのだ、といういささか極論と思われるウェーバーの議論[12]もマイヤーの内にみられる政治史的バイアスに対する反動として理解することができるように思われる。

ウェーバーのマイヤーに対する反論の第二点は、はじめにあげた厳密な概念構成と「日常言語」の問題である。はじめのベロウの引用のところで紹介したように、マイヤーは一八八四年の『古代史』（初版）で、人間社会の発展の一般法則を追求する「人間学」――「理論と方法」ではマイヤーはこれを「社会学」と呼んでもいいと述べている――と一回的・個性的なものを探求する歴史とを区別し、後者を前者に解消することは許されないと主張していた。

……それゆえ歴史は、たとえ一般諸法則に従っているものにせよ、決してこのような法則に還元されたり、公式の中へ無造作に解消されるものではない。人間学は法則的なものと一般的なものを指摘するにとどまるが、一方歴史を支配するのは法則的なもの、一般的なものとならんで、偶然や各個人の自由意志である。したがって歴史記述という学問は哲学や自然科学のような学科に属するものではない。そうであれば歴史を哲学や自然科学の尺度で測ろうとする試みはすべて許し難いのである。たしかに歴史は自然科学や哲学と一脈通ずるところがある。なぜなら歴史の課題とするものは、歴史的生の一般的諸法則や諸形式を研究すること、ならびに個々の出来事において原因・結果の連鎖を確証することなのであるからである。けれども歴史本来の使命は歴史の各部に観察の眼を下降することであり、個々の発展のあとをたどることなのである。つまりたしかに歴史は類型的な諸形式をも取り扱うが、しかしながら主として、まず第一に取り扱うのは［歴史的な出来事の］多様さなのである［Meyer 1884 : 15］。(13)

「われわれが推進しようとする科学は現実科学である」という『客観性』論文での表現にもあるように、ウェーバーもまた一般的規則を探求する「法則科学」と歴史的個性的事情の探求としての「現実科学」とを対置していたのであった［WL : 3, 松井訳a : 11, WL : 170–1, 濱島・徳永訳 : 30］。歴史的個体認識を優位におくという意味での歴史主義的観点をマイヤーと共有した上で、ウェーバーは、歴史研究における「法則科学」ないしはそれに基づく「法則論的知識」の意義を強調したのである。歴史研究には哲学的に構成された特殊な言葉は必要ない、むしろ普通の人間にも理解できる日常語で語るべきだ、というマイヤーの伝統史学的観点に対して、歴史研究の場合にも日常用語ではなく厳密な概念構成が必要であり、むしろそれによってこそ認識すべき対象「歴史的個体」を鮮明な形で浮かび上がらせることができるし、これまでの概念構成の批判を通じて新たな価値観点と文化問題を提起することができると主張する。それは同時にウェーバーにとっての自らの学問活動の存在根拠の確認でもあったと思われるのである。

このように考えるならば、ウェーバーのマイヤーに対する批判は、もともとマイヤーがランプレヒトに対して擁護しようとしていた歴史主義、あるいは歴史的思考をより深いレベルで——つまり認識主体による価値理念の優位というかたちで——擁護しようというものであったといえるであろう。

## 5　結　語　ウェーバーにおける歴史と社会学

では歴史的個性認識としての「現実科学」と一般的・普遍的規則の探求としての「法則科学」との関係をめぐるウェー

バーのこうした立場はその後も変わることはなかったのであろうか。マイヤーとの関係はこの点に関しても示唆を与えてくれるように思われる。

エドゥアルド・マイヤーは一九〇七年に『古代史』第一巻の部分を改訂し、もともとは短い序論的な部分であった「人間学」を独立した一分冊になるまでに拡充する。フリードリヒ・H・テンブルックは、マイヤーのこの改訂版「人間学」あるいは「社会学」こそが、ウェーバーの『経済と社会』の構想に大きな影響を与えたのだと主張する。たとえばウェーバー社会学のキイ概念として有名な「カリスマ」をめぐる問題も、実質的にはすでにマイヤーの「人間学」の中で論じられていたのであり、ウェーバーはそこから多くのものを継承したのである、と [Tenbruck 1988]。マイヤーの人間学が内容的にウェーバーの『経済と社会』にどの程度影響を与えたのかについてはなお検討すべき問題が存在すると思われるが、少なくともウェーバーがマイヤーの改訂版『古代史』の「人間学」に着目していたことは『古代農業事情』第三版の注記からも十分推測できることである [SW : 279, 渡辺・弓削訳 : 503]。だが、そうだとするならば、つまりテンブルックのいうようにマイヤーの『古代史』の構想がウェーバーにある種の影響を与えたとするならば、それはおそらく人間学＝社会学と歴史との区別というマイヤーの構想全体との関連で理解されねばならないように思われる。

すなわち、「人間学」の部分が『経済と社会』に対応するとするならば、マイヤーにとって重要なのがそうした一般的な法則的知識の体系を前提として行なわれる歴史の分析にあるのと同様に、ウェーバーにとっても『経済と社会』は、その法則論的な知識を利用して歴史的個性的事象が分析されるべき手段にすぎない、ということになるであろう。『客観性』論文における歴史的個体の分析から『経済と社会』という一般的社会学へ、歴史主義から社会学へ、という言い方でいわゆる「中期」ウェーバーから「後期」ウェーバーへの議論の展開を整理することがかなり一般化しているが、マイヤー『古代史』へのウェーバーの関心はむしろ歴史的個性の分析という意味での「現実科学」の擁護あるいは優位という点でウェーバーの立場が一貫していたことを示すもののように思われる(15)。もとよりマイヤーの『古代史』との対質の中でウェーバーがいかなる道を歩むことになるのか、この点については稿を改めて論ずる必要があるだろう。

## 注

（1）青木書店版『ウェーバー　社会学論集』所収の徳永恂の日本語訳には、この「政治史」とは文学的観点が優位を占める「記述的政治史」のことであるという——おそらくランケ史学のことを念頭においたと思われる——注記がある。管見の限りでは他の訳書その他の内外文献にもこの点についての言及は見あたらない。

（2）ここでベロウが引用しているマイヤー『古代史』初版の文章の後半部分「その際……」以下は本文ではなく脚註の部分にある［Meyer 1884 : 15］。なお、ウェーバーとベロウとの間にはかなり密接な交流があったといわれており、おそらくベロウのこの論文を読んでいると思われる。テンブルック論文［Tenbruck 1988］の付録を参照、またそこに挙げられているウェーバーのベロウ宛書簡——そこでは歴史研究に対する「社会学」（『社会経済学綱要』）の意味について述べている——は折原浩が紹介している［折原 1999 : 37-8］。

（3）ランプレヒトの議論は学問的にまじめに取り扱うに足りないものだ、とウェーバーはW・ヘルパッハ宛の私信で述べているという［Whimster 1988 : 399, Schorn-Schütte 1984 : 93］

（4）リッカートは、ランプレヒトがリッカートの論文「文化科学と自然科学」（一八九九）を後述の政治史＝文化史論争における文化史擁護の文脈で利用したことに反論している［Rickert 1902 : 585-6］

（5）林［1980 : 27］などを参照。ただしマイネッケと新「ランケ学派」の代表といわれるレンツ（Max Lenz）やラッハファール（Felix Rachfahl）などとの間には歴史認識や方法の点で微妙な相違があり、マイネッケを新「ランケ学派」に含めていいかどうか（彼自身がそう認識していたかどうか）は検討の余地があると思われる。

（6）たとえばトライチュケが国内の敵（社会主義、ユダヤ人）への批判や、攻撃的な対外拡張のデマゴーグとなっていくのも統一後の課題喪失状況への対応といえるであろう。

（7）政治史学の解体を象徴する今一つの論争がトライチュケの『ドイツ史』をめぐっておこなわれたバウムガルテンとトライチュケとの論争（一八八三年）であった。青年ウェーバーがシュトラスブルクにいた伯父バウムガルテンと交流しはじめたのがこの論争の時期と一致していたことはウェーバーの知的個人史の上で重要だと思われる。

（8）ランプレヒトに対するシュモラーの関係についてはシュモラー自身の言明がある［Schmoller 1917］。

（9）この点に関してはウェーバーの個人史とくに例の「精神の病」の問題と関わらせて理解する必要がある。さしあたり牧野雅彦『責任倫理の系譜学』［牧野 2000］終章を参照。

（10）『ロッシャーとクニース』の後半のクニース論の部分は一九〇六年に出されており、プロテスタンティズム論文より後に書かれていると思われる。

（11）ウェーバー方法論文中「マイヤー批判」論文が重要な位置を占めていることは、ウェーバーが『社会科学および社会政策アルヒーフ』を引き受けるに当たって最初に掲載を予告した論文の題目が「カルヴィニズムと資本主義」――おそらく「プロテスタンティズム」論文のことと思われる――とならんで「エドゥアルド・マイヤーの歴史理論と方法論によせて」であったことからも推測される。岩波文庫版『客観性』論文の折原浩による「補訳者前書き」を参照。なお安藤英治は未完に終わったマイヤー批判論文「文化科学の論理学の領域における批判的研究」の後続の部分が『客観性』論文後半の理念型論に転用された、と推測している［安藤 1992：375–6］。

（12）ここでのウェーバーの議論がいささか極端だと思われるのは、マイヤーの議論を批判するに急なあまりに、歴史的因果関係における重要性と「価値関心」から認識者が付与する「歴史的意義」とをあまりに鋭く対立させて、前者を完全に否定して後者のみを主張しているかのような印象を与えるからである。だが、ウェーバーの議論をつぶさに読む限り、彼が述べているのは「因果的影響」の大きさは、それだけでは対象が歴史的意義をもつという根拠にならない、ということであり、「因果的影響」がわれわれの価値関心からする歴史的意義の根拠にはならない、ということではない。ただし、この時点のウェーバーは、マイヤー批判の形で提出した相対的に別の二つの論点、因果的に重要な影響力を持ったのは政治的要因だけではない、という論点と、歴史的に重要なのは因果的な影響力の大きさだけではない、という論点とをまだ自分の中で完全に結びつけてはいなかったように思われる。したがって、マイヤーに対する積極的な反論は「なにが自分にとって歴史的に重要な対象か」がウェーバーの中で明らかになってはじめて完結することになるだろう。

（13）ただしマイヤー自身この部分を「歴史の理論と方法」で再び引用し、ここでの定式が「個体に関しても「一般諸法則」に関してもともに不十分であり、部分的には誤っている」と述べている［Meyer 1902：24，森岡訳：37］

（14）この点についてはウェーバーの「社会学への接近」を包括的・普遍的文化史を展望した上での限定的なものと捉える折原浩の論文も参照されたい［折原 1999］。

# 尊敬すべき敵関係
## ――シュミット『政治的なものの概念』におけるヴェーバーの批判的受容について

佐野　誠

## 1　問題の所在と限定

かつてヘルムート・フォークトは、ヴァイマール共和政期におけるドイツ社会学へのヴェーバー受容を「ヴェーバーはあらゆる点でアウトサイダーであった」として過小評価するF・ヨナス、G・シュレッター、E・シルズらの見解に対して、次のような批判的応答を行った。

専門代表者の狭い範囲のなかで、ヴェーバーを完全に無視する者は存在せず、「アウトサイダー」の役割は、少なくとも認識上の観点からは問題にはなりえない［Fogt 1981 : 249］。

ヴァイマール共和政期におけるヴェーバー受容の基準をどこに設定するのかで見解の相違が生じるのは当然だが、フォークト自身は、ヴァイマール共和政期に出版・公表されたドイツの社会学関係の著書・論文にヴェーバー（一八六四―一九二〇年）がどれほど引用されているのかを一つの基準としたうえで、右のような判断を下しているのである。ただ社会学関係に限定したために、以下で述べるカール・シュミット（一八八八―一九八五年）のヴェーバー受容については十分に言及されてはいない。一九一九年から三三年までのヴァイマール共和政期におけるシュミットの著書・論文へのヴェーバーの引用は四〇頁に上り［佐野 1993：212］、少なくとも、シュミットにとって、ヴェーバーが無視できない存在であったことは間違いないのである。とりわけ、未完のトルソー『経済と社会』と政治論からの引用が多く、政治論のなかでも『新秩序ドイツの議会と政府』、「ドイツにおける選挙法と民主主義」、『職業としての政治』がその中心である。ヴェーバーの『プロテスタンティズムの倫理と資本主義の精神』とシュミットの『ローマ・カトリシズムと政治形態』を思想史的に関連づけるアルメンのような論者がいるが［Ulmen 1988：344ff., 訳：117ff.］、ヴァイマール共和政期に限って言えば、シュミットの著作への『プロテスタンティズムの倫理と資本主義の精神』をも含めた『宗教社会学論集』の直接の引用は存在していない。

ところで、このような引用という基準にとらわれずに、ヴェーバーとシュミットの思想史的関係を論じたのが、W・J・モムゼンの一九五九年に公刊された『マックス・ヴェーバーとドイツ政治　一八九〇—一九二〇』［Mommsen 1974（1959）］である。周知のように、モムゼンはヴェーバーの人民投票的指導者民主制の理論が、シュミットの解釈がえを経て、ナチズム独裁制を正当化するのに一役買ったことを強調した。ヴェーバーはナチズムの「水先案内人」であったというわけである。この著作は、ドイツの戦争責任問題とも関連して論議の的となったが、論議のきっかけを作ったモムゼン自身が、その後の問題関心の変化ということもあってか、ヴェーバーとシュミットの思想史的関係を深めることをせず、結局、後進の研究者がこの問題に取り組むことになるのである。

本稿は、「ヴェーバー・シュミット」関係というモムゼンの提起した問題が、今日に至るまでのヴェーバー研究において執拗低音のように論議されてきたことに鑑み[1]、この論議の特徴と問題点、および筆者の現時点での見解を、特にシュミット『政治的なものの概念』におけるヴェーバーの批判的受容の問題に焦点を絞り提示するものである。

## 2 論議の特徴と問題点

ヴェーバーとシュミットの思想史的関係をめぐる論議の主な特徴および問題点を挙げるとすれば、以下の三点になる。まず第一は、論議のきっかけが、特殊ドイツ的な問題関心から発せられたことである。ドイツ第一五回社会学会で講演したパーソンズに対して、ハーバーマスが討論のなかで指摘したように［Habermas 1965 : 81, 訳 : 128］、ドイツの戦争責任問題はアメリカ合衆国やイギリスのような戦勝国、あるいはリベラリズムやデモクラシーの先進国では成立し難い問題意識であった。また封建的遺制や伝統的支配が歴史的にも現在的にも稀薄なアメリカ合衆国のような資本主義的国家システムにおいては［内田 1990 : 112–3］、産業資本主義や市場経済を構成要素とする近代合理的支配や官僚制的・合法的支配に対する問題関心が研究の中心となり、ヴェーバー政治論は研究上の周辺領域に追いやられがちであった。パーソンズのヴェーバー受容が、往々にしてヴェーバーの社会学を進歩的、直線的発展史観で捉えたと揶揄されるのも［Kalberg 1994 : 118, 訳 : 190–1］、このようなアメリカ合衆国の事情によっている。

これに対して、日本の場合は、ドイツと同じような政治的・社会的状況に置かれていたわけであるが、戦後のヴェーバー受容の関心が、大塚久雄や丸山眞男に代表されるような、民主化や資本主義化の精神的支柱としてのヴェーバー、封建的伝統的支配の対抗者としてのヴェーバー、近代合理性理論の構築者としてのヴェーバーに集中していたがために［Schwentker 1998 : 348 ; 佐野 1999 : 141］、ヴェーバーの権力主義的要素やナチズムとの思想史的関係は等閑視されてしまったのである。さらに当時、ヴェーバーの『政治論集』が出版されていたとはいえ、未公刊の書簡や雑誌・新聞発表の政治評論等の入手が日本では困難であった外的事情も、ヴェーバー政治論の研究を遅らせた要因となっている。モムゼンの著作は、このような原資料、一次資料を縦横無尽に駆使して構成されたもので、未公刊資料の利用可能性に対するドイツと日本との差異も、研究史上の問題関心の差異を考えるうえで決して軽視できないように思われる。

日本においてヴェーバーとシュミットの思想史的関係が本格的に問われ出すのは、モムゼンが『マックス・ヴェーバーとドイツ政治　一八九〇―一九二〇』の改訂版を出した一九七四年前後である。それもドイツのような戦争責任問題を前提とするのではなく、ヴェーバーを禁欲的プロテスタントの模範像と見なす「聖マックス像」に対する批判的視点からの接近である。「等身大の人間ヴェーバー」を追求した安藤英治は、フロイトの精神分析をヴェーバー解釈に応用したミッツマンの『鉄の檻』（一九七〇年）の研究にも刺激されながら、ヴェーバーとシュミットの思想史的関係を問題提起したヴェーバー研究者の一人である。彼は一九六〇年代末にドイツに渡ってシュミットにインタビューを試みようとしたが実現せず［安藤 1972 : v］、帰国後シュミットと書簡のやり取りをしている［安藤 1992 : 58 ; Nachlass Carl Schmitt 1993 : 27］。その後、ヴェーバーとニーチェ、フロイト、グロース等、禁欲的合理主義者ヴェーバーという像からすれば対極にあるような思想家との関係が問われてゆくのも［上山 1984 ; 山之内 1986］、安藤が提起した等身大のヴェーバー像と決して無縁ではないだろう。いずれにせよ、日本でも、ドイツの問題意識とのズレがあるにせよ、ヴェーバーの政治論およびヴェーバーとシュミットの思想史的関係をめぐる問題が、一九七〇年代末から八〇年代にかけてのヴェーバー研究で活発になってゆくのである。

さて第二は、モムゼンの著書や、「シュミットはヴェーバーの正当な弟子」というドイツ第一五回社会学会におけるハーバーマスの著名な発言は［Habermas 1965 : 81, 訳 : 129］、シュミットを「ナチスのイデオローグ」と見なしたうえで、ヴェーバーとシュミットの思想史的「類似性」を指摘していることである。長尾龍一がいみじくも示唆しているように、シュミットの思想像には、ナチスのイデオローグ、冷徹な現実的国家学者、政治神学者という三つの顔があり［長尾 1994 : 161–81］、統一的な思想像を提出することが研究者の課題となっている。第三の政治神学者としてのシュミット、つまりシュミットの法・国家思想の根底には普遍的なカトリシズムへの信仰があり、この信仰が彼の思想と行動を規定していたとする思潮が、最近のシュミット研究の中心となりつつあるが［Dahlheimer 1998 ; 古賀 1999a］、これとて一九三三年から三六年にかけてのシュミットの露骨な反ユダヤ主義的発言や民族法を重視する具体的秩序思考を説明するには十分ではない。少なくとも、「ナチスのイデオローグ」シュミットというイメージを一旦カッコに入れたうえで、シュミットがヴェーバーの何を受容し、何を批判したのかを、より立ち入って検討することが必要であろう。また「ナチスのイデオローグ」シュミットを強調するにしても、ナチズムの核心とも言える人種問題、とくに「ユダヤ人問題」ないし「ユダヤ人」について両者がどのように捉えていたのかを吟味すること、言い換えれば、ヴェーバーとシュミットのユダヤ人観の特質・相違について考察することが必要であろう。(2) その意味でも、シュミットの著作の内在的理解は本テーマにとっては必須である。

最後に第三は、第二の点とも関連するが、シュミットの著作におけるヴェーバーの引用およびシュミット自身の回顧等から明確に言えることは、シュミットがヴェーバーの講演「職業としての学問」（一九一七年）と「職業としての政治」（一九一九年）を聴講し［Ulmen 1991 : 20］、『政治的なものの概念』（初版、一九二七年）の内容をヴェーバーのゼミナールで発表したことである［安藤 1972 : 88–9］。特に『政治的なものの概念』にはヴェーバーの直接的・間接的な影響が見い出されうる。モムゼンがヴェーバーとシュミットを思想史的に関係づけて論議となった、ヴェーバーの「人民投票的指導者民主制」理論からのシュミットの著書・論文への引用は、管見する限り存在しない。シュミットはヴェーバーの指導者民主制論について触れてはいるが、それは大戦終結前にヴェーバーが『新秩序ドイツの議会と政府』で提起した「議会選出の政治指導者」に関してであり、ドイツの議会主義およびヴェーバーの議会改革構想を批判するためである［Schmitt 1960 : 181 ; Schmitt 1958 : 384］。シュミット自身も、モムゼンの著書（一九五九年版）の書評で、この点を間接的に問題提起している［佐野 1993 : 285–6］。したがって、両者の思想史的関係を考察する場合には、実証性の高いテーマ群から始めることの方がより生産的であろう。以下では最初に記したように、ヴェーバーの『職業としての政治』とシュミットの『政治的なものの概念』との相互関連性に焦点を絞り、論じてゆくことにしよう。ちなみに、シュミットには戦後、ヴィンケルマンによって編集されたヴェーバーの『経済と社会』『国家社会学』『政治論集』等への編集者ヴィンケルマンへの好意的な書評があり［Schmitt 1956a : 195–6 ; 1956b : 70–1 ; 1959 : 53］、シュミットのヴェーバーへの関心がどこにあったのかを伺わせている。

## 3　シュミット『政治的なものの概念』におけるヴェーバーの批判的受容
### ――ヴェーバー『職業としての政治』との関連で

### (1)『職業としての政治』と『政治的なものの概念』の成立史上の関係

シュミットは一九三二年に公刊された『政治的なものの概念』と同一内容の一九六三年版の『政治的なものの概念』の「序言」で次のように述べている。

この著作は［国家理性に関する理論の発展の］「最終到達点」という性格描写によって帝国主義に関係づけられ、著者である私はマックス・ヴェーバーのエピゴーネンとして位置づけられる。……いわゆる敵概念の優位という非難は、一般に広まったが、型にはまった紋切り型のものである［Schmitt 1963 : 14］。

この文面には、シュミットを論じるにあたっての二つの重要な要素が含まれている。その一つは、国家理性に関する理論の「最終到達点」という言葉からもわかるように、シュミットとナチズムとの関係であり、今一つはシュミットとヴェーバーとの関係である。シュミットは両者に対して共に否定的である。特に、ヴェーバーとの関係については、ヴェーバーの「エピゴーネン」と言われることに対して嫌悪の感すら抱いている。実際、『政治的なものの概念』を読み進めてゆくと、シュミットがヴェーバーに対して強烈な対抗意識を抱いていたことがわかるのである。と同時に、ヴェーバーの政治論、特にシュミットが聴講したとされる『職業としての政治』の内容を批判的に受容していることも行間から読み取ることができるのである。以下ではシュミットが『職業としての政治』の何を受容し、何を批判したのかを検討してみよう。

まずは、『職業としての政治』と『政治的なものの概念』の成立事情と両者の版について簡単に述べておこう。前者については、周知のように、ミュンヒェンのシュタイニッケ書店で一九一九年一月二八日に講演が行われ、同年の秋、ヴェーバーの講演草稿への大幅な加筆によって出版された(3)。その後、妻マリアンネの編集による一九二一年の『政治論集』に収集され、一九二六年に一九一九年版の第二版が公刊されている。シュミットが『政治的なものの概念』で引用しているのはこの版である。

後者の方は、一九二七年に、ヴェーバー、ヴェルナー・ゾンバルト、そしてエドガー・ヤッフェが一九〇四年に創刊したハイデルベルクの『社会科学・社会政策雑誌』に論文として掲載され、ほぼ同時期に同内容が、一九二八年の著作シリーズ『政治学』の第五分冊「デモクラシーの概念」に転載された。単行本となったのは一九三二年で、これは一九二七年版を増補改訂したものである。現在、出回っているのはこの版である。ナチスが政権を取った一九三三年には、一九三二年版に手を加えたうえで、やや短縮して出版されている。これがレーヴィットらによってナチスにすり寄ったとされる悪名高い一九三三年版である［Löwith 1960］。一九四〇年に出版されたシュミットの論文集『立場と概念』には、『政治的なものの概念』の一九二七年版は、一九二五年から二六年にかけてのボン大学のゼミナールでそのテーマが成立したと記されている［Schmitt 1940 : 313 ; 和仁 1990 : 353］。しかし、戦後になって安藤英治は、フランスのヴェーバー研究者ジュリアン・フロイントにインタビューを試みた際、シュミットが一九一九年から二〇年にかけてのヴェーバーのゼミナールで『政治的なものの概念』の内容を発表したことを知らされている［安藤 1972 : 88–9］。このようことからしても、『政治的なものの概念』へのヴェーバーの直接的・間接的影響は間違いないところである。

### (2) シュミットのヴェーバーに対する挑戦

シュミットの『政治的なものの概念』は、ヴェーバーの政治論に対するシュミットの独自性を主張しようとした野心作である。言い換えれば、シュミット自身がヴェーバーを政治論・国家論の領域での学的ライバルと見なし、ヴェーバーを乗り越えようとする意気込みと熱気でもって書いた著作である。往々にして学問上の弟子は、偉大な師を乗り越えることができないと言われる。現にヴェーバーの弟子にせよシュミットの弟子にせよ、彼らが両者よりも偉大な学的業績を後世に残したとは言い難い。シュミットはヴェーバーの直接的な弟子ではないが、ヴェーバーの晩年に彼の講演や講師ゼミナールに出席し、ヴェーバー理論の偉大さとその偉大さに対する対抗意識を持っていた。このことは、シュミットがヴェーバーの文章を引用する際に垣間見せる、ヴェーバーに対する挑戦的・反抗的態度に投影されている。『政治的なものの概念』でも、国家と政治的なものとを等置するヴェーバーの政治概念に対する反発から稿を起こしているのである。

以下では『政治的なものの概念』の論点をヴェーバーの思考との関連で整理したうえで、ヴェーバーに対するシュミットの独自性を考察してみよう。利用するのは現行の一九三二版であり、必要に応じて他の版にも言及する。一九三二年版『政治的なものの概念』の論点をヴェーバーの思考との関連で整理すれば次の四点に集約することができる。a　政治的なものの概念と国家概念との等置の批判的受容、b　政治的なものの特性としての友－敵概念、c　人間理解＝原罪肯定論、d　公敵と私敵の区別、およびシュミットにおける『聖書』の敵解釈の誤謬である。

### (3) 『政治的なものの概念』の四つの論点と『職業としての政治』

a　政治的なものの概念と国家概念との等置の批判的受容

シュミットは『政治的なものの概念』の冒頭で、従来から政治的なものの概念の明確な定義づけが困難であったことを断ったうえで、一般的には、政治的なものと国家的なものとの同一視、あるいは政治的なものと国家との関連性が政治的なものの概念の主流となってきたことを、ヴェーバーやトリーペルの思考を事例として説明している〔Schmitt 1963 : 21, 訳 : 5〕（一九二七年版では、ヴェーバーのみに言及し、一九三三年版ではこの箇所自体が削除されている）。特にヴェーバーに対しては、ヴェーバーが政治的なものを特徴づけるメルクマールを権力という国家とは異なる概念に求めながらも、結局は権力を国家権力と等置し、政治概念と国家概念との循環論法的用法に陥ってしまったことを指摘する。たとえばヴェーバーの『職業としての政治』の冒頭で提示された、政治とは「政治団体したがって今日では国家を指導しまたそれに影響を与えること」〔MWG I/17 : 157, 脇訳 : 8〕、あるいは政治とは「国家相互間であれ、……国家に含まれた人間集団相互間で行われる場合であれ、要するに権力の分け前にあずかり、権力の配分関係に影響を及ぼそうとする努力」〔MWG I/17 : 159, 脇訳 : 10〕という言葉に対する批判がそれである。すなわち、シュミットはドイツで一九世紀初頭に見られたような国家と社会との質的差異、および国家の社会に対する優位というヘーゲルの国家哲学体系に基づく思考が、ヴァイマール期のドイツではもはや見られなくなり、国家（政治的なもの）と社会（非政治的なもの）との相互浸透性、国家と非政治的なものとの境界の曖昧さ、そしてその曖昧さからくる政治的なものと国家との等置が崩れ去ってしまったことを強調するのである。

またG・D・H・コールやハロルド・H・ラスキらに代表されるアングロサクソン系の国家理論、すなわち多元的国家論の登場も、シュミットが政治的なものの概念を新たに捉え直す要因となっている。多元的国家論によれば、政治的なものは、社会的な「結社」という諸々の実体と並存している一個の固有の実体を意味しており、宗教、経済、言語、文化、法と並んで、一個の特有の内実を示すものである。したがって、政治的集団は、教会、コンツェルン、労働組合、民族、文化的共同体および法共同体といった様々な種類の他の集団と並存しているのである[(4)]。このような多元的国家論からすれば、社会的諸集団を妥協させ、統合させる「政治的統一体と秩序の全状態」〔Schmitt 1928 : 3, 訳 : 17〕

としての国家特有の観念が不明瞭で曖昧になるとシュミットは考えるのである。政治的なものと国家的なものとの同一視が不可能になると同時に、政治的なものを他の文化的社会的諸領域と並存して捉えることができないとすれば、政治的なものを他の文化的社会的諸領域から明確に区別する特殊なメルクマールとは何か。本書におけるシュミットの問題意識はこの一点に集中される。

結論的に言えばヴェーバーは、『職業としての政治』において政治概念と国家概念とを等置し[5]、『宗教社会学論集』「中間考察」においては救済宗教と各文化諸領域（経済・政治・芸術・性愛・学問等）との鋭利な緊張関係を提起した［RS1：544ff., 大塚・生松訳：112ff.］。一方シュミットは多元的国家論に見られるような国家と社会集団、政治団体と社会団体との境界の曖昧さという見解を逆手にとって、国家に限らず従来は中立的、非政治的、非国家的であった宗教・文化・経済・法・学問等の諸領域も、その態様によっては政治概念に包含されると見るのである。ここで注目すべきは、ヴェーバーが政治概念と国家概念とを関係づけたように、シュミットも政治概念と国家概念とを関係づけ、国家の他の社会諸集団に対する優位性を強調しているという事実である。つまりシュミットは、ヴェーバーの「政治概念＝国家概念」という見解を、国家と社会との境界線の曖昧さ、多元的国家論の台頭という客観的事実によって批判しつつも、結局は、多元的国家論を逆手にとって、ヴェーバーの政治概念をあらゆる文化領域にまで拡大しようとするのである。言い換えれば、ヴェーバーは政治的なものを国家に限定しようとしたが、シュミットは国家内のみならず国家外にも妥当する普遍的現象、すなわち「政治的なもの≧国家」と見るのである。その結果、「あらゆる領域が、少なくとも可能性としては政治的であり、国家を引き合いに出すことではもはや、『政治的なもの』の特殊な区別メルクマールを基礎づけることが不可能となった」［Schmitt 1963：24, 訳：10］とするのである。国家概念の前提に政治的なものの概念があるというシュミットの『政治的なものの概念』の冒頭の発言は、このような視点から理解する必要があるだろう。

### b　政治的なものの特性としての友－敵概念

それでは「政治的なもの」を他の文化的社会的諸領域から区別する特殊なメルクマールとは何か。いうまでもなく友‐敵概念がこれである。友と敵の区別は、結合ないし分離、連合ないし離反のもっとも強度な場合を表すという意味を持ち、道徳的な領域における善と悪、美的なものの領域における美と醜、経済的なものの領域における利と害から独立して存在することを特徴とする［Schmitt 1963 : 27, 訳 : 14］。特にここで注目すべきは、政治的なものの概念を善と悪という道徳上のメルクマールから独立して規定したという事実である。シュミットによれば、政治上の敵が道徳的に悪である必要はなく、道徳的に悪であるものが政治上の敵である必要もない。この政治的なものを善悪の基準から独立して捉える視点は、ヴェーバーから示唆を得た視点である。特にここでは、ヴェーバーが『職業としての政治』の末尾で提起した倫理と政治の関係、および信条倫理と責任倫理の緊張関係という問題設定が念頭に置かれている。

周知のように、ヴェーバーは政治が物理的強制力を伴う権力という手段を用いて運営されることから、倫理上の善と政治が必ずしも一致するものではないことを強調した。ヴェーバーによれば、福音書、特に山上の垂訓に見られる無差別的な愛の倫理を貫いてゆけば、「悪しき者にも力をもって手向かうな」となるが、政治家には「悪しき者には力をもって手向かえ、さもなくば汝は悪の支配の責めを負うことになろう」という命題が妥当する。「善からは善のみが、悪からは悪のみが生まれるというのは、人間の行為にとって決して真実ではなく」、この事実を政治の領域で見抜けないような人間は「政治のイロハもわきまえない未熟児」とされるのである［MWG I/17 : 241f., 脇訳 : 94］。この言葉は、政治の論理を説明する際にしばしば引用される有名な言葉・箇所であるが、ここで注意すべきは、ヴェーバーは政治の世界に倫理が不要などと言っているわけではないことである。むしろ彼の場合、政治のデモーニッシュな要素を認めつつも、信条倫理と責任倫理の緊張関係、および政治の領域における責任倫理の重要性を指摘することによって、政治の暴走・独走に歯止めをかけようとする視点がはっきりと見て取れるのである。

一方、シュミットの場合、政治的なものの概念に倫理や道徳の入り込む余地は全くない。シュミットにとって、政治的なもののメルクマールである敵とは、他者・異質者にほかならず、敵の本質は、存在的に他者・異質者であるということだけで足りるのである［Schmitt 1963 : 27, 訳 : 16］。このシュミットの敵理解には、政治概念に倫理的側面を顧慮するヴェーバーに対する内に秘めた、静かなる対抗心・反抗心が潜んでいる。そして、シュミットがヴェーバーの政治概念とは異なる独自性を発揮するのも、ほかならぬこの敵理解に見い出すことができるのである。

### C　人間理解＝原罪肯定論

シュミットは友－敵概念を提起することによって、戦争を積極的・直接的に肯定し・奨励しているわけではない。シュミットに特徴的なことは、敵概念を規範や当為の観点からではなく、現実の存在可能性として具体的に捉え、戦争を敵対のもっとも極端な形として位置づけていることである。彼によれば、人がどんな理想や期待を抱いたとしても、諸民族は友と敵との対立に基づいてグループ化され、この対立は「実際に存在し、政治的に実存するあらゆる民族に現実的可能性として与えられている」のである［Schmitt 1963 : 29, 訳 : 18］。ここにはシュミットの「教会の可視性」［Schmitt 1917 : 71ff., 93ff.］以来の原罪肯定論、つまり人間を罪人、現世を悪と見る神学上の根本的な教義と政治論とを関係づける視点が存在する。「創世記」のアダムとイブが犯した罪以来、この世にサタンが入り、人間が罪人となった以上、人間がいくら努力を重ねたところで、この世における国家と国家との敵対関係、人と人との憎悪感情は消滅しないというわけである。この思考は、自然状態を「万人の万人に対する闘争」と見るトマス・ホッブズの人間観や、アダムとイブの堕罪を分岐点として「絶対的自然法」と「相対的自然法」とに二分する伝統的なキリスト教的自然法観に依拠しており、シュミットが反革命の国家哲学者として『政治神学』のなかで評価したドゥ・メーストル、ボナール、ドノソ・コルテスらにも共通する思考である。レオ・シュトラウスは、ホッブズの言う自然状態を諸個人の戦争状態とし、シュミットの自然状態を諸集団、とくに諸民族の戦争状態としているが［Strauss 1932 : 737, 訳 : 46］、両者ともに人間本性の罪悪性ということを政治的なものの出発点としていることに異論はなかろう。またヴェーバーが人間の本性悪に基づき、「現実政治の論理」と「キリスト教の絶対倫理」との間にある鋭利な緊張関係、および克服しが

たい壁を承認したことも自明のことである。(6)

さらに敵が現実に存在する以上、そのもっとも極端な形である戦争や内乱も現実的可能性として具体的に存在するというシュミットの視点は重要である。彼は戦争を組織化された政治単位間の武装闘争、内乱を組織化された単位内部間の武装闘争として、戦争と内乱を「闘争」という概念で包括したが、これもヴェーバーの講演に示唆を得た概念規定にほかならない。ヴェーバーは次のように言う。

闘争はどこで行われようと闘争である。……福音の倫理に基づいて行為しようとする者は……「革命」を口にすることだけは慎むがよい。いかなる福音の倫理も、内乱だけが唯一の正当な戦争であるなどと教えるはずはないからである［MWG I/17 : 234–5, 脇訳 : 86–8］。

ヴェーバーの見るところ、国家と国家との闘争である戦争、とくに第一次世界大戦を拒否し、批判した絶対的平和主義者およびボルシェヴィズムやスパルタクス団に属する信条倫理家は、国内のイデオロギー的対立および階級的対立の先鋭化した形である内乱については拒絶しなかった。むしろ第一次大戦後に生じたドイツ革命は内乱そのものであり、絶対的平和主義者・信条倫理家たちもこの闘争には積極的に参加したのである。ヴェーバーの言説は、このような絶対的平和主義者・信条倫理家の首尾一貫性のない態度への皮肉と批判がたっぷりと込められているのである。シュミットはこの箇所を内乱のみならず、戦争にまで拡大・発展させて次のように述べる。

もし戦争に対する平和主義的敵対が強固となったがために、平和主義者が非平和主義者に対する戦争に駆り立てられるようなことがあれば、つまり「戦争に反対する戦争」に駆り立てられるようなことがあれば、かかる敵対は、人々を友と敵とにグループ化するのに十分なほどに強力なものであるがゆえに、現実に政治的な力を持つということが証明されるであろう［Schmitt 1963 : 36–37, 訳 : 32］。

一九九〇年代の湾岸戦争や、コソヴォ問題を契機としたＮＡＴＯのユーゴ爆撃、そしてロシアのチェチェン侵攻にも通じるこの発言をわれわれはどのように考えればよいのだろうか。結論から言えば、シュミットはここで平和主義者を直接的に批判しているのではなく、平和主義者も非平和主義者を激しく批判するという形で不可避的に友‐敵関係に入り、戦争を肯定せざるを得ない状況にゆき着くことを逆説的に示唆しているのである。シュミットにとって、政治上の友‐敵関係も、戦争や内乱といった闘争も現実的可能性として「具体的に存在する」という視点が重要であった。そしてまさにこの一点を強調し、鮮明にするために、国家固有の主権を否定するコールやラスキらの多元的国家論者や、人間の本性を善と見る無政府主義者やサンディカリストらを批判の俎上に乗せているのである。シュミットにとって主権とは例外状況に決断を下すものであり、それは誰が友であり、誰が敵であるのかを見極める国家固有の権限でなければならなかった。この限りで、友‐敵概念から直接にシュミットを積極的な戦争肯定論者と断定することには慎重さを要しよう。

### d　公敵と私敵の区別、およびシュミットにおける『聖書』の敵解釈の誤謬

ところで、シュミットの敵概念で注目に値するのは、敵を「公敵」とし、ヴェーバーが『職業としての政治』で例示した福音の倫理における敵を私敵として公敵から区別している点である。シュミットにとって政治的な敵とは公敵にほかならず、福音書で言う「汝の敵を愛せよ」の敵は私敵であり、政治的な敵については触れられていないのである。シュミットによれば、「政治的な意味における敵とは、個人的に憎む必要のないものであり、私的領域において初めて『敵』、すなわち自己の反対者を愛するということも意味を持ってくる」。また「汝の敵を愛せよ」という聖書の句は、「自国民の敵を愛し、自国民にさからって敵を支持せよ、などと述べているものではない」のである〔Schmitt 1927 : 6 ; 1933 : 11 ; 1963 : 29–30，訳：19–20〕（一九三三年版では「自国民の政治上の敵を愛し」となっており、政治上の敵＝公敵をいっそう強調している）。

このシュミットの論理を突き詰めてゆけば、愛敵、隣人愛を教義とするキリスト者も国家間・民族間・宗教間の紛争が生じた場合には、武器を取ってよいということになる。言い換えれば、古代から中世、近世、近代を経て現代に至るまでの国際紛争・民族紛争・宗教紛争も、キリスト教の教義からは正当化されうるということになるのである。国家間・民族間・宗教間には常に憎悪の念が存在し、この憎悪の念はキリスト教の福音倫理をもってしても克服しえないものと彼は考えるのである。しかし、シュミットの敵理解は、はたして正当な聖書解釈と言えるのだろうか。

ヴェーバーの場合、新カント主義の立場から、政治の世界と福音の倫理、現世と彼岸、現実と理想という二元論的区別を強調したが、敵という概念のなかに公敵と私敵とを区別する視点は持ち合わせていなかった。ヴェーバーは、政治家が隣人愛や「汝の敵を愛せよ」という福音の倫理を政治の世界に適用しても、過酷な権力闘争、利害闘争に巻き込まれてしまい、結局は意図せざる帰結に陥らざるをえない側面を強調したのである。言い換えれば、福音の倫理の現世における貫徹不可能性を強調したのである。シュミットはこのヴェーバーの区別を聖書解釈の観点から、政治の世界に公敵の存在を、福音の倫理に私敵の存在を割り当てることによって、より発展させようとしたのであり、ここにもヴェーバーの思考を一歩押し進めようとするシュミットの意欲が見て取れる。しかしこの聖書解釈は、シュミットの意に反し誤謬と言うべきである。

シュミットは友－敵概念における政治上の敵、公敵は、ラテン語で言うホスティス（hostis）、ギリシア語で言うポレミオス（πολέμιος）であって、「マタイによる福音書」五章四四節や「ルカによる福音書」六章二七節の「汝の敵を愛せよ」の敵は、私敵を意味するイニミクス（inimicus）、エクスロス（ἐχθρός）であり、政治上の敵、公敵が想定されていないことを強調する。この捉え方は、そのニュアンスに相違はあれ、フォイエルバッハが『キリスト教の本質』（一八四一年）のなかでいち早く指摘した事柄である［Feuerbach 1903 : 305, 訳 : 123］。

しかし、「マタイによる福音書」や「ルカによる福音書」におけるイエスの敵理解が、私敵のみを対象としているとは到底考えられないということも、ここで指摘しておかなければならない。その言語上の理由として、まず第一に、シュミットが公敵を意味するとしたホスティス、ポレミオスという言葉は『新約聖書』では使用されておらず、イニミクス、エクスロスという言葉によってあらゆる敵の可能性が示唆されていること、第二に、ギリシア語『新約聖書』は『七〇人訳ギリシア語旧約聖書(Septuaginta)』の言語使用を踏襲しており、特にヘブライ語『旧約聖書』で敵を意味する'ojeb は、『七〇人訳ギリシア語旧約聖書』では エクスロス (ἐχθρός) という訳がつけられおり、これは日常生活における私敵・個人の敵はもとより、シュミットが言う意味での公敵、すなわち国家・民族の敵をも含意しているということである [Leutzsch 1994 : 182-3 ; Palaver 1998 : 52]。また内容的にも、聖書における敵解釈に公敵・私敵の区別がないことは、一般的な聖書の註解書、シュミットの同時代人で言えば、神学者カール・バルトなどによっても繰り返し指摘されているところである [Barth 1922 : 455-9, 訳 : 571-6]。いずれにせよ、シュミットのように、福音書あるいは『聖書』で言う敵を、私敵にのみ限定して解することにはかなりの無理があるのである。

ヴェーバーが責任倫理を提示することによって、当時のキリスト者から暗黙のうちに突きつけられた政治的実践への回答を準備したように、シュミットも聖書解釈の観点から、キリスト者の歴史上・現実上の参戦や、公敵に対する殺害を弁証しようとした。しかし、このシュミットの敵理解および敵理解の誤謬が、ナチスの思想と行動をキリスト教の教義によって直接的・間接的に正当化するのに一役買ったことも否定しえない事実である。というのも、信仰者にとって、聖書の権威は絶対であり、「聖書で言う敵」と「ナチスの敵」との間に聖書解釈上矛盾が生じなければ、信仰者はナチスの敵をいわば「神からの啓示」として積極的に肯定することが可能になるからである。周知のように、ナチズム期にプロテスタントを中心とする「ドイツ的キリスト者」(Deutsche Christen) がナチスを擁護し、ユダヤ人やロマ民族のような「ナチスの敵」を真の敵として受け止めたのも、シュミットの敵理解に見られるような主観に傾斜した聖書解釈がその根底に存在した。この点は、福音倫理の貫徹不可能性を主張し、結果責任を強調したヴェーバーの現実政治観とは大いに異なるところである。シュミットが政治的なものの概念を存在的に捉え、結果責任という倫理的観点を捨象したことが、ナチスの悲劇的暴走を許容する要因を形成したことは疑いえない。と同時に、シュミット自身が終生、ナチズム期の「才多く、徳乏しき」言動に反省の声を上げなかったのも、またホッブズの『リヴァイアサン』から示唆を得た「内面的留保」によって自己の言動を弁明したのも［丸山 1996a : 24f.］、結局の所、「政治的なものの概念」にヴェーバーがあれほど強調した「責任倫理」が内在化されていなかったからにほかならないのである。

## (4) 結　語

以上、シュミットの『政治的なものの概念』におけるヴェーバーの批判的受容とシュミットの独自性について述べてきた。シュミットの著作へのヴェーバーの引用は、以上で述べた以外にも存在する。ただその多くが、ヴェーバーに対する批判的視点からの引用であったことは特筆に値しよう。シュミットのヴェーバーに対する思想史的関係は、かつて丸山眞男がシュミットに対して自らの立場を位置づけたのと同じような意味で、「尊敬すべき敵」関係にあったと筆者はいま思っている。(7)

## 注

（1）比較的最近のものとしては、Ulmen［1988 : 341ff., 訳 : 104ff.］、Ulmen［1991］、Mehring［1990 : 608ff.］、Eberl［1994］、Eisermann［1994 : 76ff.］、Colliot-Thelene［1999 : 138ff.］、佐野誠［1993 : 207ff.］、佐野誠［1997 : 251ff.］など。

（2）この問題については、別稿で明らかにする。

（3）『職業としての政治』の成立事情については、［MWG I/17 : 113ff.］および佐野誠［1997 : 254-7］、樋口辰雄［1998 : 64-8］、牧野雅彦［2000 : 247-65］を参照のこと。

（4）この点は、とくに一九二九年の講演「国家倫理学と多元論的国家」で強調されている。Schmitt［1940 : 140, 訳 : 107-8］。

（5）これは、あくまでも『職業としての政治』に限定した国家理解である。

（6）ヴェーバーの原罪（Erbsünde）への言及は、［MWG I/17 : 241, 脇訳 : 94］。

（7）小尾俊人［1996 : 5］。さらに丸山眞男［1996b : 7］。シュミットの敵理解からすれば、ヴェーバーは私敵であり、尊敬・敬愛の対象となりえた。なお、丸山とシュミットの思想史的関係については、権左武志［1999］、古賀敬太［1999b］を参照のこと。

# ウェーバー学の両義性について

濱井　修

今回のシンポジウムの「資本主義部会」で進行役を仰せつかった私は、ひたすら発表者および質問者の発言が滞りなく行われることを念じて、私見を差し挟んで無駄な時間をとらないように努めた。ただし、部会を閉めるに当たり、一言感想めいたことを話したので、ここではそれをやや敷衍して述べることにしたい。

シンポジウムの発表を聴いて印象深く思ったことの一つは、もともと国際的に見ても高水準にあった我が国のウェーバー研究が着実に進展し、以前にも増して高度なものとなっていることである。特に折原氏による精細な文献批判は、既に承知していたこととは言え、改めてその周到綿密さに驚嘆した。

もう一つの印象は、私などよりも高齢の先学、三五年以前のウェーバー生誕百年記念シンポジウムに参加された住谷、富永、折原の三氏をはじめ、上山、山之内氏らが、極めて精力的に研究を進めておられること、そして短時間ながらも学殖の一端を披瀝されたことである。

司会者としての感想を一言述べたときに触れたが、現在の我が国のウェーバー研究者の世代は大きく三つに分けることができると思う（ただし、これは必ずしも年齢の高低を基準にしたものではない）。その第一世代は、言うまでもなく六四年のシンポジウムに参加した人々である。この世代の研究者の関心は、当時の報告題目からも窺えるように、ウェーバーの近代化論あるいは合理化論にあった。私が今問題にしたいのは、この合理化論の特性である。

ウェーバーの言う合理化とは、近代の資本主義など「文化世界において普遍的な意義を有する発展傾向」のことである。この傾向の進展について、彼自身は理論的には一応「価値自由」な事実の確定に止まろうとしているが、心理的には明らかに一定の態度をとっている。それは一口に言って両義的な態度である。そしてこの両義的態度は、彼自身のエートスに基づくものとして「価値自由」な理論構成や歴史叙述のうちに反映せざるを得ない。そこで私はウェーバー学の特徴を「両義性」と呼ぶことにしたい。

両義性などと言うと、哲学畑の人はメルロ＝ポンティの哲学に付けられた形容を連想するかも知れないが、それとは差し当たり関係がない。ここでは、以前からウェーバー研究者が指摘して来たことを言い換えたに過ぎない。例えば、かつて大塚久雄氏が「緊張」とか「複眼的」とか言われたものに当たる。これを内田芳明氏のように「対極構造」とか「二極性原理」とか言えば、その意味はもっと明確になろう。つまり、ウェーバーの理論や歴史叙述には、研究対象や主題の如何を問わず、この複眼的両極的な見方が貫かれているのである。

方法論的視点についても事情は変らない。つとに知られている通り、彼が歴史学派の「息子」として、この学派に対しても両義的な態度をとり、歴史主義と自然主義との狭間に自己の立場を求めていた。また、マルクス主義の唯物史観を基本的な枠組みとして前提にしつつも、敢えて「唯心論的」な歴史構成の可能性を提示して、マルクス理論に対する両義的態度を鮮明にしていた。

八〇年代以後、山之内氏の研究により、「ルサンチマン」理論をはじめ、ニーチェの思想にウェーバーが多くを負っているという点がクローズアップされて来たが、言うまでもなく、ニーチェ思想の枠組みに対してもウェーバーの態度や叙述は両義的である。要するに、彼は先行の諸理論について、ほぼおしなべて両義的態度をとりつつ自身の方法論を造り上げたのである。

研究対象に関する理論的歴史的な叙述における両義的態度の中で、その一例ではあるが最も重大かつ注目すべきものが、かの近代化論や合理化論に見られるものである。特に我が国の研究者の場合、西洋近代をモデルとする日本の近代化をどのように受け止めるかという切実な問題意識のもとにウェーバーの叙述を読み解こうとする傾向が強かったため、彼の両義的叙述は、近代化論をめぐってとりわけ鋭く意識されたと思われる。

これを先の三つの世代について見てみよう。確かに大塚氏をはじめとする第一世代は、ウェーバーの近代化論を肯定的なニュアンスをもつものとして受け取り、それを我が国の近代化の考察に積極的に活かして行こうとする姿勢が前面に出ていると言えよう。おそらく今日なおその立場を堅持しているのは、ウェーバーとパーソンズの理論を一直線上において西洋と日本の近代化の見取り図を描こうとする富永氏であり、その意味でも同氏は年齢の相対的な若さにもかかわらず、紛れもなく第一世代に属している。

それでは富永氏は、いわゆる近代化の明るい側面のみを見ているのであろうか。恐らくそうではあるまい。思うに、第一世代の研究者が合理化の肯定的な側面のみを見ていると解するのは、あまりに短絡的な理解であろう。第一世代の論者も、大塚氏に代表されるように、ウェーバー理論の複眼性や緊張の構造について一定の理解をした上で、敢えて近代化の積極面に光を当てようとしたのではあるまいか。

同じことは第二世代のウェーバー論についても言える。確かにこの世代の論者には、ウェーバーの合理化論を西洋近代と合理主義の批判として解読する態度が著しい。六十四年シンポジウム参加者の中で最年少だった折原氏は、当時からウェーバーの近代化論を「没意味化」の理論と見立てており、第二世代の先駆けとなった。また、年齢的には富永氏と同世代の山之内氏は、マルクス＝ウェーバーの線に代えてニーチェ＝ウェーバーの線を強調することにより、大塚流の解釈を徹底的に批判して、自他共に許す第二世代の代表的論客となっている。

しかし、両氏がウェーバーの理論の両義性に気付かなかったわけでは無論ない。二人とも、そのことは重々承知の上で、敢えて近代化の負の側面に対する批判的視点を前面に押出したのである。この点について、特に山之内氏の自覚的意識的態度は明確である。

以上のように、両義性についての理解に第一・第二世代に共通するものがあったと考えられるならば、両世代の議論を研究の出発点で与えられている人々が、両義性問題についてはむしろ醒めた態度をとり得たとしても不思議ではない。つまり、第三世代の研究者に認められるのは、肯定・否定のいずれにせよ、近代化に対する自らのコミットメントを介することなく、ウェーバーの歴史叙述や方法論的視座の両義性を冷静に捉え、その上で自身の関心のもとに両義的理論の或る側面を評価し解釈する態度である。

例えば、年齢的にも研究歴の上でも第二世代に属する佐久間氏は、現代のグローバリズムを検討する視点から『経済と社会』の国家社会学を解読して、政治・社会の各文化領域には固有の法則性があるというウェーバーの主張のうちに、東西文化比較のパラダイム論を認める。一方、文化諸領域の固有法則性の意義を宗教社会学の考察において強調したのは若手の横田氏である。

このようにウェーバーの理論から、文化諸領域の独自性の主張を読み取り、これを多元的文化論ないし文化の多元主義として、普遍主義的合理化論に対置する試みは、ウェーバー研究に新しい展望を開くものと考えられ、この側面における研究の進展が期待される。そして「多元」の研究が、あくまでも「普遍」との緊張においてなされるならば、それはまさしく両義性を見据えた二極構造論的な研究と言えるであろう。

しかし、もしもこの多元的文化領域の評価が、単にローカルな文化の独自の意義を強調し、人類普遍の理念や価値の意義を相対化する、文化的相対主義を意味するに止まるならば、それはウェーバーの嫌悪する「相対主義」に自らを貶める虞れ無しとしない。と言うのも、彼はその多元論においても両義的だからである。彼が多元論と言うとき、それは文化諸領域における多元的な諸価値を事実あるいはザッへとして認めること、それのみを意味するのであって、実践的な態度として、己の奉ずる価値をも含めて諸価値の相対性を容認し、その意味で価値の平和的共存を承認するわけではない。彼にとっては価値の問題は価値評価の問題であり、論者の主観＝主体性を抜きにしては語れない以上、「価値表」（リッケルト）とか「全体総観」（マンハイム）とかによって、諸価値を全体的見取図の中に客観的に位置付けることもあり得ない。そうした態度もやはり、有機体的形而上学に基づく相対主義の一変種とみなされよう。

今さら言うまでもなく、ウェーバーの多元論は「神々の争い」を含意する「絶対的多神論」であった。多神教の世界における実践の場で、我々は己の確信する究極の価値を「神」として奉ずる限り、これに対して緊張・対立する価値は「悪魔」でなければならない。そこには、多元的価値のすべてを相対化して、それらの共存を「総観」する傍観者の存在する余地はない。

こうした絶対的多元論の世界は、古代ギリシャの神々、パンテオンの世界とは異なる、神と悪魔との相剋の世界である。それは、かつて長尾氏が示唆したように、古代ギリシャのパンテオンの世界と、古代ヘブライのヤハウィスムスの世界とが結合した独特の世界と言うことができる。つまり、それは絶対と相対、普遍と多元との両義性を孕んだ世界である。

こうして文化の多元性・固有法則性の問題も、文化諸領域間の緊張相剋の問題と切離しては考えられないことになる。だが、こうした問題の捉え方は、明らかにウェーバー独自のものであり、またそれだからこそ、その方法的態度が多くの研究者を魅了して来たのだと言えよう。ただし、実際にこうした視点を理論構成や歴史叙述の中に活かし貫くには、一定のカリスマ的資質が必要である。そこで多くの研究者は、カリスマの残した両義的な理論や叙述から己の身の丈に合った部分を取り出して、自分の研究や思索に活かして行く外はない。凡庸の極みを自認する私などは、ウェーバー宗教社会学の提示する問題や事象について多少なりとも理解を深められれば、それこそ以て瞑すべきである。

# Ⅳ

# テキストとの対話

## ——批判的解釈の地平

# 『シュタムラー論文』の意義

向井　守

## はじめに

ウェーバーの『科学論論文集』のうちでも最も難解なものの一つであり、しかも未完である『シュタムラー論文』は、最悪の精神状態において書かれ、一九〇七年七月に『アルヒーフ』に発表された。妻マリアンネは、その頃のウェーバーの精神状態について、「長い休養にもかかわらず、一九〇六年の冬と一九〇七年の春とはふたたび暗雲の下にとざされた。より大きな仕事をするには体力がなく、ウェーバーは自分の創造力の欠如を感じ、ここ数年来これほどひどい時期はなかったように思った」［LB : 368，訳 : 279］と回想している。ウェーバーは一九〇七年三月にはイタリアへ逃げ出した。五月には精神状態があまりに悪いため、妻は新しい医者に相談したほどであった。ウェーバーはこの論文について「原稿の一部分は必ずしも読みやすくない（私の最良の意志にもかかわらず、旅行にでる前なのでもはや手を加えることはできなかった）と、私は推測している」［MGW II/5 : 195］といい、自らもその難解さを認めている。そしてマリアンネはこの論文を読んだリッカートの感想を彼に次のように報告している。「リッカートはあの論文は非常に難解といい、あなたがあなたの全哲学をアルヒーフのなかに沈殿させ、読者がそこからなにかを自分のものするのを文章の上で非常に困難にさせているのは、残念だといいました」［LB : 369，訳 : 279］。このように、ウェーバーもリッカートもともにこの論文が難解であると認めている。そして、リッカートはこの論文の非常な難解さの原因は、「全哲学を沈殿させている」からであるとしている。では、いかなる意味においてリッカートはこの論文がウェーバーの全哲学を沈殿させているといったのだろうか。

## 1　三つの自然概念

この論文は、『クニース論文』などと同じように、一九〇六年に出たシュタムラーの『唯物史観による経済と法』改訂第二版を反論しつつ、ウェーバー独自の思想を展開するというかたちをとっている。『経済と法』の内容が、ある製造業者があらゆる技術の成果と巨大な資金、無数の労働力を駆使して、最新の設計の工場において空気を生産していることにたとえられ、しかもこの空気たるや液体空気でなく、単なる普通の空気であるという辛辣きわまる批判をもって始まるこの論文の前半は、シュタムラーに対する消極的な批判に終始する。まず、「唯物史観のシュタムラーの叙述」の節においては、経験論者としてのウェーバーが唯心論者であるシュタムラーの唯物史観の反駁にさらに反駁を加え、続く「シュタムラーの認識論」の節においては、シュタムラーが「統一性、合法則性、連関、観点」といった用語を混淆して使用していることや、「事実と価値との混同」、「実在根拠と認識根拠との混同」、「自然法則と実践的規範と論理的規範との混同」、「自然法則とカテゴリーとの混同」という論理的な誤りを平気で侵していることが克明に指摘され、シュタムラーが「スコラ哲学者」［WL: 307, 松井訳b: 118］であり、さらに「思想的に『火事場泥棒』をしている」［WL: 319, 松井訳b: 131］といった手厳しい批判が浴びせられる。しかし、この節に終わりところで、ウェーバーの論調が急に一変するのが認められる。シュタムラーは社会科学を「社会的生活の科学」と規定するが、ウェーバーはこの「社会的生活」の概念をめぐってシュタムラーと対決し、彼独自の思想を積極的に展開するのである。

ウェーバーによれば、シュタムラーの認識論の目的は、「社会的生活」が「自然」とはまったく異なった考察の対象であり、そして自然科学方法とは異なった社会科学の原理が論理的に不可避であることを明らかにすることであった。ここでウェーバーは問題提起する。「何が『自然』、『自然科学』、『自然科学的方法』の下に理解されるべきであるか、何がそれらの決定的な標識をなすべきか」〔WL : 321, 松井訳 b : 133〕と。そしてこれを一義的に確定することはきわめて重要であるという。ここで、ディルタイに始まり、ジンメル、ヴィンデルバント、リッカートを経て、イエリネク、ラスクに到る自然科学と精神科学（ないし文化科学、ないし社会科学）との認識論的区別やそれぞれの決定的特質をめぐる論争が思い出される。そして「近年のさまざまな論理的議論は――シュタムラーはもちろんこの議論を知らないが、また知っていたとしてもまったく表面的である――この後者〔＝決定的標識〕が決して自明のものでないということをはっきり示しているかもしれない」〔WL : 321, 松井訳 b : 133〕という。ここでウェーバーが問題にするのは、「社会とは何か」ということよりも、「自然とは何か」ということである。彼は、ひとはしばしば「自然」とか「自然科学的」という言葉をしばしば不正確に使っているが、しかしいずれ「報いを受けるであろう」と語る。というのは、「何が自然の下に理解されるべきかということへの反省は、どのような人であれ、少なくとも、その学説を『自然』と『社会的生活』という客体の対立の和解しがたい概念的対立の上に構築する人にとっては、まさしく死活の問題である」〔WL : 321, 松井訳 b : 133〕からである。そしてここで彼は名前を挙げることなく、極めて抽象的にディルタイに始まる自然科学と精神科学との対立をめぐる論争を回顧し、そして彼独自の「自然」概念を展開し、この論争に最終的な解決を与えようとするのである。

ウェーバーは、「自然」には五つの概念があるという。

第一に、通常の自然。「日常の言葉」の使用から出発する自然概念である。この場合、「自然」とは「植物的・動物的生命現象をふくむ自然」であり、これに対立するのは「人間的な高次の精神的な生命現象」である「精神」である。ウェーバー自身は名前を挙げていないが、明らかに経験科学を自然科学と精神科学とに分類したディルタイの立場を指している。これは通常自然と精神との「実在的」「素材的」区別と呼ばれているものである。

第二に、「普遍的なもの」としての自然。「『普遍的なもの』、すなわち無時間的に妥当する経験的規則（『自然法則』）を目指しての経験的現実の研究」［WL : 321, 松井訳 b : 134］である自然科学と「『個性的なもの』を因果的制約性において考察する」歴史学との対立である。ここでウェーバーが念頭においているのは、ヴィンデルバントの思想をさらに発展させたリッカートの立場である。彼らは「考察様式の種類」によって経験科学を自然科学と歴史学とに区別する。彼らは特に心理学の分類をめぐってディルタイの「実在的」区別に反対し、自然科学と歴史学との「方法的」「論理的」区別を提唱した。しかし、ウェーバーはリッカートの思想にも難点があるという。この区別にしたがうと、通常「精神科学」に属するとされているが、普遍的な法則を追求する「心理学、社会心理学、社会学、理論経済学、比較宗教学、比較法学といった科学が『自然科学』に属する」［WL : 322, 松井訳 b : 134］という難点が生じる。これはディルタイによる精神科学と自然科学との区別に対するヴィンデルバントの批判の後、ディルタイが提起した問題である。彼はこれをきっかけにして、精神科学のうちに新しく、普遍的法則を追求する「体系的精神科学」［Dilthey 1968 : 257f］の分野を設けるのである。そしてさらに、ウェーバーは、この方法的区別によれば、法教義学というような概念分析的＝「教義学的学科はまったくこの対立の彼岸にある」［WL : 322, 松井訳 b : 134］、すなわちこの分類によっては処理されない学問が出てくるという、もう一つの難点を指摘する。

第三に、「経験的なもの＝因果的なもの」としての自然。ウェーバーは、経験的なものを因果的なものとすれば、「経験的因果的『説明』を目指す学科の総体」に対して、論理学、理論的倫理学、美学、法教義学、形而上学的教義学などの「規範的すなわち教義学的＝概念分析的な目標を追求する学科」［WL : 322, 松井訳 b : 134］が対立させられる、という。そして前者において「第三の自然概念」が成立するという。両者を分けるのは、存在と当為という「判断カテゴリ」の対立である。ここでウェーバーが念頭においているのはイエリネクとその説を受け入れたラスクである。イエリネクは科学を「因果科学」と「規範科学」とに分ける。前者は現象の因果的連関を教える法則を、後者は人間の思考および行為によって現実化される「べき」法則を追求する。すなわち、前者は存在の法則を、後者は当為の法則を追求する。彼はこの区別を国家学に適用して、国家学を社会的国家学（soziale Staatslehre）と国法学（Staatsrechtslehre）とに分類する。そして「社会的国家学は、国家の客観的歴史的存在、すなわちあまり適当ないい方ではないが国家の自然的存在を内容としてもち、国法学は……法規範を内容としてもつ」［Jellinek 1905 : 20, 訳 : 16］という。しかし、ウェーバーによれば、このイエリネクの科学の分類にも、難点がある。というのは、歴史的個性的因果関係を追求する「例えば、芸術史、風俗史、経済史、法制史を含む『歴史諸科学』の対象の総体が『自然科学』の概念の下に包摂される」［WL : 322, 松井訳 b : 134］からである。

このようにして、第二の自然概念においては、精神科学に属すると考えられている、心理学、社会心理学、社会学、理論経済学などの「法則科学」が排除され、そして、法教義学や論理学などといった「教義学的学科」はこの分類によっては処理されない。第三の自然概念においては、芸術史、経済史、法制史などの「歴史科学」が排除される。では、これらの科学を含むようなもっと包括的な、「自然」に対立する「非自然」の概念とはどのようなものであるのだろうか。ウェーバーこの論文において目指したのはまさにこのことであり、彼はディルタイに始まる精神科学をめぐる論争によって生まれた学説のさまざまな問題点を指摘し、彼独自の解決を与え、この論争に終止符を打つことを目指すのである。

しかしながら、ウェーバーは「われわれはなおさらに二つの可能な『自然』概念を知るようになるであろう」といった途端、突然「ここでまず一旦議論を中断する」といって、論点を一転させる。そして「いまやまずわれわれは、シュタムラーによって発見された『自然』の対極、つまり『社会的生活』にとっていかなるメルクマールが構成的（konstitutiv）であるべきかを、問題にする。というのは、彼のすべての議論はまさしくこの概念の上に構築されているからである」［WL : 322, 松井訳 b : 135］といって、シュタムラーの「社会的生活」という概念の分析に向かう。続く「規則の概念の分析」という節においては、彼の考察の焦点は、「自然概念」ではなく、「社会的生活」の概念に据えられるのである。

## 2 「意味」のカテゴリーの登場

このあとウェーバーは、シュタムラーによれば社会的生活の決定的メルクマールは、「『規制化された（geregelt）』共同生活であり、『外的な諸規則の下で』の相互関係から成り立っている」［WL：322，松井訳b：135］ということであるといって、まず規則の概念を綿密かつ徹底的に論理的に分析する。規則の概念を「自然法則」と「規範」という二つの根本的意義に分析し、さらに別の「格率」の意義があるといい、規則に対する論理的分析はまさに執拗を極める。しかし、数ページ後になると、ウェーバーの論調はふたたび一転する。そして、「いまやここで、われわれは、シュタムラーの概念規定の正当性をなおくどくど論じるのでなく、さしあたっては規則の概念に関するわれわれの論議を、シュタムラーを念頭におくことなく、さらに一歩先に進めていこう」［WL：331，松井訳b：145］という。そしてここで、第四の自然の概念が登場するのである。

ウェーバーは三つの具体的な例を挙げて説明し、第四の自然概念を取り出す。第一の例は「交換」、第二の例は「本の栞」、第三の例は「ロビンソン・クルーソー」である。ここで問題とするのは、先のシュタムラーに関連しての「社会的生活に対していかなるメルクマールが構成的であるか」ということである。

第一に、これまで社会的関係をもったことのない、人種の異なった二人の人間が交換する場合、二つの異質な側面がある。すなわち、交換するときの筋肉の運動や音声という「外的で知覚可能な経過」と「二人が彼らの外的行動に付与する『意味（Sinn）』」、すなわち「交換するという意味」［WL：332，松井訳b：145］という二つの側面がある。この意味がなければそもそも交換といった現象は可能ではない。ここでの交換とは二人の人間の社会的関係である。ウェーバーは、「『外的な』しるし〔＝筋肉の運動や音声〕を『シンボル』〔＝交換のシンボル〕として使用するという事情は、すべての『社会的』関係の構成的諸前提の一つである」〔WL : 332, 松井訳 b : 146〕という。ここでウェーバーはシュタムラーの「社会的生活」という概念に替わって、「社会的関係」という概念を使い始める。そして、意味こそは社会的関係の構成的諸前提のすべてではないが、その「一つ」であることを強調するのである。では、その一つであるということはいかなることを意味しているのだろうか。第二と第三の例がそれを明らかにするのである。

第二に、本の中に栞を挿入する場合、外的に知覚されるのは一枚の紙であるが、それは「ここまで読んだ」という『意義（Bedeutung）』をもっている。ウェーバーはここでは「意味」と「意義」とを同じ意味を持つものとして使用する。そして彼は「この『意義』というものを知らなければ、栞は私にとって無用で無意味であるだろう、そして行為そのものもまた因果的に『説明不可能』であるだろう」〔WL : 332, 松井訳 b : 146〕という。しかし、「それでもここでは確かにいかなる『社会的』関係は作られていない」という言葉を付け加える。本の中に栞を入れることは、純粋に個人的な行為であって、他人の行為をなんら意識してはいない。ここでウェーバーは意味だけでは社会的関係を構成することはできないことを強調する。すなわち、意味はたしかに社会的関係を構成する前提の一つであるが、しかしそのすべてではないのである。

第三に、ロビンソンが来るべき冬に備えて、切ろうと思っている木に斧で「しるし」をつける場合、外的に知覚できる木の傷だけがこの事象のすべてではない。そして、彼は「こういう確かにまったく『社会的生活』を含んでいない措置（Massnahme）の『意味』こそは、この措置にその性格を刻印し、『意義』を与えるのである」〔WL : 332, 松井訳 b : 146〕という。ここでの「措置」は後のウェーバーの用語でいえば「行為」である。そしてさらにここでは意味と意義とは同じ意味で使われているにもかかわらず、「意味は意義を与える」、すなわち「意味は意味を与える」という同義反復が行われている。これは、「意味」という困難な問題に面していかに彼の思考が難渋に難渋を重ねていたかを示すものである。そして、ここでも述べられているように、意味は「社会的生活」＝「社会的関係」にとっては、必要条件であるが、十分条件ではない。それは社会的関係の構成的諸前提の一つにすぎない。しかし、ウェーバーはこの「意味」のカテゴリーをもって、新しく第四の自然概念を発見するのである。ここで彼は、哲学史的に見てディルタイもリッカートもイエリネクも超える彼独自の哲学的立場に到達するのである。

ウェーバーは「われわれが思惟において、客体または事象に『表現されている』のを見出す『意味』と、まさしくこの『意味』が捨象されたときでもなお残っているこの事象の構成要素を区別し、そしてこの構成要素のみを反省する考察を『自然主義的』考察と名づけるならば、われわれは以前のものとはたしかに区別されるべきもう一つの『自然』概念を獲得するのである」〔WL : 332, 松井訳 b : 147〕という。ではその自然とはなにか。それは「意味なきもの（das Sinnlose）」ものである。したがって、「われわれが事象において『意味』を問わないとき、その事象は『自然』になる」〔WL : 333, 松井訳 b : 147〕のである。これによって、ウェーバーは、自然科学と「非自然科学」〔WL : 43, 松井訳 a : 92〕とを限界づける決定的な特質を発見する。それは「意味」である。すなわち、自然科学は「意味なき」自然を研究するに対して、非自然科学は「意味をもった」事象を研究するのである。かくして、ウェーバーはリッカートの立場では排除された心理学、社会学、理論社会学、比較宗教学などの「法則科学」、そしてこの立場からは処理不可能な法教義学などの「教義学的科学」、イエリネクの立場では排除された芸術史、風俗史、経済史、法制史などの「歴史科学」を包括する、より高度に抽象的な立場、すなわち、リッカートとイエリネクの立場を包括するとともに、これを超越する新しい立場に到達するのである。ウェーバーがリッカートにいっているように、「意味」こそはまさしく「最高の論理的抽象によって獲得された限界カテゴリー」〔MWG II/6 : 203〕であったのである。彼は非自然科学全体がその上に聳える最深で最堅固な岩盤である「意味」のカテゴリーを掘り当て、発見したのである。

しかし、ここで自然と非自然とを分ける限界が規定され、自然科学の対象が規定されたにしても、何が「社会的関係」または「社会的生活」を構成的するのであるかというウェーバーの問題はまだ解決されているわけではない。彼によれば、意味には「宗教的教義学の内部における世界全体の『意味』からはじまって、狼が近づいたときにロビンソンの犬の叫び声が『持つ』『意味』まで」〔WL: 333, 松井訳 b: 147〕の広大な範囲がある。したがって、彼は「『有意味的（sinnvoll）』である、なにかを『意味する（bedeuten）』という属性は、決して『社会的』生活に固有なものでない」〔WL: 333, 松井訳 b: 147〕という。たしかに自然科学の領域は「無意味な」自然現象と規定されたが、意味だけでは社会的関係または社会的生活は決して充分に規定されないのである。ウェーバーはさらに社会的関係を規定するために、意味のさらになる論理的分析に向かう。そしてここで彼は第五の自然概念を発見するのである。

## 3　主観的意味と客観的意味

ウェーバーは、交換の事例に帰って、「二人の交換者の『外的』行動(Verhalten)の『意味』は……二つの論理的に非常に異なった仕方で考察されうる」〔WL: 333, 松井訳 b: 147〕といって、意味を⑴「理念としての意味」、⑵「経験的意味」とに区別して、しかもそれぞれを実に入念に分析し、その叙述はまさに難解を極める。彼はこのとき読者の理解のことなどを完全に忘れている。意味をめぐる複雑な論理的事態を明らかにすべく、ただ自己理解のためにひたすら書いているように思われる。しかし、ウェーバーの後の論文『カテゴリー論文』や『社会学の基礎概念』を念頭におけば、そこにおいては「客観的に妥当な意味」すなわち教義学的意味と「主観的に私念された意味」すなわち経験的意味との区別が論じられていることがわかる。ウェーバーは「『社会的生活』を経験的に存在するもの（empirisch Seiendes）として論究しようとする人は、教義学的に存在すべきもの（dogmatisch Seinsollendes）の領域への主題転移（Meta-base）を行ってはいけない」〔WL: 336, 松井訳 b: 151〕という。すなわち、意味を主観的意味と客観的意味とに分けることとは、価値自由の観点から意味の領域において存在と当為とを分けることである。そして両者を混淆することは経験科学の大前提である価値自由の要請に違反することになる。二つの意味を区別する論理的根拠は、価値自由に基づいているのである。このようにしてウェーバーは意味をここで「外的事象が教義学的にもっている『意味』」と「『行為者（acteurs）』が外的事象に具体的に実際に結びつけるか、または……結びつけるふりをする『意味』」〔WL : 336, 松井訳 b : 151〕、すなわち「教義学的」客観的意味と「経験的」主観的意味とに区別する。そしてこの区別によって、非自然的科学は教義学的科学と経験的科学とに分類されるのである。さらにこのことを「法的規則」という例を挙げて、具体的に説明しようとする。しかしここで突然、ウェーバーの論点がまたもや転換する。彼は、シュタムラーが「法的規則」と「ゲームの規則」との類似に言及しているので、「われわれはわれわれの目的のためにこの類似を根本的にもっと詳細に徹底的に追求しなければならない」〔WL : 337, 松井訳 b : 151〕といって、ふたたび主題から逸脱していく。そして約六ページにわたって、この類似が延々と論じられて、「法的規則」の二つの意味の具体的説明に帰っていくのである。

ウェーバーは民法の特定の条項を例に挙げて、「その条項が概念的に何を『意味する（bedeuten）』のか」と「それが経験的〔＝因果的〕に何を『生ぜしめる（wirken）』のか」〔WL : 345f, 松井訳 b : 161〕という二つの論理的にまったく異質的な観点から考察されるという。前者は法解釈学の問題であって、民法のある条項を「正しく」解釈することである。これを彼は「理念的意味において妥当する」という。これに対して、後者は法社会学の問題であって、この条項が人間の主観において意識され、ある種の心理的強制装置となって、それが彼の行為に因果的に影響を及ぼすことである。これをウェーバーは「経験的に妥当する」という。ここでは人間行為の因果関係が問題となるのである。たしかにラスクも一九〇五年の『法哲学』において「法が実在的な要素として、社会的な生事象として見られうるか、それとも意義の複合体、もっと正確には規範意義としてその『教義学的内容』において吟味されうるか」〔Lask 1923 : 311〕によって、法学を法社会学と法解釈学とに分け、前者は「主観的意味における法」、後者は「客観的意味における法」〔Lask 1923 : 318〕を追求するものであるとした。しかしラスクの場合には法学の内部において「主観的意味」と「客観的意味」とを区別するにとどまっていた。しかしウェーバーの場合はラスクとは異なっていた。彼はこの二つの意味の区別をディルタイ用語でいえば、精神科学全体へと導入し、それを体系的に分類し、リッカートやイエリネク以来の科学の分類の論理的難点を最終的に解決しようとするのである。

すなわち、彼は、「意味」の領域のうちに価値自由に基づいて「存在」と「当為」との論理的区別を導入し、「非自然科学」を主観的意味を因果的に研究する「経験的科学」と客観的意味を正しく解釈する「教義学的科学」とに分類する。そして「外的事象の『意味』といえども、その経験的存在が反省されるとき、論理的な意味で『自然』となる」［WL: 336, 松井訳 b: 151］という。そしてこの論文の終わり方の個所で、さらに「法学的教義学における法規則の取扱いに対立して、『法規則』の経験的＝因果的『把握』を『自然主義的』と名付けても、なんら差し支えない。ただしかしこのような場合、経験的存在の総体一般が『自然』と呼ばれ、したがって例えば『法制史』といえども、論理的に考察すれば一つの『自然主義的』学科であるということが、はっきり自覚されなければならない」［WL: 357, 松井訳 b: 173］という。ある事象が経験的＝因果的把握される場合、その事象は「論理的意味」で「自然」となるのである。かくしてここではっきりと、「第五の自然概念」という言葉は出てこないが、しかしその概念は規定されている。

精神科学の内部のうちに自然主義的科学＝経験科学と教義学的科学の区別が持ち込まれ、前者のうちにリッカートによって排除された、社会学、理論社会学、比較宗教学など「普遍的なもの」を追求する法則科学、イエリネクによって排除された芸術史、風俗史、経済史、法制史など「個性的なもの」を追求する歴史科学が含まれ、後者にリッカートの分類によっては処理されえない論理学、美学、法教義学に含まれるのである。以上のように、意味の有無によって自然科学と非自然科学が区別され、さらにこの意味が主観的意味と客観的意味に分けられることによって、非自然科学がさらに経験的科学と教義学的科学とに分類され、最後に経験的科学の下位の分類として法則科学と歴史科学とが区別される。このようにして、ウェーバーは第五の自然概念によって、リッカートの論理的方法的分類やイエリネクの判断カテゴリーによる分類から生まれる一切の問題は解決するのである。ウェーバーは『シュタムラー論文』ではたしかにこのことを決して言っていない。しかし、このことは『基礎概念』において極めて明快に定式化されている。ここでは彼の社会学の体系的叙述はまず、最も根源的なカテゴリーである「主観的意味」そのものの論理的分析をもって始まる。彼は主観的に思念された意味を、(1)事実的、(2)平均的、(3)類型的に分類する。そしてこの「主観的に思念された意味はなにか客観的に『正しい』意味、もしくは一つの形而上学的に探求された『真の』意味ではない。この点において、行為についての経験諸科学、すなわち社会学と歴史の、すべての教義学的諸科学、すなわちその対象において『正しい』『妥当な』意味を研究する法解釈学、論理学、倫理学、美学に対する区別がある」〔WL：542, 阿閉訳：7〕という。ここでの社会学のところに心理学、理論経済学などの法則諸科学、歴史のところに法制史、経済史などの歴史諸科学をつけくわえれば、すべての非自然科学全体は整然と体系的に分類される。いうなれば、ウェーバーはこの文章において非自然科学全体の究極的な分類を提出しているといってよいのである。

この科学の分類の問題のほかに、さらにとりわけ問題となるのは、「社会的関係」を構成するメルクマールは何かということである。しかしウェーバーはただひたすら、法的規則という概念をめぐって、因果的＝経験的主観的意味と教義学的客観的意味との区別を微に入り細に入り論理的に分析して行く。それにもかかわらず、「これまでただまったく暫定的に概要を述べたにすぎない・経験的考察様式と教義学的考察様式の対立にさらに分析する」〔WL：368, 松井訳b：176〕という言葉をもってこの論文は閉じられるのである。したがってこの論文では最後まで社会的関係の概念は規定されることはない。しかしながら、たとえ社会的関係という概念が規定されなくても、ここで初めて社会的関係にとって基礎的なカテゴリーとなる「主観的に私念された意味」が「客観的に妥当する意味」と区別されるようになるのである。

この論文が書かれた一九〇七年にジンメルの『貨幣の哲学』第二版が、翌一九〇八年には『社会学』が出版された。ウェーバーは直ちにこれらの著書を読んで、『貨幣経済の社会学者および理論家としてゲオルク・ジンメル』という断片を書き、『シュタムラー論文』で得られた客観的意味と主観的意味との論理的区別という武器をもって、ジンメルはこの二つの意味を混同していると批判する。ウェーバーは、先に述べた、主観的意味の論理的分析をもって始まる『基礎概念』において、客観的意味を「なんらかの客観的に『正しい』意味、もしくは一つの形而上学的に探求された『真なる』意味」〔WL : 542, 阿閉・内藤訳 : 7〕とに区別しているが、ジンメルの場合においては同じ客観的意味でも法解釈学のような客観的に『正しい』意味でなく、形而上学的に『真なる』意味が問題となるのである。ウェーバーはジンメルが「専門家が『事実』の問題、すなわち存在の問題を取り扱っているところで、われわれが現象から獲得しうる（もしくは獲得しうると信じている）ところの『意味』を追求することを目指している」と批判する。すなわち彼の社会学ではたしかに経験的事実が追求されているが、しかし経験科学的叙述をしながらも、「ジンメルの究極の関心が形而上学的な問題、すなわち生の『意味』に向けられている」〔Weber 1991 : 11〕ことが問題なのである。例えば、『貨幣の哲学』は貨幣にまつわる社会学的現象も実証的に研究されているが、しかしこの著書の究極の目標は貨幣において象徴的に実現されているとする、経験的に検証されない形而上学的な「相対主義的世界観」〔Simmel 1958 : 585, 訳 : 580〕の探求であった。ジンメルにおいては主観的意味と「形而上学的な『真なる』意味」という意味での客観的意味との混同が行われているのである。そして、このような意味において『カテゴリー論文』では「定式化が瑣事にわたって煩雑になっているのは、主観的に私念された意味を客観的に妥当する意味から鋭く区別しようとしたからである（この点でジンメルの方法と部分的に異なっている）」〔WL : 427, 海老原・中野訳 : 7〕と書き、最終的に『基礎概念』においてはもっと厳しく「私は私念された『意味』を客観的に妥当な『意味』からできるだけ区別することによって、ジンメルの方法（その『社会学』や『貨幣の哲学』）から離れている。ジンメルは必ずしもこの両者を区別していないばかりでなく、しばしば意図的に混同している」〔WL : 541, 阿閉・内藤訳 : 6〕と批判するのである。このようにして、ウェーバーはリッカートとイエリネクを批判し、意味というカテゴリーによって彼らを超えるより包括的な哲学的立場に到達し、さらに意味を客観的と主観的とに区別することによって形而上学的思弁と経験科学的研究とが混在するジンメルの『社会学』を批判する。そして一九〇八年の暮れには『社会経済学講座』の編集を引き受け、そのなかで『経済と社会』を執筆しようとする。そして彼は出版社宛ての手紙でいっているように、ここでジンメルの『社会学』のような「機知に富んだ哲学者のディレッタント的業績に代わって、最終的に『社会学』を厳密に即物的＝科学的に取り扱う」〔Winckelmann 1986 : 47〕ことを意図する。ウェーバーは厳密に経験的地盤に根差した社会学を意図し、テンニースやジンメルを超えて最終的に真に経験科学としての社会学を確立しようとするのである。

## 4　「経験科学」としての社会学の構築にむけて

ウェーバーは一九一一年から一九一三年にかけて『経済と社会的秩序と勢力』という膨大な草稿を書いた。そして、最初のプランでは、最初の章である「社会的秩序のカテゴリー」に当たる部分に、彼の認識論的考察を付加して、一九一三年『ロゴス』誌上に『理解社会学の若干のカテゴリー』という論文を発表した。この『カテゴリー論文』では社会的関係という用語は出てこない。しかし、ここで社会的関係に当たるのは、あまり目立たない姿で現れる「ゲマインシャフト関係（Vergemeinschaftung）」という用語である。そして、ここではじめて「社会的関係にとっていかなるメルクマールが構成的であるか」という問題は解決されるのである。すなわち、ゲマインシャフト関係＝社会的関係を構成するメルクマールは「主観的な意味をもって他の人間の行動と関係させられる人間の行為」〔WL : 441, 海老原・中野訳 : 43〕「ゲマインシャフト行為」（のちの「社会的行為」）である。ここではゲマインシャフト行為は「ゲゼルシャフト行為」と「諒解行為」とに分類される。ゲゼルシャフト行為は目的合理的に制定された秩序に方向づけられた行為であり、この行為によって形成されるゲマインシャフト関係は「ゲゼルシャフト関係（Vergesellschaftung）」（例、目的結社）と呼ばれる。これに対して、諒解行為は目的合理的に制定された秩序が存在しないにもかかわらず、あたかもこのような秩序が行われているかのように経過する行為であり、この行為によって形成されるゲマインシャフト関係は「諒解ゲマインシャフト関係（Einverständnisvergemeinschaftung）」〔WL : 459, 海老原・中野訳 : 93〕（例、交換、言語共同体）

と呼ばれる。このようにゲマインシャフト行為は制定された秩序によって方向づけられているか否かによって、二つの行為に分類される。そして、この草稿においてこの二つの行為から家族、近隣団体、人種、宗教、市場、法、政治、支配、国家などといった一切のゲマインシャフト関係のカテゴリーが形成されるのである。それゆえに、ウェーバーはリッカートに宛てた手紙で「必要なのは二つの概念、行為と秩序だけです。これ以外のすべての概念はこの二つの概念から展開させることができます」〔Schluchter 1988, 訳：97〕ということができたのであった。ウェーバーは主観的な意味をもったゲマインシャフト「行為」と「秩序」という最も根源的でしかも最も単純なカテゴリーから出発して、一切の複雑なゲマインシャフト関係のカテゴリーを体系的に構成するという壮大な社会学の計画を試みようとするのである。そしてウェーバーはいう。「社会学的概念構成の仕方は、とりわけ極めて合目的性の問題である。われわれは後に述べられる……カテゴリーをすべて決してこのように構成しなければならないというわけではない。それらは部分的にはシュタムラーが『考えるべきであった』ことを示すために、展開されたのである」〔WL：427，海老原・中野訳：6〕。ウェーバーは『シュタムラー論文』において解決されなかった「いかなるメルクマールが社会的生活にとって構成的であるか」という問題を、ある意味ではこの論文においてシュタムラーにかわって考え、一挙に解決し、そしてこの論文を基礎にして理解社会学を体系的に構築しようとしたのであった。したがって、『カテゴリー論文』は『シュタムラー論文』の続編ともいわれるべきものであり、ウェーバーは後者において未解決に残した問題に答えようとしたのであった。

彼は『カテゴリー論文』の文献紹介において一九一三年に刊行されたリッカートの『自然科学的概念構成の限界』第二版をあげている。ウェーバーは『シュタムラー論文』においては名前を挙げることなく秘めやかに、自然を方法的に「普遍的なもの」にすることに対する難点を指摘した。リッカートは「歴史的文化科学」という節において、文章を書き加え、これに回答している。そしてリッカートはここで自然には「二つの意味」があるという。自然とは方法的には「特殊なものに対立する普遍的なものに着眼しての現実」、実在的には「価値関係的で意味的な文化とは異なるすべての価値関係を無視した現実」〔Rickert 1913 : 527〕、すなわち「意味なき（sinnfrei）もの」とする。『シュタムラー論文』を非常に難解と評した彼が、やはり思想的にウェーバーの影響を受け、同じく名前を挙げることなく、「意味」の有無によって自然と文化とを限界づけるウェーバーの思想を受け入れるのである。

ウェーバーはさらに最晩年に新しい構想の下に、『経済と社会』に取り組み、四章からなる未完の『第一部社会学的カテゴリー論』を書き下ろした。その第一節において彼の方法論を簡潔に要約し、さらに「社会学的基礎概念」を展開している。ここでは彼自らも「ロゴスの論文に比べて、ここではできるだけ理解しやすいように、用語はできるだけ簡単にし、したがってまたいろいろな変更が加えられる」〔WL : 541, 阿閉・内藤訳 : 5〕といっているように、『カテゴリー論文』のいささか錯雑し、極めてぎこちない概念構成（例えば、諒解ゲマインシャフト関係）にかわって、新たに、透明な概念構成を結晶させ、定式化している。たしかに彼のいうように「社会学的概念構成の仕方は合目的性の問題」といえるのである。この『基礎概念』においてふたたび「社会的関係」という用語が現れ、それを構成するメルクマールが規定される。それは「社会的行為」である。そして国家や封建制などといった「社会的関係」は「（意味をもって）一定の仕方で社会的行為が行われるチャンスのうちに存する」〔WL : 567, 阿閉・内藤訳 : 43〕と定式化される。そして彼の社会学は「社会的行為」を中軸として構成される。すなわち、社会学は「社会的行為を解明しつつ理解し、これによってその経過とその結果において因果的に説明しようとする科学」〔WL : 542, 阿閉・内藤訳 : 6〕なのである。では、社会的行為とはどのようなものであるのだろうか。

ウェーバーの最終的定式化によれば、「社会的行為とは、行為者または諸行為者によって私念された意味にしたがって他者の行動に関係させられ、かつその経過においてこれに方向づけられた行為であるべき」〔WL : 542, 阿閉・内藤訳 : 6〕なのである。そして社会的行為によって構成される社会的関係は、その動機がそれぞれ「主観的に感じられた連帯」であるか「利害」であるかよって、テンニースの概念図式によく似た、「共同社会関係（Vergemeinschaftung）」と「利益社会関係（Vergesellschaftung）」とに区分される。社会的行為は主観的意味にしたがって他者の行動に関係させられるという意味において、「意味関係性（Sinnbezogenheit）」〔WL: 431, 海老原・中野訳：16〕もしくは「意味的関係性（sinnhafte Bezogenheit）」〔WL: 429, 海老原・中野訳：13〕という特質をもっている。そして、ウェーバーは、この意味関係性においてリッカート、イエリネク、ジンメルを批判的に超越する哲学的立場に到達したばかりでなく、社会学、いな社会科学一般の決定的特質を発見するのである。『シュタムラー論文』は、リッカートやイエリネクなどの哲学者や科学者と対決して、その哲学にとって最も根源的なカテゴリーである「意味」を発見するばかりでなく、さらに意味を客観的意味と主観的意味とに区別して、ジンメルと対決し、経験科学としての社会学の確立をこころざす機縁となった論文である。ウェーバーが『基礎概念』でいっているように、この論文は「以下に述べることの基礎がすでにさまざまな点で含まれている」〔WL: 541, 阿閉・内藤訳：6〕のである。たしかに『シュタムラー論文』は精神の最悪の状態において執筆された。しかしそのために、彼の精神の明晰さはいささかも曇らされることはなかった。彼は社会学の基礎づけをめぐる極めて難解な認識論的論理的問題と格闘し、前人未到の哲学的境地に到達したのであった。私は『シュタムラー論文』のなかの重要と思われるほんの一面を論究したにすぎない。この論文の中には一九〇三年から始まる科学論の展開によって獲得された、ウェーバーのさまざまの独自の思想がちりばめられている。したがって、彼の独自の理解社会学の構築に大きく寄与したこの論文は、ある意味ではリッカートがいったように、哲学史的にも哲学的にも「彼の全哲学を沈殿させていた」といえるのである。

# 資本主義の精神における〈教育〉の契機

## ——日本の『倫理』解釈史からの一考察

橋本直人

### 1 はじめに

ウェーバーの数多くの著作の中でも、最も広く読まれているものの一つが『プロテスタンティズムの倫理と資本主義の精神』（以下『倫理』と略記し、『プロテスタンティズムの教派と資本主義の精神』は『教派』と略記する）であるというのは衆目の一致するところであろう。それだけに『倫理』に関する研究史も、その刊行当時の論争以来、実に膨大な蓄積をなすに至っている。範囲を日本に限定しても、『倫理』については解釈、分析、再構成、歴史的批判、その反批判、方法論的反省、等々の膨大な諸研究があり、しかもそれぞれが相互に複雑な継承・批判・修正などの関係にあるため、その全貌を見通すことだけでも不可能に近い。こうした先行研究の膨大さと多様さゆえ、『倫理』についてはすでに論じ尽くされたかの感さえある。

そこで、考察の起点として、まずはこの錯綜した研究史の中から代表的な対立軸の一つを単純化して取り出してみよう。その対立軸とは、禁欲的プロテスタンティズムについての価値評価をめぐる周知の対立である。『倫理』における禁欲的プロテスタンティズムをめぐっては、一方で「世俗化」以前のプロテスタンティズムを評価する観点からの解釈方向がある。その代表例であり、かつ日本における『倫理』の古典的解釈として、言うまでもなく大塚久雄が挙げられよう。大塚はプロテスタントの世俗内的禁欲をその「主体性」ないし「高度の倫理性」において次のように評価する（以下、引用文中の［　］は引用者による挿入、「…」は引用者による省略を示す）。

われわれのなすべきは、ただ、彼［神］の聖き意志の前に謙虚にひれ伏し、自己の良心に従って彼の栄光のためにせい一杯生活し行動するのみである。まことに聞くだけでも痛みを感ずるほどの鋭い「良心」！　この「良心」の覚醒は民衆のうちに倫理的＝合理的な内面的自覚を力強く昂揚し（…）、そしてその結果は、およそ神の聖き意志に反する（…）魔術的＝非合理的なものを排除するか、ないしは少なくともそれを徹底的に敵視する、という精神的雰囲気の歴史的形成となったのである……［大塚 1969c：416］。

こうした禁欲的プロテスタンティズムに対する評価は、当然その裏返しとして、「資本主義の精神」やさらに「機械的化石化」を「世俗化」による「堕落」ないし「倒錯」として批判する、という形で『倫理』を解釈することになる。

「資本主義の精神」においては、「倫理」と「営利」が相互に媒介し合いながら、しかもその精神的根基はしだいに、……「営利」活動が「倫理」の実践を媒介しつつ遂行されるという、いわば倒錯的な事態へと重心を移動させ、そこに独自な価値の倒錯が出現している、といってよい［Ibid.：65］。

こうしたいわば古典的な解釈方向が、いわゆる市民社会派の近代評価とあいまって長らく『倫理』解釈の基調となってきたことは否み難い。だが他方で、よく知られているようにこの解釈方向に対する批判が提起されてからもすでに久しい。この後者の解釈にも様々な方向が考えられるが、ここでは一つの類型として、『倫理』末尾の「機械的化石化」の「非人間性」や「物象性」をプロテスタンティズムにまで遡って批判する、という方向を考えることができるだろう。

……ここで重要なことは、この［カルヴィニズムの］独善性、非人間性が、……まさに信仰ゆえに、単に許容されるだけでなくて動機づけられ、義務として命ぜられるということ――その結果非人間的行為が倫理性を帯びてくる、ということである［折原 1969：261］。

むしろウェーバーが……語ろうとしたことは、「古プロテスタンティズム」の宗教的思惟構造が、それがもつ伝統主義破壊のたくましいエネルギーにもかかわらず――というよりも、たくましいエネルギーのゆえに、というべきだろう――、初発からその合理性の裏腹として非合理なものを内包していた、ということなのである［山之内 1982：32-3］。

人間のために経営があるのではなく、経営のために人間があるような、手段の倒錯に宗教的〈聖性〉をすら与え、人間を「管理する僕」あるいは文字通り「営利機械」にまで物象化していく価値合理的なモティーフを人格システムの中に内在化した媒体、それが、禁欲的プロテスタンティズムの職業倫理に他ならないからである［姜 1986：63］。

これらの解釈では、大塚らの古典的解釈とは対照的に、「資本主義の精神」ないし「機械的化石化」の「非人間性」「非合理性」がプロテスタンティズム自身の「非人間性」「非合理性」の帰結として捉えられている。こうした解釈が、「近代の批判者ウェーバー」として今日広く知られているウェーバー像に通じることは言うまでもない。

すでにこの整理からもうかがえるように、この対立は一般には近代的・プロテスタント的「主体性」に対する価値評価の対立、あるいは近代主義と近代批判との対立、として把握されがちであるし、また事実そうした一面を有している。だが、この対立を価値評価の対立としてではなく『倫理』解釈の対立として見た場合、両者の対立そのものが『倫理』の孕むある両義性を浮かび上がらせている、と捉えることはできないだろうか。もしこうした理解が可能だとするならば、この二つの解釈方向の二者択一ではなく、むしろこの両者の対立そのものを手掛かりとすることで、『倫理』解釈上これまで着目されることの少なかったある契機を見出すことも可能となるのではないだろうか。

こうした「契機」を『倫理』から読み取り、それを手掛かりとしてこれまで論じられることの少なかった『倫理』の一側面を提示すること、これがこの小論の課題である。

## 2　伝統主義を打破する論理

この対立的な二つの解釈方針を改めて対比してまず気づくのは、どちらの解釈も「世俗化」以降の「資本主義の精神」、まして「機械的化石化」に対する批判的評価という点では共通しているということである。そうだとすると、この両者の間での『倫理』解釈に関する具体的な対立は、これら世俗化の諸帰結とプロテスタンティズムとを連続したものと捉えるか断絶したものと捉えるかの対立に帰着する、と解釈することができるだろう。[1] いいかえれば、この対立の焦点の一つは『倫理』における世俗化過程の位置づけということになる。

さて、この「世俗化」概念についても、これまでに内外を問わず様々なことが論じられてきている。だがここではこの問題を検討する手掛りとして一つの問いを提示したい。それは次のような問いである。

**〈プロテスタンティズムの生み出した合理的・方法的生活態度は、なぜ世俗化（＝宗教的基盤の消失）にもかかわらず、伝統主義へと回帰せずに「資本主義の精神」へと継承され得たのか？〉**

一見するとこの問いは奇妙な問いのようにも、あるいは愚問とも思われるかもしれない。価値評価はともかく、プロテスタンティズムが世俗化した結果として「資本主義の精神」が成立するのはいわば当然のことと考えられがちである。だが、例えば『倫理』の以下のような記述を見るならば、この連関が決して自明なものではないことは容易に理解されるであろう。

このこと［ピューリタンにおける宗教理念の脱落］は、世俗内的禁欲の先駆者たる中世修道院の禁欲が繰り返し被ったのとまさに同じ運命であった。修道院においても合理的経済態度が……その作用を完全に展開するに至ると、所有の獲得は直接に……貴族化に陥るか、そうでなくとも修道院規律を解体に瀕せしめ、数多くの「［修道院］改革」がそこに介在せざるを得なくなった。修道院規則の全歴史は、ある意味で、所有の世俗化作用 die säkuralisierende Wirkung des Besitzes という問題との絶え間ない闘争だったのである［RS1 : 195–6］。

よく知られているように、ウェーバーは『倫理』の各所で中世の修道院の規律とプロテスタント的労働規律との連続性ないし系譜的関係を指摘している。その両者が、「まさに同じ運命」としての世俗化作用を被ったとするならば、なぜ一方は「貴族化」ないし「規律の解体」を生じ、他方は規律を弛緩させることなく「資本主義の精神」へと転化し得たのだろうか。

もちろんこれまでの研究史において、中世の修道院と禁欲的プロテスタンティズムとの差異については様々な検討がなされてきた。特に達人的宗教意識と大衆的宗教意識の差異の問題、また救済手段の問題などは間違いなく重要な論点である(2)。だが、これらの問題が世俗化の問題と関連づけて検討されたことは、これまでのところほとんどなかったように思われる。また他方でプロテスタンティズムと「資本主義の精神」との連関は、通常は「内的親和性」などの概念によって理解されており、問題として捉えかえされること自体が稀である。

そうなると、ここで提起された問題は決して愚問でもなければ当然のことと解し得るものでもないと言えるのではなかろうか。しかもウェーバーが「世俗化」作用そのものについて論じている個所は、『倫理』に限らずほとんどないのである。

以上のことからすると、この問いに対してはやや異なる角度からの検討を試みる必要があるだろう。そしてその際に注目されるのは、この問いが同時に伝統主義の打破に関する論理構成の問題でもある、という点である。

そこで、『倫理』一章二節で展開される伝統主義とその打破に関する記述に、この問いについての手掛かりを探ってみよう。以下この個所について、まず労働者の側での伝統主義の問題、次いで企業家の側での伝統主義、という『倫理』の記述の順に沿って検討を加えたい。

労働者における伝統主義の問題は、『倫理』においてまずは出来高賃金制の限界として論じられる。すなわち、繁忙期における出来高賃金率の引き上げは、伝統主義的労働者の場合には収入増を求めての労働量の増大ではなく、通常の収入の確保をもって十分とするがゆえの労働量の減少を招くとされるのである。これに対し低賃金策は確かに労働量の増加を図ることはできるが、しかし近代資本主義が必要とするような熟練労働の発達という点ではむしろ阻害要因とさえなる、とウェーバーは述べる。要するに、出来高賃金制であれ低賃金策であれ「単に機械的な貨幣の操作は、資本主義的文化への『教育』die „Erziehung“ zur kapitalistischen Kultur も、またそれゆえ資本主義経済が可能となる条件 die Möglichkeit kapitalistischer Wirtschaft も生み出さない」［RS1 : 45, Anm.1］のである。

このような［絶対的自己目的であるかのごとく労働を遂行する］信条 Gesinnung は何ら自然に与えられたものではない。こうした信条は高賃金によってであれ低賃金によってであれ直接に作り出せるものではなく、むしろ長期にわたる教育過程 ein lang andauernder Erziehungsprozeß の産物に他ならない［RS1 : 46］。

それゆえ、こうした伝統主義を打破し、自己目的的に労働を遂行する信条を生み出す地盤としての「長期にわたる教育過程」が問題となる。ここでウェーバーが着目するのが、言うまでもなく宗教教育である。特に伝統主義的色彩の濃い（当時のドイツにおける）若年女子労働者の中で例外的に「特別に宗教的な教育を受けた spezifisch religiös erzogen 女子、その中でも敬虔派の強い地方出身の女子」については経済教育の成功する可能性が高い、という事例［RS1 : 47］を挙げ、ウェーバーはこの事例だけでも「資本主義的適応能力 kapitalistische Anpassungsfähigkeit と宗教的要因との関連」を問題とするに十分である、と主張する。

これに対し、企業家の側での伝統主義に関する『倫理』の記述は若干その色合いを異にする。というのも、「慣習どおり」の商売をして「のんびりとした生活のテンポ」に従っている企業家たちの伝統主義を打破したのは、突然現れて次々と経営を「合理化」していった「資本主義の精神」の持ち主であり、その登場とともに開始された「激しい競争」だからである。

……向上せざるものは没落しなければならなかった。激しい競争が始まるとともに牧歌的な風景は解体した。かなりの財産を得たとしてもそれを利子取得に回すのではなく絶えず事業に投資する、というようにゆったりのんびりしたかつての生活態度は厳しい冷徹さに屈した。遅れを取ることなく出世した人々の場合、それは彼らが消費ではなく営利を欲したからであり、古い様式にとどまった人々の場合、それは彼らが生活を切りつめねばならなかったということなのである［RS1 : 52］。

要するに、企業家における伝統主義の打破は経営の合理化によって引き起こされこれをめぐって展開される競争と淘汰による、というのが『倫理』におけるウェーバーの認識なのである。だとすると、企業家における伝統主義の打破に関する『倫理』の論理構成は、一見すると労働者の場合における論理構成とまったく異なるものと思われよう。そうだとすると、禁欲的プロテスタンティズムが世俗化にもかかわらず伝統主義を打破し得たのはなぜか、という上記の問いに対し、『倫理』には統一的な答えが存在しない、ということになるのだろうか。

だが、実はこの競争と淘汰こそが問題の焦点なのである。というのも、ウェーバーは「淘汰」概念の歴史的限界を指摘する記述の直前で以下のように述べているからである。

……［今日の資本主義的経済秩序は］各人が市場の連関に編み込まれている限り、その一人一人に経済行為の規範を強制する。この規範に反し続ける工場主は間違いなく経済的に排除されるし、同様に労働者もこの規範に適応できない、あるいはしようとしない場合には失業者として路上に放り出される。

すなわち、経済生活を支配するに至った今日の資本主義は、経済的淘汰というやり方で im Wege der ökonomischen Auslese 自らが必要とする経済主体……を教育し作り出す erziehen und sich schaffen のである［RS1：37］。

ウェーバーが言うように、こうした淘汰が成立するためにはそもそも淘汰のモデルが「まず成立していなければならないし、それもある見方として人間集団によって担われなければならない」［Ibid.］。だが、逆に言えばひとたびこのモデル（＝「資本主義の精神」）が成立すれば、経済的な競争と淘汰がこのモデルにしたがって「自らが必要とする経済主体を教育し作り出す」ということでもある。したがって、先に見た労働者に関する記述と照らし合わせるならば、経済的な競争と淘汰もまた近代的経済主体への〈教育〉のメカニズムと捉えることが可能なのである。そしてもしこのような推論が妥当ならば、労働者についてであれ企業家についてであれ、伝統主義という「感覚と振舞いとの様式」を打破するメカニズムとして、合理的・方法的生活態度への〈教育〉という契機が介在していると解釈され得ることになるだろう。

もちろんこの解釈には様々な異論が考えられる。特に経済的な競争と淘汰の作用を〈教育〉と捉えることが単なる比喩以上のものであるのかという疑問は禁じえないであろう。だが、ウェーバーが経済的淘汰を〈教育〉という言葉で捉えているのはこの個所だけではない。

例えばロシア革命について論じる中で、ウェーバーはロシアの農村共同体と対比しつつ西欧の農業協同組合について触れ、ロシアの共同体と同様に資本主義への反応でありながら協同組合の方は「それ自身が『計算可能性 Rechenhaftigkeit』の精神の浸透した存在であり、経済的淘汰過程 ein ökonomischer Ausleseprozeß を意味するものであり、つまりは農民を『事業人』へと教育する zum „Geschäftsmann" erziehen ものなのだ」［MWG I/10 : 230, Anm. 67］と述べている。この記述において淘汰と〈教育〉が結びついていることは明らかであろう。さらに特定の社会秩序における特定の人間類型の淘汰という連関を指摘した、いわゆる『価値自由』論文の記述［WL : 517］なども考え合わせるならば、ここで仮説的にではあれ、淘汰を〈教育〉のメカニズムと捉えることが単なる比喩以上のものであると解釈することも不可能ではないと考えられよう(3)。

そこで次節では、この解釈を手掛りに『倫理』および『教派』を再検討することで、この解釈の妥当性如何を検討したい。その際に特に問題となるのは、言うまでもなくこの〈教育〉という言葉の内実の特定である。

## 3 『倫理』『教派』における〈教育〉の契機

前節で得た仮説的解釈を手がかりとして『倫理』『教派』両論文を読み返してみると、実は各所に〈教育〉の契機が伏在していることが確認され得る。以下、これらの個所を詳しく検討することで、前節での仮説的解釈を検証するとともに、『倫理』解釈上のいくつかの論点に触れてゆくこととしたい。

## (1)『倫理』の問題設定および結論

〈教育〉という観点から『倫理』を読み返した場合、まず目につくのはその問題設定がカトリックとプロテスタントとの教育志向の差異を起点として進められていることである。ウェーバーはプロテスタントと近代的経済生活との関連を問題化する際に、まずカトリックよりもプロテスタントの方が近代的工業における熟練労働やホワイトカラーへの志向が強いこと［RS1：17–9］、そしてそれに関連してカトリックとプロテスタントそれぞれの信徒がその子供に与える高等教育の種類が異なることを指摘する。すなわち、プロテスタントの方が「市民的営利生活のためとされ、またそれに適している学校」への進学率が高い［RS1：21–2］という事実である。そしてウェーバーはこれらの事例を総括して次のように述べる。

　これらの事例に見られる因果関係は、疑いなくこうである。すなわち、教育によって身につけられた anerzogen 精神的特性、それも出身地や両親の家庭での宗教的雰囲気 die religiöse Atmosphäre によって規定された教育の方向 die Richtung der Erziehung、これが職業選択とその後の職業上の運命を規定しているのである［RS1：22］。

　こうした諸事例の位置づけを受けて『倫理』の問題設定がなされていることを考えるならば、『倫理』はその冒頭から宗教と生活態度との媒介として〈教育〉の契機を潜ませていると考えることができよう。

　この引用個所で、〈教育〉という契機の内実に関連して注目すべき点がある。それは、「出身地や両親の家庭での宗教的雰囲気」によって規定された教育の方向づけが、それ自身「教育によって身につけられた anerzogen」特性とされていることである。つまりここでは、高等教育に代表されるような、学校その他の機関による狭義の「教育」の方向を規定する要因がそれ自身出身地や家庭などでの「教育によって身につけられた」とされているのである。これはいいかえれば、学校その他教育のための機関における狭義の教育の方向をも規定するような、出身地や家庭などでのより広義の〈教育〉がここで論じられている、ということでもあろう（本論考で「〈教育〉」という表記を用いるのはこうした含意を受けてのことでもある）。そして『倫理』で教育について触れられる場合、多くはこのより規定的な〈教育〉について論じられているものと考えることができるのである。(4)

さて、こうした〈教育〉の契機は問題設定に対応して結論部分にも見出すことができる。よく引用される有名な個所でありながら注意を払われることの少ない記述なので改めて引用しておけば以下の通りである。

かの強力な宗教運動［＝禁欲的プロテスタンティズム］の経済発展に対する意義は、第一義的にはその禁欲的教育作用 ihre asketische Erziehungswirkungen にあったのだが、その経済的作用が完全に展開されるのは、……通常は純粋に宗教的な熱狂の頂上を通り過ぎ、……宗教的根基が次第に死滅していき功利的な現世主義にその場を譲ってからのことであった［RS1：197］。

あまりにも有名な個所であるが、この一節に〈教育〉の契機が認められることはこれまであまり注目されてこなかったのではなかろうか。だが、この結論部分での〈教育〉という契機の確認が問題設定と対応していることは容易に理解されよう。このことはまた、バクスターの活動について「禁欲がいかに大衆を労働へ……と教育するか zur Arbeit erziehen……についての典型例」［RS1：200, Anm.3］と位置づけられていることとも対応する。つまり、『倫理』はその冒頭と結論の双方で、生活態度に対する宗教の作用について〈教育〉を媒介として論じているのである。

## (2)「心理的機動力」

このように『倫理』の冒頭と末尾の両方で〈教育〉の契機が指摘され得るのであれば、この両者をつなぐ『倫理』

全体の記述に〈教育〉の契機が伏在していると考えるのも決して不自然なことではないであろう。いいかえれば、『倫理』での禁欲的プロテスタンティズムに関する分析についても、〈教育〉という契機を軸とする解釈が十分に可能なのである。

例えば、『倫理』の論理構成上重要な位置を占める論点の一つとして、すでに触れたように中世の修道院の禁欲とプロテスタンティズムの禁欲との共通性が指摘され得るが、以下の記述に従うならばこの共通性とは禁欲による合理的・方法的生活態度への〈教育〉の継承として捉えることが可能となる。

［修道院の歴史を通じ］キリスト教的禁欲は合理的生活態度のための体系的に完成した方法となったが、その目的は、自然の地位を克服し、人間を非合理な衝動の力……から解放し、……その行為を恒常的な自己統制 Selbstkontrolle とその行為の倫理的射程に関する考慮とに服せしめ、修道士を——客観的には——神の国に仕える労働者へと教育し zu einem Arbeiter … zu erziehen、それによって——主観的には——彼の魂の救済を確かなものとすることにあった……。こうした——能動的な——自己支配 Selbstbeherrschung は……ピューリタンにとっても決定的な実践上の生活理念であった。……［中略］……。我々のよく知っている言葉で言えば、ピューリタンの——またあらゆる「合理的な」——禁欲は、人々を……こうした形式的・心理的な意味において一個の「人格」へと教育するように働いた zu erziehen arbeiten のである［RS1 : 116–7］。

この一節に、「合理的」禁欲が人々を「合理的に」自己支配する労働者へと〈教育〉するよう作用した、という——修道院とプロテスタントに共通の——論理を見て取るのはたやすいことであろう。

また、『倫理』の核心の一つともいうべきカルヴィニズムの予定説に関する記述について、ウェーバーが随所で教義そのものの内容やその論理的帰結ではなく「生活態度に方向を指示し、個人をその方向へと固定するような心理的起動力 der psychologische Antrieb の確定」［RS1：86］こそが『倫理』の主題である、と強調している点もこの観点から新たに理解することができるであろう[5]。なぜなら、ここで言う「心理的起動力」（これに類する表現は「心理的プレミア psychische Prämie」「心理的作用 psychische Wirkung」など多数存在する）とは何よりも先に見たような「恒常的な自己統制と自らの人生の計画的規制 konstante Selbstkontrolle und planmäßige Reglementierung eigenen Lebens への起動力」［RS1：127］だからである。

つまり、予定説とそれによって引き起こされる「内面的孤独化」などによる「心理的起動力」は、この文脈では合理的・方法的生活態度への〈教育〉のメカニズムの核心をなす要素として解釈され得るのである。

さらにこの観点からするならば、いわゆる「脱呪術化 Entzauberung」に関する記述についても新たな位置づけが可能となる。一般に「脱呪術化」は「世界の脱呪術化」として、つまり世界像や「主知化」の問題として捉えられているが、本論考での文脈から見れば「脱呪術化」とは何よりも「救済手段としての呪術の排除」の問題であり、つまりは平信徒を駆り立てる「心理的起動力」の問題に他ならないからである。このことはウェーバーの以下の記述を対比して見ればより明瞭となろう。

……カルヴィニズムが完全に発展した地域においては、個人の懺悔が……無言のうちに姿を消したのである。これはきわめて大きな射程を有する出来事である。まずはこの宗教性の作用のあり方の一つの兆候として。だがまた、この宗教の倫理的態度にとって心理的な発展の刺激要因 psychologischer Entwicklungsreiz としてもそうである。情動的性格の強い罪の意識に対し、定期的な「解除 Abreagieren」の手段が排除されたのである［RS1：97］。

カトリック教会も確かに理念としては生活の原理的な転換を人々に要求した。しかしまさにこの要求が、教会にとって最重要の権力・教育手段 Macht- und Erziehungsmittel の一つである懺悔の秘蹟によって弱体化された。この懺悔の機能は、カトリックの宗教性の内的特性と深く結びついていたのである［RS1：113］。

ここで指摘されている懺悔の「機能」が、すでに見た予定説の「心理的起動力」が持つ〈教育〉作用とおよそ対極に位置することは容易に理解されよう。というのも、ここにあるように懺悔その他の「呪術的救済手段」とは、予定説による「心理的起動力」の源泉である「心理的緊張」を解除する手段だからである。つまりこの文脈に位置づけてみるならば、いわゆる「脱呪術化」（より限定的には「救済手段としての呪術の排除」）の重要性は、予定説の「心理的作用」が解除される可能性を取り除き、これを合理的・方法的生活態度の〈教育〉へと方向づけた、という点にあったと考えられるのである。

中世の修道院と禁欲的プロテスタントとの差異について前節では保留しておいたが、以上の検討からは両者の差異を両者の〈教育〉作用ないし効果の差異として位置づけることが可能となる。つまり、プロテスタントとの対比においてカトリックは、その救済手段の呪術的性格によってつねに平信徒の「心理的緊張」を弱める傾向にあるが、そのことによって生活態度に対する理念的な要求がつねに「弱体化」されざるを得ない、という差異である。ここまでの検討で確認したように、ここでの心理的機動力こそがプロテスタントにおける〈教育〉のメカニズムの核心をなしているのに対し、カトリックにおいてはこれを緩和する懺悔などの聖礼典の機能がその「最重要の教育・権力手段」に他ならないからである。そして、その結果としてカトリックにおいて禁欲的生活態度が修道士に対してのみ要求される「勧告」にとどまった、とするならば、この〈教育〉の契機とそのメカニズムの中核である「心理的起動力」がいかに重要な位置を占めるかは明らかであろう。前節での問いにとって決定的に重要であった修道士的禁欲とプロテスタント的禁欲との差異は、この文脈においてはその教義や救済手段などの〈教育〉作用の差異として解釈可能なのである。

### (3) 支配と規律化としての〈教育〉

ここまで論じたことからみると、カルヴィニズムの予定説が生み出す「心理的起動力」は、まさに最強度の「主体性」ないし「内面性」を育成する〈教育〉のメカニズムであると解釈され得よう。だが、このメカニズムが同時に支配と規律化の機構でもあることを、やはり『倫理』の記述からうかがうことができる。例えば、プロテスタントの生み出した合理的生活態度の規律が官僚制的支配の基盤たる合理的規律の起源である、とはよく論じられるところであるが、この関連はやはり『倫理』においても指摘されている。特に「『自己支配』の禁欲的原理はピューリタニズムをして近代的軍事規律 die moderne militärische Disziplin の父ともなさしめた」[RS1 : 117, Anm.4] という記述は、いわゆる『経済と社会』旧稿中の「支配の社会学」での規律に関する議論とまったく相即している。

さらに、ウェーバーがクロムウェルの対アイルランド戦布告文について述べている以下のような記述もこの点に通じるものである。

むしろこの文書の特徴的なところは以下の点にある。すなわち、クロムウェルが——彼の性格を知っていたものなら皆分かっているように、最深の主観的確信をもって——アイルランド人自身に対し、神に訴えながらその征服の道徳的正当性を主張し、その根拠として、イギリスの資本がアイルランド人を労働へと教育した die Iren zur Arbeit erziehen ことを挙げている、という点である [RS1 : 73-4, Anm.2]。

この記述に見られるようなプロテスタントの特性は、すでに多くの先行研究がそこに道徳的正当性と〈教育〉と支配との緊密な結びつきを見て取るところであろう(6)。

## (4) 世俗化と〈教育〉

さらに(2)における検討から明らかなように、予定説などの教義の重要性が何よりもその「心理的起動力」としての、つまり合理的・方法的生活態度への〈教育〉のメカニズムの動因としての重要性であるとするならば、この〈教育〉の契機は必ずしもプロテスタントの教義との結合において把握される必要はないと考えられよう。そして事実、『教派』論文においてウェーバーはプロテスタント諸ゼクテの場合、その教義や信仰ではなく「ゼクテ教派の成員権の完全な享受の許可、特に聖餐式への許可ということが持つ驚くべき社会的意義が、諸ゼクテにおいて禁欲的職業労働の訓育 Züchtung という方向に……作用した」〔RS1 : 218〕と述べているのである。

こうした主張の背景には、「仲間内での社会的自己保持 soziale Selbstbehauptung の必要性というもの以上に強力な訓育手段 Anzüchtungsmittel は存在しない」〔RS1 : 234〕というウェーバーの認識がある。そしてこの認識ゆえに、『教派』においては「社会的プレミアと規律手段 soziale Prämien und Zuchtmittel」〔RS1 : 219〕こそが問題とされることになる。

本論考での文脈からみれば、このことは、例えば予定説が引き起こす「内面的孤独化」や「心理的緊張」以外にも、合理的生活態度への〈教育〉を可能とするような「心理的起動力」は存在し得る、ということを意味しよう。実際、問題がこうした〈教育〉のメカニズムである限り、世俗化にともなってゼクテが世俗的なクラブや結社へと転化しても、その作用に変わるところがないであろうことは想像に難くない。ウェーバーの言葉でいうならば、「決定的なこととして、プロテスタンティズムの現世内的禁欲……がプレミアを与えたような徳性、という意味での事前審査と倫理的証明とを受けて『投票』によってのみ加入が認められるという条件があれば」、たとえ世俗化によって宗教性が喪失されていようと、「同じ作用が観察される」〔RS1 : 212〕ということになる。

このように見てくれば、中世の教会に対し諸ゼクテを特徴づけるのは何よりもその「合理的な訓育と淘汰－選別 rationale Züchtung und Auslese」〔RS1 : 234〕に他ならない、とする『教派』の記述は全く当然のものなのである。こうした淘汰‐選別が〈教育〉のメカニズムたり得ることはすでに見た通りである。

## 4 おわりに——〈教育〉の両義性

以上、『倫理』の論理構成に〈教育〉という契機が伏在しているのではないか、という二節での仮説的解釈をもとに、ここまで『倫理』および『教派』の様々な記述について検討を進めてきた。ここまでの検討が妥当ならば、『倫理』および『教派』において〈教育〉という契機が伏在しつつ重要な位置を占めていることは容易に首肯されよう。では、二節で提起した世俗化についての問いと、冒頭で確認した『倫理』解釈史上の対立の問題について、以上の検討からはどのような解釈が可能となるであろうか。最後にこの点について検討することで結びとしたい。

前節(2)で見たように、『倫理』の問題設定からするならば、予定説に代表される教義の重要性は、何よりもそれらの引き起こす「心理的起動力」が合理的生活態度への〈教育〉のメカニズムとしてきわめて強力に作用した点にある、と解釈され得る。だが、このことは逆に、予定説などの教義に代わり得る要因があれば合理的生活態度への〈教育〉のメカニズムそのものは十分に機能し得る、ということをも意味しよう。例えば「社会的自己保持の必要性」という「強力な訓育手段」もまた、合理的生活態度への〈教育〉のメカニズムとして同じように機能し得る、というのは前節(4)で確認したとおりである。この延長上に、二節で見た〈教育〉メカニズムとしての淘汰という問題を見て取ることは容易であろう。

こうした解釈を手掛りとして考えるならば、世俗化の問題はこの〈教育〉メカニズムの機能代替の問題として捉えることができるだろう。合理的生活態度への方向さえ共通していれば、予定説に対する信仰が世俗化によってクラブへの加入審査や、さらに経済的淘汰へと「堕落」ないし「倒錯」していったとしても「同じ作用が観察される」ことになる。たとえそれぞれの段階において「主体性」ないし「倫理性」という点で大きな差違が存在するとしても、〈教育〉のメカニズムという観点から見れば「同じ作用が観察される」と捉えることは十分に可能だろう。そうだとすれば、世俗化以降の帰結における中世修道院と禁欲的プロテスタンティズムとの差異を、この〈教育〉メカニズムが信仰以外の要素によって代替され得たか否か、という点に見ることができるのではないだろうか。

だが、もしこうした解釈が可能であるとするならば、『倫理』における〈教育〉の契機はきわめて両義的な意義を有すると言わざるを得ない。というのも、禁欲的プロテスタンティズムの信仰は、その〈教育〉の目的としてはきわめて高度な「主体性」ないし「倫理性」を置いておきながら、その〈教育〉の作用としての合理的生活態度はおよそ「倫理性」を欠いた一個の〝営利機械〟でもあり得るからである(7)。

ここに見られる両義性は、〈教育〉という契機における、その理念ないし目的と実践的 praktisch な作用ないし効果との逆説性である。特定の理念ないし目的を掲げた〈教育〉が、まさに「意図せざる結果」としてまったく異なる作用ないし効果をもたらし得るということ、あるいは逆に、作用ないし効果の同一性という観点から見れば、高度の「倫理性」を掲げた〈教育〉のメカニズムが全く非倫理的・事象的な〈例えば経済的淘汰という〉手段によっても達せられ得る、ということ——〈教育〉という契機はこうした逆説性・両義性を孕んでいる(8)。そして本論考の観点からするならば、冒頭で見た『倫理』解釈史上の対立はこの両義性を捉えたものと理解され得るのである。

もしこうした理解が可能であるとするならば、我々は『倫理』に限らずウェーバー研究史から二者択一的な態度決定の問題や「すでに論じ尽くされている」という諦念のみを引き出す必要はないだろう。むしろ、対立や批判、継承その他様々な相互関係によって結ばれている研究史そのものが、『倫理』をはじめとするウェーバーの謎めいたテクストに新たな一面を探り当てるための「導きの糸」となり得るし、その「糸」はさらに様々な主題へと展開される可能性を秘めているのである。(9) 本論考は、こうした「導きの糸」をたどろうとした一つの試みにすぎない。

## 注

（1） 言うまでもなく、どちらの解釈方向においても連続と断絶との両側面が把握されてはいるが、その強調点は明らかに異なる。

（2） 後述するように、実は『倫理』における〈教育〉の契機を考える上でもこの宗教意識と救済手段の差異の問題はかなり重要な位置を占める。

（3） 念のために付言しておけば、『倫理』中に見られる「教育」の語（Erziehung, erziehen）は一九〇五年の初出に全て見られ、また一九二〇年の改訂に際しても変更を加えられていない。このことはここで時期の大きく異なるウェーバーの著作（一方は『倫理』原論文発表とほぼ同時期、他方は晩年近く）を援用することを間接的に支持していると解されよう。なお『倫理』改訂については安藤［1968］を参照。

（4） このことは、アメリカにおいてドイツのようには「学歴」が重きを成していない、という『教派』の記述とも対応している［RS1 : 216］。『倫理』『教派』を通じ、学校など狭義の教育の意義はつねに相対化されており、いいかえれば教育に触れられる場合その焦点はあくまでここで言う広義の〈教育〉にあると言えよう。このような「教育」の広狭二義については柳［1991］を参照されたい。またこの点に限らず、ウェーバー解釈としてみれば様々な疑問点はあるにせよ、柳の業績は本論考が扱うような文脈においてはきわめて重要である。柳の業績がこれまでウェーバー研究の文脈で注目されることが少なかったように思われるので、ここで特に記して注意を促しておきたい。

（5） この点は、教会規律の作用もその方向については決して一様ではない、という『倫理』の記述［RS1 : 161］とも対応しよう。予定説などの教義であれ教会規律であれ、ウェーバーの問題設定からすればそれら自身ではなくその「作用」こそが決定的に重要なのである。

（6） また付言しておけば、ここでアイルランド人を労働へと教育したのがイングランドの「資本」とされている点は、前節での本論考の解釈を裏付けるものと考えられる。

（7） ここで安藤英治［安藤 1965a］が指摘する「カリスマ社会学」という連関に着目して『支配の社会学』を参照するならば、次のように理解することも可能であろう。すなわち、規律とカリスマは、その疎遠な対抗関係［WuG : 681–2］ゆえに諸個人を〝内から〟変革するか〝外から〟変革するか、という対立［WuG : 657–8］の面においてのみ解されがちであるが、ともに諸個人をある方向へと「変革」するという点では共通し得る、と考えられる。それゆえ、もしその「変革」の方向が同一であるならば、カリスマによる諸個人の「変革」は容易に規律によって代替され得る、ということになるのではないだろうか。本論考において論じている〈教育〉の両義性は、この「変革」の両義性とも解されるのである。

（8） こうした〈教育〉の両義性は狭義の教育についても見て取ることができる。教育学などで論じられているいわゆる「隠れたカリキュラム」の問題はまさにそうした両義性として理解することができるだろう。たとえ教育の「目的」ないし「理念」として「主体性」や「自律」などを掲げていたとしても、例えば教師―生徒関係や学級などのあり方によっては、同じその教育が実際上の効果としては権威主義的・非主体的な教育として作用し得るのである。

（9）　例えば本論考で提示した〈教育〉の問題は、『倫理』の改訂問題（一九〇五年の原論文における政治と団体形成というテーマの存在）と照らし合わせるならば、原論文の時点では政治教育の問題とも関連しよう。この点については安藤［1992：216ff.］、佐藤［1993：71f., u.a.］参照。あるいはまた、ウェーバーにおける「教育」という問題は宗教社会学や支配論における「カリスマ教育」の問題にも展開され得る。だが、これらの展開はすでにこの小論の範囲を越える課題である。

# 方法論的合理主義の可能性
## ——「合理化史観」の呪縛を超えて

矢野善郎

マックス・ヴェーバーのテキストの人を惹きつけてやまない魅力の一つは、恐らく、日本の古代史にまで及ぶその該博な世界史的知識が縦横に張りめぐらされつつも、全体としてきわめて緊迫感のある同時代分析がもたらされているように見えることにある。しかし、彼の突然の死により、そのテキストを貫く比較文化・歴史認識の枠組みを形作るグランド・デザインについては、十分に語られることなく、膨大なテキストのみが遺されることになった。

その後、幾多の研究者が、その秘密のグランド・デザインを説き明かすことに格闘してきた。なかでも戦後日本の社会科学・歴史学においては、日本社会が、ヴェーバーの語る「西洋」という文化、ないしは「近代」という時代と比して、どのように位置付けられるのかという自己定位の関心を背景に置きつつ、これが繰り返し問題にされてきた。

こうしたヴェーバーのグランド・デザインを問題化する上で、「合理化（Rationalisierung）」や「合理主義（Rationalismus）」等の概念が持つ意味の重要性は、疑われないものとされてきた。例えば、一九六四年に日本で行われたヴェーバー生誕百年記念シンポジウムでは、この「合理化」の問題が二日目のメインテーマとして取り上げられている［大塚編 1965］。もちろんドイツにおいても英語圏においても、ヴェーバーのテキストを貫くグランド・デザインを再構成する上で、「合理化」等の概念はますます重要視されてきている。

だが、仮にヴェーバーのテキストにそうした秘密のグランド・デザインを解明しうること自体は承認したとして、それを再構成する際に、「合理化」等の概念にことさら着目することを、それほど自明としていいのだろうか。この小論の目的はまず、これを自明視する解釈の風潮について問題提起することにある。つまりヴェーバーのテキストに、

（呼び方はどうあれ）「合理化テーゼ」・「合理化プロセス論」・「合理化史観」などと呼ばれる比較文化・歴史認識枠組を読みとりうることを自明視する課題設定そのものにまず疑いの目を持たなくてはならない、という疑問の呈示が、ここでの主眼となる。

ここではまず、**1**そもそもヴェーバーの既存のテキストのみで「合理化」・「合理主義」概念について論じる限界について考察する。そしてそれを踏まえつつ、**2**ヴェーバーのテキストに現れる「合理化」概念についての既存の解釈のヴァリエーションを交通整理するために、「合理化」論の類型論を提出することにしたい。

誤解のないようにあらかじめ強調しておくならば、この小論で問題にするのは、解釈の類型論であり、ヴェーバーの「合理化」概念の類型論（についての新たな解釈）ではない。この小論の狙いは、将来の研究者が、ヴェーバーの受容史を反省しつつ（この点は最後に若干であるが、ふれることにする）、こうした解釈をより相互批判的に進めていく可能性を高めるための布石を打つことにある。

もっとも、この小論の最後**3**では、紙幅の関係で論証に乏しくなることはやむを得ないが、あえて勇躍し、この世紀の変わり目であるこの時代にふさわしいヴェーバー解釈上の枠組みを模索するために、特に「方法論的合理主義」としての再構成に着目し、その可能性についての提言を行うことにしたい。

## 1 「合理化」についての語られざる結論

ヴェーバーのテキスト、とりわけ一九〇四年以降の彼の主要作品には、「合理化」ないし「合理主義」という概念が随所に散りばめられている。そのため、彼の主要テーマとなっている西洋近代社会の歴史的な位置付けを含め、彼の比較文化・歴史認識の枠組みを形作るグランド・デザインを再構成する際には、こうした概念に着目することの重要性がかなり早くから認識されてきた。

とはいえ、これらの概念に着目して再構成を行う際には、ヴェーバー自身が「合理化」や「合理主義」について結論的に論じた箇所は、遺されたテキストの範囲内には存在せず、その主要作品の多くが未完のまま終わっているということを、解釈そのものの限界として自覚する必要がある。この限界は、前提として当然念頭に置かれるべきなのだが、論者によっては必ずしもそうされてはこなかった。

ヴェーバーの「合理化」についての分析の未完成性を端的に示すのは、彼の最晩年のテキスト、『社会経済学綱要』（いわゆる『経済と社会』改訂稿）担当巻の冒頭「社会学の基礎概念」にある、意外に看過されがちな予告的言及である。

> 行為の「合理化」の一つの本質的な要素は、利害状況への計画的な適応によって、住み慣れた慣習への内的な順応を、置き換えることである。もちろん行為の「合理化」の概念は、この経過だけで、論じつくされるものではない。なぜなら、これ以外にも、「合理化」というのは、積極的には、意識的な価値合理化の方向にむかって、消極的には、ただ慣習だけでなく感情的行為を犠牲にして、あるいは最後に、価値非信仰的な純目的合理的行為のために価値合理的に拘束された行為を犠牲にして、行なわれうるからである。行為の「合理化」という観念がこのように多義的であることについて、私たちは、なおもしばしば関心を向けるだろう。（これに関する概念的なことは、最後にて！ *Schluß!*）［WuG : 15–6］[1]

私たちが注目すべきなのは、この括弧の中での「最後にて（Schluß）」という言葉である。この「最後」というのは、「基礎概念」の中ではなく、彼の『綱要』担当巻の結論部なのであろうが、言うまでもなく、これは第四章までで絶筆となっている。

こうした事情は、彼の最晩年のもう一つの作品系列である「世界宗教の経済倫理」においても変わらない。その「序論」や「中間考察」は、様々な解釈者によって、しばしばヴェーバーの比較文化・歴史認識の結論そのものを示すかのように重視されてきた。だが、これらの文章から何らかの結論そのものを引き出そうとするのは無理がある。まず「序論」では、次のように予告されている。

様々な「合理化過程」、とりわけこの最後で挙げたような種類の「合理化過程」が、以下の諸論文では、我々の関心の対象となる。が、ここで、あらかじめそうした概念の決疑論的解説を試みることは無意味だろうと思う。というのは、それら諸論文の叙述自体がまさしくそれへの一寄与たらんとしているからである［RS1 : 266, 大塚・生松訳 : 82–3］。

また「中間考察」においても、次のように予告的に述べられている。

こうした宗教社会学的試論は、何にもまして、「合理主義」それ自体の類型論と社会学に対する一つの寄与とならねばならないし、また、そうであろうとしているのである［RS1 : 537, 大塚・生松訳 : 101］。

これらの予告は、一九一五年の雑誌発表時に既に見つかる。かなり曲解をしない限り、「序論」や「中間考察」そのものはヴェーバー自身の「合理化」や「合理主義」概念についての最後の言葉などではなく、それについての決疑論や類型論がこの「世界宗教の経済倫理」で意図されながら果たされなかったと読みとるべきであろう。

すなわち、ヴェーバー自身による「合理化」・「合理主義」についての最後の言葉は存在せず、存在しているのは、後世の研究者による解釈だけである。これをあえて強調するのは、ヴェーバーに「合理化テーゼ」ないしは「合理化史観」などと呼ぶべき歴史認識上のフレームワークが存在することが、とりわけ巷間においては、自明であるかのごとく論じられることもあり、それへの注意を促す必要があるからである。解釈は全て創作であるという一般論を持ち出すまでもなく、彼の未完の作品を論じる際には、テキスト自体と、解釈者が読みとった構成物とを区別する必要がある。それが未完であることを十分に自覚しないならば、あたかもパーツの足らない自動車を無理やり組み立てて走らせるような愚行を犯しかねない。

これをまず述べたのは、ヴェーバーを対象とする学説研究が何ら根拠のあることを述べられないとする悲観的かつ非生産的な結論を引き出すためではもちろんない。むしろ、私たちがヴェーバーのテキストと対峙する際には、解釈者の側がその想像力を発揮しつつ、どこかで創造的な解釈が求められている、というポジティブな前提を引き出すためなのである。

## 2 「合理化」論の四類型

さてこの小論では、このように解釈者によって補完され再構成された、ヴェーバーの「合理化」・「合理主義」概念が彼の比較文化・歴史認識の枠組とどう関わるかについての解釈の試みを、おしなべて「合理化」論と呼ぶことにしよう。言うまでもなく、従来の「合理化」論が、前述した解釈上の限界にどこまで自覚的であるのかは、場合によって異なる。

こうした「合理化」論として提出されたものには、驚くほど多くのヴァリエーションがあり、それを網羅的に紹介整理することは、この小論の目的ではなく、またなし得ることではない。もっともそれを網羅的に行うことが、端的に言ってそれほど生産的な作業かどうかは分からない。というのも、ヴェーバーの社会学の結論に、「合理化史観」

表　「合理化」論の四類型

| 「合理化」論の類型 | 「非西洋」・「非近代」の位置付け | 典型的な解釈者 |
|---|---|---|
| (1) 非進化論的な「合理化」論（西洋文明論） | 無―合理的 a-rational | ベンディクス・大塚 |
| (2) 進化論的な「合理化」論（近代化論） | 未―合理的 pre-rational | パーソンズ・富永 |
| (3) 複線的・進化論的な「合理化」論 a（「合理化」の発展段階論） b（「合理主義」の発展段階論） | 偏―合理的 mal-rational | a　テンブルック・ハーバーマス b　シュルフター |
| (4) 複線的・非進化論的な「合理化」論（方法論的合理主義） | 異―合理的 hetero-rational | ロート・折原 |

「合理化の歴史哲学」ないしは、「合理化テーゼ」・「合理化プロセス論」などがあるということを述べる一次的・二次的な解釈は多数あるが、そこで述べられている「合理化テーゼ」などが何を意味するのかを明記して使っているケースはきわめて少なく、また自らがよってたつ「合理化」論を、他の解釈者による解釈と十分に分節せずに用いているケースも多数あるからである。

それ故、この小論では、こうした「合理化」論の交通整理を行う上での分析軸を設定するため、既存の「合理化」論のうち典型的と呼べるものを、いくつかの純粋類型（理念型）として描き出すことにしたい。言うまでもないことだが、ヴェーバーの理念型論を持ち出すまでもなく、ここで描かれた類型論それ自体も、ある種の構成を伴ったフィクションである。現実に存在している解釈はこうした類型の混合ないしはそれからの偏差をともなっている。そしてそうした混合・偏差を描き出しやすくするためにのみ、こうした類型論の有効性があるのである。

ここでは「合理化」論を類型論的に整理する軸として、この小論の冒頭に述べたように常に解釈上多くの関心を集めてきた、ヴェーバーの比較・歴史社会学的な方法論的フレームワークとの関わりについての解釈者の規定に照準を当てることにしたい。つまりここでは、「合理化」・「合理主義」などの概念が、どのように「西洋」・「近代」を位置付ける際に用いられていたかについての、解釈者の再構成に照準する。その場合、「合理化」論を、表のように四つに類型化するのが有効であると考える。

以下では、それぞれの解釈類型の特徴について略述するが、ここでは類型化の補助線として、それぞれの解釈類型において、「西洋ならざる文化」や「近代ならざる時代」を、ヴェーバーがどのように描いてきたと解釈されているかを見ることにする。「非合理的 irrational」と言う語も、実は様々に異なった意味内容を持つものとして解釈できる。それを適切に分節し名前を与えることで、それぞれの解釈類型の特徴はなおさらわかりやすいものとなろう。(2)

## (1) 非進化論的な「合理化」論

まず第一の「合理化」論の類型は、ヴェーバーにおける「合理化」ないしは「合理主義」という概念が、「西洋文明・文化」にのみ特有な現象をさすための名称、ないしはそうした過程を目指す理念の名称であるとして用いられているとの、解釈である。この解釈の典型を示すものとしては、例えば次のベンディクスからの引用が挙げられる。

合理主義は西ヨーロッパに固有のものとして多面的な発展を遂げ、多少とも直接的に資本主義の発展に関連をもった。［中略］国家行政においても、経済的企業においても、西ヨーロッパ文明は合理的な組織化をその特質とするにいたり、この点に関しては東洋にその類例を見いだすことができない［Bendix 1962 : 68–9, 訳 : 73］(3)。

この解釈類型では、「合理化」が行われる、ないしは「合理主義」なるものが生じたことそれ自体が、「ただ西洋においてのみ」起きたと、ヴェーバーが論じていたとするのである。この解釈の類型では、次の第二の解釈類型に見られるように、ヴェーバーの歴史認識の背後に進化論的な枠組みがあることを持ち出さない。つまり「合理主義」ないしは「合理化」が行われたこと自体を説明するような背景法則がヴェーバーの社会理論にあることを仮定せず、世界史的に希有な一回的な過程を描き出すための言辞、あるいは一回的に働いた歴史の動因の名称として「合理化」・「合理主義」という概念が用いられていると、解釈しているのである。

この「西洋文明論」とでも呼ぶべき、ヴェーバーを非進化論的に解釈する類型では、「西洋近代」ならざる文明・文化は、すべからく「合理化」・「合理主義」とは無縁な、と言う意味で「非合理的」なものと規定されていた、と解釈する。より分かりやすく造語するならば、「無―合理的 a-rational」なものとされていた、と解釈しているのである。

この解釈類型に近いものとしては、とりわけ（マルクス主義的な歴史観と独特の融合を果たした）大塚史学の「共同体」理論があげられよう。

## (2) 進化論的な「合理化」論

これに対し、第二の解釈類型では、ヴェーバーにおける「合理化」概念が、ある種の歴史貫通的な法則を叙述するために用いられていると捉える。つまり、ヴェーバーは、その比較文化・歴史社会学を展開する際に、進化的な変動法則を念頭に置いていたとする「合理化」論の類型である。この解釈の類型を典型的に示すものとしては、以下のパーソンズの叙述があげられる。

行為体系に関する基本的な一般化として、こうした合理性増大の法則という考え方を提唱することは、何ら独創的な試みではない。それはヴェーバーの業績、その合理化過程に関する把握から浮かび上がる最も基本的な一般化である。［中略］ヴェーバーの場合、主として伝統主義という概念によって定式化されていたこの後者の「過程に立ちはだかる障害」条件も、合理化過程の速度に相違をもたらすだけであってその方向に違いをもたらすわけではないという点である［Parsons 1937：752, 訳：4巻169］。

この解釈類型では、「合理化増大の法則」とでも呼ぶべき進化的な法則が、ヴェーバーの歴史認識の背後にあったと考える。この解釈類型の場合、「西洋近代」は、例えば「伝統主義」という阻害要因を取り除いたが故に「突破」

が生じ、高度に「合理化」が進んだ社会であるとしてヴェーバーによって位置付けられていた、と解釈するのである。

この解釈類型は、「近代化論」と呼ぶのがふさわしいと思われる。というのも、この解釈類型は、「近代化」というゴールを達成するための促進・阻害要因の分析に照準する、より一般的な近代化論のテーマにきわめて親和性が高いからである。ここでも、「近代ならざる」他の文化・社会は、「非合理的」として位置付けられるが、この場合は、より適切には、「未—合理的 pre-rational」と捉えていると分節できる。つまりある条件の下では「合理的」になりうるが、未だ「合理的」になっていない、と解釈しているのである。

この解釈類型に近いものとしては、日本では富永健一による近代化論があげられよう。

### (3) 複線的・進化論的な「合理化」論

さて、以上の二つの解釈類型では、「合理化」ないしは「合理主義」という概念を、多かれ少なかれ定まった方向の、あるいはより日常的な含意に近いものとして捉えていた。とりわけ「合理化」という概念を「効率化」・「脱呪術化」・「科学化」・「目的（道具的）合理化」などとほぼ同義の言葉として、定まった方向の変化をあらわす概念として捉えるような解釈類型であった。

これらに対し、以下の二つの解釈類型では、ヴェーバーが「合理化」・「合理主義」という概念を多方向的に用いているという側面を強調した解釈を行う。このような解釈類型を、前二者と区別して「複線的」な特徴を持つ「合理化」論と呼ぶことにしよう。

その中でも、まず複線的・進化論的と呼ぶべき解釈類型では、ヴェーバーにおける「合理化」・「合理主義」概念の多方向性を強調しつつ、かつそれらの間に段階的な発展が論じられていると解釈する。こうした解釈類型の典型としては、二つの重要なヴァリエーションがあげられる。

### a　「合理化」の発展段階論

まず第一には、「合理化」の発展段階論と呼ぶべき解釈上のヴァリエーションであり、これは典型的には、テンブルックによる「ヴェーバーの合理化過程観」についての解釈や［Tenbruck 1975 : 689–90, 訳 : 67–9］、それを継承したと思われるハーバーマスの次のようなヴェーバー解釈に示される。

> マックス・ヴェーバーはそうした近代化を社会的合理化として抽き出すことができたのである。［中略］即ち、ヴェーバーは、何よりもまず、目的論的行為の制度化というものを、合理化の過程という視点から説明しようとしたのである。［中略］しかしヴェーバーにとって決定的に重要なのは、かれが制度的な実効性や動機的実行性をそこに見出したある意識構造に基づく、そうした過程それ自体が一つの合理化過程だということなのである。つまり、倫理的かつ法律的合理主義は、近代科学や自立的芸術と同様に、それ自体世界像の次元に反映された呪術からの解放過程の帰結である価値領域の分化から生じて来るのである。西洋合理主義に先んじて、宗教的合理化は進行するのであり、神話的解釈体系が呪術から解放されるそのような過程も、マックス・ヴェーバーにおいては、合理化の過程へと自覚的に算入されているのである［Habermas 1997 : 236–8, 訳 : 上巻238–9］

この解釈のヴァリエーションでは、ヴェーバーが西洋近代の特徴を包括的な社会的合理化と呼ぶべき事態として把握していたと考える。そして、そうした「包括的合理化」が可能になった前提として、それに先行する発展段階において西洋でのみ「宗教的合理化」が行われたとの歴史観を持っていたと解釈している。この場合、ヴェーバーは経済・政治・科学・宗教などさまざまな生活領域での複線的な「合理化」があるとしつつも、それらの間に発展段階を想定していたと解釈されている。[4]

### b 「合理主義」の発展段階論

第二のヴァリエーションは、「合理主義」の発展段階論と呼ぶべきものであり、典型例としてはシュルフターによるヴェーバーの再構成像があげられる。彼は、ヴェーバーが様々な文化において様々な「合理主義」が存在すると分析していた点をとりあげる。つまりヴェーバーの宗教社会学では、西洋近代社会でのプロテスタンティズムによる「現世支配の合理主義」、中国での儒教による「現世適応の合理主義」、インドでのヒンドゥー教と仏教の「現世逃避の合理主義」、中東での古代ユダヤやイスラム教による「現世への順応の合理主義」が取り上げられていた等と整理する［Schluchter 1988 : (Bd. 2) 102–3, 訳 : 198–200］。

シュルフターはこう整理しつつ、ヴェーバーの社会学が「西洋の発展史」として解されるべきだとし［Schluchter 1979 : 23–38, 訳 : 29–42］、次のように述べる。

ヴェーバーによれば、近代西洋の合理主義の成立と展開は原理的な意識変化を内包し、したがって世界像レヴェルでは世界像の発展に相応する意識の発展を内包するようにも見える。［中略］これが、ヴェーバーの歴史的・経験的な合理化論の歴史哲学的合意でなければならない。というのは、これによってたんに現実科学的に近代西洋の合理主義の準拠点依存的な先進性が診断されるだけでなく、明らかに価値哲学的にも他の合理主義に対する近代西洋の合理主義の価値の高さが診断されるからである［ibid. : 35–6, 訳 : 39–40］。

このシュルフターによる解釈に見られるように、この「合理化」論のヴァリエーションでは、ヴェーバーが複数の「合理主義」の存在を念頭に置きつつ、「西洋近代の合理主義」が、他の「合理主義」に比べ、より高次のレベルにまで発展したものであることを解明しようとした、と解釈する。

これらの二つのヴァリエーションに共通するのは、「合理化」ないしは「合理主義」という概念に複線的な発展方向があることをヴェーバーから読みとり、それを前提としつつ、発展段階的・進化的な歴史像を再構成している点である。

こうした複線的・進化論的な解釈類型の場合、ヴェーバーが「非西洋」・「非近代」においても、「西洋近代」とは他の方向への「合理化」や「合理主義」が存在すると考えていた、と捉える。その上で、この解釈類型では、そうした他の方向への「合理化」や「合理主義」は、「西洋近代の合理主義」に比べ、何らかの点で低次の発展段階にあり、包括性に欠けるとヴェーバーは考えていた、と解釈するのである。すなわちこの解釈類型では、「非西洋」・「非近代」は、何らかの意味で十全ではない意味で「合理的」、言い換えれば「偏―合理的 mal-rational」であるように、位置付けられていたと解釈している。

### (4) 複線的・非進化論的な「合理化」論

最後に第四にあげられるのは、第三の類型と同じくヴェーバーにおける「合理化」・「合理主義」概念が複線的に用いられていたことを強調する解釈類型であるが、複数の「合理化」・「合理主義」の間に発展段階を想定していたとは解釈せず、非進化論的にとらえる類型である。

この解釈類型が体系的に述べられた例はあまりないが、ロートによって略述されたヴェーバーの歴史観と合理化についての記述や［Roth 1987］、次の折原浩の概観的記述に見られるものである。

後期ヴェーバーの中心課題は、西洋文化圏に特有の「合理主義」ないし「合理的生活様式 Lebensführung」――という抽象度の高い「集合態 Kollektivum」――の概念を、まずは「価値分析」の対象として「第一次的」に構成・例示し、つぎにはこの「集合態」自体を、歴史的因果連関の一項に見立てて、「第二次的」に対象とされる歴史的諸事象に「因果帰属」する——「発生論的に説明する」——という壮大な歴史・社会学的問題設定に、方法自覚的に答えていくところにあったといえよう。とすれば、その「価値分析」にも「因果帰属」にも欠くことのできない、西洋文化圏との〝比較・対照項〟として、中国文化圏・インド文化圏・などの——西洋文化圏とは異なった生活領域が、異なった方向に、これまたそれぞれ「合理化」された帰結としての、それぞれの——「合理的生活様式」を、西洋文化圏のそれと形式的には同格の「集合態」として概念構成し、同じく「発生論的に説明する」という研究課題が、当面、「世界宗教の経済倫理」系列において追求されていたと見られる［折原 1996a : 9］。

この解釈の類型では、「合理化」・「合理主義」に関する段階説も、進化論的な発展法則の存在も、ヴェーバーの比較文化・歴史認識のフレームワークの中に読み込まない。ここでは、彼の用いる「合理化」・「合理主義」等の概念自体は、「西洋近代」との結びつきをたたれ、中国やインドも含め、様々な方向に異なる「合理化」・「合理主義」が存在すると想定され用いられていたと捉える。そして、ヴェーバーがそれらの概念を用いたのはあくまでは方法的な便宜のためであり、それらの相対化された「合理化」・「合理主義」類型を比較対照することで「西洋近代」の生活様式の特徴を理解し、かつ、それが発生した原因を因果帰属するためである、と解釈する。

この解釈の類型は、それ故「方法論的合理主義」と呼ぶべきものであり、この場合、「非西洋」・「非近代」を特徴づける際に、ヴェーバーが「未―合理的」や「偏―合理的」などと位置づけていたと解釈するのでなく、単に異なった意味で「合理的」、「異―合理的 hetero-rational」であると位置づけていた、と解釈する。(5)

## 3　方法論的合理主義の可能性

さて以上のように解釈の類型論を構成することで、まず引き出されるのは、次の単純な命題である。すなわち巷間に流布しているように、ヴェーバーに「合理化テーゼ」ないしは「合理化史観」を読みとる解釈は、まったくのところ絶対のものではない、ということである。確かに過去にはそのような解釈の類型は存在し、そうした解釈類型の成立する余地は完全には否定できないものの、そうした歴史観・歴史哲学がヴェーバーの比較文化・歴史認識枠組みの背後にあったとの仮定は、それほど強固な呪縛として自明視されてはならない。

前節の四つの解釈類型には、より今日的な視座から見た場合、「ヴェーバーのテキストの解釈」と称するにはテキスト的な根拠に乏しいものも含まれているが、それについての細かな検証は、この小論とは別の作業とせざるを得ない。[6]

とはいえ最後に、以上の四類型をふまえ、ヴェーバーの認識枠組のグランド・デザインについての受容史を簡単に振り返ることで、今後の、この分野でのヴェーバー研究の可能性を探ることにしたい。

### (1)「合理化」論をめぐるヴェーバー受容史

マックス・ヴェーバーのテキストのとりわけ「合理化」という概念に着目し、その比較文化・歴史認識の枠組みを読みとろうとする試みは、従来、その時代時代の問題状況に対しての、鋭い同時代批判として展開された。[7]

特に戦後日本においては、まず第一類型の「合理化」論のように、日本社会に残存する「東洋的」・「非合理的」な共同体の要素をいぶりだす、いわゆる市民社会派の問題提起としてそれが展開する。そして一九六〇年代に入ってからは、パーソンズ的社会学と共同して、未だに「合理化」の進んでいない社会的サブ・システムの分析と、その阻害要因の批判という第二類型「近代化論」の文脈においてそうした同時代批判が行われた。

しかし、そもそもの「近代」というゴールそのものが信頼を低下させていくにともない、国内外をとわず「合理化」の偏りや負の側面を批判する、第三類型的な「合理化」論をともなったヴェーバー解釈が主流になっていく。そしてそれを元に、一九七〇年代から一九八〇年代頃にかけては、とりわけ「没意味化」・「官僚制化」・「物象化」批判などの文脈で、ヴェーバーに基づく同時代批判が企てられることになる。

だが一九九〇年代頃からは、このように「近代」を一括して論じる視座自体が問題視されてくる。「西洋」・「東洋」などの大雑把な二項対立には強い懐疑が向けられ、「グローバル化」という世間の標語とは裏腹に、「近代」ごとのカルチュラルな差異について問題化する必要が説かれるようになる。(8) その結果、過去の「合理化」論の持っていた同時代批判力は、いささかアウト・オブ・デートなものになりつつあるのは否めない。

そうした中で、ヴェーバーのテキストから、「合理的であること」そのものの意味を比較文化的に問い直し、それを価値自由に分析するという「合理化」の比較社会学としてのポテンシャリティに着目する第四類型的な「合理化」論が登場してくる。

この第四の解釈類型は、とりわけヴェーバーにおける次の『宗教社会学論集』冒頭の「序説 Vorbemerkung」の一節などに着目する。

諸々の合理化が、全ての文化圏において、さまざまな生活領域に、極めて多種多様の形で存在した。文化圏の文化史的な差異を特徴づけるものは、何よりもまず、どのような領域が、そして、それらの領域がどの方向にむかって合理化されたか、ということである［RS1 : 11–2, 大塚・生松訳 : 22–3］(9)。

こうした「合理化」の比較社会学としての側面に着目し、例えば「日本の合理主義」の特徴を洗い出そうとする研究も既に登場している［ex. 住谷 1990］。そして今後のヴェーバーの比較文化・歴史認識の枠組みについての解釈は、ますます第四の類型に近づく形で収斂していくものと想定される。

## (2)　批判理論としての方法論的合理主義の可能性

もっとも、この際一つ強調しておかなければならないのは、この「異合理」を析出していく文化比較のプログラムは、次のような研究段階にとどまるならば、その可能性は十分に発揮されないだろうということである。つまり、「西洋近代の合理主義」や、「日本の合理主義」・「中国の合理主義」なるものを、大雑把に対置的に析出しようとする段階である。こうした段階にとどまるならば、それはむしろ特定の文化（場合によっては、特定の民族）を過度に実体化することにもなりかねない。その場合、そうした「日本の合理主義」などを価値的に理想化・正当化ないしはステレオタイプ化する言説へと変容する危険性が常にある。

方法論的合理主義の可能性が発揮されるのは、仮に初発には「西洋の合理主義」などと一体的に論じたとしても、「歴史上〝合理主義〟の進展は決して個々の生活諸領域において平行して行われてきてはいない」［RS1：61，大塚訳：93］と、実体化・一般化に釘をさし、それをさらに生活の領域ごと（例えば「法領域での合理化」・「経済領域での合理化」など）に、あるいはより細かな文化単位に（例えば、「イギリスの法領域」ないしは「ドイツの法領域」など）に不断に解体していく、動的な分析過程としてとらえた場合であると考えられる。筆者は、こうした解体の過程は、ヴェーバーにおいては、次のような分析スキームをたどったと再構成している。

A）「合理化」類型論の設定——問題としてとりあげようとする生活領域における「合理化」の文化・時代間の比較を行うための道具立てとなる、「合理化」の（一次的な）類型論の設定

B) **類型論への位置付け・因果帰属**——分析の主要な対象となっている文化・時代の、問題の生活領域に特徴的な「合理化」の方向性を、A)の類型論によって位置付ける（場合によってはA)のプロセスに戻り、「合理化」の類型論そのものを補足・修正）。その後、その特徴的な「合理化」の方向性をきめた歴史的原因について因果遡及する

C) **類型からの偏差の抽出**——分析の対象となっている文化・時代の、問題の生活領域に見られる、B)の方向の「合理化」からの偏差の析出（B)で理念型的に抽出した特徴的な「合理化」の過程が貫徹していると仮定すると説明できない要素の析出）

これを「法社会学」を例にして説明するならば、ヴェーバーはまずA)法の領域で展開する「合理化」の方向について類型論化を行い、二組の類型論をえる。まず法発見・法創造が展開する思考の方向性については、「一般化としての合理化」、「総合化としての合理化」、「体系化としての合理化」という三類型［WuG：395–6, 世良訳c：101–4］を得る。そして法実務の規準の類型論として、「形式的合理性」と「実質的合理性」の二類型を得る［ibid.：396–7, 訳：104–6］。次にB)これら二組の類型論を用い、西洋（とりわけ近代）の法領域で行われた「合理化」の一次的な特徴を描き出すために、他の中国・インド・イスラム・ユダヤの法の展開などと比較し、西洋での法的思考や法実務の「合理化」の特徴が、第一義的には「形式的合理性」に基づき、かつ「体系化」という方向に進むという特徴を持つものであったと分節する［ibid.：468–82, 訳：376–428］。そしてその特徴を歴史的に決定付けた主要な要因に因果遡及し、ローマ法の継受などの要素に因果帰属するのである［ibid.：482–95, 訳：432–69］。

だが、C)ヴェーバーは、西洋近代の法領域が現実にも、「形式的合理性」に基づき「体系的合理化」されているとの実体化は行なわず、こうした「合理化」のみが法の領域で貫徹されたと仮定した場合に生じないはずの要素として、「実質的合理性」をともなった「自然法」や［ibid.：496–503, 訳：482–504］、法の通用範囲の「分裂性」の要素（商法など）

や、「実質的合理性」を求めて導入された「陪審裁判」や精神鑑定などを、引き出していくのである［ibid.: 503–9, 訳: 506–21］[10]。

この第四の「合理化」論の類型での方法論的合理主義が、ある種の同時代批判を企てる場合には、楽観的・近代主義者的ヴェーバー像にも、悲観的・宿命論者的（「鉄の檻」）ヴェーバー像にも直接的にはコミットしない。この第四の類型では、むしろ他の三類型に比べて、社会理論としての明快な批判力を放棄している。

この第四の類型では、その批判の可能性を、「西洋」や「近代」と「合理的であること」との仮象的な結びつきを一つ一つ解体していくことに求める。それを通して、「近代」・「前近代」・「ポストモダン」などの時代区分や、「東洋」および「西洋」の二項対立のうさんくささが論じられる今日においてもなお、そして今日においてこそ、その潜在的な批判理論としての可能性を探るのである。

## 注

（1）この小論中の全ての引用文中の傍点・感嘆符は原文どおりである。ただし訳文は適宜修正した。この箇所の清水訳では、カッコの中が訳されていない［WuG: 15–6, 清水訳: 49］。

（2）ヴェーバー自身が「非合理的」という表現をどのような意味を込めて用いているかの類型化は、重要な問題ではあるがここでは別の課題とせざるをえない。なお「異―合理的」等の用語は、基本的には矢野による造語。ただし、「未合理的 prerational」と言う語は、とりわけ発達心理学などの分野で用いられている。ヴェーバーとの関連で言えば、例えばモムゼンが用いている［Mommsen 1987: 47］。

（3）繰り返しになるが、これらの四類型は便宜のため過度に純粋化されている。当然のことながら個々の現実の解釈者においては、解釈上のぶれもあれば、立場の変化もある。例えばベンディクスは、他所では「合理化とは一直線に働く概念では決してない」と述べ、「合理化」の作用の曲折を論じている［Bendix 1965: 12］。

（4）「合理化」の複線性を強調する解釈は、前述のテンブルックなどに始まり、英語圏では一九八〇年代より、とりわけコールバーグやブルーベイカーなどによって論じられていった［Kalberg 1980; Brubaker 1984］。この第三の類型の a のヴァリエーションに近いものとしては、システム論などの助けを借りた「ネオ進化論」的な「合理化プロセス」論などもある。例えば、［Seyfarth 1973］などである。

（5）「方法論的合理主義」の呼称と、その二重の構造については、［矢野 1997］を参照せよ。

（6）日本ではとりわけ第二の類型に近い進化論的な「合理化」論の解釈が普及しているように思われるが、その原因の一つには、まず翻訳書の問題があると想定される。とりわけ度々参照されるヴェーバーの『職業としての学問』の次の訳文では、

学問の進歩は、元来、人類が何千年来それに従ってきた合理化の過程の一部、いな、それのもっとも主要なる部分をなすものである。ところが、こんにちでは、一般に人々のこれに対する態度は著しく否定的である［MWG I/17: 86, 尾高訳: 31-2］。

となっているが、ここで「合理化の過程」と訳されている（出口訳でも、同じ訳語を採用している［出口訳: 379］）箇所の原文は、実は“Intellektualisierungsprozess”であり、素直に訳すならば「主知化の過程」となるだろう。この一節はヴェーバーの「合理化史観」などを述べたものでは全くなく、単に彼が当時のドイツの若者に流行していた反科学主義に水を差すために述べた一節にすぎない。なお注（9）も参照せよ。

（7）こうしたヴェーバーの「合理化」論をもとにして、実に様々な同時代批判が企てられた。例えばハーバーマスのように、第三類型の「合理化」論をもとにして、現代を「未完の近代」と位置付け「道具的合理性」の持つ病弊を批判し、コミュニケーション的合理性の理論を立てる批判理論もあれば、全く逆の内田芳明の解釈のように、「近代の合理主義」と「二〇世紀の現代の合理主義」とを区別し、後者の形骸化を批判する解釈もある［内田 1996: vi-vii］。また近年とりわけ山之内靖によって再評価されているレーヴィットの「合理化による非合理化」［Löwith 1932］や、大塚久雄の「非合理による合理化」［大塚 1965］など、レトリカルであるが故に想像をかき立てられる警句的な同時代批判もあったが、それらもあくまで独自なヴェーバー解釈だと相対化する視点が必要であろう。

（8）それと同時に、様々な領域における「合理性」の意味と評価についての見直しが、例えば、一九七〇年頃からの、（人類学に触発された）英語圏の哲学での「合理性」論争、フーコー的な系譜学的批判、フランクフルト学派の批判理論などの形で進むことになる。

（9）同箇所は大塚・生松訳では日本語として文意の判明でない訳文になっており、修正した。なお折原による批判を参照せよ［折原 1996a: 33］。

（10）断るまでもなく、ここでの記述はきわめて乱暴な捨象をともなった図式化となっている。宗教社会学も含めた、こうした方法論的合理主義の解釈的前提に基づくヴェーバー的な社会理論の可能性については、筆者による博士論文『討議論としてのヴェーバー社会学』（東京大学人文社会学研究科 二〇〇〇年）には比較的詳しく展開した。今後何らかの形で出版することにしたい。

# 「合わない頭をつけたトルソ」から「頭のない五肢体部分」へ

## ――『マックス・ヴェーバー全集』(『経済と社会』「旧稿」該当巻) 編纂の現状と問題点

折原 浩

### はじめに

本稿は、第二討議のテーマ「日本マックス・ヴェーバー研究の過去・現在・未来」に応えて、一方では『経済と社会』(旧稿) の編纂問題に焦点を絞り、他方ではドイツにおける研究も射程に入れ、研究上依拠する基礎文献の取扱い方という基本問題を提起する。

というのも、現在、『マックス・ヴェーバー全集』I／22 (『経済と社会』「旧稿」該当巻) が、五つの巻に分割して編纂され、すでに第五分巻 (ニッペル編)「都市」が刊行された。残る四分巻、すなわち第一 (モムゼン編)「諸ゲマインシャフト」、第二 (キッペンベルク編)「宗教ゲマインシャフト」、第三 (ゲッファート編)「法」、第四 (モムゼン編)「支配」も、それぞれ編纂作業が進行中で、やがて公刊されると聞く。

周知のとおり、『経済と社会』は、マックス・ヴェーバーが生前に仕上げてみずから刊行した著書ではない。死後、妻のマリアンネ・ヴェーバーが、「旧稿」と「改訂稿」とを併せて一書に編纂し、かれ「畢生の主著」と銘打って世に問うた作品である。「旧稿」とは、マックス・ヴェーバーが、実質上編集主幹をつとめた叢書『社会経済学綱要』への分担寄稿として、一九一〇年頃に執筆を開始し、『綱要』全巻への一九一四年六月二日付け「序言」で同年一〇月の印刷送付を予告しながら、八月の第一次世界大戦勃発のため中断し、一九二〇年の急逝後、遺稿として発見された厖大な未定稿である。それにたいして「改訂稿」は、原著者が第一次大戦後「旧稿」を素材に根本的な改作をくわだて、とりあえず第一分冊分は刊行しようとして、冒頭部分は校正まで済ませた定稿である。しかし、これまた急逝によって中絶し、未完に終わった。第二分冊以降の続篇には、草稿も全体の構想にかんする覚書も遺されていなかった。その後、原著者ではなく編纂者が、原著者の執筆順序とは逆に、「旧稿」を「改訂稿」の続篇と見なし、双方併せて一書に編纂したのである。

第一次編纂者のマリアンネ・ヴェーバーは、第一分冊として先に刊行されていた「改訂稿」を「第一部」とし、「旧稿」を（メルヒオール・パリュイの協力のもとに）「第二・三部」に編纂して後置した（第一〜三版）。第二次大戦後に登場した第二次編纂者のヨハンネス・ヴィンケルマンも、同じく「改訂稿」を「第一部」とし、マリアンネ・ヴェーバー編の「第二・三部」を「第二部」に再編纂した（第四、学生、第五版）。両稿の関係については、マリアンネ・ヴェーバーが、「第二部」（当初には第二分冊）の冒頭に寄せた「序言」で、「『第一部』は概念を構成する『抽象社会学』、『第二・三部』はその概念を歴史的対象に適用する『具体社会学』」という趣旨の体系的位置づけを試み、後にヴィンケルマンが、これを「原著者自身の構想」と称して補強した。こうして『経済と社会』（旧稿）は、「第一部」「第一章・社会学の基礎概念」をいわば「頭」（概念的導入部）とし、その用語法に依拠して読解されるべき巨大な「トルソ」（首と四肢の欠けた塑像）と信じられ、永らくそのようなものとして取り扱われてきた。

しかし、こうした「二部構成」ないし「三部からなる一書」という編纂は、じつは誤りである。原著者は、「旧稿」を「トルソ」本体として書き下ろした上で、残りの「頭」だけを後から執筆して接合し、整合的-体系的な一書に仕上げようとしたのではない。「旧稿」から「改訂稿」にかけて根本的な改訂を施し、基礎概念・用語法も変更している。したがって、従来版『経済と社会』は、両稿を素材とする編纂者の作品であり、いわば「合わない頭をつけたトルソ」であった。原著者の著作としては、両稿はむしろ、『綱要』寄稿というひとつのプロジェクトの、別の時期に書かれた二異稿である。したがって、両稿をいったん分離し、「旧稿」は原著者の構想に即して再構成した上、「改訂稿」との異同を問い、それぞれをかれの著作全体のなかに位置づけるべきであろう。そのさい、「旧稿」については、原著者自身の草稿が第二次大戦中に大部分失われてしまっているので、かれの構想に即した再構成が、とくに困難な問題となる。

ところで、広く信仰されてきた「二部構成」神話の誤りは、テンブルックが「『経済と社会』との訣別」[Tenbruck 1977](1)を発表して以来、シュルフター(2)と筆者(3)によって追試‐検証された。事情に通じた独日のヴェーバー研究者間では、「二部構成」の終焉はいまや定説といってもよかろう。ただし、誤編纂を前提とする誤解、たとえば、「旧稿」中の（用語法変更前の）〈ゲマインシャフト〉（これは〈ゲゼルシャフト〉の上位概念）に、「改訂稿」の（変更後の〉ゲマインシャフト〈やテンニースの同名の概念（これは〉ゲゼルシャフト〈の対概念）を不用意に重ね、〈ゲマインシャフト〉を「共同態」「共同体」「共同社会」と誤読し誤訳して論ずる類は、いまだに跡を絶たない。現下の課題は、誤編纂から解放された「旧稿」テキストそのものを、原著者自身の構想に即していかに再構成するかにある。決定版となるであろう『全集』Ⅰ／22も、そうした再構成を前提とし、その上で再編纂されなければなるまい。ところが現状では、そうした再構成に向けての、編纂者を含めた公開討論がなされず、議論の検証に必要な資料（たとえば「旧稿」の仕上げの時期一九一三／一四年の、原著者と出版社との往復書簡）も公刊されないまま、要するに予備研究とその条件を欠いたまま、なぜか分巻刊行が急がれている。

このままでよいのであろうか。昨今、新幹線のトンネルや高架橋に、剥落事故があいつぎ、基礎工事の目に見えない手抜きが明らかになって、このまま列車を走らせて大丈夫なのか、と誰しも危惧を抱いている。しかし、手抜きには目をつぶって先を急ぎ、高速業績を競う人々は多くとも、足元を見据え、基礎工事をやり直そうとする人は少ない。独日の知を政治‐経済状況に還元し利用しようとする人々にはこと欠かないが、知を愛する人はごくわずかである。独日のヴェーバー研究の過去‐現在も、その例に漏れない。しかし、ヴェーバー研究――さらには、ヴェーバーの学問をその広がりと深さにおいて内在的に活かし、乗り越えていくような研究——の未来を思えば、ここで編纂史を振り返り、手抜きを突き止め、基礎を固めておく必要があろう。

## 1　マリアンネ・ヴェーバーの「序言」——四分冊・初版の章配列問題

マリアンネ・ヴェーバーは、「旧稿」を『経済と社会』「第二・三部」（当初は第二〜四分冊）に編纂して公刊するさい、第二分冊冒頭に「序言」を寄せ、「（原著者の）当初のプランは、手掛かりにはなったが、本質的な諸点では放棄されていた……ので、章の配列は、編纂者とその協力者によって決定されなければならなかった(4)」と明記している。ところが当時、編纂者の章配列（さらに、各章の区分、章自体の内部編成、表題や中見出しなど）が妥当か、原著者自身による章配列はどうだったか、との問題提起とこれをめぐる論争がなされた形跡はない。

## 2　第二版における「序言」の配置換え——「二部構成」神話の既成事実化

この「序言」は、第一〜四分冊を合本した第一版〔1922〕でも「第二・三部」の直前に置かれていたが、第二版〔1925〕では「第一部」（したがって『経済と社会』全体）の劈頭に繰り上げられ、しかも「初版への序言」と改題された。これは一見、形式的な些事とも思われよう。しかし、複雑な編纂事情を知るよしもない読者は、いまや「第一部」を含む一書全体への「序言」に格上げされた編纂者の体系的位置づけを、それだけ真に受け、「第一部」「第一章・社会学の基礎概念」から読み始めて、与えられた章配列どおりに通読するか、途中はとばしても当初の概念をそのまま「第二・三部」に持ち越して任意の章を読むことにならざるをえなかったろう。少なくとも、一書としての形式が整っているとの印象は、それだけ強められたにちがいない。そのかぎり、この配置替えは、「二部構成」神話を暗々裏に追認‐補強する、重大な変更であった。

しかし当時、これを見咎めて問題にする人はいなかった。

## 3　ヴィンケルマン論文の自己破綻と新編纂委託

ヨハンネス・ヴィンケルマンは、「マックス・ヴェーバーの遺作――文献誌的研究」〔Winckelmann 1949〕[5]によって学界にデヴューし、これが認められて『経済と社会』第四版以降の編纂を委ねられた。ところが、この論文を一読すれば、かれの主張が、かれ自身の論拠によって覆されていることが分かる。というのはこうである。

『綱要』第一回配本の冒頭には、明らかにヴェーバーが執筆したと見られる「序言」が付され、これに「全巻の構成 Einteilung des Gesamtwerkes」がつづいている。この一覧によると、「第一篇・経済の基礎」は、「A　経済と経済学」「B　経済の自然的また技術的諸関係」「C　経済と社会 Wirtschaft und Gesellschaft」の三「部 Abteilung」からなり、このCが「I　経済と社会的秩序ならびに（社会的）勢力 Die Wirtschaft und die gesellschaftlichen Ordnungen und Mächte」と「II　経済的‐社会政策的体系ならびに理想の発展行程」に二分され、このうちIのみが、マックス・ヴェーバーの分担項目とされていた。IIは、フィリッポヴィッチの担当とされ、したがって「経済と社会」は、IIを含む「部」の名称であって、ヴェーバー執筆分の表題ではなかった。

さて、ヴィンケルマンは、このIを「当初のプラン」と呼び、これが「改訂稿」を含め「二部構成」の『経済と社会』全体に実現されていると主張した。その論拠としてかれは、「全巻の構成」が第二回配本以降の諸巻にもそのまま添付されている事実を挙げた。ところが、かれ自身も注では認めているとおり(6)、「全巻の構成」は第一次大戦後、すなわちまさに「旧稿」改訂時の諸巻からは添付されなくなっている。したがって、かれの論拠を認めると、改訂時には「当初のプラン」は失効したという結論が出る。また、ヴィンケルマンは、「当初のプラン」中、「旧稿」には書き下ろされていない項目（とくに国家社会学）に該当する内容が、後年、講演や講義で取り上げられた事実を、ヴェーバーがプランは維持したまま残された空白を埋めようとした証拠と解し、いまひとつの論拠とする。しかし、その事実は、構想は変えながら同一の内容を取り上げて改訂執筆にそなえたとも解せるから、必ずしも「当初のプラン」維持の証拠とはならない。そういうわけで、ヴィンケルマンの主張は、新編纂方針とするには根拠が薄弱にすぎた。

ところが、出版社は、ヴィンケルマンを登用して第四版以降の編纂を委ねた。独日のヴェーバー研究者も、ヴィンケルマン論文を批判せず、出版社の判断に異を唱えず、かれの誤編纂本を受け入れ、追認してきた。いままた、この轍を踏んではなるまい。

## 4　ヴィンケルマン編纂の功罪

さて、「当初のプラン」は八項目の一部構成であるから、これに全面的に依拠するというヴィンケルマンの再編纂は、①マリアンネ・ヴェーバー編「二部構成」の踏襲によって当初から自己矛盾に陥っていた。しかし、②「当初のプラン」（筆者は、その妥当性の時間的制約を強調して、シュルフターの「一九一四年構成表 Disposition von 1914」という呼称を採るが、ここでは「14表」と略記）は「旧稿」には妥当したから、かれの版本の「第二部」には、そのかぎりで幸運な改善が見られる。たとえば「第二部」「第六章・経済と秩序」を、「14表」の「1〔-2〕・経済と法の原理的関係」に該当するとして「第一章」に繰り上げた点などである。また、かれは、③再編纂の準拠標として、テキスト中の前後参照指示に着目した。しかし、自分ではその一覧表を作成せず、被指示個所の網羅的検索もせず、自分の編纂に好都合な事例だけを恣意的に抜き出したばかりか、自編纂に合わせて前後を書き替えることまでした。[7] 第二次編纂者のこのテキスト介入は、第一次編纂者も同じことができたのではないか、という信憑性問題を提起したことになる。[8]

## 5　テンブルックの功績

テュービンゲン大学のテンブルックは、①同地のＪ・Ｃ・Ｂ・モール社に保存されていた往復書簡資料（とくに一九一九年一〇月二七日付けのジーベック宛ヴェーバー書簡）に依拠して、原著者が第一次大戦後に根本的改訂を意図した事実を明らかにし、「改訂稿」と「旧稿」とを合体して一書に仕立てる編纂の無理を暴き、「『経済と社会』との訣別」を宣した。後から見れば当然のことでも、人は通例、神話や権威に呪縛されて気がつかないか、気がついてもあえて異を唱えようとはしないから、テンブルックのこの初発の挑戦は、かれの批判的学風にふさわしい画期的功績であったといえよう。ただ、かれ自身は、②まさにそうして「二部構成」神話から解放された「旧稿」テキストそのものを、原著者自身の構想に即して再構成する方向には踏み出さなかった。また、かれの論文の衝撃ゆえか、ドイツでは、③その後の「旧稿」研究が、ほとんどもっぱら、かれの敷いた「作品史 Werkgeschichte」の軌道上で展開され、その再構成－再編纂も、テキスト自体の論脈の追跡やテキスト内在的指標（たとえば架橋句、承前句、前後参照指示、術語用例、論理的構成など）にかんする検索や議論抜きにも達成されるかのような、作品史一辺倒（あるいは、恣意的編纂の作品史的正当化）ともいうべき「意図せざる結果」を生じた。

## 6　シュルフターの作品史的研究と編纂態勢問題

シュルフターは、①この間、論文「マックス・ヴェーバーの宗教社会学――作品史的再構成」〔Schluchter 1984〕(9)、「『経済と社会』――一神話の終焉」（草稿一九八五年、公表一九八八年）(10)を発表し、テンブルックの問題提起に正面から応えた、ドイツで唯一の社会学者（おそらくは唯一の学者）である。かれの主張は、①「二部構成」神話を破棄し、②「一九一四年構成表」の妥当性を「旧稿」にかぎって認め、③「理解社会学の諸範疇」（一九一三年『ロゴス』誌に発表、以下「範疇」と略記）を（「旧稿」には「第一部」「第一章・社会学の基礎概念」ではなく、この「範疇」の基礎概念・用語法が適用されているので）「旧稿」の前に配置する、という基本的な三点にかけて、筆者と見解が一致していた。ドイツで、ヴェーバーの社会学上の主著『経済と社会』の再構成と取り組み、再編纂全体の総括責任をとれるのは、まず、明晰な論理的思考力と緻密な文献批判の能力を兼ね備えた社会学者シュルフターをおいて他にはいない、と筆者は考えてきた。ところが、②かれは、『全集』の五人の編纂者のひとりでありながら、I／22には、総括責任者どころか、五分巻のいずれにも登場していない。一方、第一「諸ゲマインシャフト」と第四「支配」という重要な二分巻の編纂は、同一人物（一歴史家）によって占められている。こうした編纂態勢は、もっぱら学問上の見地からみて不可解というほかはない。ヴィンケルマンの登用と同一（ないし同位対立）の禍根を残さないか、との危惧を禁じえない。

　他方、③『ケルン社会学・社会心理学雑誌』五〇巻二号に公表されたシュルフター論文「マックス・ヴェーバーの『社会経済学綱要』寄稿――編纂問題と編纂戦略」〔Schluchter 1998〕(11)には、従来の見解からの微妙な変化（少なくとも強調点の移動）が認められる。これについては、同誌五一巻四号（一九九九年一二月）に寄稿した筆者のシュルフター批判とかれのリプライを併せ、一書『「経済と社会」再構成論の新展開——ヴェーバー研究の非神話化と『全集』版のゆくえ』(未來社より近刊)に編む予定なので、そちらを参照されたい。

## 7　第一分巻「諸ゲマインシャフト」の「序論」「編纂報告」草稿の問題点

第一分巻の編纂者はモムゼン(協力者はミヒャエル・マイヤー)である。かれの編纂とその前提をなす「旧稿」全体の取扱いには、黙過できない問題が孕まれている。『経済と社会』(旧稿)は、従来版の「合わない頭をつけたトルソ」から、いまや「頭のない五肢体部分」に解体されようとしている。以下、⑴「14表」の廃棄による「五肢体部分」への解体、⑵本来の「頭」(「範疇」)の切断、の二点に絞って批判しよう。[12]

⑴モムゼンによれば、マリアンネ・ヴェーバーからヴィンケルマンをへてシュルフターと折原にいたる編纂者や論者はすべて、「14表」を規準としてきた。ところがかれは、つぎのふたつの根拠を挙げ、この規準自体が、「序言」とともに公表された一九一四年六月二日の時点で、すでに放棄されていたと見る。a「14表」の草稿は、一九一四年三月中旬、ジーベックによってタイプ印刷され、ヴェーバー宛送付され、「修正と欄外書き込みを施して」返送されたが、草稿自体は、ヴェーバー自身の手になるものではない。なるほどかれは、四月一五日付けで「序言」の草稿をジーベック宛送付しており、そのあとにつづく「14表」の信憑性は、これによって間接的には裏付けられる。しかし、bその妥当性は、その後第一次大戦にいたる四カ月間に乗り越えられ、失効した。すなわち、ある項目の草稿は「等量原則」を破って拡張されたが、別の項目は手つかずのまま残されている。したがって「14表」は、前者にかんするかぎり「過去の遺物」となり、後者については「未来の夢」に終わったというのである。

こうして「旧稿」は、「14表」という準拠標から解放される。もとより、そのこと自体は、テキストがその上でいっそう厳密に再構成されるのであれば、問題はない。しかし、モムゼンの取扱いは、むしろそれだけ恣意的となっている。まず、c「経済と社会的秩序ならびに（社会的）勢力」という表題は「14表」のIに出てくるだけで、「当時の書簡や他の著作ではみな『経済と社会』と表記されている」から、こちらを正式表題に採用すべきだという。テキストそのものも、d「等量原則」を破って拡張をとげた諸稿が「宗教ゲマインシャフト」「法」「支配」「都市」という比較的等規模の分巻に編成され、「都市」にいたっては「支配の類型論中に紛れ込んだ異物」とまで決めつけられている。他方、e「等量原則」に適う諸小篇は（「経済と秩序」を除いて）、第一分巻「諸ゲマインシャフト」に編入される。こうして「トルソ」本体が、「等量原則」には適っても内容上・体系上の関係は定かでない「五肢体部分」に解体されるのである。

さてここで反論-反証に転ずれば、まず、マリアンネ・ヴェーバーから折原にいたる編纂者や論者は、それぞれ「14表」の取り扱いを異にしている。それらを十把一からげにして一掃するとは、なるほど豪快な壮挙ではある。しかし、a第一次草案が誰の手で書かれたかにもこだわるのであれば、それにヴェーバー自身が「修正と欄外書き込みを施して」返送した事実にもこだわり、「14表」の信憑性は直接にも裏付けられていると見なければなるまい。またbかりに「等量原則」があったとしても、「14表」の項目に内容上対応する草稿がその「原則」を形式上破って拡張されたからといって、ただちにその妥当性までが失われたとは速断できない。しかも、「等量原則」自体、別のコンテキストではモムゼン自身も認めているとおり、一九一三年秋、予定諸寄稿の遅延のため、分冊刊行が取り決められ、ヴェーバーがゴットルの「経済と技術」とともに自分の寄稿分の規模拡大をジーベックに要請した時点で、すでに放棄されていたと見られよう。むしろここで、「旧稿」テキスト中のつぎの一節に止目すべきである。

諸ゲマインシャフトの需要充足は、それぞれ特有の、しばしばきわめて複雑な作用をそなえているが、その究明は、この一般的考察（個別事例は、もっぱら一般概念の例示のために引照される）には属さない。ここではむしろ、われわれの考察にとってもっとも重要な種類のゲマインシャフトにつき、その本質を手短に確定することから始める（もろもろのゲマインシャフトをゲマインシャフト行為の構造・内容・および手段を規準として体系的に分類する課題は、一般社会学に属し、ここではいっさい断念する）。そのさいここで詳述されるのは、個々の文化内容（文学・芸術・学問など）にたいする経済の関係ではなく、もっぱら『社会 Gesellschaft』にたいする経済の関係である。そのばあい、『社会』とは、人間のゲマインシャフトの一般的構造形式にほかならない。そういうわけで、ゲマインシャフト行為の内容上の方向が考慮されるのは、それらが特定の性質をそなえ、同時に経済を制約するような、ゲマインシャフトの構造形式を生み出すばあいにかぎられる。これによって与えられる限界〔いかなるゲマインシャフトを、どこまで考察するか、その範囲したがって叙述の規模〕は、徹頭徹尾流動的 durchaus flüssig であるが、いずれにせよここで取り扱われるのは、きわめて普遍的な種類のいくつかのゲマインシャフトのみである。以下では、まずそうしたゲマインシャフトの一般的性格づけがなされ、それらの発展形態には、やがて見るとおり後段で、『支配』のカテゴリーと関連づけて初めて、いくらか厳密に論じられよう[13]。

この文言は、従来版では「家ゲマインシャフト」節の冒頭に置かれていたが、〔「14表」の「1〔-3〕・団体の経済的諸関係」に対応する〕「経済と社会一般」章の末尾に繰り上げられるべきであろう。というのも、この一節はむしろ、ゲマインシャフトの構造形式が経済に制約される ökonomisch bedingt 一般的関係を（シャンスの稀少化とその独占利害にもとづくゲマインシャフトの対外 - 対内閉鎖・シャンスの「専有」形式によって）例示したあと、逆にゲマインシャフトの構造形式が経済を制約する ökonomisch relevant 一般的関係を「諸ゲマインシャフトの需要充足」形式の決疑論によって例示した同章末尾の叙述に（「家ゲマインシャフト」節の冒頭としては不自然な出だしからも明らかなとおり）結びとして直結している。この再配置によって初めて、この一節は、「頭」から「トルソ」本体への架橋句・結節環として、また後者全体の構成予示として、重要な位置価を回復する。と同時に、このあと順次取り上げる「諸ゲマインシャフト」につき、なにもかも取り上げて等量の叙述を施すのではなく、①「われわれにとって重要な種類の」（ヴェーバーの価値理念に照らして価値関係性をそなえ）、②その特性において経済を制約するような一般的構造形式をもつ形象（といえば、なによりもまず「宗教」と「支配」）にかぎる、という二重の絞りがかけられている。この観点から重要なゲマインシャフトには、それだけ立ち入った叙述、したがって大きな紙幅が必要とされよう。原著者は、「等量」どころか、質的選別・量的不均等を原則として明示しているのである。

さて、外から「等量原則」を持ち込んで「14表」の妥当性を否認しようとするモムゼンの独創的議論は、以上の反論‐反証によって棄却されよう。と同時に、翻って「14表」の妥当性が、概念的導入部（項目1）、諸ゲマインシャフト（項目2～7）、支配諸形象（項目8）という大枠につき、ひとつのテキスト内在的裏付けをえたことになる。しかし、いっそう詳細かつ全般的な論証には、「旧稿」をいったん全八二六段に分解し、テキスト内在的指標に準拠して再構成し、「14表」との対応を逐一、全面的に検証していく必要がある。この課題は厖大な紙幅を要するので、「旧稿」全体の再構成を兼ね、別稿に期するよりほかはない。ただここでも、マリアンネ・ヴェーバー編「第二・三部」に散見される異例に多い逆転誤指示が、「14表」に即してテキストを配列し直せば整合性を回復する、という事実は挙示できる。[14] 量的には不均等なテキスト群も、「14表」に正式に表示された配列と統合を失ってはいなかったのである。

こうして「14表」の妥当性が再確認されれば、c～eにも、おのずと答えが出よう。若干補足すれば、c表題問題につき、モムゼンは「当時の書簡や他の著作」のどこで『経済と社会』という呼称が用いられているか、追検証可能な個所の具体的挙示を怠っているから、かれの主張は論証の体をなさない。しかも、ヴェーバーは、書簡では通例、著作の正式表題にはあまりこだわらず、略号を用い、誤記を犯しさえする。[15] したがって一九一三／一四年以降の未公刊の書簡からいくら用例を持ち出してきても、かれが公表を認めた「14表」の正式表題「経済と社会的秩序ならびに勢力」を覆すには足りない。「他の著作」にも「経済と社会」という表記があるにはあるが[16]、いずれも表題とは速断しがたい。さらに、マックス・ヴェーバー本人は、持ち前のフェア・プレー精神から、ジーベックともかれ自身とも親交のあったフィリッポヴィッチの（印刷に付されていた）草稿を、「第三部・経済と社会」から閉め出して「部」名を独占するようなことは、（その間にフィリッポヴィッチが死去しているとはいえ、いや、そうであるからこそかえって）しなかったろう。

なるほど、d「旧稿」は浩瀚にすぎ、形式上は分巻編成を避けられまい。しかし、それには全巻の体系的構成を示すのが先決で、これが明快に提示されれば、あとは内容上のまとまりごとに分割しても、いっそもっぱら形式的に五等分しても、差し支えなかろう。ところで、その先決問題は、「旧稿」の全八二六段への分解とテキスト内外の指標に依拠する論証的再構成によって初めて解決される。ところがモムゼンは、そうした再構成の困難を避け、上述のとおり「等量原則」にもとづく形式的分割を先行させた上で、あとからも、内容ならまだしも執筆期のまとまりを持ち出しては既成措置を正当化する。そのため、執筆順序と体系的配列との混同が、避けがたく生ずる。

ここでは五分巻を逐一批判する紙幅はないから、モムゼンが「支配の類型論中に紛れ込んだ異物」として分割を正当化している「都市」論を、かれにとってもっとも有利な事例として取り上げよう。まず、①文献批判的に見て、筆者が独文論考 [Orihara 1993; 1994a](17) でも具体的に挙示しておいたとおり、「都市」論内には、「メンナーブント」としてのフラトリー」「ポリスにおける祭司門閥の権力剥奪」のように、「家産制的支配」「国家と教権制」に該当個所を見いだす三前出参照指示があり、他方「都市」論外の「家産制的支配」には、たとえば「門閥とポポロ・グラッソとの融合」というような「都市」論内にのみ被指示個所をもつ四後出参照指示がある。したがって「都市」論は、この前後参照指示の挿入者・テキストの執筆者にとり、「14表」の「8―c）-2」・都市の類型論」に該当し、「同a）・正当的支配の三類型」「同b）・政治的支配と教権制的支配」の俗聖正当的支配類型論に後置され、書かれざる「8―d）近代国家の発展」に前置される予定だったろう。②体系的にも、「都市」論をそこに配置して初めて、それに独自の位置価が回復される。すなわち、「都市」論は、古今東西にわたる都市的諸形象の類型論を展開し、価値関係的特性と経済制約性ともに顕著な西洋中世内陸都市の政治的自律（政治権力の非正当的・革命的簒奪）の意義を浮き彫りにしている。ところで、そうした自律の条件は、西洋中世世界における俗聖両正当的支配体制間の、また、双方における諸君主間、君主と封臣団間、教皇－教権制（官職カリスマ）と修道院（個人カリスマ）間の、締めて四重の「権力分割」（「世界帝国」的・「統一文化」的性格の欠如）にあった。またその帰結は、同じ「権力分割」ゆえに「漁夫の利」を占めた市民層が「王の議会」においても勢力を強め、君主の家産官僚制が、他国・自国封臣団・教権制との対抗場裡で、市民層との提携を求める一方、その合理的要求に押され、その合理的諸制度を採用して近代官僚制・近代国家に脱皮する経緯に求められる。とすれば、「都市」論は、そうした独自の条件を論ずる正当的支配の類型論と、独自の帰結を論ずる近代国家論との中間に体系上整合的な座を占める。そういうわけで、モムゼンにもっとも好都合な「都市」論さえ、文献批判的にも体系的にも、「異物」どころか「14表」の定位置に統合される。とすれば、他のさほどでもない四分巻については、ますますもってしかりといえよう。

　いまひとつｅ第一分巻を取り上げれば、「種族」と「市場」の間から「宗教」が、「政治」からは「法」が、それぞれ規模拡大という形式的理由で抜き取られ、残された「等量」諸小篇を独立一分巻に束ねることが、「早期に成立し、大部分一九〇九／一〇年には書き下ろされた」「最古層」として作品史的に正当化されている。しかし、この議論は、まず作品史的にも成り立たない。たとえば「種族」につき、一九一〇年五月の「題材分担案 Stoffverteilungsplan」（以下「10案」と略記）では、第一篇第Ⅲ部「経済、自然および社会」、2「経済の自然的条件」中に「経済と人種」の項目があり、ヴェーバーの担当とされているが、「種族」はどこにも見当たらない（ちなみに、人種と種族とはしばしば混同されるが、ヴェーバーは、前者を、種族的共属意識の構成契機のひとつとして後者に止揚しており、「人種」に種族が包摂されはしない）。一九一三年一二月三〇日付けのジーベック宛書簡に初めて、「家族と家ゲマインシャフトから、経営・氏族・種族ゲマインシャフト・および宗教（注記略、後述参照）をへて、最終的にはひとつの包括的な社会学的国家－支配理論にいたる」「まとまった理論と叙述を仕上げた」との表記が現れる。「14表」では、「4・

種族ゲマインシャフト関係」が、「3・近隣団体、氏族、ゲマインデ」と「5（-1）・宗教ゲマインシャフト」との間に置かれている。一九一四年の「全巻の構成」では、「10案」の「経済と人種」が「14表」の「種族」に移行したのではなく、「B経済の自然的ならびに技術的諸関係」Ⅱ—b）としてそのまま残り、ただ担当だけが、ミヘルスに変更されている。そういうわけで、作品史的にも、「種族」論を「最古層」と断定する根拠はない。

それればかりか、作品史的に執筆期を推定し、それによって分巻編成を正当化しようとする発想自体が、そもそも執筆期と体系的配列とを混同する誤りなのである。「旧稿」内部にかぎっていえば、一九〇九／一〇年に書き下ろされたかもしれない初期草稿も、（モムゼンが暗に仮定しているように）そのまま手を入れずに残されたのではなく、一九一三／一四年の後期執筆局面で、「14表」の体系構想に編入され、改訂され、再構成されている。こうしたことは、ひとつのプロジェクトの完成をめざす執筆の過程としてごく自然であるばかりか、文献批判的にも、両局面に（たとえば、初期の——とモムゼンは断ずる——「家ゲマインシャフト」「オイコス」論と、後期の「家産制的支配」論とに）跨がる前後参照指示のネットワークによって立証される。しかも、このネットワークからは、体系的配列が執筆期からは独立している（体系的には、後期草稿が初期草稿の前にくる、またその逆もありうる）という事実も明らかになる。紙幅の制約上、その具体的例証は上記『ヴェーバー「経済と社会」（旧稿）再構成論の新展開』に、全面的検証資料は拙著『ヴェーバー「経済と社会」の再構成——トルソの頭』〔折原 1996〕に譲るが、この仕上げの局面における「旧稿」テキストの体系的配列を論証的に復元することこそ、最優先されるべき先決問題なのである。

この局面にも「14表」が妥当し、「宗教」の位置価が「種族」と「市場」の間にあることは、つぎのような作品史的また内容的-体系的理由によっても説明される。上に引用した一九一三年一二月三〇日付け書簡で、ヴェーバーは「宗教」の項に注記を施し、「トレルチの仕事をすべての大宗教に拡張し」た旨特筆している。ここでいう「トレルチの仕事」とは、一九一二年の大著『キリスト教教会と集会の社会教説』を指すと見て間違いあるまい。ヴェーバーは、その刺激を受けて、一方では、西洋キリスト教世界のみでなく、「基軸時代」（ヤスパース）以降分化を遂げたすべての文化圏に視野を広げ、他方では、教説からエートスへと関心の焦点をずらして、「14表」の項目5に照応する、文字通り「全世界のすべての大宗教を包摂する救済教説および宗教倫理の社会学」を構築したのである。では、なぜそうしなければならなかったか、また翻ってその帰結はなにか、と問えば、（かれの個人史的側面はいちおうおくとして）一方では西洋における氏族‐種族の解体→局地的市場ゲマインシャフト形成→都市発展‐政治的自律と、他方ではインドにおける氏族‐種族の強化→種族間‐地域間分業→市場‐都市発展の抑止→カースト的制定秩序への〈ゲゼルシャフト〉形成という普遍史的分岐が念頭に置かれ、これが両文化圏における宗教性の類型的相違に媒介されているとの洞察があり、翻ってそうした基本認識が強められたからであろう。とすれば、この経緯から、一九一三／一四年局面で「14表」の「5〔‐1〕宗教ゲマインシャフト」に、「〔‐2〕諸宗教の階級的被制約性」と「〔‐3〕文化諸宗教と経済志操 Kulturreligionen und Wirtschaftsgesinnung」（とくに後者）が付加され、大拡張を遂げたとしても、それにもかかわらず、いやまさにそうであればこそそれだけ、その価値関係的‐体系的位置は、やはり「種族」と「市場」との間、すなわち「4種族ゲマインシャフト関係〔複数〕Ethnische Gemeinschaftsbeziehungen」と「6市場ゲマインシャフト形成 Marktvergemeinschaftung」に挟まれた「14表」の定位置5に求められよう。

⑵すでに所定の紙数が尽きたので、「頭」切断問題には、ごく簡単に触れるに止める。モムゼンは、ここでも未公刊のリッカート宛一九一三年書簡を持ち出し、「範疇」「第二部」も（ヴェーバーの冒頭注記どおり）「ずっと以前に」書き下ろされ、そのまま「第一部」に後置されたのではなく、『ロゴス』誌への投稿直前に大幅に改訂されたと推定する。とすると、それは、「初期」と断定された第一分巻「諸ゲマインシャフト」のテキストよりもあとということになろう。そこでかれは、「範疇」「第二部」の「認識水準」は、合理的ゲゼルシャフト結成の強調において「初期」テキストの水準を越え、その証拠に、〈ゲゼルシャフト行為〉という前者の術語が後者には出てこない、との独創的議論を展開する。やはり、こうした作品史的区別に依拠して「頭」の切断を正当化したいのであろう。

しかし、〈ゲゼルシャフト行為〉という術語は、モムゼンの断定に反して、かれ自身の編纂した第一分巻テキスト中の四個所、すなわち「ゲマインシャフトの経済的諸関係一般」〔WuG$^{1}$ : 182 Zeile 5, 189 Z. 17〕、「種族」〔WuG$^{1}$ : 219 Z. 11 v.u.〕、および「市場」〔WuG$^{1}$ : 364 Z. 5〕、に出てくる。しかも、筆者は、これらの個所を含む術語用例一覧を独訳〔Orihara 1994b〕して編纂陣に提供してある。それはともかく、編纂者は、自分が編纂しようとするテキストを正確に読まなければならない。そうして初めて、「範疇」を「トルソの頭」の冒頭に置かなければ、テキストを正確には読めないことも分かるであろう。

ただし、こうした恣意的切断と正当化は論外としても、「頭」問題自体は、けっして単純ではない。それは現在、まさにシュルフターと筆者との論争点となっている。筆者の批判にたいするシュルフターのリプライは、「『単頭』か『双頭』か――ここで問題なのはまさにそれだ」と題されている。そこで、いっそう詳細な具体的論証を要するこの問題をめぐっては、シュルフターとの上掲共著『「経済と社会」再構成論の新展開』で、生産的な論議を闘わせることにしたい。

（二〇〇〇年二月二八日、脱稿）

## 注

本稿の性格上、本来なら具体的検証資料を詳細に注記すべきであるが、紙幅が制約されているので、必要最小限に止めた。

（1）Tenbruck, Friedrich H.〔1977〕„Abschied von ‚Wirtschaft und Gesellschaft'", *Zeitschrift für die gesamte Staatswissenschaft* 133 : 703–736.

（2）下注（9）～（11）に引用する文献参照。

（3）〔折原 1988 : 19–104（初出 1985年）; 折原 1988 : 195–209（初出 1986年）; Orihara 1992 ; Orihara 1993 ; Orihara 1994a ; Orihara 1994b ; Orihara 1994c ; Orihara 1994d ; Orihara 1995a ; Orihara 1995b〕

（4）Weber, Marianne〔1921〕„Vorwort", in : Max Weber〔1922〕*Wirtschaft und Gesellschaft*, 1. Aufl., hg. von Marianne Weber, S. vii, Tübingen : J. C. B. Mohr. 圏点は引用者、以下同様。

（5）Winckelmann, Johannes〔1949〕„Max Webers opus posthumum—Eine literarische Studie", *Zeitschrift für die gesamte Staatswissenschaft* 105 : 368–387.

（6）上掲論文、S. 369, Anm. 2 参照。

（7）この書替えを突き止め、批判した論文として、Orihara〔1992〕参照。

（8）「参照指示の信憑性問題」を主題化したものとして、Orihara［1993; 1994a］参照。

（9）Schluchter, Wolfgang［1984］„Max Webers Religionssoziologie", *KZfSS* 36 : 342-365.

（10）Schluchter, Wolfgang［1985］„»Wirtschaft und Gesellschaft«—Das Ende eines Mythos", S. 597-634, in : ders. *Religion und Lebensführung*, Bd. 2, Frankfurt a.M. : Suhrkamp.

（11）Schluchter, Wolfgang［1998］„Max Webers Beitrag zum ‚Grundriß zur Sozialökonomik'—Editionsprobleme und Editionsstrategien", *KZfSS* 50 : 327-343.

（12）モムゼンは、一九九八年一〇月に来日の途次、一六日に名古屋に立ち寄って第一分巻「序論 Einleitung」の草稿を筆者に託し、「できるだけ鋭く論争を提起」してほしいと要請した。ミヒャエル・マイヤーの「編纂報告 Editorischer Bericht」草稿も、後便で送られてきた。そこで筆者は、以前、東大教養学部相関社会科学科編 *Working Paper* に発表し、ミュンヘンのエディット・ハンケ女史（モムゼン門下）に数部ずつ郵送し、関係者（該当巻の編纂者・編纂協力者）にも渡っていたはずの関連独文文献（上注（3）参照）を、念のため再度（というのも、ハンケ女史からの丁重な礼状以外、編纂者・編纂協力者自身からの応答は皆無だったので）両氏宛郵送するとともに、両草稿の検討に着手した。とくに「序論」については、全文を四四段に分けて逐一コメントし、一九九九年三月七日、同二二日に、モムゼン宛郵送した。「編纂報告」についてのコメントも、冒頭部分を、同年三月二九日、四月九日、四月二〇日、マイヤー宛郵送した。しかし、両氏からの返信は、一九九九年一一月一二日（二〇〇〇年二月二八日）現在、届いていない。そのように、私信によるやりとりが先方から断たれて久しく、内容は学問的な当否の問題なので、両者には伝達ずみの批判をここに要約して公表しても差し支えなかろう。

（13）［WuG¹ : 194］.［ ］は引用者。

（14）前注（8）に引用した文献参照。

（15）たとえば、『社会経済学綱要』への「序言」の直後（六月二一日）に歴史家ベローに宛てた書簡では『社会科学綱要 Grundriß der *Sozialwissenschaften*』と書いているし［Below 1925 : S. xxiv］、一九〇八年一二月二一日付けのカール・ベツォルト宛書簡では『古代農業事情 Agrar*verhältnisse* im Altertum』を『古代農業史 Agrar*geschichte* im Altertum』と記している［MWG II/5 : 704］。

（16）［WL : 427, Weber 1916 : 1, RS1 : 237, 267］

（17）上注（3）参照。

# エッセイ「マックス・ヴェーバー研究」

## ――歴史は社会科学的認識の本質的基礎である（ホーニクスハイム）

住谷一彦

平成一一年一一月二七・八両日にわたって東京大学文学部一番大教室で「マックス・ヴェーバーと近代日本」というテーマのもとに「ヴェーバー・シンポジウム」が開催された。私はその第一部「マックス・ヴェーバーと近代日本」の司会をさせられ、その終わりに若干のコメントをした。シンポジウム自体は大変な盛況で、私の司会した第一部の会では立見の人たちが出たほどであった。二日にわたるシンポジウムでの報告は、プログラムを見ても分かるとおり、きわめて多岐にわたっており、掲げられたテーマからいえば、むしろ拡散の傾向がみられ、「シンポジウム」が掲げたテーマへと収斂する方向ではなかった。もちろん、これは各報告者の内容云々とは別のことである。私は体力の点でも到底盛り沢山な報告についてゆけず、したがって、すべてを聴いたわけではない。幾つか印象に残るものもあったが、ここではその一つ一つにコメントするというかたちでなく、報告を聴いているうちに、私の脳裡に浮かんだことがらを、それもまとめるかたちでなく、思いつくままに述べてみることにしたい。

色々な報告を聴きながらまず印象に残ったのは、カール・レーヴィットの『ヴェーバーとマルクス』[Löwith 1932] が我が国のヴェーバー研究者に対して非常に巨きな影響を与えていることである。確かにこの研究はヴェーバーとマルクスの動機分析から二人の実存を見事に画きだした点で、ヴェーバー研究史に一つの画期をなすものであった。安藤英治（以下紙数の関係で人名は敬称を省略する）の人間ヴェーバーのエートス研究は、それを継承・展開したものであり、日本におけるヴェーバー研究に一つの特徴を刻印づけた。ただし、丸山眞男が戦前における日本のヴェーバー研究に既にその傾向が見られることを指摘していたのは、周知のところである。私はレーヴィット＝安藤のそうしたヴェーバー研究に着想のすばらしさをかねがね感じてはいるのだが、同時にヴェーバー研究のうえでレーヴィットが着想の有力な手がかりにしたヴェーバーの政治的パンフレット『新秩序ドイツの議会と政府』におけるヴェーバーの文脈を見ると、ヴェーバーの関心自体は、必ずしもレーヴィットの実存哲学的関心と同じ方向に在るとは言えないように思われるのである。

　レーヴィットは資本主義が近代の人間世界を隅々まで合理性という普遍的精神の支配下におき、人間を「鉄の檻」Stahlhafte Gehäuse のなかにとじこめてしまったという現実認識にもとづいて、近代世界における人間の運命と自由について問うたのであった。この問いを発したレーヴィットが典拠とした箇所の一つは「議会と政府」のなかでヴェーバーが発した、この「鉄の檻」に直面して何らかの意味で「個人主義の自由を……救い出すことはそもそも如何にしたら可能であるか」という言葉であった。ところで、ヴェーバーの文脈を辿ってみると、彼の問わんとしたことがらは、必ずしもレーヴィットのそれと同じではないことが分かる。なるほどヴェーバーは官僚制的合理化の「鉄の檻」に対決するうえで、レーヴィットの典拠したテーマを第一に挙げている。しかし、それにつづいてすぐ、ヴェーバーは「いま我々の関心はこの問題にはない」と明言しているのである。彼の第二のテーマは「国家官僚層の不可避な増大、したがってまたその権力地位の増大という事態に直面して、ますます重要性を高めつつあるこの階層の異常に大きな力を制限し、これを有効に統制できる勢力が存在する何らかの保証は、どうすれば与えられるか」と、いうことであり、ヴェーバーのそれに対する答えは民主主義および市場経済と自由な私企業の存在如何であった。彼はそこでもこの問題は今の自分の関心事ではないと言って取り上げていないので、私も明言はできないが、彼の『経済と社会』第一部の第二、三章を見ると、ここでの彼の関心内容は何ほどか察知できるように思われる。つづいて、彼はこう述べる。「第三の問い——これが最も重要である。——は、官僚制それ自体が果《はた》し得ないことがらを考察することから出てくる問題である」。それは生きたマシーンである官僚制自体に内在する限界をあますところなく暴露することである。ヴェーバーは、ここで「鉄の檻」を如何に克服するかについての方向を指示している。それも、きわめて実践的・具体的に。レーヴィットが述べたような、いわゆる「時代の診断」といったテオリアの看点からではなく。ここでヴェーバーが実践知《プロネーシス》の看点から官僚制的合理化に内在する限界を画する力と指示するのは、言うまでもなく政治の世界であった。かくして、官僚をコントロールする政治家、政治的指導者の力能に、ヴェーバーの関心は収斂していく。ヴェーバーは、現実に対する決断は、およそ哲学的・一般的に言えるものではなく、状況把握が現実的・具体的になるほど、その選択肢はいよいよ狭くなるものだという意味のことを述べていたように思うが、ヴェーバーの「鉄の檻」への対決姿勢はレーヴィットの定式化したような普遍的テーマへの哲学的関心とは異なり、すぐれてドイツの現実と直面した現実科学的関心に方向づけられていたということができよう。私は、レーヴィットの提起したテーマがヴェーバー研究のうえで的を失していたなどというつもりはない。ただ彼の典拠にした「議会と政府」の箇所を文脈的に追っていくと、このようになるのではないかと思うだけである。それは、また彼が社会科学を法則科学ではなく現実科学として把えようとしていたこととも整合するのではなかろうか。

ヴェーバーは、テンブルックが鋭く指摘したように、社会科学をすぐれて現実科学 Wirklichkeitswissen-schaft として捉えていた。彼は法則定立を目指す法則科学の意義を十分に知っていたが、それでも歴史的個体として在る現実（認識対象）を分析する手段として位置づけていた。パーソンズ＝ヴェーバーの影響下に構想・展開された「近代化」論は、明らかに前近代的な伝統的社会が近代化する過程を解明する一般理論としてヴェーバーのいう法則科学としての性格を有している。したがって、日本の「近代」

を解明するにあたっても、「近代化」理論の適用という面があることは避け得ないところである。それは日本の「近代」を解明できればできるほど、その理論の有効性が認められることになり、日本の「近代」は解明の目的から「近代化」理論の妥当性を示す良き例証として位置づけられるに至る。それは法則科学としては自明のことであるが、ヴェーバー社会科学の目指す方向でないことも確かである。ヴェーバーは『プロテスタンティズムの倫理と資本主義の精神』にみられる適合的因果連関を歴史上一度限り、、、、生じた現象として、資本主義の精神を歴史的個体として捉え、この研究を歴史学的なそれとみなしていた。もし彼が日本の「近代」を認識の対象とするならば、当然に一つの歴史的個体として、それを構成する歴史的な具体的コンポネントの複合として概念構成していくことであろう。少なくとも非ヨーロッパ文化圏において近代化を達成できたモデルケースといった捉え方はしないのではないだろうか。ヴェーバー晩年の宗教社会学における「宗教と社会の普遍史的関連」という視座でいうならば、おそらくは西欧的合理化のパターンと異なったアジア的合理化という認識の枠組のなかでインド的合理化、あるいは中国的合理化のパターンとも相違する日本的合理化の筋道を比較史的に追うことであろう。

私は思うのだが、最近のヴェーバー研究においては彼の晩年の講演である「天職《ベルーフ》としての学問」および「天職《ベルーフ》としての政治」への注目が次第に強くなってきているような気がするのだが、どうなのだろうか。それにはもちろん色々な理由があることであろう。ただ、私の気になることは、「天職としての政治」で前面に押し出されてきた心情倫理と責任倫理の対比というテーマが、作品史的研究の視角からその構想の由来も含めて他のテーマほどには論及されてこなかったのではなかろうかという点である。「倫理」論文や『経済と社会』の作品史的研究は急速に進んだが、この両概念については私の管見の範囲では、最近刊行された牧野雅彦〔2000〕『責任倫理の系譜学』が正面から追及しようとした開拓的な業績ではないだろうか。山之内靖によって提唱された「ヴェーバーとニーチェ」の問題提起にやや引きずられたような点も感じられるが、「心情倫理と責任倫理」の枠組がニーチェにおけるルサンチマン理論のヴェーバーへの影響と、それからの脱却という方向のなかで形成されてきたことを丹念に追っている。折原浩も指摘していたが、現行の「宗教社会学」草稿における「古代ユダヤ教」に対する評価と、『古代ユダヤ教』のそれとは異なるところがあり、牧野はその局面からヴェーバーの責任倫理という問題関心は、山之内が言うニーチェ的な祭司層に対する騎士＝戦士層の精神的系譜に根ざしているのではなく、むしろそうした騎士的階層と対抗しつつ、都市民主化過程裡に現れてくる平民的・市民的階層を基盤とする政治的デマゴーグの精神的系譜に見出そうとするところにあったのではなかろうか、と主張する。私は「世界宗教の経済倫理」最終巻との関わりで彼の「都市」論を読んできたが、同時にそれがこの責任倫理に基づく自由な（非正当的支配の「都市」を基盤とする）政治的指導者の系譜を掘り起こす側面をも含むものと考えてきたので、私にとってはこの牧野の論旨は説得力がある。ただ、牧野が結果責任の倫理をヴェーバーが責任倫理として心情倫理に対置して定式化した所以までニーチェに結びつけて説明している点は、どうであろうか。私は一九一八―一九年の当時におけるドイツの現実、とりわけヴェーバーの居た当時のミュンヘンにおけるレーテの状況などを見すえたうえでの定式化であったとみるほうが、ヴェーバーの現実科学的関心に見合っているように思うのであるが、如何であろうか。ヴェーバー最晩年のゼミにおけるテーマは「レーテ」であった。それとならんで、私は司会のときのコメントでもふれたことであるが、ヴェーバーが心情倫理についてモデルとして想念していたのはニーチェの言説との関わりよりは、端的に、具体的にトルストイであり、彼が責任倫理の問題をそれとの対比において構想しはじめた機縁となったのは、ドストエフスキーとの対面にあったのではなかろうか、という推測である。もちろん、これは今のところ私の単なる憶測にとどまるのであるが、全く根拠のない思いつきではない。というのは、ヴェーバー・クライスの常連であったホーニクスハイムが『マックス・ヴェーバーの思い出』〔Honigsheim 1968〕のなかで、こう述べているからである。「マックス・ヴェーバーがドストエフスキーと対決することは避けられないことであった。このようなわけで、私は日曜日の対話でドストエフスキーの名前が出なかったような日を一日として思い出すことはできない。しかし、トルストイと対決することの必要性は、おそらく彼にとってはさらに差し迫った、まさに火急のことであったろう」と。ホーニクスハイムのこの箇所が、実は彼が心情倫理と責任倫理について論じている文脈の中においてであることは、止目すべき点であろう。ヴェーバーが「詩篇」とならんで「トルストイ」論を書くプランを持っていたことは、よく知られているところである。ヴェーバーにとって心情倫理の問題が、何故に「まさに火急のこと」であったのであろうか、そうであればあるほどそれに対決するべき倫理はどうあるべきかが、彼の脳裡にいよいよ色濃く刻み込まれていくことになったのではなかろうか。「天職としての政治」のメモが残っているが、その「責任倫理」を述べた箇所にドストエフスキー『カラマーゾフの兄弟』の「大審問官」が注記されているのに私たちはもっと注目してよいであろう。「マックス・ヴェーバー研究」を押し進めるうえでこのテーマの研究は、ニーチェとヴェーバーの思想的関連を追うよりは（それが重要でないというのではない）、もっともっと重視されてよいのではなかろうか。最近の私たちを取りまく周囲の状況は、それを私たちに迫っているように思われるからである。

# 資料編

# ウェーバー的問題の今日的意義

## ――シンポジウム「マックス・ヴェーバーと近代日本」に向けて

橋本　努

### 1　ウェーバーによる刻印

かつてウェーバーは学生たちに対して、次のように述べたことがある。「現代の社会科学者の誠実さは、そのニーチェとマルクスに対する態度によって測られよう。……われわれが生きている世界は、ニーチェとマルクスによって深い刻印を打たれた世界なのだ」と。この一節に付け加えて言えば、今日のわれわれの世界はさらに、ウェーバーによって深い刻印を打たれていると言えるだろう。近代化論をはじめ、ウェーバーの議論はさまざまな分野の古典的な位置を占めている。それだけでなくウェーバーの生き方は、それ自体が現代を生きるための「一つのモデル」として、今なお人間学的な関心を引きつけている。八〇年代におけるポスト・モダンの潮流がバブルとともに去った現在、われわれが真摯に学問を営むことを志すとすれば、ウェーバーから再出発するということが、一つの正統な意義をもって立ち現れてくるであろう（橋本直人［1993］「ウェーバー研究は何を求めているか」参照）。

ウェーバーの重要性は、しかし、ある意味で日本における社会科学の特殊性に根差している。それは例えば、一九八四年以降の新しい『ウェーバー全集』の初巻の約三分の二が、日本において購入されたという点からもうかがえる。残りの三分の一は他の国々において購入されたのであろうが、ドイツ本国で購入された『全集』の量は、全体の六分の一にも満たないかもしれない。とすれば、極めてドイツ的であると思われているウェーバーの世界は、実際にはドイツよりも日本で受容されたのであり、日本のウェーバー研究は現在、世界的にみて最高水準に達しているとも考えられる。

こうした事情は、日本のマルクス研究が世界的にみて最高水準に達したという事情と並行して理解することができよう。日本における社会科学の中心課題は、社会科学の古典を一種の「カノン（canonical text）」として位置づけることによって、近代化の精神的支柱を備給することにあった。つまり社会科学の課題は、たんに社会をよりよく理解するというだけではなく、社会を近代化するために必要な人格的美徳を陶冶することにあった。そしてその支柱は、他ならぬマルクスとウェーバーによって提供されてきたのであった。もっとも最近では、マルクス研究はさすがに陰りをみせているが、これに対してウェーバー研究は衰えをみせていない。九〇年代に日本で出版されたウェーバーの研究書だけでも、すでに七〇冊にせまる。またウェーバーの翻訳も、新たに一〇冊程出版されている。さらに現在、ウェーバー研究を志す大学院生の数はますます増加しており、今年の日本社会学会大会では、ウェーバー部会が例年になく二つ開かれるという。いったい、いまなぜウェーバーがこれほどまでに注目されているのだろうか。

## 2　近代の〈たそがれ〉か？

日本における『ウェーバー全集』の売れ行きに関心を示したドイツのW・シュヴェントカー氏は、日本のウェーバー受容とその影響について包括的かつ緻密な研究を開始し、その成果を著作『日本におけるマックス・ヴェーバー』［Schwentker 1998］として昨年刊行した。この本は専門家の間で大きな注目を集め、最大の賛辞を得たが、というのも研究者たちは、日本におけるウェーバー受容史についてそれほど多くを知らなかったからである。シュヴェントカー氏によってわれわれは、日本の研究事情までドイツに学んだわけであり、日本における学問的成果の批判的継承を重視するという学問作法に照らすならば、このことは猛省に値するだろう。

もとよりシュヴェントカー氏の問題関心は、「ドイツ人は日本のウェーバー研究から何を学びうるのか」という点におかれている。しかしこの関心を拡張して、「日本人は日本のウェーバー研究から何を学びうるのか」、また「世界は日本のウェーバー研究から何を学びうるのか」という問題へと展開することができるし、またそれだけの価値がある。氏の研究によって、これまで学問的途上国の特殊事情と思われていたウェーバー研究は、いまや世界に向けて発信しうるような、重要な知的文脈を獲得したと考えられるからである。ウェーバー全集の売れ行きからすると、ある意味でウェーバーを論じてきた文脈の主流は、日本にあると言っても過言ではない。日本におけるウェーバー研究の特殊性は、それを逆手にとれば、輸出しうるだけの知的成果となりうるのである。

こうした文脈観の転換を受けて、われわれは、ウェーバーとウェーバー研究の成果をもう一度見直さなければならない。ごく簡単にまとめるならば、日本におけるウェーバー研究は、およそ次のような経緯をたどった。まず一九〇五年から一九四五年の四〇年間は、ウェーバーの紹介が中心に受容され、続く一九四五年から一九六五年の二〇年間は、大塚久雄、丸山眞男、川島武宜らによって、いわゆる「近代主義」的な受容と創造が始まった。そして一九六五年から一九七〇年の五年間（およびその前後）は、さまざまな成果が収穫され、ウェーバー研究のある種のピークを迎えることになる。一九七〇年代以降になると、近代的なるものへの懐疑から、今度は逆に「近代への批判者」としてのウェーバー像が探求され始める。この時期から現代に至るまでの研究は、大塚久雄のウェーバー理解が圧倒的な知的ヘゲモニーをもってきた戦後の日本社会を、なんとか相対化しようとする点に共通項を見いだすことができよう。「禁欲エートス」を日本の戦後復興とその後の高度経済成長に重ね合わせてきた日本人は、とりわけバブル経済の崩壊によって、「勤労の美徳」や「経済成長第一主義」といった価値観に対する根本的な反省を迫られている。こうした現実に対応するのが、七〇年代以降のウェーバー研究の課題である。

なるほど大塚久雄の世代は、ウェーバーの近代的な精神を積極的に解釈し、これを日本の現実に持ち込むことができた。しかし折原浩や山之内靖らの次の世代は、そうした近代擁護への反発から、ウェーバーの中に近代性とポスト近代性の両方を読み取り、その狭間において自身とウェーバーを位置づけた。ウェーバーは、近代のたそがれ期に現れたというのが、この世代のウェーバー解釈の特徴である。では、さらに次の世代は、ウェーバーをどのように読むのだろうか。近代とポスト近代という単純な二分法によって時代を解釈すべきではないとか、近代を批判する観点を他の文化視座に求めるべきだ、といった議論になるだろうか。例えば矢野善郎氏によれば、従来のウェーバー理解は、ウェーバーの歴史観のなかに「合理化過程」を読み取り、世界の脱魔術化と官僚化の傾向を不可避のものとみなす傾向があった。しかしウェーバーは、さまざまな種類の合理化を論じており、「合理的であること」を相対化するような分析装置を用意している（矢野善郎［1997］.「マックス・ウェーバーの二重の方法論的合理主義」）。したがって、ウェーバーとともに単純な近代化傾向とその後の「たそがれ」を歴史に読み取ることは誤りである。近代批判者たちは、なるほど近代を相対化することに成功したが、しかしそのような時間的な相対化それ自体が、ウェーバーによって相対化されるかもしれない。

## 3　ウェーバー読解への注視

いずれにせよ、ウェーバーは今後も、時代の傾向を読むための重要なカノンでありつづけることは間違いない。振り返るならば、戦後日本の社会科学においてウェーバーがカノンとされたのは、まさに日本における近代的な精神を陶冶する際の、知的権威としてであった。しかし、そうした近代化の精神を批判する場合に、ウェーバーが批判されるというよりも、むしろ既存のウェーバー「解釈」が批判され、ウェーバーは逆に近代への批判者として、新たに再カノン化されることになった。つまり、ウェーバーというカノンは、それを批判する観点からもカノンとして保持されたのであった。カノンを批判する観点を他ならぬ同じカノンが提供するという事態は、まさにわれわれの世界に刻印を打ったというに値する。その意味でウェーバーは、これから何度も「読み直し」と「再規定」を呼び起こすだろう。

この点において重要なのは、折原浩氏の最近のウェーバー研究である。それはウェーバーのテキストを完全なものとして復元することをめざしているのであるが、単なる文献学的研究として位置づけられるべきものではない。むしろ、日本の社会科学がもつカノンをより強固なものとすることによって、その正統性と学者のアイデンティティを深いところで基礎付けるような、そうした中心基盤を形成するものとして評価されなければならない。

ウェーバー読解がいかに気迫に満ちた営みであるかについて知るために、ここで、雑誌『未来』において戦わされた折原浩—山之内靖論争〔折原 1997a, 山之内 1997, 折原 1997b〕に触れておきたい。この論争は、「学問研究におけるフェア・プレー」とか「ウェーバー社会学研究のパラダイムチェンジ」といった大きな問題をめぐって議論されており、両者の挑発的な論争スタイルもあってか、大きな波紋を呼んだ。具体的な内容はともかく、ウェーバー研究に対する両氏の情熱とその気迫は、並大抵のものではないことが分かる。折原氏の主眼は、そもそもウェーバー研究を超える射程をもつ。すなわち、人文・社会科学では、古い論点が装いを新たに繰り返し登場するだけで、学問研究の内実ある研究が連続的に蓄積されていかない、むしろそうした着実な営みを撹乱してしまう、という危惧がある。学問におけるこうした一般的傾向を批判することが、山之内氏に対する問題提起だというのである。これに対して山之内氏の問題提起も、同じくらい大きい。すなわち氏によれば、ウェーバー著『古代農業事情』の改定作業から「祭司 対 騎士」という対立軸を読み解くことが、ウェーバーの全体像を提供するだけでなく、「近代の社会科学全体を問い直す契機へとつながる」というのである。両氏の問題提起は、専門研究者同士の内輪の争いといったものではなく、社会科学者の任務と社会科学全体のパラダイム・チェンジに関わる重要なものとして提起されている。両者の研究がもつ気迫は、日本における社会科学全体の中心課題を背負い込むという英雄的な問題関心から発している。

## 4　シンポジウムにむけて

こうした気迫が生まれるのは、多くの社会科学者にとって、ウェーバーが学問のシンボルとして存在しているからであろう。大塚久雄から嘉目克彦に至るまでのウェーバー研究は、その中心において、「ウェーバーはどのような人格理念を生きたか（あるいは理想としたか）」をめぐって論じられてきたが、その背後には、「社会科学を営むことによって、どのような人格を陶冶することができるのか」という、いっそう根本的な問題が想定されている。ウェーバー研究者たちはこの根本問題に対して、「私はこのような人格理念がすぐれていると思う」と答える代わりに、「ウェーバーはこのような人格理念を重視した」という具合に応答してきた。つまり、自分の価値観点を前面に押しだす代わりに、それをウェーバーに託して応答してきたのであった。その応答は、「私にとってヴィッセンシャフトとは何か」、「ヴィッセンシャフトを志す私とは何者か」という問題への応答であると同時に、「近代日本における社会科学の理念とは何であるべきか」という問題に対する応答でもある。日本における近代化、近代化された日本の社会的諸課題、近代の日本社会に対する理解と変革の可能性、日本におけるモダニティの受け止め方、……こうした問題を社会科学はいかに理解すべきか。ウェーバーおよびウェーバー研究史は、学者のアイデンティティと日本社会の関係を考える上で、重要な素材を提供している。

以上のような諸問題は、しかしさまざまな論者たちによって、ぜひとも「再定式化」されなければならない。そしてウェーバー研究の意義が、次世代に向けて語られなければならない。そこでわれわれ橋本直人・矢野善郎・橋本努の三人は、日本におけるウェーバー研究者たちに呼びかけて、下記のようなシンポジウムを企画した。シンポジウムでは、「マックス・ヴェーバーと近代日本」というテーマの下に、「現代におけるウェーバーの意義は何か」、「ウェーバー読解とはいかなる意義をもちうるのか」、「日本が誇るウェーバー研究とは何か、そして継承すべき重要な問題とは何か」といったさまざまな問題をめぐって討論する予定である。もっとも以上の問題提起は、シンポジウムの主旨全体をカバーしてはいない。シンポジウムでは、各論者の自律的な問題提起を尊重し、世代間交流を通じて、複数の声からなる現在を、未来に向けて交配させることに主眼がある。当日はフロアを含め、活発な討議を期待したい。

※社会科学がいかなる人格を陶冶しうるかについて、私の問題提起は、拙著『社会科学の人間学——自由主義のプロジェクト』［橋本 1999］に詳しく述べた。参照していただければ幸いである。

（『未来』一九九九年一〇月号掲載）

# 問いの絶えざる再生のために

――シンポジウム「マックス・ヴェーバーと近代日本」を終えて

**橋本直人**

昨年十一月二十七・二十八日の両日、東京大学文学部においてシンポジウム「マックス・ヴェーバーと近代日本」が開催された。橋本努、矢野善郎および筆者の企画者三名はいずれも三十歳を過ぎたばかりの若手であり、運営その他不安な点は尽きなかったが、いざふたを開けてみれば当初の予想を大きく上回る盛況ぶりにこちらが驚かされるほどであった。本稿ではこのシンポジウムの様子について簡単な報告を行ないたい。

まず報告者をタイムテーブルと合わせて紹介する。

十一月二十七日(土)

午前〈第一討議〉「マックス・ヴェーバーと近代日本」　司会　住谷一彦

上山安敏「ウェーバーの宗教社会学――ユダヤ教とキリスト教の間」

富永健一「マックス・ヴェーバーとタルコット・パーソンズ――『資本主義の精神』の捉え方をめぐって」

山之内靖「何故に日本のヴェーバー研究者はニーチェ的モーメントを欠落させてきたか」

午後〈政治部会〉　司会　長尾龍一

雀部幸隆「ウェーバーの大統領制論とワイマル共和国崩壊の憲政史的問題」

佐野誠「ヴェーバーとシュミット――『政治的なものの概念』におけるヴェーバーの批判的受容を中心に」

橋本努「近代的主体論の再検討――M・ウェーバー解釈にみる社会科学の精神」

同〈資本主義部会〉　司会　濱井修

大西晴樹「『倫理』論文とイギリス革命――最近の実証研究から」

佐久間孝正「『仮象』としてのグローバリズムと資本主義――エスニシティ、ネイションの『政治・国家社会学』としての『経済と社会』」

橋本直人「資本主義の精神における〈教育〉の契機――『倫理』解釈史からの一考察」

十一月二十八日(日)

午前〈第二討議〉「日本マックス・ヴェーバー研究の過去・現在・未来」　司会　三島憲一
折原　浩「「合わない頭をつけたトルソ」から「頭のない五肢体部分へ」──『マックス・ヴェーバー全集』（『経済と社会』「旧稿」該当巻）編纂の現状と問題点」
姜　尚　中「自由主義の危機とウェーバー──1930年代と1990年代」
W・シュヴェントカー「グローバル化時代におけるマックス・ヴェーバー研究の課題」
嘉目克彦「文化の普遍史と現代──文化的生の「ドイツ的形式」とマックス・ヴェーバー」
午後〈理論・思想史部会〉　司会　米沢和彦
牧野雅彦「政治史と文化史の間──歴史学「方法論争」とウェーバー」
向井　守「『シュタムラー論文』の意義」
矢野善郎「ヴェーバー方法論的合理主義の今日的意義──「合理化テーゼ」論の呪縛を超えて」

我々企画者の主な狙いの一つは「近代日本のマックス・ヴェーバー研究を現時点で捉え返し、次世代以降への批判的継承のための展望を拓くこと」にあった。その意味で、これほどのヴェーバー研究者の参加を仰げたこと自体がまず望外の喜びであった。諸般の事情により参加いただけなかった研究者も少なくなかったが、それにしても日本のヴェーバー研究者がこれほどの規模で一堂に会し討議を繰り広げる機会は、おそらく大塚久雄らによる一九六四年のヴェーバー生誕百年記念シンポジウム以来と思われる。（付言しておけば、シュヴェントカー氏は一昨年にドイツで刊行された大著 *Max Weber in Japan*［Schwentker 1998］の著者である。すでに『マックス・ヴェーバーとその同時代人群像』［Mommsen & Schwentker (Hg.) 1988］の原著編者としてご存知の方もおられよう。）

さらに報告者のみならず、参加者数も二日間を通じて約四百名にも上り、しかもその四分の一以上が専門研究者以外の方々（なかには高校生も！）であった。そして何よりも、二日間にわたりこれらの方々によって真摯かつ熱気のこもった討議が繰り広げられたこと、このことこそが最も印象深い事実であった。

さて、本来ならばこの真剣な討議について個々の報告に即しながら紹介するのが本稿の課題であろう。しかし、残念ながら筆者はシンポジウム全体を落ち着いて聞ける立場にはなく、また紙幅の都合もあるので、ここでは個人的に気付いた点を二、三指摘するにとどめたい。（なおシンポジウムの全体像については、討議を踏まえた形で報告者全員による報告論文集が未来社より刊行予定なので、そちらをご覧いただければ幸いである。）

シンポジウムを通じてまず気付かされたのは、現代的課題からヴェーバーを読み込む試みが大きな可能性を秘めているということである。「普遍史における西欧近代の意義」という、ヴェーバー研究の枠内でいえば古典的な問題設定、あるいは「近代の運命的な力としての資本主義」というこれも古典的な認識は、情報化・グローバル化という現代の状況から再定式化することで新たな意義を獲得する可能性を秘めているように思われる。いいかえれば、社会主義と世界戦争の世紀が終わろうとしている現在、我々は再びヴェーバーの問いへと呼び戻されているのであり、ヴェーバーの問いを参照することによって我々自身の問いを構成することが必要となるのではないか。

第二にヴェーバー研究に即してみると、ヴェーバーを歴史的文脈の中に位置づけるアプローチの広がりがあらためて確認されたといえる。このアプローチそのものはヴェーバー研究の枠内ではむしろ伝統的でさえあるが、しかし特に八十年代以降はその意味付けがやや変わったように思われる。以前であれば、歴史的文脈重視のアプローチは「聖マックス」的ヴェーバー解釈に対する「脱呪術化」の狙いが大きかった。だが、このシンポジウムが示しているように、今日ではもはや歴史的文脈重視のアプローチとテクストの内在的解釈とは必ずしも対立するものではない。新たな歴史的文脈の設定がテクストの新たな読みを喚起し、新たなテクスト読解が知られざる歴史的文脈を示唆する、という相補関係こそが必要となっているし、また可能でもある。

そして第三に、例えば大塚久雄やパーソンズに代表される古典的なヴェーバー解釈が今日でもなお一つの問いかけとして大きな意味を持ち得るということも、このシンポジウムが示唆したことの一つであるように思われる。このように述べると「ヴェーバー研究者のアナクロニズム」と思われる方もおられよう。だが、最新の情報や理論を追いかける（それ自体は必要な活動であるのだが）に忙しいあまり、それ以前の問いを「克服する」のではなく単に「忘却する」ことが我々はあまりに多くはなかったか。古典的解釈は「答え」としては古びたかもしれないが、「問いかけ」として読み返したとき、それは本当に「解決済みの問題」なのだろうか。特に近年の業績至上主義的な流れの中で、これまでに数多くなされてきた批判をもって古典的解釈を（場合によってはその批判もろとも）「用済み」とする傾向が強まっているように思われる。だが、こうした批判の意義は古典的解釈を「片付ける」ことではなく、むしろ古典的解釈における問いかけと格闘しつつ、これを新たな形へと読み変え造り変える点にあったと考えた方がよさそうである。

そして翻ってみるならば、ヴェーバー研究という営み自身が、ヴェーバーの発した問いかけに学び格闘しながら自分自身の問いを構成してゆく営み、そうすることでヴェーバーの問いかけを常に新たに読み変え、造り変えていく営みだったのではなかろうか（これはヴェーバー研究に限ったことではなく、むしろ古典研究全般に通じることだろう）。だが、専門研究者は先人たちのこうした営みを単なる先行研究として「職業的」に扱いがちである。ヴェーバー研究がヴェーバーの問いかけとの格闘であり、その問いかけの絶えざる再構成であるということを忘れずにいたのは、むしろ専門研究者以外の方々だったのかもしれない。だからこそこのシンポジウムは専門研究者以外にこれほど多数の参加をいただき、しかもその方々を含めこれほど真剣な討議がなされたのではないだろうか。

考えてみれば、いかにその業績大なりとはいえ、約百年前にドイツに生きた一人の社会科学者の存在が現代の日本で暮らす我々にとってなお重要であり続けるということ、これは不思議なことである。不思議でないとするならば、それはヴェーバーの問いかけとの格闘、そしてその再構成という営みが行なわれ続けたからであろう。そうした営みを通じ、ヴェーバーの問いかけはもはや我々自身の問いの一部となっている。だからこそ我々は今日もなおヴェーバーと格闘し、ヴェーバーを読み変えることで自分自身を再構成していかねばならないのである。そしてこのシンポジウム自体、この営みに寄与したいと願う一つの試みに他ならないのだ。

（『未来』二〇〇〇年二月号掲載）

# 日本のヴェーバー研究の今日的課題

## ――シンポジウム「マックス・ヴェーバーと近代日本」を振り返って

矢野善郎

去る一九九九年一一月二七日・二八日、東京大学文学部一番大教室・二番大教室にて、「マックス・ヴェーバーと近代日本」と題されるシンポジウムが開かれた。これは日本国内でのヴェーバーをめぐるシンポジウムとしては、一九六四年に行われたヴェーバー生誕百年シンポジウム以来、実に三五年ぶりという大規模なものとなった(1)。

この小文は、主催者かつ報告者の一人という立場から、一九九九年のシンポジウム開催のいきさつと、そこでの討議の模様とを振り返ったものである。ここではあえて記録風に回顧することで、日本におけるヴェーバー研究が抱える今後の課題を浮き彫りにし、このシンポジウムが行おうとした問題提起を継続していくための一助としたい。

### 1 シンポジウム企画の背景

このシンポジウムの会場となった教室は、奇しくも三五年前のシンポジウムが行われたのと同じ教室であった。同じ場所で開かれ、一部報告者にも重なりがあるとはいえ、その二つのシンポは、著しく異なった時代的な文脈のもとで開かれた。

「ヴェーバー研究」という表現が、揶揄的なニュアンスを帯びた表現として用いられることもあるように、ヴェーバーの作品およびその人間像は、日本の多くの研究者の関心を、特異とも言えるほどに集めてきた。一九六四年に行われたヴェーバー・シンポジウムは、戦後日本のヴェーバー研究の頂点をなすものと言える。それは大塚・丸山を筆頭に戦後日本をリードした社会科学者が勢揃いした一大イベントとして語り継がれてきている。その時点でヴェーバーを論ずることは、一方のマルクスとともに、単なる学説研究をはるかに超えた、社会科学全体の存立に関わる重要な地位を間違いなく占めていた。

一方今日においても、ヴェーバー研究は、一つの研究ジャンルとして存続してはいる。従来からの研究者だけでなく、ヴェーバーを研究テーマに選ぶ大学院生は減る様子をみせない。だが当然のことながら、ヴェーバー研究の日本の社会科学における地位も、そもそもの社会科学が日本社会において占める地位も三五年前の時点とは全く異なる。何より異なるのは、日本の社会科学においてヴェーバーを読む意味の自明性が失われつつあるということだと思われる。今日では、そもそもヴェーバー研究者の間に共通の研究上の文脈は見えにくくなっており、領域的な分断も進み、共通の議論の場すら失われつつある(2)。

一九九九年のシンポジウムは、ヴェーバーをめぐる今日的な知的状況に一石を投じることを目的として、橋本努・橋本直人・矢野善郎という若手の研究者によって企画されたものである。三人は、「ヴェーバーの日本における影響を問い、今後私たちがどのようにヴェーバーと対峙していくべきかを模索する」というスローガンをかかげ、日本におけるヴェーバーをめぐる論争空間を再構築するきっかけとなるシンポジウムの開催を呼びかけた(3)。

そして、その呼びかけに様々な世代と分野を越えた研究者が応答した結果、一六人の報告者(主催の三人も含む)、五人の司会者、一〇人のコメンテーターの参加する大規模なシンポジウムが実現することになった(4)。

## 2　シンポジウムにおける討議

シンポジウムは二日間にわたって開かれ、以下の五つのテーマで討議が行われた。(敬称略。所属は当時のもの)

### 11月27日(土)

午前　第一討議「マックス・ヴェーバーと近代日本」(一番大教室)

① 上山安敏(奈良産業大学)「ウェーバーの宗教社会学――ユダヤ教とキリスト教の間――」

② 富永健一(武蔵工業大学)「マックス・ヴェーバーとタルコット・パーソンズ――『資本主義の精神』のとらえ方をめぐって――」

③ 山之内靖(フェリス女学院大学)「何故に日本のヴェーバー研究はニーチェ的モーメントを欠落させてきたか」

司会:住谷一彦(立教大学名誉教授)／コメンテーター:古川順一(日本文理大学)・横田理博(電気通信大学)

同午後「政治」部会(一番大教室)

④ 雀部幸隆(椙山女学園大学)「ウェーバーの大統領制論とワイマル共和国崩壊の憲政史的問題」

⑤ 佐野誠(浜松医科大学)「ヴェーバーとシュミット――シュミット『政治的なものの概念』におけるヴェーバーの批判的受容を中心に――」

⑥ 橋本努(北海道大学)「近代主体論の再検討――M・ウェーバー解釈にみる社会科学の精神――」

司会：長尾龍一（日本大学）／コメンテーター：霜鳥文美恵（国際基督教大学）・中西武史（一橋大学）

同午後 「資本主義」部会（二番大教室）

⑦ 大西晴樹（明治学院大学）「『倫理』論文とイギリス革命——最近の研究から——」

⑧ 佐久間孝正（東京女子大学）「『仮象』としての『グローバリズム』と資本主義——エスニシティ、ネイションの『政治・国家社会学』としての『経済と社会』——」

⑨ 橋本直人（一橋大学）「資本主義の精神における〈教育〉の契機——『倫理』解釈史からの一考察——」

司会：濱井修（東京女子大学）／コメンテーター：荒川敏彦（一橋大学）・池田太臣（神戸大学）

**11月28日（日）**

午前 第二討議「日本マックス・ヴェーバー研究の過去・現在・未来」（一番大教室）

⑩ 折原浩（椙山女学園大学）「『合わない頭をつけたトルソ』から『頭のない五肢体部分へ』——『マックス・ヴェーバー全集』（『経済と社会』『旧稿』該当巻）編纂の現状と問題点——」

⑪ 姜尚中（東京大学）「自由主義の危機とウェーバー——一九三〇年代と一九九〇年代——」

⑫ ヴォルフガング・シュヴェントカー（デュッセルドルフ＝ハインリッヒ・ハイネ大学）「グローバル化時代におけるマックス・ヴェーバー研究の課題」

⑬ 嘉目克彦（大分大学）「文化の普遍史と現代——文化的生の『ドイツ的形式』とマックス・ヴェーバー——」

司会：三島憲一（大阪大学）／コメンテーター：佐藤成基（茨城大学）・鈴木宗徳（南山大学）

同午後 「理論・思想史」部会（一番大教室）

⑭ 牧野雅彦（広島大学）「政治史と文化史のあいだ——歴史学『方法論争』とウェーバー——」

⑮ 向井守（九州産業大学）「『シュタムラー論文』の意義」

⑯ 矢野善郎（東京大学）「ヴェーバーの方法論的合理主義の今日的意義——『合理化テーゼ』論の呪縛を超えて——」

司会：米沢和彦（熊本県立大学）／コメンテーター：宇都宮京子（東洋大学）・杉野勇（北海道大学）

当日行われた各報告のテーマは、主催者から要請したものでなく、各報告者が最もふさわしいと思うものを独自に選んだものである。以下では、それぞれの部会でどのような議論が行われたかを、報告の内容を中心として簡潔に振り返ってみることにする。そうすることで、今日のヴェーバー研究が抱える課題の見取り図を提供することにしたい。

## 11月27日　午前

最初の全体討議では、「マックス・ヴェーバーと近代日本」というテーマの下、三つの報告が行われた。まず①上山報告では、ヴェーバーの宗教社会学を、彼の生きた当時の宗教論争の文脈で再検討する必要が論じられた。上山氏は、ヴェーバーのプロテスタンティズム研究と古代ユダヤ研究が、当時のドイツのユダヤ教（学）をめぐる特異な神学的・歴史学的な論争の文脈のただ中で行われたものであることを論じた。

それに引き続く二つの報告は、互いに対極的なものとなった。②富永報告では、ヴェーバー社会学に両義的な側面があることを認めつつも、それを近代化論として進化論的に解釈することが主張され、主に宗教論の観点でパーソンズ社会学との比較が行われた。氏は、両者が宗教的合理化と西洋的近代化との関係を論ずる点で収斂するとし、日本の近代化と現代の宗教現象をそうした収斂点からとらえ返すべきことを主張した。

それに対し③山之内報告では、ヴェーバーをニーチェ的モーメントを有した近代批判者としてとらえ、日本のヴェーバー受容が総力戦体制の影響下で歪められたまま近年に至ったとする刺激的なテーゼが提出された。山之内氏によれば、一九三〇年代まではヴェーバーを近代批判者としてみる見方がむしろ主流であったが、総力戦状況への突入とともに、日本のヴェーバー解釈もマルクス解釈も、ともに近代文化による「救済の物語」へと変貌したと批判する。そして氏は、社会科学がそうした救済願望を超えて何を語るべきなのか根元的な反省を行う必要を説いた。

## 11月27日　午後(1)

午後には、二つの部会が同時進行で開催された。まず「政治」部会では、ヴェーバーの政治論がナチスの露払い的な役割を果たしたとする、モムゼンによる例のヴェーバー批判に反論する二つの報告が行われた。④雀部報告は、ヴェーバー死後の現実のドイツ政治史を歴史的にたどることでモムゼンに反論する。氏は、ワイマール体制が国民投票的大統領制と代表制的議会制を採用したのは、状況的に不可避ともいえる選択であり、その体制の崩壊は大統領制の採用に由来するのではなく、むしろ大統領制のメリットが生かされきれなかったことに由来すると、近年の実証研究をふまえ主張した。

続く⑤佐野報告では、モムゼン・テーゼではほぼ同一視されるヴェーバーとカール・シュミットの政治論を、社会思想史的な角度から比較検討する形での批判を行った。とりわけ佐野氏は、シュミットにあっては、政治と倫理の緊張関係を欠いた「友―敵概念」を導入し、またその独自の聖書解釈に基づき「公敵・私敵」の区別を導入するなど、ヴェーバーとの間に決定的な差があることを論じた。

最後の⑥橋本努報告は、戦後日本のヴェーバー研究が「社会科学による人格陶冶」という根本問題を追求してきたと論じ、従来の様々な人格像を「近代主体」として整理した上で、それらに代わるオルターナティブとして「問題主体」像を主張し、「人格論」を自由主義の社会科学の陣営より復活させることをもくろんだ論争的なものであった。

## 11月27日　午後(2)

一方の「資本主義」部会では、⑦大西報告において、「プロテスタンティズムの倫理と資本主義の精神」(以下『倫理』論文)を、革命期英国についての最近の実証的な歴史研究から検討する試みがなされた。大西氏は、「予定説」・「ゼクテ」・「イギリス革命」の三つの論点をあげ『倫理』論文の歴史観に修正をせまった。とりわけ第三の論点では、英国ピューリタニズムが千年王国論を媒介に植民地帝国的志向を育んだという興味深い視点があげられた。

続く⑧佐久間報告では、今日的な状況におけるヴェーバーのエスニシティ論の意義が検討された。佐久間氏は、ヴェーバーの「国家」・「国民」論が、近年のアンダーソンの理論を数十年前に先取りするものであったと整理する。そしてその理解社会学の方法が、「グローバリズム」の幻想とは裏はらに衝突的に進行する今日の「グローバリゼーション」状況にあっては、再びその真価を発揮するだろうと主張した。

最後の⑨橋本直人報告では、再び『倫理』論文がとりあげられ、ヴェーバーの社会理論における「教育―訓練」という視点に着目した再構成の必要性が説かれた。氏は、従来の解釈では、ヴェーバーが幾度となく言及する「教育―訓練のメカニズム」という視点が欠如してきたことを指摘する。そしてこの視点が、「支配の社会学」などにも通底する重要なものであることを主張した。

## 11月28日　午前

シンポジウムの二日目の午前には第二の全体討議が、「日本マックス・ヴェーバー研究の過去・現在・未来」と題して行われた。まず⑩折原報告では、『経済と社会』をめぐる編纂上の問題が振り返えられ、テキストの取り扱いをめぐるアカデミズムの体質が問題とされた。折原氏は、従来までの『経済と社会』が二種類の遺稿を混合した誤編纂であることを主張する一方、現在の『ヴェーバー全集』の編集委が、それを誤編纂と認めながら、遺稿を再度体系的に構成しなおすことを放棄し、公開討議にも応じず、分冊という形態で刊行することを批判した。

続く⑪姜報告は、一九九〇年代が総力戦へと向かう一九三〇年代とある面では類似し、自由主義への反動である「国家の過剰」と呼ぶべき危機状況にあることを、前日の山之内氏の問題意識と通ずる視座から論じた。姜氏はそこで、三〇年代での南原繁や丸山真男が、ヴェーバー受容を通してどのような思想的可能性を探ったかを対比的に検討した。

その次の⑫シュヴェントカー報告は日本語で行われ、前半で世界の様々なヴェーバー研究アプローチを整理し、特に受容史研究や新資料に基づく伝記的研究の重要性を説くとともに、後半で今日を「グローバル化時代」と特徴付け、その状況下におけるヴェーバーの社会理論の妥当性を問うた。氏は、「官僚制化」や「カリスマ」の問題などヴェーバーに学ぶべき要素は依然あるものの、例えば「合理化」という歴史認識は、今の状況では妥当しないとし、「鉄の檻」の脅威は失われたと主張した。

第四の⑬嘉目報告は、人間ヴェーバーの生涯を通底する問題設定に関するものだった。嘉目氏は、ヴェーバーが、政治・科学そして文化的生と、それぞれの領域の「ドイツ的形式」を批判するという視座を一貫して展開させていき、やがて西洋文化ないしは文化一般の普遍史へと批判の視座を拡大させていった過程を具体的に報告した。

## 11月28日　午後

最後の部会である「理論・思想史」部会では、ヴェーバーの方法論の再定式に関わる三つの報告が行われた。⑭牧野報告では、ヴェーバーが「政治史は例外として」というフレーズを度々さしはさむことの謎から出発し、彼の方法論的な叙述が、当時の歴史論争であるランプレヒト論争をふまえたものであったことが浮き彫りにされた。牧野氏は、ヴェーバーが終始歴史主義の継承者であり「現実科学」としてその方法論を展開したと主張し、歴史主義から社会学へとその視座を転換したとする従来的な見解を批判する問題提起を行った。

続く⑮向井報告は、ヴェーバーが最悪の精神状態の中で書いたとされ、それ故に難解な「シュタムラー論文」の論理展開を丁寧に追うことで、ヴェーバーがその科学の対象を「意味」をメルクマールにして弁別していく過程を明らかにするとともに、彼の方法論がリッカートやイェリネクらの方法論を摂取しつつそこから離脱していった過程を描くものであった。

最後に⑯矢野報告では、ヴェーバーの「合理化」概念の問題がとりあげられ、「近代化」イコール「合理化」と結びつけるようなヴェーバー解釈（合理化テーゼ論）が戦後日本のヴェーバー研究で展開されたことを批判した。そして従来の合理化テーゼ論を四つに整理して批判するとともに、より今日的なヴェーバー研究は、むしろヴェーバーに「合理化テーゼ」なるものが存在するという先入見から脱却すべきことを主張した。

## 3　ヴェーバー研究の今後の課題

シンポ当日に取り上げられた以上のごとき課題群は、言うまでもなく、ヴェーバー研究が課題とすべき全ての問題を網羅しているわけではない[5]。が、そこで提起された様々な課題は、少なくとも、ヴェーバー研究が「今日的」と呼べる課題を未だに多くの次元で抱えていることを明瞭に示すものだったとは言えよう。とりわけ今回のテーマ設定の下では、a）ヴェーバーの社会学により今日的状況を分析するという課題、b）今日的な資料により、ヴェーバーをその同時代の文脈で反省するという課題、c）ヴェーバー受容の今日的な回顧を通して日本の社会科学を反省するという課題、d）ヴェーバーを通してより今日的な歴史学・社会科学方法論を考察するという課題、の四つの問題領域がクローズアップされていた。

当日の各部会では、これらの報告者の報告を受け、それぞれ二人のコメンテーターによる問題提起を皮切りに、一時間強の議論が行われた。ここでは紙幅の関係で報告後の議論の模様を追うことはできないが、各討議中も報告者・コメンテーター・司会・フロアーから大変クリティカルな問題提起がなされていた。どの部会も司会が時間の関係で打ち切りを宣言するまで、議論があいついだ[6]。

なおシンポジウムは両日とも、近年の学会ではごくまれなほど熱心な聴衆にめぐまれ、緊張感に満ちた雰囲気の中で行われた。報告の声のみがひびく教室の中で、報告者の指示に従い数百人がいっせいに資料をめくる光景に圧倒されたという感想を述べたものは多くいた。両日とも会場のキャパシティを大きく超え、運び込まれたパイプ椅子を用いてもさらに立見が出る盛況であった。受付で記帳した人数だけでも二日間で、三九六人（関係者を除く）であった。興味深いことに、聴衆のうち大学関係者と大学院生は合計しても六割弱であり、参加資格を制限せず、しかも全国紙に告知記事が出たからということもあろうが、実に二五パーセントの人は一般の社会人であった。また大変心強いことに、参加者の四割以上は一〇代・二〇代の若い世代であった[7]。

今回のシンポジウムの開催によって気付かされるのは、「ヴェーバー」が日本にあっては二重の意味で領域媒介的なシンボルになっているということである。それは一方では、アカデミックな諸分野、とりわけ歴史学と社会科学を横断的に結びつけるシンボルであるとともに、他方で、アカデミズムとその外部の領域を結びつけるシンボルに依然としてなっている。その意味で、ヴェーバー研究は、単にアカデミズム内に課題を抱えるだけでなく、アカデミックな理論を生活実践へと媒介させていく架け橋的な役割を持つことも期待されていると言えよう。

なお一見して分かるように、当日行われた報告同士には、内容的にそれぞれ相容れない場合も多数ある。また細部には修正を要すると考えられる部分も少なくないが、この小文で半端な論評を加えることは何ら生産的ではないだろう(8)。

またシンポジウム当日はタイムテーブルの関係でとうてい十分な議論が行いえた訳ではない。とはいえ公開シンポの意義は、恐らく直接の問題の解決にあるのではなく、今後の研究を媒介し加速するための「触媒」としての役割にこそあるのではないかと思われる。その点で言うならば、このシンポジウムの触媒的効果はどれだけ割り引いても小さいものではなかったと思われる。

純粋に文献資料という点だけから見ても、ヴェーバー研究は今後様々な変容を迫られている。一九八〇年代なかばよりドイツで刊行の続く『マックス・ヴェーバー全集』の書簡集・講演集など、未検討の資料が多数公刊されている。また特に『経済と社会』と呼ばれた書物については、根本的な編纂の見直しが行われてきた。それに付け加え、ヴェーバー文献のCD-ROMが昨年発売されるなど情報機器を用いたヴェーバー研究の環境も整いつつある。

このシンポジウムをきっかけとして、日本の社会科学が蓄積してきた資産を受け継ぎつつ、ヴェーバー研究をより今日的な要請に応えるように鍛えていくための、世代を越えた討議空間が再構築されていくことを心から望む。

## 注

(1) 一九六四年のシンポジウムについては、大塚久雄編『マックス・ヴェーバー研究—生誕百年記念シンポジウム』[大塚編 1965]。

(2) 日本のウェーバー研究の流れを総括する試みは、とりわけ今回のシンポへの報告者でもあるシュヴェントカー氏による *Max Weber in Japan*. [Schwentker 1998] など、いうならばドイツ先行で行われてきた。

(3) このシンポジウムの開催主旨については、橋本努氏の「ウェーバー的問題の今日的意義」(『未来』一九九九年一〇月号。本書所収)を参照のこと。同じく『未来』の二〇〇〇年二月号には橋本直人氏による回顧(本書所収)が、そして同誌次号に住谷一彦氏によるシンポの回顧が掲載された。併せて参照されたい。

(4) 報告者の一人である佐久間氏は、筆者との会話中にこのシンポを「インターネット型学会」と評していたが、それはこのシンポの特徴を言いあてた表現である。それは単に準備・広報の段階でネットが多用されたという表面的な意味についてだけではない。従来のシンポジウムや研究集会が、学会や大学などの既成のホストを置いた「ホスト・クライアント型」であるのに対し、今回東京大学は単に会場となっただけであり、通常の意味での「主催者」は存在しないシンポジウムとなっている。知の分断された今日において、今回のような領域横断的なシンポが実現できたのは、むしろ既存の組織に乗らない呼びかけが行われたためではないかと思われる。

（5） 今回のシンポでは十分取り上げられなかったが、今後の日本のヴェーバー研究で特に課題になってくると考えられるものは二つある。第一の課題は、やはりヴェーバー研究とジェンダーという問題である。今まで女性のヴェーバー研究者が少なかったこととも関係するのだろうが（今回女性の登壇者は二人）、ジェンダー的問題を射程に入れたヴェーバー研究は皆無に近い（ちなみに当日の聴衆は記帳者の氏名から判断できたかぎりでは、三二〇人が男性で、七〇人が女性である。割合にすると一八パーセントだが、これを少ないと見るかは日本のアカデミズムの男女比からすれば微妙であろう）。第二の課題は、当日フロアー（野崎敏郎氏）から出た意見とも関わるが、ヴェーバー自身の日本論を、彼自身の依拠した資料も含め、日本のより実証的な歴史研究から反省するという問題である。この点はヴェーバーにも時より乱暴な形で浴びせられる「オリエンタリズム」との批判を、より実証的に検討するという課題につながるであろう。

（6） コメンテーターには比較的若い研究者が多かったのだが、（司会の長尾氏も同様の発言をしていたのだが）みな年齢的な上下関係を持ち込まない鋭い問題提起を行っていた。特に初日の古川氏による日本のヴェーバー受容とキリスト教受容との相関という問題、二日目の佐藤氏・鈴木氏によるコメントは聞き応えがあった。またフロアーからも、「ヴェーバー研究はヴェーバー道であってはならない」など、場合によっては毒を含むほどに忌憚のない意見や質問が続出した。

（7） 記帳した聴衆（関係者を除く）のうち職業欄への解答のあった三七五人の内訳は表1の通り。同じく年齢欄への解答のあった三四〇人の年齢構成は表2の通り。

表1

| | | |
|---|---|---|
| 学生(高校生を含む) | 63人 | (16.8%) |
| 大学院生 | 91人 | (24.3%) |
| 大学教官 | 127人 | (33.9%) |
| その他 | 94人 | (25%) |
| 計 | 375人 | (100%) |

表2

| | | |
|---|---|---|
| 10代 | 11人 | (3.2%) |
| 20代 | 135人 | (39.7%) |
| 30代 | 66人 | (19.4%) |
| 40代 | 42人 | (12.4%) |
| 50代 | 47人 | (13.8%) |
| 60代 | 29人 | (8.5%) |
| 70代 | 10人 | (2.9%) |
| 計 | 340人 | (100%) |

なお一九六四年のシンポジウムでは、参加者を大学関係者のみに制限したとされる。その点は今回のシンポジウムとのもう一つの大きな違いである。

（8） なおシンポジウムの模様は、以下のホームページにおいても公開されている。

http://www.l.u-tokyo.ac.jp/~yano/weber/sympo/sympo.html

（『情況』二〇〇〇年三月号所収の同タイトルのエッセイに若干の修正を加え収録）

# 日本マックス・ウェーバー研究史略年譜

作成＝橋本直人

本年譜は、日本にマックス・ウェーバーがはじめて紹介されたと推定される一九〇六年以降、一九九八年までの日本におけるマックス・ウェーバーの研究史を中心に作成したものである。

凡　例

＊「ウェーバーの邦訳書」については、原則として単行本として刊行されたものに限定した上で、これをできるだけ網羅することを心がけた。

＊「研究文献」も同じく原則として単行本に限定したが、年譜という性格上、この項目については事項の網羅的な収録は意図していない。

＊「シンポジウム・雑誌特集・論争」では、原則として関係学会のシンポジウム・学会誌特集などを除外した。他方、情報収集上の限界からこの項目は特に一九六四年以前についてほとんど事項を挙げることができなかった。他の項目ともども、この項目に関して特に諸賢からのご指摘をお願いしたい。

＊「国外の研究動向」はあくまで日本における研究史との関連が主眼にあるので、日本語訳のあるものについては訳書の題名と訳年を挙げ、未訳のもの、原題と著しく異なるものについてのみ原題を挙げた。ただし事項の掲載年はいずれの場合も原書の刊行年とした。

なお、本年譜の作成にあたっては、橋本直人の作成した原案について本論文編集者三名で検討を加えた上で最終稿を橋本直人が作成した。また、作成に際しては三笘利幸（東京外国語大学非常勤講師）、荒川敏彦（一橋大学大学院）、内藤葉子（大阪市立大学大学院）の各氏から多大な協力を得ることができた。ここに記して謝意を表したい。

ただし作成の最終的な責任はあくまで橋本直人が負うものである。

| 年 | ウェーバーの邦訳書 | 研究文献（単行本） | シンポジウム・雑誌特集・論争・国外の研究動向他 |
| --- | --- | --- | --- |
| 一九〇六 | | 福田徳三「独逸社会政策学会総会」『国家学会雑誌』一九巻一二号（ウェーバーに言及した最初の日本語文献） | |
| 一九一〇 | | 河田嗣郎『資本主義的精神』 | |
| 一九一二 | | | E. Troeltsch, *Die Soziallehren der christlichen Kirchen und Gruppen.* |
| 一九二〇 | | | ウェーバー没<br>ヤスパース「マックス・ウェーバー追憶」（追悼講演、日本語訳一九六五） |
| 一九二一 | | | マリアンネ版『経済と社会』初版（～二二） |
| 一九二三 | | | G・ルカーチ『歴史と階級意識』（日本語訳一九六八／九一） |
| 一九二五 | 鬼頭仁三郎訳「限界効用学説と精神物理学的基礎法則」（ウェーバーの論文の日本語初訳） | | |
| 一九二六 | | | マリアンネ・ウェーバー『マックス・ウェーバー』（日本語訳一九六三）<br>R・H・トーニー『宗教と資本主義の興隆』（日本語訳一九三三／一九五六～五九） |
| 一九二七 | 黒正巌訳『社会経済史原論』（ウェーバーの初の日本語訳単行本） | | |
| 一九二八 | | 本位田祥男『資本主義精神』 | |
| 一九二九 | | 新明正道『独逸社会学』 | |
| 一九三〇 | 坂田太郎訳『社会学の方法的原理』（"Grundbegriffe" 1節の日本語訳）<br>山根銀二訳『音楽社会学』 | | パーソンズ『倫理』英訳 |

| | | | |
|---|---|---|---|
| 一九三一 | | 吾妻東一『基督教と資本主義』 | |
| 一九三二 | | 三木清『社会科学概論』<br>榊原巌『基督教社会経済倫理』 | K・レーヴィット『ウェーバーとマルクス』(日本語訳一九四九／一九六六)<br>A・シュッツ『社会的世界の意味構成』(日本語訳一九八二) |
| 一九三四 | | | A. v. Schelting, *Max Webers Wissenschaftslehre.* |
| 一九三五 | | | L. Aron, *La Sociologie allemande contemporaine.* |
| 一九三六 | 富永祐治・立野保男訳『社会科学方法論』<br>尾高邦雄訳『職業としての学問』 | 大河内一男『独逸社会政策思想史』<br>古野清人・木下史郎『マックス・ウェーバー　印度の宗教と社会』 | |
| 一九三七 | 戸田武雄訳『社会科学と価値判断の諸問題』 | | T・パーソンズ『社会的行為の構造』(日本語訳一九七四〜八九) |
| 一九三八 | 梶山力訳『プロテスタンティズムの倫理と資本主義の《精神》』 | | |
| 一九三九 | 清水幾太郎訳『政治の本質』(ウェーバー「職業としての学問」、C・シュミット「政治的なものの概念」日本語訳) | 新明正道『社会学の基礎問題』 | |
| 一九四〇 | 細谷徳三郎訳『儒教と道教』 | | |
| 一九四三 | | 出口勇蔵『経済学と歴史意識』 | |
| 一九四六 | 杉浦宏訳『アメリカ資本主義とキリスト教』("Sekten" 日本語訳) | | H. H. Gerth, C. W. Mills, *From Max Weber.* ("Introduction" 日本語訳一九六二) |
| 一九四七 | | 高橋幸八郎『近代社会成立史論――欧州経済史研究』<br>大塚久雄『近代資本主義の系譜』 | M・ホルクハイマー、Th・アドルノ『啓蒙の弁証法』(日本語訳一九九〇年) |
| 一九四八 | | 岡沢一夫編『マックス・ウェーバー研究』<br>戸田武雄『ウェーバーとゾムバルト』 | |

| | | | |
|---|---|---|---|
| 一九四八 | | 戸田武雄『マックス・ウェーバー批判』<br>小原敬志『アメリカ資本主義の形式』<br>小松堅太郎『マクス・ウェエバア社会科学方法論』<br>大塚久雄『近代化の人間的基礎』（白日書房） | |
| 一九四九 | | 大塚久雄『宗教改革と近代社会』<br>岡田謙『理解社会学』<br>重藤威夫『マックス・ウェーバー研究』<br>増田四郎『西洋市民意識の形成』<br>武藤光朗『マックス・ウェーバーの人間像』<br>福武直『社会科学と価値判断』 | E. A. Shils, H.A.Finch. (tr, ed.) *The Methodology of Social Sciences.* |
| 一九五〇 | | 出口勇蔵『マックス・ウェーバー批判』<br>戸田武雄『マックス・ウェーバーの生涯と学説』<br>青山秀夫『マックス・ウェーバーの社会理論』<br>川島武宜『法社会学における法の存在構造』<br>尾高邦雄『社会科学方法論序説』<br>武藤光朗『社会科学におけるプロレタリアと実存』 | マックス・ウェーバー逝世三〇年記念講演会（日本大学、大河内一男・上原専禄ら） |
| 一九五一 | | 青山秀夫『マックス・ウェーバー』 | |
| 一九五二 | 西島吉二訳『職業としての政治』 | 林直道『マックス・ウェーバーの思 | J. Winckelmann, *Legitimität und Legalität in Max* |

| | | | |
|---|---|---|---|
| 一九五二 | | 想体系』 | *Webers Herrschaftssoziologie.*<br>D. Henrich, *Die Einheit der Wissenschaftslehre Max Webers.* |
| 一九五三 | 阿閉吉男・内藤莞爾訳『社会学の基礎概念』<br>杉浦宏訳・中村元補注『世界宗教の経済倫理 Ⅱ』 | | |
| 一九五四 | 『世界大思想全集 ウェーバー』<br>阿閉吉男・脇圭平訳『官僚制』<br>黒正巌・青山秀夫訳『一般社会経済史要論』(〜五五)<br>濱島朗訳『権力と支配』(みすず書房) | 関根正雄・内田芳明『旧約宗教の社会学的背景』<br>水田洋『近代人の形成』 | |
| 一九五五 | 梶山力・大塚久雄訳『プロテスタンティズムの倫理と資本主義の精神』上巻<br>松井秀親訳『ロッシャーとクニース』(〜五六) | 大塚久雄『共同体の基礎理論』<br>田中豊喜『経済史の対象と方法』 | J・P・メイヤー『マックス・ウェーバーの政治社会学』(原題"Max Weber and German Politics"、日本語訳一九六六年) |
| 一九五六 | 相沢久訳『政治書簡集』 | 出口勇蔵編『歴史学派の批判的展開』<br>大塚久雄『欧州経済史』 | ヴィンケルマン編『経済と社会』4版 |
| 一九五七 | 石尾芳久訳『法社会学』<br>濱島朗訳『家産制と封建制』 | 金子栄一『マックス・ウェーバー研究』 | |
| 一九五八 | 小野木常編・訳『法社会学』(〜五九) | 小倉志祥『マックス・ウェーバーにおける科学と倫理』 | |
| 一九五九 | 山口和男訳『農業労働制度』<br>田中真晴訳『国民国家と経済政策』 | | F・H・テンブルック『マックス・ヴェーバー方法論の生成』(日本語訳一九八五年)<br>W・J・モムゼン『マックス・ヴェーバーとドイツ政治 一八九〇―一九二〇』(原著第 |

| | | | |
|---|---|---|---|
| 一九五九 | | | 2版 一九七四年、日本語訳一九九三〜九四年） |
| 一九六〇 | 世良晃志郎訳『支配の社会学 I』（創文社『経済と社会』全訳開始）<br>石尾芳久訳『国家社会学』 | | R・ベンディクス『マックス・ウェーバー』（日本語訳一九六六／八七年） |
| 一九六一 | 上原専禄・増田四郎監修／渡辺金一・弓削達訳『古代社会経済史』 | 金子栄一『フィヒテ・ウェーバー・ヤスパース』 | |
| 一九六二 | 『世界思想教養全集 ウェーバーの思想』<br>梶山力・大塚久雄訳『プロテスタンティズムの倫理と資本主義の精神』下巻<br>世良晃志郎訳『支配の社会学 II』<br>内田芳明訳『古代ユダヤ教』 | | |
| 一九六三 | | 住谷一彦『共同体の史的構造論』 | Kölner Zeitschrift ウェーバー記念特集号<br>『思想』小特集《M・ヴェーバーと現代》 |
| 一九六四 | 世良晃志郎訳『都市の類型学』 | 出口勇蔵『ウェーバーの経済学方法論』<br>大塚久雄『宗教改革と近代社会』四訂版 | マックス・ウェーバー生誕百年シンポジウム（東京大学）<br>『理想』特集《ウェーバーの思想》<br>E・バウムガルテン『マックス・ヴェーバー人と業績』（日本語部分訳一九七一年）<br>K. Löwith, "Die Entzauberung der Welt durch Wissenschaft"（日本語訳『学問とわれわれの時代の運命』所収、一九八九年）<br>ヴェーバー生誕百年記念シンポジウム（ドイツ社会学会、ハイデルベルク） |
| 一九六五 | 森岡弘通訳『歴史は科学か』（ウェーバー・マイヤー論争） | 安藤英治『マックス・ウェーバー研究』 | O・シュタマー編『ウェーバーと現代社会学』（日本語訳一九七六〜八〇年） |

| | | | |
|---|---|---|---|
| 一九六五 | 『世界の大思想　ウェーバー　政治・社会論集』 | 大塚久雄・安藤英治・内田芳明・住谷一彦『マックス・ヴェーバー研究』<br>大塚久雄編『マックス・ヴェーバー研究』（六四年シンポジウム論文集）<br>馬場明男・斎藤正二・佐久間淳編『マックス・ウェーバー文献目録』 | |
| 一九六六 | | 宇野弘蔵『社会科学の根本問題』<br>佐藤慶幸『官僚制の社会学』 | 越智武臣『近代英国の起源』、いわゆる越智・大塚史学論争（～七二）<br>J・フロイント『マックス・ウェーバーの社会学』（日本語訳一九七七）<br>G・アブラモフスキー『マックス・ウェーバー入門』（原題 "Das Geschichtsbild Max Webers"、日本語訳一九八三年） |
| 一九六七 | 安藤英治・池宮英才・角倉一朗訳解『音楽社会学』<br>濱島朗訳『権力と支配』（有斐閣） | | 折原浩・林道義論争（～七〇）<br>『実存主義』特集《マックス・ウェーバー》 |
| 一九六八 | 中村貞二・柴田固弘訳『取引所』<br>林道義訳『理解社会学のカテゴリー』<br>『世界の大思想　ウェーバー　宗教・社会論集』 | 大塚久雄　『近代化の人間的基礎』（新版）<br>徳永恂『社会哲学の復権』<br>内田義彦・小林昇編『資本主義の思想構造』<br>内田芳明『ヴェーバー社会科学の基礎研究』 | 林道義・細谷昴論争（～六九）<br>G. Roth, C. Wittich (eds.), *Economy and Society.*（『経済と社会』英語全訳） |
| 一九六九 | 世良晃志郎訳『古ゲルマンの社会組織』<br>林道義訳『ロシア革命論』 | 安藤英治・内田芳明・住谷一彦編『マックス・ウェーバーの思想像』<br>細谷昂『社会科学への視角』 | 『大塚久雄著作集』刊行<br>A・ミッツマン『鉄の檻』（日本語訳一九七五年） |

| | | | |
|---|---|---|---|
| 一九六九 | | 住谷一彦『リストとヴェーバー』<br>折原浩『危機における人間と学問』 | |
| 一九七〇 | 森岡弘通訳『儒教と道教』<br>世良晃志郎訳『支配の諸類型』<br>池田昭・山折哲雄・日隈威徳訳『アジア宗教の基本的性格』(「ヒンドゥー教と仏教」三章) | 林道義『ウェーバー社会学の方法と構想』<br>住谷一彦『マックス・ヴェーバー』<br>内田芳明『マックス ヴェーバーと古代史研究』 | |
| 一九七一 | 木全徳雄訳『儒教と道教』 | 石尾芳久『マックス・ウェーバーの法社会学』 | W・シュルフター『価値自由と責任倫理』(日本語訳一九八四)<br>R・ベンディックス、G・ロート『学問と党派性』(日本語訳一九七五) |
| 一九七二 | 大塚久雄・生松敬三訳『宗教社会学論選』<br>清水幾太郎訳『社会学の根本概念』<br>木本幸造監訳『社会学・経済学の「価値自由」の意味』 | 阿閉吉男『初期のマックス・ウェーバー』<br>安藤英治『ウェーバー紀行』<br>安藤英治・折原浩・林道義他『ウェーバーの思想と学問』<br>中村貞二『マックス・ヴェーバー研究』<br>天野敬太郎『日本マックス・ウェーバー書誌』(第二版)<br>内田芳明『ヴェーバーとマルクス』 | 『現代のエスプリ』《マックス・ウェーバー》<br>A・ギデンズ『ウェーバーの思想における政治と社会学』(日本語訳一九八八)<br>W. Schluchter, *Aspekte bürokratischer Herrschaft.*<br>D. Käsler, *Max Weber. Sein Werk und seine Wirkung.* |
| 一九七三 | 阿閉吉男・佐藤自郎訳『マックス・ウェーバー　青年時代の手紙』 | 世良晃志郎『歴史学方法論の諸問題』 | C. Sayferth, W. M. Sprondel (Hg.), *Seminar:Religion und gesellschaftliche Entwicklung.* |
| 一九七四 | 世良晃志郎訳『法社会学』<br>池田昭訳『アジア宗教の救済理論』(「ヒンドゥー教と仏教」二章) | | D・ビーサム『マックス・ヴェーバーと近代政治理論』(日本語訳一九八八) |
| 一九七五 | 『世界の名著　ウェーバー』<br>鼓肇雄訳『工業労働調査論』 | 池田昭『ウェーバー宗教社会学の世界』 | 『現代思想』特集《ウェーバーと社会学の現在》 |

| | | | |
|---|---|---|---|
| 一九七五 | | 高島善哉『マルクスとヴェーバー』 | J. Cohen, L. E. Hazelrigg, W. Pope, "De-Parsonising Weber" |
| 一九七六 | 松代和郎訳『社会学および経済学における「価値自由」の意味』<br>武藤一雄・園田宗人・園田坦訳『宗教社会学』 | 阿閉吉男『ウェーバー社会学の視圏』<br>日本倫理学会／金子武蔵編『マックス・ウェーバー　倫理と宗教』 | F・H・テンブルック『マックス・ヴェーバーの業績』（日本語訳一九九七年）<br>『知の考古学』総特集《マックス・ウェーバーとその時代》 |
| 一九七七 | | 厚東洋輔『ヴェーバー社会理論の研究』<br>中野泰雄『マックス・ウェーバー研究』 | F. H. Tenbruck, "Abschied von 'Wirtschaft und Gesellschaft'"（日本語訳『マックス・ヴェーバーの業績』所収、一九九七年） |
| 一九七八<br>一九七九 | | 上山安敏『ウェーバーとその社会』<br>安藤英治『人類の知的遺産　マックス・ウェーバー』 | W・シュルフター『近代合理主義の成立』（日本語訳一九八七年） |
| 一九八〇 | 濱島朗訳『社会主義』<br>脇圭平訳『職業としての政治』 | | 『思想』特集《マックス・ウェーバー：歿後六〇年》<br>G・マルシャル『プロテスタンティズムの倫理と資本主義の精神』（原題 "Presbyteries and Profits"、日本語訳一九九六） |
| 一九八一 | | 折原浩『デュルケームとウェーバー』 | W・シュルフター編『解釈と批判』シリーズ刊行（～八八）<br>J・ハーバーマス『コミュニケーション的行為の理論』（日本語訳一九八五～八七） |
| 一九八二 | 『世界の大思想　ウェーバー　社会科学論集』<br>中村貞二・山田高生・林道義・嘉目克彦訳『政治論集　1』 | 山之内靖『現代社会の歴史的位相』<br>浜井修『ウェーバーの社会哲学』 | |

| | | | |
|---|---|---|---|
| 一九八二 | 中村貞二・山田高生・脇圭平・嘉目克彦訳『政治論集 2』 | | |
| 一九八三 | 深沢宏訳『ヒンドゥー教と仏教』 | 中野敏男『マックス・ウェーバーと現代』<br>柳父国近『ウェーバーとトレルチ』 | |
| 一九八四 | | 上山安敏『神話と科学』 | シンポジウム「マックス・ウェーバーと同時代人群像」（ロンドン、ドイツ史研究所）<br>『マックス・ウェーバー全集（MWG）』刊行開始 |
| 一九八六 | | 佐久間孝正『ウェーバーと比較社会学』<br>田中豊治『ヴェーバー都市論の射程』<br>姜尚中『マックス・ウェーバーと近代』 | J. Winckelmann, *Max Webers hinterlassenes Hauptwerk.* |
| 一九八七 | | | W・ヘニス『マックス・ヴェーバーの問題設定』（日本語訳一九九一）<br>S. Lash, S. Whimster, (eds.) *Max Weber, Rationality and Modernity.*<br>『思想』特集《ウェーバー・ルネサンス》 |
| 一九八八 | | 折原浩『マックス・ウェーバー基礎研究序説』 | W・J・モムゼン、W・シュヴェントカー『マックス・ヴェーバーとその同時代人群像』（原題“Max Weber und seine Zeitgenossen”、英語版一九八七年、日本語訳一九九四年）<br>W. Schluchter, *Religion und Lebensführung.*（日本語訳一九九六年〜） |
| 一九八九 | | 今関恒夫『ピューリタニズムと近代市民社会』 | R. J. Holton, B. S. Turner, *Max Weber on Economy and Society.* |

| | | | |
|---|---|---|---|
| 一九八九 | | 梅津純一『近代経済人の宗教的根源』 | |
| 一九九〇 | 海老原明夫・中野敏男訳『理解社会学のカテゴリー』 | 西谷敬『社会科学における探求と認識』<br>小林純『マックス・ヴェーバーの政治と経済』<br>内田芳明『ヴェーバー受容と文化のトポロギー』 | |
| 一九九一 | | 金井新二『ウェーバーの宗教理論』<br>米沢和彦『ドイツ社会学史研究』 | 日本・ドイツ社会学会議「ドイツ社会学とマックス・ヴェーバー」(東京家政大学) |
| 一九九二 | | 安藤英治『ウェーバー歴史社会学の出立』 | 『思想』特集《マックス・ヴェーバー》<br>J. Weiss, *Max Webers Grundlegung der Soziologie.* |
| 一九九三 | | 柳父国近『エートスとクラトス』<br>佐藤俊樹『近代・組織・資本主義』<br>佐野誠『ヴェーバーとナチズムの間』<br>山之内靖『ニーチェとヴェーバー』<br>雀部幸隆『知と意味の位相』<br>大林信治『マックス・ウェーバーと同時代人たち』<br>中野敏男『近代法システムと批判』<br>牧野雅彦『ウェーバーの政治理論』 | 研究集会「日本社会の変容とヴェーバー学の革新」(東京・学士会館)<br>シンポジウム「マックス・ウェーバーと日本」(ミュンヘン) |
| 一九九四 | 梶山力訳・安藤英治編『プロテスタンティズムの倫理と資本主義の《精神》』<br>祇園寺信彦・祇園寺則夫訳『社会科学の方法』 | 嘉目克彦『マックス・ヴェーバーの批判理論』 | |
| 一九九六 | 内田芳明訳『古代ユダヤ教』(改訳) | 折原浩『ヴェーバー「経済と社会」の再構成　トルソの頭』<br>椎名重明『プロテスタンティズムと | W. Hennis, *Max Webers Wissenschaft von Menschen.* |

| | | | |
|---|---|---|---|
| 一九九六 | | 資本主義』 | |
| 一九九七 | 雀部幸隆・小島定訳『ロシア革命論Ⅰ』 | 向井守『マックス・ウェーバーの科学論』<br>山之内靖『マックス・ヴェーバー入門』 | 折原浩・山之内靖論争 |
| 一九九八 | 祇園寺信彦・祇園寺則夫訳『歴史学の方法』<br>肥前栄一・鈴木健夫・小島修一・佐藤芳行訳『ロシア革命論Ⅱ』<br>富永祐治・立野保男訳／折原浩補訳『社会科学と社会政策にかかわる認識の「客観性」』 | | W. Schwentker, *Max Weber in Japan.* |

参考文献

天野敬太郎編『日本マックス・ヴェーバー書誌』（第2版）
石田雄「わが国におけるウェーバー理解の若干の特質」、『資本主義の思想構造』
内田芳明『ヴェーバーとマルクス』
内田芳明『ヴェーバー受容と文化のトポロギー』
住谷一彦「日本におけるヴェーバー研究の動向」、大塚久雄編『マックス・ヴェーバー研究』
馬場明男・斎藤正二・佐久間淳編『マックス・ウェーバー文献目録』
丸山眞男「戦前における日本のヴェーバー研究」、大塚久雄編『マックス・ヴェーバー研究』
嘉目克彦編「マックス・ヴェーバー文献目録　外国語編」『知の考古学』8・9号

マックス・ヴェーバーの新世紀
――変容する日本社会と認識の転回

2000年11月21日　初　版第1刷発行

定価（本体3800円＋税）

編者©　橋本努　橋本直人　矢野善郎

発行者　西谷能英

発行所　株式会社　未來社
〒112-0002　東京都文京区小石川3-7-2
電話03-3814-5521(代)　振替00170-3-87385
http://www.miraisha.co.jp/E-mail: info@miraisha.co.jp

装本印刷＝形成社／本文印刷＝スキルプリネット／製本＝黒田製本
ISBN 4-624-40050-X　C0036

## 執筆者プロフィール（五十音順）

### 石田　雄（いしだ　たけし）

1923生　東京大学名誉教授
専攻：政治学・日本政治思想史
著書：『明治政治思想史研究』（1954，未來社）『日本の社会科学』（1984，東京大学出版会）『社会科学再考』（1995，東京大学出版会）

### 上山　安敏（うえやま　やすとし）

1925生　奈良産業大学法学部
著書：『ウェーバーとその社会』（1978，ミネルヴァ書房）『神話と科学』（1984，岩波書店）『フロイトとユング』（1989，岩波書店）

### 内田　芳明（うちだ　よしあき）

1923生　元横浜国立大学経済学部
専攻：社会思想史
著書：『ヴェーバー社会科学の基礎研究』（1968，岩波書店）『ヴェーバーとマルクス』（1972，岩波書店）『ヴェーバー　歴史の意味をめぐる闘争』（2000，岩波書店）

### 大西　晴樹（おおにし　はるき）

1953生　明治学院大学経済学部
専攻：イギリス社会経済史
著訳書：『イギリス革命のセクト運動』（2000，御茶の水書房）マルシャル『プロテスタンティズムの倫理と資本主義の精神・スコットランドにおけるウェーバー・テーゼの検証』（訳，1996，すぐ書房）トルミー『ピューリタン革命の担い手たち』（共訳，1983，ヨルダン社）

### 折原　浩（おりはら　ひろし）

1935生　椙山女学園大学人間関係学部
専攻：社会学・社会学古典理論
著書：『危機における人間と学問』（1969，未來社）『マックス・ウェーバー基礎研究序説』（1988，未來社）『ヴェーバー「経済と社会」の再構成』（1996，東京大学出版会）

### 佐久間　孝正（さくま　こうせい）

1943生　東京女子大学文理学部
専攻：社会学
著書：『ウェーバーと比較社会学』（1986，創風社）『イギリスの多文化・多民族教育』（1993，国土社）『変貌する多民族国家イギリス』（1998，明石書店）

### 雀部　幸隆（ささべ　ゆきたか）

1936生　椙山女学園大学人間関係学部
専攻：政治学・マックス・ヴェーバーの比較政治思想史的研究
著訳書：『知と意味の位相』（1993，恒星社厚生閣）『ウェーバーと政治の世界』（1999，恒星社厚生閣）ウェーバー『ロシア革命論Ⅰ』（共訳，1997，名古屋大学出版会）

### 佐野　誠（さの　まこと）

1954生　奈良教育大学教育学部
専攻：比較法思想史・国家論
著訳書：『ヴェーバーとナチズムの間』（1993，名古屋大学出版会）『カール・シュミットとその時代』（共著，1997，風行社）『カール・シュミット時事論文集』（共訳，2000，風行社）

### 住谷　一彦（すみや　かずひこ）

1925生　立教大学名誉教授
専攻：社会思想史，歴史民族学
著書：『共同体の史的構造論』（1963，有斐閣）『マックス・ヴェーバー』（1970，日本放送出版会）『歴史民族学ノート』（1983，未來社）

### 富永　健一（とみなが　けんいち）

1931生　武蔵工業大学環境情報学部
専攻：社会変動論，社会階層論，経済社会学
著書：『社会変動の理論』（1965，岩波書店）『社会学原理』（1986，岩波書店）『経済と組織の社会学理論』（1997，東京大学出版会）

## 長尾　龍一（ながお　りゅういち）

1938生　日本大学法学部
専攻：法思想史・法哲学
著書：『争う神々』（1998，信山社出版）『西洋思想家のアジア』（1998，信山社出版）『古代中国思想ノート』（1999，信山社出版）

## 橋本　努（はしもと　つとむ）

1967生　北海道大学経済学部
専攻：政治哲学・経済思想
著書：『自由の論法』（1995，創文社）『社会科学の人間学』（1999，勁草書房）メイソン『顕示的消費の経済学』（共訳，2000，名古屋大学出版会）

## 橋本　直人（はしもと　なおと）

1967生　神戸大学発達科学部
専攻：社会思想・社会学史
著書：『ハーバマスを読む』（共著，1995，大月書店）「M・ウェーバーにおける『形式的』法の逆説」（1997，『社会学評論』48-3）「ウェーバー行為論における目的合理性と『秩序問題』」（2000，『情況』7月号）

## 濱井　修（はまい　おさむ）

1936生　東京女子大学文理学部
専攻：倫理学
著訳書：『社会哲学の方法と精神』（1975，以文社）アドルノ，ポパー他『社会科学の論理』（共訳，1979，河出書房新社）『ウェーバーの社会哲学』（1982，東京大学出版会）

## 牧野　雅彦（まきの　まさひこ）

1955生　広島大学法学部
専攻：政治学
著書：『ウェーバーの政治理論』（1993，日本評論社）『政治思想への招待』（1999，日本評論社）『責任倫理の系譜学』（2000，日本評論社）

## 向井　守（むかい　まもる）

1934生　九州産業大学国際文化学部
専攻：哲学・社会学
著書：『マックス・ウェーバーの科学論』（1997，ミネルヴァ書房）

## 山之内　靖（やまのうち　やすし）

1933生　フェリス女学院大学国際交流学部
専攻：歴史社会学
著書：『日本の社会科学とヴェーバー体験』（1999，筑摩書房）『システム社会の現代的位相』（1996，岩波書店）『ニーチェとヴェーバー』（1993，未來社）

## 矢野　善郎（やの　よしろう）

1968生　東京大学文学部
専攻：社会学
論文：「『西洋人』と『日々の要求』」（2000，『情況』7月号）「マックス・ウェーバーの二重の方法論的合理主義」（1997，『社会学史研究』）「討議論としてのヴェーバー社会学」（2000，博士論文）

## 嘉目　克彦（よしめ　かつひこ）

1948生　大分大学経済学部
専攻：社会理論・社会思想
著訳書：『マックス・ヴェーバーの批判理論』（1994，恒星社厚生閣）『人間ウェーバー』（共著，1995，有斐閣）シュルフター『信念倫理と責任倫理』（訳，1996，風行社）

## Wolfgang Schwentker（ヴォルフガング・シュヴェントカー）

1953生　デュッセルドルフ　ハインリッヒ・ハイネ大学
著書：*Max Weber in Japan : Eine Untersuchung zur Wirkungsgeschichte 1905-1995* (1998, Tübingen, J. C. B. Mohr); *Max Weber und das moderne Japan*（共編, 1999, Göttingen, Vandenhoeck & Ruprecht)

翻訳：**中西　武史**（なかにし　たけし）
1970生　一橋大学大学院社会学研究科博士課程　専攻：社会学・社会思想

# 索　引（人名・事項）

## ア　行



## カ　行

## サ　行

## タ　行



## ナ　行



## ハ　行

## マ　行

## ヤ行・ラ行・ワ行

# 参照文献一覧

## 《ヴェーバーの著作》


MWG : *Max Weber Gesamtausgabe.* Tübingen : J. C. B. Mohr.

*I/4, 2. Halbband : Die Lage der Landarbeiter im ostelbischen Deutschland, 1892.* hrsg. von M. Riesebrodt, 1984.

*I/10 : Zur Russischen Revolution von 1905.* hrsg. von W. J. Mommsen, 1989.
雀部幸隆・小島定訳『ロシア革命論 I』名古屋大学出版会　1997.

*I/15 : Zur Politik im Weltkrieg. Schriften und Reden 1914–1918.* hrsg. von W. J. Mommsen, 1984.
『政治論集』1：中村貞二・山田高生・林道義・嘉目克彦訳；2：中村貞二・山田高生・脇圭平・嘉目克彦訳，みすず書房　1982.

*I/16 : Zur Neuordnung Deutschlands. Schriften und Reden 1918–1920.* hrsg. von W. J. Mommsen, 1984.
『政治論集』（中村他訳，上掲書）

*I/17 : Wissenschaft als Beruf 1917/1919, Politik als Beruf 1919.* hrsg. von W. J. Mommsen und W. Schluchter, 1992.
出口勇蔵訳「職業としての学問」『世界の大思想　ウェーバー　社会科学論集』河出書房新社　1982.
尾高邦雄訳『職業としての学問』岩波文庫，岩波書店　1980.
脇圭平訳『職業としての政治』岩波文庫，岩波書店　1980.

*II/5 : Briefe 1906–1908.* hrsg. von M. R. Lepsius und W. J. Mommsen, 1990.

*II/6 : Briefe 1909–1910.* hrsg. von M. R. Lepsius und W. J. Mommsen, 1994.

PS : *Gesammelte Politische Schriften.* 3. Aufl. : 1971 ; 5. Aufl. : 1988, Tübingen : J. C. B. Mohr.
中村貞二訳「国民社会党の設立によせて」『世界の大思想 ウェーバー 政治・社会論集』河出書房新社　1965.
『政治論集』（中村他訳，上掲書）

RS1 : *Gesammelte Aufsätze zur Religionssoziologie* Bd.1. Tübingen : J. C. B. Mohr, 1920.
梶山力訳／安藤英治編『プロテスタンティズムの倫理と資本主義の《精神》』未來社　1994.
木全徳雄訳『儒教と道教』創文社　1971.
中村貞二訳「プロテスタンティズムの教派と資本主義の精神」『世界の大思想　ウェーバー　宗教・社会論集』河出書房新社　1968.
大塚久雄訳『プロテスタンティズムの倫理と資本主義の精神』岩波文庫，岩波書店　1989.
大塚久雄・生松敬三訳『宗教社会学論選』みすず書房　1972.

RS2 : *Gesammelte Aufsätze zur Religionssoziologie* Bd.2. Tübingen : J. C. B. Mohr, 1921.

RS3 : *Gesammelte Aufsätze zur Religionssoziologie* Bd.3. Tübingen : J. C. B. Mohr, 1921.
内田芳明訳a『古代ユダヤ教』みすず書房 1：1962；2：1964.
内田芳明訳b『古代ユダヤ教』（上・中・下）岩波文庫，岩波書店　1996.

SSp : *Gesammelte Aufsätze zur Soziologie und Sozialpolitik.* Tübingen : J. C. B. Mohr., 1924.

中村貞二訳「ドイツ社会学会討論集」『世界の大思想　ウェーバー　社会科学論集』河出書房新社　1982.

SW : *Gesammelte Aufsätze zur Sozial und Wirtschaftsgeschichte.* Tübingen : J. C. B. Mohr., 1924.
上原専禄・増田四郎監修／渡辺金一・弓削達訳『古代社会経済史』東洋経済新報社　1961.

Wg : *Wirtschaftsgeschichte. Abriß der universalen Sozial- und Wirtschaftsgeschichte.* Berlin : Duncker und Humblot, 1923.

WL : *Gesammelte Aufsätze zur Wissenschaftslehre.* 3. Aufl. : 1968 ; 5. Aufl. : 1982, Tübingen : J. C. B. Mohr.
阿閉吉男・内藤莞爾訳『社会学の基礎概念』角川文庫 ; 角川書店　1953.
海老原明夫・中野敏男訳『理解社会学のカテゴリー』未來社　1990.
濱島朗・徳永恂訳『現代社会学体系　ウェーバー　社会学論集――方法・宗教・政治』青木書店　1971.
松井秀親訳 a『ロッシャーとクニース』未來社　1955.
松井秀親訳 b「R．シュタムラーの唯物史観の「克服」」『世界の大思想　ウェーバー　社会科学論集』河出書房新社　1982.
森岡弘通訳『歴史は科学か』みすず書房　1965（新装版 1987）.
中村貞二訳「社会学・経済学における『価値自由』の意味」『世界の大思想　ウェーバー　社会科学論集』河出書房新社　1982.
尾高邦雄訳『職業としての学問』岩波文庫　1980.
富永祐治・立野保男訳／折原浩補訳『社会科学と社会政策にかかわる認識の「客観性」』岩波文庫，岩波書店　1998.

WuG : *Wirtschaft und Gesellschaft.* 1. Aufl. : 1922 ; 5. Aufl. : 1976, Tübingen : J. C. B. Mohr.
濱島朗訳『権力と支配』みすず書房　1960.
濱島・徳永訳（上掲書）
石尾芳久訳『国家社会学』法律文化社　1966.
武藤一雄・薗田宗人・薗田坦訳『宗教社会学』創文社　1976.
中村貞二訳「種族共同社会関係」『みすず』　1977年 9 月号 ; 10月号.
G. Roth, C. Wittich (eds., tr.). *Economy and Society.* New York : Bedminster Press 1968.
世良晃志郎訳 a『支配の社会学 II』創文社　1962.
世良晃志郎訳 b『支配の諸類型』創文社　1970.
世良晃志郎訳 c『法社会学』創文社　1974.
清水幾太郎訳『社会学の根本概念』岩波文庫，岩波書店　1972.

Weber 1898 : *Grundriss zu den Vorlesungen über Allgemeine（"theoretische"）Nationalökonomie. 1898.* Tübingen : J. C. B. Mohr, 1990（Reprint）.

Weber 1904-5 : „Die protestantische Ethik und der »Geist« des Kapitalismus", in : *Archiv* 20, 21. 1904-5.
梶山訳／安藤編（上掲書）.

Weber 1916 : „Die Wirtschaftsethik der Weltreligionen", in : *Archiv* 41. 1916.

Weber 1991 : „George Simmel als Soziologe und Theoretiker der Geldwirtschaft", in : *Simmel News Letter.* 1（1） Summer, 1991.

Max Weber et al. „Geleitwort", in : *Archiv* 19. 1904.

Weber, Marianne 1921 : „Vorwort", in : WuG[1].

Weber, Marianne 1926 : *Max Weber. Ein Lebensbild.* Tübingen : J. C. B. Mohr.
大久保和郎訳『マックス・ウェーバー』 1 : 1963 ; 2 : 1965，みすず書房（新装版 1987）.

《ヴェーバー以外の著作》

Anderson, Benedict 1983 : *Imagined Communities : Reflections on the Origin and Spread of Nationlism.* London : Verso. 白石隆・白石さや訳『想像の共同体――ナショナリズムの起源と流行』リブロポート 1993.

安藤英治 1965 a :「マックス・ヴェーバーにおけるカリスマ社会学の意味」［大塚・安藤・内田・住谷1965］.

――― 1965 b :『マックス・ウェーバー研究――エートス問題としての方法論研究』未來社.

――― 1968 :「M. ウェーバーの宗教社会学改訂について(1)」,『成蹊大学政治経済論叢』18(3・4) : 15-89.

――― 1972 :『ウェーバー紀行』岩波書店.

――― 1977 :「一つの書評：岸田氏のウェズリ研究に想う」『社会科学の方法』101, 御茶の水書房.

――― 1992 :『ウェーバー歴史社会学の出立――歴史認識と価値意識』未來社.

Anter, Andreas 1995 : *Max Webers Theorie des modernen Staates : Herkunft, Struktur und Bedeutung.* Berlin : Duncker & Humblot.

Arendt, Hannah 1978 : *The Jew as Pariah : Jewish Identity and Politics in the Modern Age.*（Edited and with an introduction by Ron H. Feldman.）New York : Grove Press. 寺島俊穂・藤原隆裕宜訳『パーリアとしてのユダヤ人』未來社 1989.

Aron, R. 1965 : "Max Weber und die Machtpolitik", in :［Stammer（Hg.）1965 : 103-20］. 溝部明男訳「マックス・ウェーバーと権力政治」［出口監訳 1976 : 165-98］.

Barth, K. 1922（1933）: *Der Romerbrief.* München. 吉村善夫訳『カール・バルト著作集14 ローマ書』新教出版社. 1967.

Baumgarten, Eduard 1964 : *Max Weber : Werk und Person.* Dokumente, ausgewählt und kommentiert von E. Baumgarten, Tübingen : J. C. B. Mohr.

Beck, Ulrich 1998 : *Was ist Globalisierung ? Irrtümer des Globalismus. Antworten auf Globalisierung.* Frankfurt am Main : Suhrkamp.

Below, Georg von 1898 : "Die neue historische Methode", *Historische Zeitschrift,* Bd.81.

――― 1925 : *Der deutsche Staat des Mittelalters.* 2. Aufl., Leipzig : Quelle & Meyer.

Bendix, Reinhard 1962 : *Max Weber An Intellectual Portrait*（Anchor Books edition. Originally published in 1960）. New York : Doubleday & Co. 折原浩訳『マックス・ウェーバー その学問的一肖像』上 : 1987 ; 下 : 1988, 三一書房.

――― 1965 : "Max Weber's sociology today", in : *International Social science journal* 17（1), pp. 9-22.

Boldt, Hans 1993 : "Der Artikel 48 der Weimarer Reichsverfassung — Sein Hintergrund und seine politische Funktion", in : Michael Stürmer（Hg.）*Die Weimarer Republik — Belagerte Civitas.* 3. Aufl.(1. Aufl. 1980), Anton Hain.

Bracher, Karl Dietrich 1984 : *Die Auflösung der Weimarer Republik,* 5. Aufl.（1. Aufl. 1955）Droste-Taschenbücher Geschichte.

Brenner, R. 1993 : *Merchants and Revolution.* Cambridge University Press.

Breuer, Stefan 1994 : "Bürokratie und Charisma heute : Vom Antagonismus zur Osmose（Ein postweberianischer Ausblick)", in : ders. *Bürokratie und Charisma. Zur politischen Soziologie Max Webers.* Darmstadt : Wissenschaftliche Buchgesellschaft. S.188-96.

——— 1999 : *Georg Jellinek und Max Weber : von der sozialen zur soziologischen Staatslehre.* Baden Baden : Nomos Verlag.

Brubaker, Rogers 1984 : *The Limits of Rationality. An Essay on the Social and Moral Thought of Max Weber.* London : George Allen & Unwin.

Castles, Stephen 1994 : "Democracy and Multicultural Citizenship", Bauböck R. (ed.), *From Aliens to Citizens : Redefining the Status of Immigrants in Europe.* Avebury.

Colliot-Thelene, C. 1999 : "Carl Schmitt versus Max Weber : Juridical Rationality and Economic Rationality", in : C. Mouffe (ed.) *The Challenge of Carl Schmitt.* London, Pp. 138-154.

Conze, Werner 1957 : "Rezension von K. D. Brachers »Auflösung der Weimarer Republik«", in : *Historische Zeitschrift* 183.

——— 1993 : "Die Reichsverfassungsreform als Ziel der Politik Brünings", in : Michael Stürmer (Hg.) *Die Weimarer Republik — Belagerte Civitas.* 3. Aufl., (1. Aufl., 1980), Anton Hain.

Crèvecœur, Jean de 1963 : *Letters from an American Farmer.* New York : New American Library. 秋山健・後藤昭次・渡辺利雄訳『アメリカ古典文庫２ クレヴクール』研究社出版 1982.

Dahlheimer, Manfred 1998 : *Carl Schmitt und der deutsche Katholizismus 1888-1936.* Paderborn : F. Schoningh.

Dilthey, Wilhelm 1968 : "Beiträge zum Studium der Individualität 1895/96", in : *Gesammelte Schriften.* Bd.5, 5. Aufl. Stuttgart : B. G. Teubner.

Donaggio, Enrico 2000 : "Zwischen Nietzsche und Heidegger. Karl Löwiths anthropologische Philosophie des faktischen Lebens", in : *Deutsche Zeitschrift für Philosophie* 48 : 37-48.

Eberl, Matthias 1994 : *Die Legitimität der Moderne : Kulturkritik und Herrschaftskonzeption bei Max Weber und bei Carl Schmitt.* Marburg : Tectum.

Eden, Robert 1983 : *Political Leadership and Nihilism : A Study of Weber and Nietzsche.* Tampa : University of Florida Press.

Eisermann, G. 1994 : "Max Weber und Carl Schmitt", in : *Der Staat* Bd.33, Heft 1, S.76-103.

Erdelyi, Agnes 1992 : *Max Weber in Amerika. Wirkungsgeschichte und Rezeptionsgeschichte Webers in der anglo-amerikanischen Philosophie und Sozialwissenschaft.* Wien : Böhlau.

Eyck, Erich 1984 : *Geschichte der Weimarer Republik.* 救仁郷繁訳『ワイマル共和国史Ⅱ』ぺりかん社 1984.

——— 1986 : *Geschichte der Weimarer Republik.* 救仁郷繁訳『ワイマル共和国史Ⅲ』ぺりかん社.

——— 1989 : *Geschichte der Weimarer Republik.* 救仁郷繁訳『ワイマル共和国史Ⅳ』ぺりかん社.

Feuerbach, Ludwig 1841 : *Das Wesen des Cristentums.* 船山信一訳『キリスト教の本質』（上・下）改版 岩波書店；岩波文庫，1965.

——— 1903 : "Das Wesen des Christenthums", in : W. Bolin u. F. Jodl (Hg.) *Ludwig Feuerbachs sämmtliche Werke* Bd.6. Stuttgart. 船山信一訳『キリスト教の本質』（下）岩波文庫，岩波書店 1965.

Fogt, Helmut 1981 : "Max Weber und die deutsche Soziologie der Weimarer Republik : Außen-

seiter oder Gründervater?", in : R. Lepsius (Hg.) *Soziologie in Deutschland und Österreich 1918-1945. KZfSS* Sonderheft 23 : 245-72.
藤田省三　1994 :『全体主義の時代経験』みすず書房.
――――　1997 :『「安楽」への全体主義』みすず書房.
古川順一・大西晴樹　1997 :「ヴェーバー・テーゼの再審――椎名重明『プロテスタンティズムと資本主義』」『思想』880.
――――　1998 :「応答」『思想』883.

Giddens, Anthony　1990 : *The Consequences of Modernity.* Polity Press. 松尾精文・小幡正敏訳『近代とはいかなる時代か?』而立書房　1993.
――――　1997 : *Jenseits von Links und Rechts : Die Zukunft radikaler Demokratie.* Frankfurt a. M : Suhrkamp.
権左武志　1999 :「丸山眞男の政治思想とカール・シュミット―丸山の西欧近代理解を中心として」(上・下)『思想』903 : 4-25 ; 904 : 139-163.
Gray, John　1998 : *False Dawn : The Delusion of Global Capitalism.* Granta Publications. 石塚雅彦訳『グローバリズムという妄想』日本経済新聞社　1999.

Habermas, Jürgen　1965 : "Diskussionsbeiträge", in : [Stammer (Hg.) 1965 : 74-81]. 筒井清忠訳「討論　没評価性と客観性」[出口監訳 1976 : 118-30].
――――　1997 : *Theorie des kommunikativen Handelns* (1. Aufl. 1981). Suhrkamp Taschenbuch Wissenschaft. Frankfurt a. M. : Suhrkamp.『コミュニケーション的行為の理論』上 : 河上倫逸・M. フーブリヒト・平井俊彦訳, 1985 ; 中 : 岩倉正博・藤沢賢一郎・徳永恂・平野嘉彦・山口節郎訳, 1986 ; 下 : 丸山高司・丸山徳次・厚東洋輔・森田数実・馬場孚瑳江・脇圭平訳, 1987　未來社.
橋本直人　1993 :「ウェーバー研究は何を求めているか」全国若手哲学研究者ゼミナール編『哲学の探求』20号.
橋本努　1999 :『社会科学の人間学――自由主義のプロジェクト』勁草書房.
林健太郎　1980 :「ランケの人と学問」『世界の名著　ランケ』中央公論社.
Hennis, Wilhelm　1987 : *Max Webers Fragestellung : Studien zur Biographie des Werks.* Tübingen : J. C. B. Mohr. 雀部幸隆・嘉目克彦・豊田謙二・勝又正直訳『マックス・ヴェーバーの問題設定』恒星社厚生閣.
――――　1994 : „Eine Wissenschaft vom Menschen. Max Weber und die Historische Schule der deutschen Nationalökonomie", in : [Mommsen, Schwentker (Hg.) 1988]. 雀部幸隆訳「人間の科学――マックス・ヴェーバーとドイツ歴史学派経済学―」[鈴木・米沢・嘉目監訳 1994].
樋口辰雄　1998 :『逆説の歴史社会学――ニーチェとヴェーバーへ』尚学社.
Hill, Christopher　1986 : *The Collected Essays of Christopher Hill* vol. II. Brighton. 小野功生訳『十七世紀イギリスの宗教と政治』法政大学出版局　1991.
平田清明　1969 :『市民社会と社会主義』岩波書店.
――――　1972 :「『自由の王国』と『必然の王国』」『思想』577.
Höhne, Heinz　1983 : *Die Machtergreifung : Deutschlands Weg in die Hitler-Diktatur.* 五十嵐智友訳『ヒトラー独裁への道――ワイマール共和国崩壊まで』朝日新聞社　1992.
Honigsheim, Paul　1968 : *On Max Weber.* Free Press, New York. 大林信治訳『マックス・ウェーバーの思い出』みすず書房　1972.
Huber, Ernst Rudolf　1975 : "Zur Lehre vom Verfassungsnotstand in der Weimarer Staatstheorie", in : *Bewahrung und Wandlung.* Duncker & Humblot.

――― 1981 : *Deutsche Verfassungs Geschichte seit 1789 Bd.VI Die Weimarer Reichsverfassung.* Kohlhammer.

――― 1984 : *Deutsche Verfassungs Geschichte seit 1789. Bd.VII Ausbau, Schutz und Untergang der Weimarer Republik.* Kohlhammer.

Huntington, Samuel P. 1996 : *The Clash of Civilizations and The Remaking of World Order.* New York : Simon & Schuster. 鈴木主税訳『文明の衝突』集英社 1998.

池田昭 1999 :『ヴェーバーの日本近代化論と宗教』岩田書院.

今関恒夫 1989 :『ピューリタニズムと近代市民社会』みすず書房.

石田雄 1968 :「わが国におけるウェーバー理解の若干の特質」内田義彦・小林昇編『資本主義の思想構造』岩波書店 : 279-30.

――― 1995 :『社会科学再考―敗戦から半世紀の同時代史』東京大学出版会.

岩井淳 1995 :『千年王国を夢見た革命』講談社.

James, Henry 1968 : *The American Scene.* Indiana University. 青木次生訳『アメリカ印象記』(アメリカ古典文庫－10) 研究社 1976.

Jellinek, Georg 1905 : *Allgemeine Staatslehre.* 2. Aufl. Tübingen, J. C. B. Mohr. 芦部信喜他訳『一般国家学』学陽書房 1974.

Kalberg, Stephen 1980 : "Max Weber's Types of Rationality ; Cornerstones for the Analysis of Rationalization Processes in History", *American Journal of Sociology* 85(5) : 1145-79.

――― 1994 : *Max Weber's Comparative Historical Sociology.* Cambridge. 甲南大学ヴェーバー研究会訳『マックス・ヴェーバーの比較歴史社会学』ミネルヴァ書房 1999.

上条勇 1997 :「バウアー」丸山敬一編『民族問題――現代のアポリア』ナカニシヤ出版.

姜尚中 1986 :『マックス・ウェーバーと近代』御茶の水書房.

――― 1988 :「規律と支配する知」『思想』767.

Käsler, Dirk 1995 : *Max Weber. Eine Einführung in Leben, Werk und Wirkung.* Frankfurt am Main : Fischer.

川上周三 1993 :『現代に生きるヴェーバー』勁草書房.

Kendall, R. T. 1979 : *Calvin and English Calvinism to 1649.* Oxford University Press.

岸田紀 1977 :『ジョン・ウェズリ研究』ミネルヴァ書房.

古賀敬太 1999 a :『カール・シュミットとカトリシズム―政治的終末論の悲劇』創文社.

――― 1999 b :「カール・シュミットと丸山眞男」『創文』412 : 1-5.

Lamprecht, Karl 1896 : „Alte und Neue Richtungen in der Geschichtswissenschaft", in : ders. (H. Schönenbaum (Hg.)), *Ausgewählte Schriften.* Darmstadt 1974.

――― 1899 : *Die historische Methode des Herrn von Below.* Berlin : R. Gärtners Verlagsbuchhandlung, H. Heyfelder.

――― 1902 : „Über der Begriff der Geschichte und über historische und psychologische Gesetz", in : ders., *Ausgewählte Schriften.*

Lash, Scott & Whimster, Sam (eds.) *Max Weber, Rationality and Modernity.* London : Allen & Unwin.

Lask, Emil 1923 : "Rechtsphilosophie 1905", in : *Gesammelte Schriften.* Bd.1. Tübingen : J. C. B. Mohr.

Leutzsch, M. 1994 : "Der Bezug auf die Bibel und ihre Wirkungsgeschichte bei Carl Schmitt", in : Bernd Wacker (Hg.) *Die eigentlich katholische Verschärfung* ……. München : 175-202.

Lichtblau, Klaus　1999 : "Max Webers Nietzsche-Rezeption in werkgeschichtlicher Betrachtung", in : [Mommsen & Schwentker (Hg.) 1999 : 502-21].
Löwith, Karl　1923 : *Auslegung von Nietzsches Selbst-Interpretation und von Nietzsches Interpretation,* Disseretation der Philosophie, München.
――――　1932 : "Max Weber und Karl Marx", *Archiv* 67 : 53-214. 柴田治三郎・脇圭平・安藤英治訳『ウェーバーとマルクス』未來社　1966.
――――　1935 : *Nietzsches Philosophie der ewigen Wiederkehr des Gleichen.* Berlin : Runde. 柴田治三郎訳『ニーチェの哲学』岩波書店　1960.
――――　1936 : *Jacob Burckhardt : der Mensch inmitten der Geschichte. Luzern* : Vita Nova. 市場芳夫訳『ヤーコプ・ブルクハルト』みすず書房　1977.
――――　1960 : "Der okkasionelle Dezisionismus von Carl Schmitt", in : *Gesammelte Abhandlungen―zur Kritik der geschichtlichen Existenz.* Stuttgart : 92-126. 田中浩・原田武雄訳「カール・シュミットの機会原因論的決定主義」田中浩・原田武雄訳『政治神学』未來社 1971 : 89-163.
Lukács, György　1911 : *Die Seele und die Formen.* 川村二郎・円子修平・三城満禧訳『ルカーチ著作集第1巻　魂と形式』(第2版) 白水社　1986.
――――　1920 : *Die Theorie des Romans.* 大久保健治・藤本淳雄・高本研一訳『ルカーチ著作集第2巻 小説の理論』白水社　1968.
――――　1923 : *Geschichte und Klassenbewusstsein.* 城塚登・古田光訳『ルカーチ著作集第9巻　歴史と階級意識』白水社　1968.

牧野雅彦　1993 :『ウェーバーの政治理論』日本評論社.
――――　2000 :『責任倫理の系譜学　ウェーバーにおける政治と学問』日本評論社.
満州国史編纂委員会　1971 :『満州国史』第一法規.
Marshall, G.　1980 : *Presbyteris & Profits,* Oxford University Press,. 大西晴樹訳『プロテスタンティズムの倫理と資本主義の精神 : スコットランドにおけるウェーバー・テーゼの検証』すぐ書房. 1996.
丸山敬一　1992 :『マルクス主義と民族自決権』信山社.
丸山眞男　1965 :「戦前における日本のヴェーバー研究」[大塚編 1965];『丸山眞男集第9巻』岩波書店　1996.
――――　1966 :「普遍の意識欠く日本の思想」(『一橋新聞』一九六四年七月一五日号)『丸山眞男集　第16巻』岩波書店　1996.
――――　1996 a『丸山眞男集　第9巻』岩波書店.
――――　1996 b『丸山眞男集　第15巻』岩波書店.
Marx, Karl　1932 : *Ökonomisch-philosophische Manuskripte* (Geschreiben 1844). 城塚登・田中吉六訳『経済学・哲学草稿』岩波文庫, 岩波書店　1964.
――――　1894 : Das Kapital. 3. Bde.
Marx, Karl & Engels, Friedrich　1951 : Manifest der Kommunistischen Partei, in : *Marx / Engels Ausgewählte Schriften* 10. Berlin : Dietz. Pp. 29f. マルクス=レーニン主義研究所訳『共産党宣言　共産主義の原理』大月書店　1952年.
Mehring, R.　1990 : "Politische Ethik in Max Webers 'Politik als Beruf' und Carl Schmitts 'Der Begriff des Politischen'", in : *Politische Vierteljahresschrift,* 31. Jg., Heft 90. S.608-26.
Meinecke, Friedrich　1895 : "Heinrich von Sybel", *Historische Zeitschrift* 75.
Melucci, Alberto　1989 : *Nomads of the Present : Social Movements and Individual Needs in Contemporary Society.* 山之内靖・貴堂嘉之・宮崎かすみ訳『現在に生きる遊牧民――新し

い公共空間の創出に向けて――』岩波書店 1997.
Meyer, Eduard 1884 : *Geschichte des Altertums,* Bd.1, Stuttgart : Cotta.
――― 1902 : *Zur Methodik der Geschichte,* Halle : Max Niemeyer. 森岡弘通訳「歴史の理論と方法」『歴史は科学か』みすず書房 1987.
御厨貴 1996 :『東京―首都は国家を越えるか』(20世紀の日本10) 読売新聞社.
Mommsen, Wolfgang. J. 1974 : (1. Aufl., 1959) *Max Weber und die deutsche Politik, 1890-1920.* Tübingen : J. C. B. Mohr.『マックス・ヴェーバーとドイツ政治 1890-1920』上 : 安世舟・五十嵐一郎・田中浩訳, 1993 ; 下 : 安世舟・五十嵐一郎・小林純・牧野雅彦訳, 1994, 未來社.
――― 1987 : "Personal Conduct and Societal Change, Toward Reconstruction of Max Weber's Concept of History", in : [Lash & Whimster (eds.) 1987 : 35-51].
――― 1999 : "Zur Entstehung von Max Webers hinterlassenem Werk "Wirtschaft und Gesellschaft. Soziologie"". *Discussion Paper* 42. Berlin : Europäisches Zentrum für Staatswissenschaften und Staatspraxis.
Mommsen, Wolfgang J. & Schwentker, Wolfgang (Hg.) 1988 : *Max Weber und seine Zeitgenossen.* Göttingen, Zürich : Vandenhoeck & Ruprecht. 鈴木広・米沢和彦・嘉目克彦監訳『マックス・ヴェーバーとその同時代人群像』ミネルヴァ書房 1994.
――― (Hg.) 1999 : *Max Weber und das moderne Japan.* Göttingen : Vandenhoeck und Ruprecht.
向井守 1997 :『マックス・ウェーバーの科学論――ディルタイからウェーバーへの精神史的考察――』ミネルヴァ書房.
村上重良 1980 :『新宗教――その思想と行動』評論社.

*Nachlass Carl Schmitt* 1993 : Verzeichnis des Bestandes im Nordrein-Westfalischen Hauptstaatsarchiv, Siegburg.
長尾龍一 1994 :『リヴァイアサン――近代国家の思想と歴史』講談社.
――― 1998 :『争う神々』信山社出版.
――― 1999 :『古代中国思想ノート』信山社出版.
中村勝己編 1990 :『マックス・ヴェーバーと日本』みすず書房.
中村貞二 1987 :『ヴェーバーとその現代』世界書院.
中野敏男 1983 :『マックス・ウェーバーと現代――〈比較文化史的視座〉と〈物象化としての合理化〉』三一書房.
Nietzsche, Friedrich Wilhelm 1872 : *Die Geburt der Tragödie.* 秋山英夫訳『悲劇の誕生』岩波文庫, 岩波書店 1966.
Nietzsche, Friedrich Wilhelm 1901 : *Der Wille zur Macht.* 原佑訳『権力への意志』(上・下) ちくま学芸文庫, ちくま書房 1993.
野村真理 1992 :『西欧とユダヤのはざま』南窓社.
沼田健哉 1988 :『現代日本の新宗教』創元社.

小尾俊人 1996 :「その放射力のただなかで」『丸山眞男集 第一巻』月報 8, 岩波書店.
越智武臣 1966 :『近代英国の起源』ミネルヴァ書房.
小笠原真 1994 :『近代化と宗教――マックス・ヴェーバーと日本』世界思想社.
大西晴樹 1994 :「非国教徒の社会層」明治学院大学『経済研究』100.
――― 1995 :『イギリス革命のセクト運動』御茶の水書房.
――― 1996 :「ウェーバー・テーゼの現在」『明治学院大学産業経済研究所年報』13.
――― 1999 :「クロムウェルと意図せざる植民地帝国」田村秀夫編著『クロムウェル

とイギリス革命』聖学院大学出版会.
―――― 2000 a :『イギリス革命のセクト運動（増補改訂版）』御茶の水書房.
―――― 2000 b :「市民革命と商業革命」岩井淳・指昭博編『イギリス史の新潮流――修正主義の近世史』彩流社.
大塚久雄 1955 :『共同体の基礎理論』岩波書店.
―――― 1965 :「«Betrieb» と経済的合理主義」［大塚編 1965 : 303-32］.
―――― 1969 a :「近代欧州経済史序説」（初版1944年）『大塚久雄著作集第 2 巻 近代欧州経済史序説』岩波書店.
―――― 1969 b :「マックス・ヴェーバーにおける資本主義の精神」（論文初出 1965年），［大塚 1969c］.
―――― 1969 c :『大塚久雄著作集第 8 巻――近代化の人間的基礎』岩波書店.
―――― 1994 :『社会科学と信仰と』みすず書房.
――――編 1965 :『マックス・ヴェーバー研究――生誕百年記念シンポジウム』東京大学出版会.
大塚久雄・安藤英治・内田芳明・住谷一彦 1965 :『マックス・ヴェーバー研究』岩波書店.
折原浩 1965 :「Intellektualisms と Rationalisierung」［大塚編 1965］.
―――― 1969 :『危機における人間と学問』未來社.
―――― 1977 :『大学－学問－教育論集』三一書房.
―――― 1988 :『マックス・ウェーバー基礎研究序説』未來社.
―――― 1996 a :『ヴェーバー『経済と社会』の再構成 トルソの頭』東京大学出版会.
―――― 1996 b :『ヴェーバーとともに40年――社会科学の古典を学ぶ』弘文堂.
―――― 1997 a :「学問研究におけるフェアプレー――着実な連続的発展軌道の堅持のために」『未来』372, 9 月 : 28-42.
―――― 1997 b :「学問研究におけるフェアプレー（続）――山之内靖にたいする再批判」『未来』375, 12月 : 32-39.
―――― 1997 c :「人種・種族・部族・民族・国民に関する理解社会学的概念構成――ウェーバー『経済と社会』の全体像構築に向けて⑵」『名古屋大学社会学論集』18
―――― 1999 :「マックス・ウェーバーにおける歴史と社会学」『名古屋大学社会学論集』20.
―――― 2000 :『「経済と社会」再構成論の新展開――マックス・ヴェーバー研究の非神話化と『全集』版のゆくえ』（未來社，近刊）.
Orihara, Hiroshi 1992 : „Über den ‚Abschied‘ hinaus zu einer Rekonstruktion vom Max Webers Werk : ‚Wirtschaft und Gesellschaft‘“, 1. Teil, *Working Paper* 30. hg. von : The Department of Social and International Relations. The University of Tokyo.（以下“*WP*” と略）
―――― 1993 : „Über den ‚Abschied‘ hinaus zu einer Rekonstruktion vom Max Webers Werk : ‚Wirtschaft und Gesellschaft‘“, 2. Teil, *WP* 36.
―――― 1994 a : „Eine Grundlegung zu einer Rekonstruktion von Max Webers ‚Wirtschaft und gesellschaft‘. Die Authentizität der Verweise im Text des ‚2. und 3. Teils‘ der 1. Auflage“, in : *KZfSS* 46 : 103-21.
―――― 1994 b : „Uber den ‚Abschied‘ hinaus zu einer Rekonstruktion“, 3. Teil, *WP* 47.
―――― 1994 c : „Rekonstruktion des ‚Manuskripts 1911-13‘ (Heft 1)“, *WP* 49.
―――― 1994 d : „Rekonstruktion des ‚Manuskripts 1911-13‘ (Heft 2)“, *WP* 51.
―――― 1995 a : „Rekonstruktion des ‚Manuskripts 1911-13‘ (Heft 3)“, *WP* 53.

——— 1995 b : „Der Kopf des ‚Torsos' — Zur Rekonstruktion der begrifflichen Einleitung ins ‚alte Manuskript 1911–13' von Max Webers "Wirtschaft und Gesellschaft"", *WP* 57.

——— 1999 : „Max Webers Beitrag zum ‚Grundriss der Sozialökonomik'. Das Vorkriegsmanuskript als ein integriertes Ganzes", in : *KZfSS* 51 : 724–34.

O'Rourke, Kevin & Williamson, Jeffrey 1999 : *Globalization and History : The Evolution of a Nineteenth-Century Atlantic Economy.* Boston : MIT Press.

Palaver, W. 1998 : *Die mythischen Quellen des Politischen.* Stuttgart, Berlin, Köln.

Parsons, Talcott 1928/29 : "Capitalism in Recent German Literature : Sombart and Weber," *The Journal of Political Economy.* 36 (1928) 641–661 ; 37 (1929) : 31–51.

——— 1937 : The Structure of Social Action. New York : Free Press (Paperback edition with a new introduction, in 2 vols. : 1968). 『社会的行為の構造』 1 ：稲上毅・厚東洋輔訳，1976；2 ：稲上毅・厚東洋輔・溝部明男訳，1986；3 ：稲上毅・厚東洋輔訳，1989；4 ：稲上毅・厚東洋輔訳，1974；稲上毅・厚東洋輔・溝部明男訳，1989，木鐸社．

——— 1964 : "Youth in the Context of American Society," T. Parsons, *Social Structure and Personality.* New York : Free Press of Glencoe : 155–182. 武田良三監訳『社会構造とパーソナリティ』新泉社．1973.

——— 1965 : 筒井清忠訳「社会科学における価値拘束性と客観性」，in : [Stammer (Hg.) 1965].

——— 1967 a : "Introduction to Max Weber's 'The Sociology of Religion'," in : Parsons, *Sociological Theory and Modern Society.* New York : Free Press : 35–78.

——— 1967 b : "Christianity and Modern Industrial Society," in : Parsons, *Sociological Theory and Modern Society.* : 385–421.

——— 1978 : "Christianity," in : T. Parsons, *Action Theory and the Human Condition.* New York : The Free Press : 173–212.

パーソンズ 1984 : 倉田和四生編訳『社会システムの構造と変化』創文社．

Parsons, Talcott & Smelser, Neil J. 1956 : *Economy and Society.* London : Routledge and Kegan Paul. 富永健一訳『経済と社会』I–II．岩波書店 1958.

Perlmutter, H. V. 1991 : "On the Rocky Road to the First Global Civilization", in : A. King (Ed.) *Culture, Globalization and the World System.* London : Weidenfeld.

Pincus, S. 1996 : *Protestantism and Patriotism,* Cambridge University Press.

良知力 1993 : 『向う岸からの世界史——一つの四八年革命史論』ちくま学芸文庫，ちくま書房．

Ranke, Leopold von 1941 : レオポルト・フォン・ランケ，相原信作訳「歴史と政治の類似および相違について」『政治問答』岩波文庫，岩波書店．

Rickert, Heinrich 1902 : *Die Grenzen der naturwissenschaftlichen Begriffsbildung.* 1. Aufl. Tübingen : J. C. B. Mohr.

——— 1913 : *Die Grenzen der naturwissenschaftlichen Begriffsbildung.* 2. Aufl. Tübingen : J. C. B. Mohr.

Robertson, Roland 1992 : *Globalization : Social Theory and Global Culture.* London : Sage.

Rosenau, James 1990 : *Turbulence in World Politics.* Brighton : Harvester.

Roth, Guenther 1987 : "Rationalization in Max Weber's Developmental History", in : [Lash & Whimster 1987 : 75–91].

佐伯啓思　2000 :「「罪の意識」とユダヤ資本主義」『大航海』33.
佐久間孝正　1986 :『ウェーバーと比較社会学－人格化と物象化の東西文化比較』創風社.
佐野誠　1993 :『ヴェーバーとナチズムの間——近代ドイツの法・国家・宗教』名古屋大学出版会.
――――　1997 :「シュミットとヴェーバー——学問観の相克」初宿正典・古賀敬太編著『カール・シュミットとその時代—カール・シュミットをめぐる友・敵の座標』風行社 : 251-282.
――――　1999 :「ドイツの一歴史家の見た日本のヴェーバー研究——W. J. Schwentker : Max Weber in Japan について」『思想』900 : 132-142.
雀部幸隆　1993 :『知と意味の位相—ウェーバー思想世界への序論』恒星社厚生閣.
――――　1999 a :『ウェーバーと政治の世界』恒星社厚生閣.
――――　1999 b :「ウェーバーの大統領制論とワイマル共和国崩壊の憲政史的問題」(一), 名古屋大学『法政論集』180.
――――　2000 a :「ウェーバーの大統領制論とワイマル共和国崩壊の憲政史的問題」(二), 名古屋大学『法政論集』181.
――――　2000 b :「ウェーバーの大統領制論とワイマル共和国崩壊の憲政史的問題」(三), 名古屋大学『法政論集』183.
Sassen, Saskia　1996 : *Sovereignty in an Age of Globalization.* Columbia University Press. 伊豫谷登士翁訳『グローバリゼーションの時代——国家主権のゆくえ』平凡社　1999.
佐藤成基　1998 :「マックス・ウェーバーと『ネーション』」『ソシオロジ』43(2).
佐藤俊樹　1993 :『組織・近代・資本主義』ミネルヴァ書房.
Scaff, Lawrence A.　1987 : “Weber, Simmel und die Kultursoziologie.” *KZfSS* Jg.39 Heft 2.
Schluchter, Wolfgang　1979 : *Die Entwicklung des okzidentalen Rationalismus. Eine Analyse von Max Webers Gesellschaftsgeschichte.* Tübingen : J. C. B. Mohr. 嘉目克彦訳『近代合理主義の成立——マックス・ヴェーバーの西洋社会史の分析』未來社　1987.
――――　1981 : *Einführung in die Max-Weber-Gesamtausgabe.* Tübingen : J. C. B. Mohr（Verlagsprospekt）.
――――　1984 : “Max Webers Religionssoziologie”, *KZfSS* 36 : 363-365.
――――　1988 *Religion und Lebensführung.* 2 Bde（Taschenbuch Auflage : 1991）. Frankfurt am Main : Suhrkamp.（部分訳）河上倫逸編『ウェーバーの再検討』風行社　1990.
――――　1998 : „Max Webers Beitrag zum ‚Grundriß der Sozialökonomik‘. Editionsprobleme und Editionsstrategien“, in : *KZfSS* 50 : 327-43.
――――　1999 : „‚Kopf‘ oder ‚Doppelkopf‘. Das ist hier die Frage“, in : *KZfSS* : 735-43.
――――　（Hg.）1981 : *Max Webers Studie über das antike Judentum. Interpretation und Kritik.* Frankfurt am Main : Suhrkamp.
――――　（Hg.）1985 : *Max Webers Sicht des antiken Christentums : Interpretation und Kritik.* Frankfurt am Main : Suhrkamp.
Schmidt, Helmut　1998 :「グローバリズムの幻想」『世界』1998年12月号 : 47-9.
――――　1999 : *Globalisierung. Politische, ökonomische und kulturelle Herausforderungen,* Berlin : Siedler.
Schmitt, Carl　1917 : Die Sichtbarkeit der Kirche. Eine scholastische Erwägung, in *Summa,* 1. Jg., Heft 2 : 71ff. 佐野誠訳「教会の可視性——スコラ哲学的一考察」『浜松医科大学紀要』7 : 93ff, 1993.
――――　1927 : “Der Begriff der Politischen”, in : *Archiv* 58, Heft 1, S.1-33.
――――　1928 : *Verfassungslehre.* Berlin : Dunker & Humblot. 阿部照哉・村上義弘訳『憲法論』みすず書房　1974.
――――　1933 : *Der Begriff der Politischen.* Hamburg.

――――　1940 : "Staatsethik und pluralistischer Staat" (1930), in : *Positionen und Begriff : im Kampf mit Weimar-Genf-Versailles.* Hamburg : 133-145. 今井弘道訳「国家倫理学と多元論的国家」, 石田喜久夫・村井正・河上倫逸編『国際比較法制研究Ⅲ』ミネルヴァ書房, 1991 : 98-115.

――――　1956 a : "Max Weber : Wirtschaft und Gesellschaft", in : *Das Historisch-politische Buch.* 4. Jg., Heft 7. S.195-6.

――――　1956 b : "Max Weber : Staatssoziologie", in : *Das Historisch-politische Buch,* 5. Jg., Heft 3. S.70-1.

――――　1958 : "Staat als konkreter, an eine geschichtliche Epoche gebundener Begriff", in : *Verfassungsrechtliche Aufsätze aus den Jahren 1924-1954.* Berlin. S.375-85.

――――　1959 : "Max Weber : Gesammelte Politische Schriften", in : *Das Historisch-politische Buch,* 7. Jg., Heft 2, S.53.

――――　1960 : "Wolfgang J. Mommsen : Max Weber und die deutsche Politik 1890-1920", in : *Das Historisch-politische Buch,* 8. Jg., Heft 6, S.180-1.

――――　1963(1932) : *Der Begriff der Politischen.* Berlin. 田中浩・原田武雄訳『政治的なものの概念』未來社　1970.

――――　1970 : *Verfassungslehre.* 5. Aufl., Berlin : Dunker & Humblot.

――――　1994 : *Die Diktatur.* 6. Aufl., Dunker & Humblot. 田中浩・原田武雄訳『独裁―近代主権論の起源からプロレタリア階級闘争まで』未來社　1991.

Schmoller, Gustav　1875 : *Über einige Grundfragen des Rechts und der Volkswirtscaft.* Jena : F. Mauke.

――――　1889 : „Rezension von E. Gothein, Aufgaben der Kulturgeschichte", *Jahrbuch für Gesetzgebung, Verwaltung und Volkswirtschaft im Deutschen Reich.* Jg.13.

――――　1917 : „Zur Würdigung von Karl Lamprecht", *Jahrbuch für Gesetzgebung, Verwaltung und Volkswirtschaft im Deutschen Reich.* Jg.40.

Schöllgen, Gregor　1998 : *Max Weber.* München : Beck.

Schorn-Schütte, Louise　1984 : *Karl Lamprecht : Kulturgeschichtsschreibung zwischen Wissenschaft und Politik.* Göttigen : Vandenhoeck & Ruprecht.

Schulz, Gerhard　1992 : *Zwischen Demokratie und Diktatur. Bd.3 : Von Brüning zu Hitler.* de Gruyter.

Schulze, Hagen　1982 : *Weimar—Deutschland 1917-1933.* Siedler Verlag.

Schwentker, Wolfgang　1998 : *Max Weber in Japan. Eine Untersuchung zur Wirkungsgeschichte. 1905-1995.* Tübingen : J. C. B. Mohr.

関根正雄, 内田芳明　1954 :『旧約宗教の社会学的背景―ウェーバー「古代ユダヤ教」研究』新教出版社.

Seyfarth, Constans　1973 : "Protestantismus und gesellschaftliche Entwicklung : Zur Reformulierung eines Problems", in : C. Seyfarth und W. M. Sprondel (Hg.), *Seminar : Religion und gesellschaftliche Entwicklung. Studien zur Protestantismus-Kapitalismus-These Max Webers.* Frankfurt a. M. : Suhrkamp, S.338-66.

椎名重明　1996 :『プロテスタンティズムと資本主義』東京大学出版会.

――――　1998 :「再審請求は却下できるか―古川・大西両氏の批判に答える―」『思想』883.

島薗進　1992 :『現代救済宗教論』青弓社.

Simmel, Georg　1958 : *Philosophie des Geldes.* 6. Aufl. Berlin : Duncker und Humblot. 居安正訳『貨幣の哲学』白水社　1999.

Smith, Anthony　1986 : *The Ethnic Origins of Nations.* Blackwell. 巣山靖司・高城和義他訳『ネイションとエスニシティ』名古屋大学出版会　1999.

Sombart, Werner 1911 : *Die Juden und das Wirtschaftsleben.* Leipzig : Duncker & Humblot. 金森誠也訳『ユダヤ人と経済生活』荒地出版社 1994.

Spufford, Margaret (ed.) 1995 : *The World of Rural Dissenters, 1520-1725.* Cambridge University Press. (抄訳) 鵜川馨編・大西晴樹訳『イングランド近世における宗教と社会』立教大学国際学術交流報告書13, 1996.

Stammer, Otto (Hg.) 1965 : *Max Weber und die Soziologie heute : Verhandlungen des 15. Deutschen Soziologentages im Auftrage der Deutschen Gesellschaft für Soziologie.* Tübingen : J. C. B. Mohr. 出口勇蔵監訳『ウェーバーと現代社会学』上 : 服部平治・筒井清忠・溝部明男訳, 1976 ; 下 : 宮本盛太郎・栗原良子・栗原幹英訳, 1980 木鐸社.

Strauss, L. 1932 : "Anmerkungen zu Carl Schmitt, Der Begriff des Politischen", in : *Archiv* 67 : 732-49. 谷喬夫訳「カール・シュミット『政治的なものの概念』への注解」『みすず』341 : 40-61, 1989.

住谷一彦 1965 :「日本におけるヴェーバー研究の動向」[大塚編 1965].

——— 1968 :「タルコット・パーソンズにおける「ヴェーバーの『資本主義の精神』論」」内田義彦・小林昇編『資本主義の思想構造』岩波書店.

——— 1990 :「日本の共同体——『宗教と社会の普遍史的関連』の視座から」[中村編 1990 : 85-121].

住谷一彦・小林純・山田正範 1987 :『マックス・ヴェーバー』清水書院.

Tenbruck, Friedrich H. 1975 : "Das Werk Max Webers", in : *KZfSS* 27 : 663-702. 住谷一彦・小林純・山田正範訳「マックス・ヴェーバーの業績 I」『マックス・ヴェーバーの業績』未來社 1997 : 11-94.

——— 1977 : "Abschied von 'Wirtschaft und Gesellschaft'", *Zeitschrift für die gesamte Staatswissenschaft* 133 : 703-736.

——— 1988 : „Max Weber und Eduard Meyer", in : [Mommsen, Schwentker (Hg.) 1988].

徳永恂 1997 :『ヴェニスのゲットーにて 反ユダヤ主義思想史への旅』みすず書房.

徳永恂・厚東洋輔編 1995 :『人間ヴェーバー』有斐閣.

Tolmie, M. 1977 : *The Triumph of the Saints.* Cambridge University Press. 大西晴樹・浜林正夫訳『ピューリタン革命の担い手たち』ヨルダン社 1983.

富永健一 1990 :『日本の近代化と社会変動』講談社.

——— 1998 :『マックス・ヴェーバーとアジアの近代化』講談社.

Troeltsch, Ernst 1925 : *Aufsätze zur Geistesgeschichte und Religionssoziologie. Gesammelte Schriften* Bd. IV. Berlin : Scientia. 内田芳明訳『ルネサンスと宗教改革』岩波文庫, 岩波書店 1959.

常行敏夫 1990 :『市民革命前夜のイギリス社会』岩波書店.

Turner, Bryan S. 1993 : "Preface", to the new edition of Karl Löwith's *Max Weber and Karl Marx.* London, New York : Routledge.

——— 1996 : "Marx and Nietzsche", Introduction to *For Weber : Essays on the Sociology of Fate,* 2nd edition. London : Sage.

上山安敏 1971 :「反ユダヤ主義の社会学－ドイツ第二帝政期の社会分析」『法学論叢』90(1)(2)(3).

——— 1984 :『神話と科学—ヨーロッパ知識社会 世紀末〜20世紀』岩波書店.

——— 1985 :「想像力を鏤ばめた紀行文 徹底した風景的視覚」『週刊読書人』1985年10月7日, p. 4.

——— 1989 a :「東方ユダヤ神秘主義と西欧」『思想』777.

――――　1989 b :「ヴェーバーと風景論を架橋」『図書新聞』1989年 7 月22日，p. 3
――――　2000 :「『社会科学』と『文化史』の相克　歴史のための感覚論」『岩波講座世界歴史28』岩波書店.
内田芳明　1961 :『アウグスティーヌスと古代の終末』弘文堂.
――――　1968 :『ヴェーバー社会科学の基礎研究』岩波書店.
――――　1970 :『マックス　ヴェーバーと古代史研究』岩波書店.
――――　1972 :『ヴェーバーとマルクス――日本社会科学の思想構造――』岩波書店.
――――　1973 :『歴史変革と現代』筑摩書房.
――――　1985 :『風景の現象学――ヨーロッパの旅から』中公新書，中央公論社.
――――　1987 :『風景と都市の美学――南北ヨーロッパの旅から』朝日選書，朝日新聞社.
――――　1988 :「風景と社会科学の架橋」『思想』767.
――――　1989 :『思索の散歩道――都市風景と文化への散策』思潮社.
――――　1990 :『ヴェーバー受容と文化のトポロギー』リブロポート.
――――　1991 :『現代に生きる内村鑑三』岩波書店.
――――　1992 :『風景とは何か――構想力としての都市――』朝日新聞社 ; 朝日選書.
――――　1996 :「訳者まえがき」［内田訳b 1996 : iii-xxvii.］.
――――　2000 :『ヴェーバー　歴史の意味をめぐる闘争』岩波書店（近刊）.
内田義彦　1967 :『日本資本主義の思想像』岩波書店.
Ulmen, G. L.　1988 : “Politische Theologie und politische Ökonomie―Über Carl Schmitt und Max Weber” in : H. Quaritsch（Hg.）*Complexio Oppositorum.* Berlin. S.341-65. 佐野誠訳「政治神学と政治経済学―カール・シュミットとマックス・ヴェーバーについて」初宿正典・古賀敬太編訳『カール・シュミットの遺産』風行社, 1993 : 104-41.
――――　1991 : *Politischer Mehrwert : Eine Studie über Max Weber und Carl Schmitt.* Weinheim : VCH Verlagsgesellschaft.
梅津順一　1989 :『近代経済人の宗教的起源』みすず書房.
梅津順一・諸田實編著　1996 :『近代西欧の宗教と経済―歴史的研究』同文舘.
Underhill, E.（ed.）　1854 : *Confession of Faith and other Public Documents. do.* London.

Vattimo, Gianni　1992 : *The Transparent Society.* tr. by David Webb, Cambridge : Polity Press.

Wallerstein, Immanuel　1974 : *The Modern World-System : Capitalist Agriculture and the Origins of the European World-Economy in the Sixteenth Century.* New York : Academic Press.
和仁陽　1990 :『教会・公法学・国家――初期カール・シュミットの公法学』東京大学出版会.
Weiss, Johannes　1981 : *Das Werk Max Webers in der marxistischen Rezeption und Kritik.* Opladen : Westdeutscher Verlag.
Whimster, Sam　1988 : „Die begrenzten Entwicklungsmöglichkeiten der Historischen Soziologie im 〈Methodenstreit〉: Karl Lamprecht und Max Weber“, in : ［Mommsen, Schwentker（Hg.）1988］. 吉田裕・江藤裕之訳「ランプレヒトとヴェーバー――方法論争における歴史社会学の発展の限界」［鈴木・米沢・嘉目監訳 1994］.
Whimster, Sam（ed.）　1999 : *Max Weber and the Culture of Anarchy.* London : Macmillan.
Winckelmann, Johannes　1949 : “Max Webers opus posthumum―Eine literarische Studie”, *Zeitschrift für die gesamte Staatswissenschaft* 105. S.368-387.
――――　1986 : *Max Webers hintergelassenes Hauptwerk.* Tübingen : J. C. B. Mohr.

Winkler, Heinrich August　1994 : Weimar 1918-1933, *Die Geschichte der ersten deutschen Demokratie.* 2. Aufl., C. H. Beck.

柳父圀近　1983 :『ウェーバーとトレルチ』みすず書房.
山田盛太郎　1977 :『日本資本主義分析』（初出1934）岩波文庫，岩波書店.
山本通　1994 :『近代英国実業家たちの世界 : 資本主義とクエイカー派』同文舘.
山之内靖　1976-78 :「初期マルクスの市民社会像」『現代思想』1976年 8 月―1978年 1 月号（連載）.
――――　1982 :『現代社会の歴史的位相』日本評論社.
――――　1986 :『社会科学の現在』未來社.
――――　1993 :『ニーチェとヴェーバー』未來社.
――――　1996 :『システム社会の現代的位相』岩波書店.
――――　1997 a :『マックス・ヴェーバー入門』岩波新書，岩波書店.
――――　1997 b :「『祭司対騎士』の対抗軸は何を語りだすか」『未来』373 : 28-39.
――――　1999 :『日本の社会科学とヴェーバー体験』筑摩書房.
――――編　1995 :『総力戦と現代化』柏書房.
柳治男　1991 :『学校のアナトミア――ヴェーバーをとおしてみた学校の実像』東信堂.
矢野善郎　1997 :「マックス・ウェーバーの二重の方法論的合理主義」『社会学史研究』19 : 53-70.
嘉目克彦　1976 :「『解明的理解』と『因果的説明』――ヴェーバー社会科学の方法論的基本構造試論――」『社会学研究年報』九州大学社会学会 : 107-122.
――――　1994 :『マックス・ヴェーバーの批判理論』恒星社厚生閣.
――――　1996 a :「書評　ヴォルフガング J．モムゼン『マックス・ヴェーバーとドイツ政治　1890-1920』第二版」比較法史学会編『文明装置としての国家――比較法史研究　思想・制度・社会――』未來社 : 409-13.
――――　1996 b :「書評　W・J・モムゼン（安・五十嵐他訳）『マックス・ヴェーバーとドイツ政治　一八九〇――一九二〇』第二版（未來社）」『未来』1996年 5 号.